21世纪高职高专经管专业精编教材

统计原理与实务

主　编◎周恩荣
副主编◎朱　瑞　赵　丽　张国洪
刘金玲　魏　娟　类成诚

Principle and Practice of Statistics

清華大學出版社
北　京

内 容 简 介

全书由统计绪论、统计调查、统计整理、综合分析、动态分析、指数分析、相关分析、统计推断、国民核算共 9 章构成。各章结构为“统计知识”“技能操作”和“技能训练”三部分。技能操作主要设有不同的操作项目，每个项目下有技能要求、统计资料、基本任务和操作步骤，Excel 应用贯穿全书的同时还介绍了 SPSS 软件包在统计中的基本应用。通过实际操作，能够应用 Excel 及 SPSS 的统计功能，进行数据的采集、整理、编制图表和基本分析。

本书通俗易懂，注重实用。各章以统计数据处理和分析为核心，结合实例及上机操作讲解统计方法，使读者快速掌握统计的基本技能。

本书适用于高职高专院校学生学习及欲考取统计职业资格证的学生学习参考。

图书在版编目（CIP）数据

统计原理与实务/周恩荣主编. —北京：清华大学出版社，2018（2021.7重印）
（21 世纪高职高专经管专业精编教材）
ISBN 978-7-302-50277-7

I. ①统… II. ①周… III. ①统计学-高等职业教育-教材 IV. ①C8

中国版本图书馆 CIP 数据核字（2018）第 111950 号

责任编辑： 杜春杰
封面设计： 刘　超
版式设计： 楠竹文化
责任校对： 马军令
责任印制： 丛怀宇

出版发行： 清华大学出版社
网　　址：http://www.tup.com.cn，http://www.wqbook.com
地　　址：北京清华大学学研大厦 A 座　　邮　　编：100084
社 总 机：010-62770175　　邮　　购：010-62786544
投稿与读者服务：010-62776969，c-service@tup.tsinghua.edu.cn
质量反馈：010-62772015，zhiliang@tup.tsinghua.edu.cn
印 装 者： 三河市吉祥印务有限公司
经　　销： 全国新华书店
开　　本： 185mm×260mm　　印　　张：18　　字　　数：454 千字
版　　次： 2018 年 8 月第 1 版　　印　　次：2021 年 7 月第 3 次印刷
定　　价： 52.00 元

产品编号：072929-01

前 言 PREFACE

统计课程是经济、金融、管理类各专业开设的核心课程之一，是进行经济以及各项管理决策所使用的重要数量分析工具，也是人们认识社会的捷径和有效手段。本书着重研究统计方法在各个领域的应用，阐述了统计调查、统计整理和各类分析的基本理论及统计操作方法。

在多年的统计实践中，特别是在统计课程作为省级精品课的教学中，我们对统计课程重新进行了课程定位和实验探讨，针对职业教学的特点，注重实践，寻求更适合高职高专院校的教学方式和方法。基于此，我们编写了《统计原理与实务》，书中体现了统计学科的实用内容和现代化的发展趋势，本着简明适用的原则，从基础理论入手，以统计数据处理和分析为核心，结合实例讲解统计方法，使读者深入浅出、快速掌握统计的基本理论、方法和技能。通过实际操作，学生能应用 Excel 的统计功能，进行数据的采集、整理、编制图表和基本分析。为了开拓读者的视野，本书特别编写了我国国民经济核算的基本理论并介绍了 SPSS（Statistical Package for the Social Science）软件包的统计汇总、统计分析、图表分析、数据输出等功能及 SPSS 在国民经济核算中的应用。

全书共有 9 章，分别为统计绪论、统计调查、统计整理、综合分析、动态分析、指数分析、相关分析、统计推断和国民核算。每章主要结构分为“统计知识”“技能操作”和“技能训练”三部分。各章统计知识课后设有小结与思考；技能操作设有不同的操作项目，每个项目下有技能要求、统计资料、基本任务和操作步骤；技能训练配有参考答案。

周恩荣负责全书的技能操作、技能训练、图片制作、图表计算与设置，以及全书 1～9 章统计知识的撰写。其他老师参与了各章统计知识的部分撰写，分别是：朱瑞负责第 1 章、第 3 章、第 6 章的撰写；赵丽负责第 4 章的撰写；张国洪负责第 8 章的撰写；刘金玲负责第 5 章的撰写；魏娟负责第 2 章的撰写；类成诚负责第 7 章和技能操作的部分撰写，以及相关的图片制作、图表计算与设置、配套教学课件制作等。

本书由周恩荣担任主编，并起草编写了大纲，同时负责全书的总纂、主审定稿及审校。本书在编写过程中参阅了有关资料和著作，并吸收了宝贵的经验，在此向相关作者表示感谢。

由于作者理论水平有限，书中难免有疏漏和错误，恳请广大读者批评指正。

编者

2018 年 2 月

目　录 CONTENTS

第1章　统计绪论

知识要点与技能目标

通过学习，认识统计的基本含义和特点；了解统计学的研究对象及统计的法制与职能；掌握统计总体和总体单位，标志和指标，变异和变量等几组重要的概念；熟悉并深入统计工作全过程。

1.1　统计的含义

统计作为一种社会实践活动，距今已有几千年的历史，而统计作为一门社会科学在几百年的发展中，随着人类社会地不断信息化，已经成为人们认识社会发展规律、经济规律以及认识各门科学的重要工具和手段。经济学家通过生产价格指数和失业率等统计信息可以预测通货膨胀率；金融专家利用统计信息引导客户进行股票投资；企业家根据利润目标、产值指数及市场营销状况，制订企业生产、销售计划；质检部门进行统计抽样采集数据，对产品质量进行检测等。可见，统计的应用范围十分广泛，那么，什么是统计呢？

1.1.1　统计的概念

现实生活中，人们常常听到“统计”这个词，但是，很少有人去区别“统计”的内涵，例如，“第三次全国经济普查对小微企业进行了统计”中的“统计”，是指统计工作；电视新闻联播里“据统计今年的全国……产量”中的“统计”，是指统计资料；“大学一年级我们就学习了统计”中的“统计”，是指统计学。所以，统计有三层含义，即统计工作、统计资料和统计学。

统计工作是运用科学的统计方法，对客观现象的总体，进行科学的统计设计、统计调查、统计整理、统计分析并提供统计资料和统计咨询服务的活动过程。例如，我国的人口普查、经济普查以及企业执行的报表制度等都是统计工作的实践过程，而《第三次全国经济普查主要数据公报》就是统计工作中产生的成果，也是统计资料。

统计资料是统计工作取得的各种反映客观现象数量特征和变化过程的数据资料以及与之相关的其他实际资料。包括经过统计调查等形成的原始记录和统计台账，也包括经过加工整理后的统计表、统计图以及统计分析报告、政府统计公报、统计年鉴等各种数字和文字信息载体。例如，《中华人民共和国 2017 年国民经济和社会发展统计公报》等。

统计学是关于采集、整理、分析研究数据资料，揭示客观事物在一定条件下的数量特征及其规律性的方法和理论。广义上讲的统计学是一门既适用于社会科学又适用于自然科学的通用的方法论科学。本书阐述了作为社会科学分支的社会经济统计学的原理，主要讲解统计设计、统计调查、统计整理、统计分析的基本方法及其结合 Excel 软件的应用。

统计工作、统计资料和统计学分别从三个角度描述统计，但三者之间又是密切联系的，三者都以统计工作为基础。统计资料是统计工作的成果；统计学是统计工作的经验总结和理论概括；反过来，统计学又指导统计工作，推动统计工作不断发展，使统计资料更加完善。

1.1.2 统计的研究特点

统计是从数量方面认识事物的特征及规律的科学方法，是人们认识客观现象、开展调查研究、进行各种分析的重要工具。客观现象的数量方面包括数量特征和数量关系，其所涉及的领域广泛，如人口数量和劳动力资源，财政与税收，收入与分配，商品交换与流通，金融信贷与保险等，因此，统计的研究对象是大量客观现象总体的数量方面。其主要特点如下。

1. 数量性

提到“统计”首先想到的就是“数”。统计就是从数量方面研究客观现象的学科，包括客观现象的规模、水平、数量关系和数量界限。客观现象有质的特征和量的特征之别，统计侧重研究其量的特征，但是，在统计研究过程中只有确定了现象质的特征，才能正确地研究量的关系。换言之，对客观现象数量方面的认识，是以定性认识为基础的，如果对于研究对象质的特征没有明确的了解，那就无法研究其数量特征。例如，要研究国民总收入的发展状况，我们必须掌握国民总收入的属性，才能确定其内涵、范围和计算方法，进而计算和分析相关的指标。因此，对于客观现象数量方面的认识要遵循定性—定量—定性的科学认识规律。

2. 总体性

统计是从整体上反映和揭示客观现象的本质特征和规律，而不在于对个别事物的研究。我们通过对客观现象数量方面的研究，认识客观现象的本质特征和一般规律，而要认识事物的本质和规律，不能仅根据个别现象的资料，必须根据大量的反映客观现象总体的资料。例如，我们研究某地区居民的消费水平，虽然每个居民消费水平有差异，但所有居民的消费水平的变化是有规律的。因此，我们要想了解该地区居民总体消费水平，就要采集足够多的居民相关数据资料，并加以汇总和分析，获得整体居民消费水平的特征。这里强调统计的总体性，并不排除对个别现象数量特征的研究。

3. 客观性

统计所研究的对象是具体的数量，不是抽象的量，也就是说，统计所研究的总体数量是现象在具体时间、地点和条件下的数量，例如，2016 年年末我国内地总人口为 138 271 万人，全年生产图书 86 亿册，则全国人均拥有当年出版图书为 6.22 册。显然这些数据是具体存在的，是具体时间条件下人口和图书的数量表现和数量关系，都有其自身的内在含义。客观性是统计与数学的重要区别，数学所研究的是抽象的量，统计所研究的是客观现象具体的量，两者有着明显区别，然而，统计在研究现象的数量表现时，要广泛地应用数学方法，并遵循一定的数学规则，比如，统计可以通过建立数学模型来表现客观现象之间量的关系。

4. 社会性

所谓社会性是指统计研究的数量是社会经济现象的数量表现，具有社会性。统计研究客体是社会经济现象，例如，我国进行的人口普查、经济普查、农产量抽样调查、环境污染调查、水利资源调查等，都是建立在为社会经济建设基础上开展的统计活动，具有明显的社会性，同时，也是为社会发展和国民经济建设所进行的统计活动，其主体是国家的各级统计组织、统计咨询服务机构及其工作人员，他们的工作与国家利益是一致的，需要社会各方面的广泛响应、配合和支持，统计的主体也有社会性。

目前，统计已经渗透到人类社会活动的所有领域，而在实际统计过程中由于各种因素的存在，导致统计数据的来源具有偶然性和不确定性，因此，统计范围的广泛性和数据的随机性也成为统计的研究特点。

1.1.3　统计的基本作用

统计不论是在宏观决策上还是微观管理上，甚至在我们的日常生活中，都有重要的作用。统计的主要作用可以归纳为服务和监督两个方面。服务就是提供各项数据资料和分析报告等，统计服务是统计工作永恒的主题；监督就是通过对社会经济活动运行过程的检查、分析，达到对社会现象运行态势所进行的适时监控。统计的作用主要表现为以下几个方面。

1. 统计是认识客观现象的工具

人们认识客观现象可以从不同的角度、采用不同的方法来进行，统计作为认识客观现象数量方面的科学方法，能够帮助人们在分析大量信息资料的基础上，揭示客观现象发展变化的数量特征及规律。比如，我们要想了解一个国家、一个地区或一个企业发展的均衡与否，必须借助于统计这个工具，采集大量统计资料和应用统计方法，获知这个国家、地区或企业的规模、水平和发展速度等相关数据信息，进行定性研究和定量分析，从而达到认识客观现象本质的目的，这是统计的基本作用。

2. 统计是提供咨询服务的方式

统计信息作为社会经济信息的主体，具有信息资源的优势，统计方法作为认识社会的特有方法，具有重要的作用。统计是利用所掌握的丰富的信息资源，运用特有的科学方法和技术手段，深入开展综合分析和各项专题研究，为政府、企业和社会公众等提供适用的经济、社会问题的数据分析和调研咨询报告，同时也为科学研究和国际交流提供信息资料，统计在各个领域充分发挥了咨询服务作用。

3. 统计是企业经营管理的依据

统计数据的科学运用，可以帮助企业提高产品质量，提升品牌竞争力。企业的管理者，要搞好本企业的生产经营，不仅要掌握企业的“天周月年”的“人财物”“产供销”等情况，还要及时了解市场的经济信息，根据市场需求安排生产，在激烈的竞争中做到知己知彼，稳稳地占据市场。这就要借助统计的调查研究，从各个方面采集统计资料与信息，使企业的经营管理具有可靠的科学依据。

4. 统计是政府规划决策的依据

统计在各级政府和行政机关广泛应用，是政府编制长期和短期规划的重要依据。统计使政府规划与决策工作建立在科学可靠的数据基础之上。通过统计调查，采集各种社会经济信息，并通过整理、分析形成系统反映现象总体数量表现、比例关系的数据资料，这是政府确定战略目标、制定社会经济长远发展规划的前提，规划制定后还要进行监督、检查，搞好经济预测、进行宏观调控，这些工作同样要以统计为依据。

5. 统计是实行监督检查的工具

统计监督主要是通过采集、整理、分析统计信息，及时、全面地反映经济运行状态，检查、分析、监测经济活动是否符合预定目标，及早预测可能出现的问题和错误，从而提出意见和建议，帮助各级政府部门以及企业决策者采取措施，保证社会经济活动能沿着预定的目标轨道运行，实际上这也是一种高层次的服务，服务之中有监督。此外，统计监督还体现在对虚报、瞒报统计数字，伪造、篡改统计资料的违法行为进行监督。

统计产生于应用，又在应用中发展。随着经济社会的进步和计算技术的迅速发展，统计的应用会不断完善，统计将在所有领域发挥重要作用。

1.2 统计职能与统计工作

1.2.1 统计的法制与职能

1. 统计法制

统计的法制是将统计工作的性质、任务、管理体制、工作制度、机构设置、有关当事人的职责、权利、义务以及奖惩等事项用法律形式确定下来。这对于稳定经济政策，巩固统计改革的成果，保障统计人员权利，促进社会主义现代化建设事业的发展都有重要的意义。

《中华人民共和国统计法》(以下简称《统计法》)，于 1983 年 12 月 8 日由第六届全国人民代表大会常务委员会第三次会议通过；1987 年 2 月国家统计局又发布了《中华人民共和国统计法实施细则》，对我国统计法的基本内容作了具体规定；1996 年 5 月 15 日第八届全国人民代表大会常务委员会第十九次会议和 2009 年 6 月 27 日第十一届全国人民代表大会常务委员会第九次会议，先后对《统计法》进行了修订。这些使我国统计工作逐步走上了法制的轨道，为科学有效地组织和开展统计工作，保障统计资料的准确性、及时性、全面性、有效性，并充分发挥统计在经济建设中的服务和监督作用，提供了有力的法律保证。

《统计法》明确了社会经济统计在我国社会主义现代化建设中的作用、任务和职能，以及参与统计活动当事人各方面的权利义务，提供了统计活动的准则，使统计工作有章可循。

《统计法》保障了统计机构和人员独立行使职权，不受侵犯，同时对统计人员资质有明确规定。《统计法》第三十一条规定，“国家实行统计专业技术资格考试、评聘制度，提高统计人员的专业素质，保障统计队伍的稳定性。”

目前，我国统计法制还需要不断建设，各级统计机构需进一步拓展统计范围，健全统计指标体系，不断完善统计体制机制，坚持和实行依法统计，促进统计工作的统一规范，进一步提高数据质量，为社会经济发展战略提供更加真实可靠的决策依据。

2. 统计职能

统计职能是统计作为一门方法论科学在社会经济管理中所具有的功能。根据现代管理科学的理论，国家管理系统应由科学的决策系统、高效的执行系统、灵敏的信息系统、完备的咨询系统和严密的监督系统所组成。统计工作作为国家管理系统的重要组成部分，同时兼有信息、咨询和监督三种职能。

统计的信息职能是指根据科学的统计指标体系和统计调查方法，系统地采集、整理、储存和提供大量的以数量描述为基本特征的社会经济信息资源。统计是对客观现象各方面的大量数据资料进行采集、加工、归纳和分析，得出能反映客观现象总体数量特征的信息，其具有全面性、系统性和社会性特征，因而它是社会经济信息的主体。统计的信息职能是统计最基本的职能。

统计的咨询职能是利用已掌握的信息资源，运用科学的方法和先进的技术手段，进行综合分析和专题研究，为社会经济活动的科学决策和管理提供各种咨询建议，是统计信息职能的深化和发展。我们要以科学的理念和手段，全面真实地反映社会经济建设的进展情况，广泛深入地进行定量分析和研究，更好地服务于各级政府机关及企事业单位。

统计监督职能是利用统计信息，对社会经济的运行状态进行定量检查、监测和预警，揭示社会经济运行中出现的偏差，提出矫正意见，预警可能出现的问题，提出对策，以促使社会经济持续、健康地发展。统计的监督职能是在信息职能、咨询职能基础上地进一步拓展，只有提高信息职能、咨询职能的质量，才能强化统计的监督职能。

统计的三种职能构成一个有机整体，是统计优质服务不可分割的三个方面。信息职能是统计工作最基本的职能，是统计咨询和统计监督职能得以有效发挥的前提，没有统计信息，统计咨询和统计监督就无从谈起；反之统计咨询和统计监督又是统计信息职能的延续和深化。只有把三者结合起来，才能充分体现和发挥统计工作在宏观调控和微观管理中的重要作用。

1.2.2　统计的工作过程

统计对客观现象的研究过程，也就是对整个客观现象的认识过程。统计的认识活动与人类其他的认识活动一样，也是一个由浅入深、由表及里、不断深化的过程。统计工作是运用统计特有的方法对客观现象进行调查研究，从而认识其本质和掌握其规律性的一种认知活动。从理论上讲，一项完整的统计工作可分为四个阶段，即统计设计、统计调查、统计整理和统计分析。

统计设计是根据统计研究对象的特点和研究的目的、任务，对统计工作的各个方面和各个环节的整体考虑和安排，是统计认识过程的第一阶段，即定性认识的阶段。统计是一项需要高度集中统一的工作，无论是统计总体范围、统计指标的口径和计算方法，还是统计分类和分组的标准，都必须统一，绝不允许各行其是。因此，只有事先进行统计设计，才能做到统一认识、统一步骤、统一行动，使统计工作协调有序进行，保证统计工作的质量。统计设计在统计工作中具有决定性的作用。统计设计的结果表现为各种标准、规定、制度、方案和办法。

统计调查是根据统计设计的内容、指标和指标体系的要求，有计划、有组织地对所研究总体的各个单位进行观察、登记，准确、及时、系统、完整地采集统计原始资料的工作过程，是统计认识过程的第二个阶段，是定量认识的阶段。统计用数字说话，而各种统计数字都直接来自于统计调查，管理者、决策者和科研工作者都需要根据大量翔实的统计信息进行管理决策和科学研究。统计调查是统计整理和统计分析的基础。调查的组织形式主要有统计报表制度、普查、抽样调查、重点调查、典型调查等。

统计整理是指根据统计研究的目的，运用科学方法，将统计调查得到大量数据资料，按照一定标志进行科学的分组和汇总，使其条理化、系统化，将反映各个单位个别特征的资料转化为反映总体和各组数量特征的综合资料的工作过程。这是统计认识过程的第三阶段，也是我们对客观现象的认识，由对个体的认识过渡到对总体的认识，由感性认识上升到理性认识的必经阶段，是统计调查阶段的深入和继续，又是统计分析阶段的基础和前提，起着承上启下的作用。统计整理的结果表现为各种统计表、统计图等。

统计分析是在统计整理的基础上，根据研究目的和任务，利用科学的统计分析方法，对统计研究对象的数量方面进行计算、分析，认识和揭示所研究现象的本质和规律，做出科学结论，并提出建议和进行预测的工作过程。统计分析是统计工作的最后阶段，也是统计发挥信息、咨询和监督职能的关键阶段。

统计的研究对象是客观现象总体的数量方面，目的是认识其本质和规律。因此，整个统计工作过程必须正确处理质与量的辩证关系、感性认识与理性认识的关系、定性认识与定量分析的关系。统计设计是对客观现象进行定性认识的开始，是定量认识的必要准备；统计调查和统计整理是对原始数据进行采集、整理，使个体特征过渡到总体特征的定量认识；统计分析则是运用统计方法对资料进行比较、分析、推断和评价，揭示现象本质和规律的定性认识。

统计工作过程四个阶段各有其特定的内容和作用。它们是相互联系、相互制约的整体，在某些情况下，因工作需要，各阶段工作要相互渗透，交叉进行。

1.2.3 统计的基本方法

统计是一门方法论科学，在长期的统计实践活动中，人们根据统计研究对象的特点和研究目的的需要，总结和创造出了一系列统计科学的研究方法。其中大量观察法、统计分组法、综合指标法和统计推断法是最基本、最主要的研究方法。

1. 大量观察法

大量观察法是统计学所特有的方法，也是统计调查阶段的基本方法，是对总体中足够多的单位进行观察并综合分析的方法。例如，通过在十字路口观察交通流量，调整某一方向交通信号灯时间的长短。统计工作之所以要运用大量观察法，是由统计研究对象的数量性和总体性决定的。总体单位不能反映出总体的特征和一般规律，为了消除总体单位资料间的差异，则要求统计必须采集足够多的总体单位资料，从而反映出总体的数量特征和一般规律。在我国统计实践中，广泛运用了大量观察法组织多种统计调查，如统计报表、普查、重点调查和抽样调查等。

2. 统计分组法

统计分组法是依据总体的特点和研究目的，按照一定的标志，将客观现象划分为不同类型或不同性质的组，对总体进一步深入研究的方法。例如，研究不同商业企业的经营效益时，可以按照经营类型或经营的规模等标志分成不同的组，再进一步研究它们的经营状况。客观现象是十分复杂的，具有多种多样的类型，通过分组，可以区分客观现象的不同类型，认识各类现象之间的内在联系，从而阐明事物的本质和发展规律性。统计分组法是统计整理阶段专门采用的一种方法，贯穿统计工作的全过程。统计调查离不开统计分组，统计资料的加工整理中，分组是关键环节，统计分析更是不能没有分组，统计分析中综合指标的应用就是要建立在统计分组的基础上，没有科学的分组，要制定正确的统计指标体系也是不可能的，这些都说明分组法是统计研究的基本方法。

3. 综合指标法

综合指标法是运用综合指标进行统计分析的基本方法。综合指标是用以说明客观现象的总体特征，反映其数量多少和数量关系的统计指标。在统计分析中，广泛运用总量指标、相对指标和平均指标分析方法，综合反映客观现象在具体时间、空间条件下的规模水平、比例关系、发展速度、集中趋势，并进一步从动态上研究现象发展趋势和变化规律，使我们对所研究的事物有一个深入的认识。

4. 统计推断法

统计推断法是在一定的概率保证程度下，以样本数据推断总体数量特征的归纳推理方法。统计在研究现象的总体数量关系时，需要了解的总体对象的范围往往是很大的，有时甚至是无限的，因此，在实践中统计工作可以观察部分单位或有限单位进行计算和分析，根据局部观察结果来推断总体。例如，要说明一批灯泡的平均使用寿命，可以从该批灯泡中抽取一部分进行检验，以检验的结果来推断这一批灯泡的平均使用寿命，并给出这种判断的置信程度。统计推断在统计研究中得到了极为广泛的应用，它既可以用于对总体参数的估计，也可以用于对总体某些分布特征的假设检验。从这个意义上说，统计学是在不确定条件下做出决策或推断的一种方法。

1.3　统计中的基本概念

统计学是对大量客观现象的数量特征进行计量描述和分析推断的方法论科学。在研究统计理论和方法过程中，人们运用了统计总体和总体单位、统计标志和统计指标以及变异、变量和变量值等一系列重要概念。

1.3.1 统计总体和总体单位

1. 统计总体

统计总体，简称总体，是根据统计研究目的确定的所要研究对象的全体。它是客观存在的、具有某种共同性质的许多个别事物构成的集合体。例如，调查某市本年各高校招生情况，该市所有的高校就构成统计总体。每一所高校都是客观存在的，而且它们具有共同的性质，即都从事高等教育，都向社会提供大学生的培养和教育服务。确定了这个总体，就可以研究该市高校招生的各种数量特征，如对招生总数量、男生数量、女生数量、生源情况等进行统计和研究，对高校招生的各种比例、计划招生率等进行分析。

2. 总体单位

总体单位，简称个体，是构成总体的个别单位。它是所要统计的各种数量特征的承担者。如前例中的“该市所有的高校”为总体，则“每一所高校”就是一个总体单位。根据统计研究的目的不同，总体单位可以是人、物，也可以是企业、机构、地区等。例如，我们要研究某企业职工生活状况，该企业所有职工就构成总体，每名职工就是总体单位；要研究全国大型企业发展状况，全国所有大型企业就构成总体，而每个大型企业就是总体单位。因此，如果说总体是集合的概念，那么总体单位则是集合体的元素。一般总体单位是以自然单位计量的。

在统计研究中，确定总体与总体单位的范围是十分重要的，它决定于客观事物的性质和统计研究的目的。随着研究目的和任务的变动，总体和总体单位可以变换，它们具有一定的相对性，当研究目的和任务确定后，总体和相应的总体单位也就固定下来了。

3. 总体的特征

作为统计总体，它必须同时具备以下四个基本特征。

客观性。客观性是指构成总体的每一个单位都是客观存在的事物。统计研究的目的，是要揭示客观事物的规律性，而作为统计总体，它既不应是抽象的，更不应是虚构的。例如，我们要调查某高校教师的收入情况，这所高校的所有教师构成了统计总体，每一名教师就是总体单位。统计总体的客观性是统计研究的基础，只有保证总体的客观性，才能保证采集的资料是真实的。

同质性。同质性是指一个统计总体的所有单位必须具有一个不变标志，使各单位在性质相同的基础上结合在一起构成总体。只有同质性的总体，才能说明总体的综合数量特征。如果将不同性质的单位混杂在一起，将无法说明这些单位的数量特征，如前例，我们要研究全国的国有大型企业发展状况时，构成总体的是全国所有的国有大型企业，而每个国有大型企业就是总体单位。这些“个体”企业的共同性质主要有，企业经济类型和企业规模。可见，构成总体的这些总体单位至少在某一方面性质相同，即总体具有相同的性质。同质性是统计研究的条件，只有保证了总体的同质性，采集到的数据才有研究价值。因此，科学地规定总体，是正确地确定统计的对象和范围，做好统计工作的基本前提。

大量性。大量性是指总体由足够多的总体单位构成，个别或少量单位不能形成总体，这是由统计研究对象的特点和统计研究的目的决定的。统计的研究对象是现象总体的数量特征与数量关系，由于个别现象往往具有特殊性和偶然性，因而不能足以代表和说明总体特征。只有在大量的个体事物中，才能获得较准确的变化规律。因此，大量性是构成总体的基本前提。例如，我们要研究我国高校毕业生就业情况时，只调查一个或少数高校，显然是不够的，只有对大量高校进行调查，才能准确得出我国高校毕业生的就业情况。

差异性。差异性是指总体的各个单位除了在某个或某些方面具有相同的性质，在其他方面都或多或少地存在差异。例如，调查我国高职院校学生的生活情况，这些学生接受的是同样的高等职业教育，属于相同的性质，其他如院校、专业、性别、年龄、消费水平等是各不相同的。如果总体中每一个别单位在所有方面的性质都相同，也就没有必要进行统计研究了。因此可以说差异性是统计研究的前提，统计研究客观现象，就是通过研究总体单位的变异情况来反映总体的综合特征。

组成总体的四个特征是密切相连的，客观性是统计研究的基础，同质性是组成总体的条件，大量性是统计研究的根本要求，差异性是统计研究的前提和主要内容，四者缺一不可。

1.3.2 统计标志和统计指标

1. 统计标志

统计标志是指用来说明总体单位数量特征或属性特征的概念或名称。如人的性别、民族、企业的产量、职工人数、经济类型、隶属关系等特征，统计上把这些特征名称叫作统计标志，简称标志。

在对某企业职工生活情况进行调查时，其全部职工构成总体，而每一个职工则是总体单位，职工的性别、民族、年龄、工资等是标志。如某职工性别“女”，民族“汉”，年龄“36岁”，工资“5 000 元”，则“女”“汉”“36 岁”和“5 000 元”都是标志所对应的表现，统计上将标志特征在各单位的具体体现称作标志表现。标志和标志表现，是统计调查中所要登记的项目，它是统计认识客观现象的起点。

根据表现形式不同，标志可分为品质标志和数量标志两种。品质标志表示事物质的特征，只能用文字说明而不能用数值表示。如人的性别、民族、企业经济类型、隶属关系等，品质标志在标志名称之后表明质的属性。数量标志则是表明事物量的特征，是用数值表示的。如上例，职工的年龄“36 岁”，工资“5 000 元”等，数量标志在标志名称之后表明具体数值。

根据变异情况，标志可分为可变标志和不变标志。在总体各单位上的具体表现不尽相同的标志，称为可变标志。可变标志是统计研究的前提，没有可变标志，也就没有统计研究的意义，这也是前面讲的总体的差异性。在总体各单位上的具体表现都相同的标志，称为不变标志。不变标志是构成统计总体的前提，没有不变标志，就没有统计总体，这也就是前面讲的构成总体的各个单位至少有一个不变标志。

2. 统计指标

统计指标是说明总体数量特征的科学概念及其综合数值。它是运用科学的统计方法，对总体各单位的数值表现汇总得到的。统计指标一般是由指标名称和指标数值两个部分组成的，是事物量的规定性与质的规定性的统一。然而在统计实践中，要完整地表述这一统计指标，则应包含指标的时间、空间、名称、指标数值、计量单位和计算方法等要素。例如，“2016

年我国国内生产总值为 744 128 亿元人民币。”我国国内生产总值及各产业增加值绝对数按现价计算。

统计指标具有数量性和综合性的特点。数量性是指统计指标反映的必须是能用数字表现的、可以实际进行计数的现象，不存在不能用数值表现的统计指标。综合性是指统计指标反映的对象是总体，而不是个体，它是由许多个体现象的量综合得到的结果。例如，一个人的年龄、工资不是指标，而许多人的平均年龄、工资总额或平均工资才是指标。

统计指标按其所反映总体的内容不同，可分为数量指标和质量指标。

数量指标是反映现象总体规模和水平，用绝对数表示的，具有实物单位、货币单位和劳动单位，说明总体总量或标志总量，由数量标志值汇总而成。其大小取决于总体单位数目的多少及其标志水平的高低。如全国总人口、工资总额、企业总数、国内生产总值、销售收入、资产总额、总成本、总利润等。

质量指标是反映现象总体相对程度，用相对数或平均数形式表现，其计量单位为无名数或有名数，是平均水平或相对水平的统计指标，是总量指标的派生指标，通过数量指标计算出来的，反映现象之间的内在联系和对比关系，可以说明现象发展的规律性。如劳动生产率、单位成本、设备利用率、单位产品原材料消耗量、利润率、人口出生率等。

3. 统计标志与统计指标的关系

从统计指标的概念和特点可以看到统计指标与统计标志有着密切联系，统计标志是统计指标建立的基础。许多统计指标的数值是由数量标志值直接汇总而来的，例如，将某县各乡耕地面积数汇总得到该县总的耕地面积数；而品质标志只有通过对总体单位计数才能形成指标，例如，了解某行业 1 000 个企业的规模特征，企业规模就是品质标志，通过统计，有大型企业 100 个，中型企业 600 个，小型企业 300 个，则 1 000 是指标，100、600 和 300 同样是指标。

统计标志和统计指标之间存在相互转换的关系。随着研究对象的不同，总体和总体单位的变化，使得相应的标志和指标也发生转换，换言之，如果原来的总体单位变成了统计总体，则与之相对应的数量标志也就变成了统计指标了。例如，当我们研究某省高校使用多媒体教学的状况时，该省所有的高校构成一个统计总体，每一所高校是一个总体单位，每一所高校的多媒体教室数量就是标志值，汇总得到的全省高校多媒体教室总量就是指标值；当我们研究其中某一所高校使用多媒体教学的状况时，该学校各个教学部门就构成统计总体，则这一学校的多媒体教室数量就是指标值了。

统计标志和统计指标的主要区别有：

统计标志和统计指标说明的对象不同。统计标志是说明总体单位特征的；而统计指标是说明总体数量特征的。一般统计指标都具有综合性，而统计标志不具有综合性。

统计标志和统计指标表示的方式不同。统计标志有不能用数值表示的品质标志和可以用数值表示的数量标志两种；而统计指标无论是数量指标还是质量指标，都是用数值表示的，没有不能用数值表示的统计指标。

4. 统计指标体系

单一统计指标反映的只能是总体的某一数量表现，有着很大的局限性，因此，要反映总体的全貌，描述客观事物的全过程，需要多个指标共同反映。例如，要了解我国人口的综合情况，不仅要知道全国总人口数，还要掌握人口性别比例、民族构成、人口增长率、人口密度、少年人口数、老年人口数、城镇人口数、农村人口数、文盲率等一系列指标，这就形成了人口指标体系。指标体系是指由一系列相互联系的指标所构成的整体，用以研究现象的各方面相互依存和相互制约的关系。由于各个指标分别从不同的角度反映了总体的数量特征，以使我们深入分析各种因素对总体变动的影响方向及影响程度。

1.3.3　变异、变量和变量值

1. 变异

在统计总体中，各总体单位的标志表现可以是不相同的。所谓变异，就是标志的具体表现的差异。标志按变异情况可分为不变标志和可变标志。当一个标志在各单位的具体表现都相同时，称为不变标志；表现有不同时，称为可变标志。例如，某高校全部学生作为总体，则学生的专业、年级等是可变标志。如果以统计专业的学生为总体，则学生的专业就是不变标志了。变异是普遍存在的，而且有属性变异和数值变异之分。属性变异是指现象品质标志在具体表现上的差异；数量变异，是指数量标志在具体表现上的差异。

2. 变量与变量值

所谓变量，是指可变的数量标志，变量的具体取值为变量值。例如，某金属制品企业第一车间各班组“日产量”就是一个变量，一班日产量为 600 件，二班日产量为 650 件，三班日产量为 700 件……“600、650、700……”是这个变量的不同取值，就是其变量值。

变量按照是否连续可分为连续型变量与离散型变量两种。连续型变量的数值是连续不断的，相邻两个数值可作无限分割，严格来说，都可以细算到若干位小数。如人的身高、体重等，连续变量要通过测量或计算的方法取得；离散型变量的数值可按一定顺序一一列举，其数值表现为断开的，如企业个数、职工人数、设备台数等，都只能取整数，不可能有小数。离散变量只能用计数的方法取得。

本章小结

本章介绍了统计的基本概念，使读者对统计有一个初步的了解，为更好地理解和应用统计方法奠定了基础。统计有三层含义，即统计工作、统计资料和统计学。统计工作、统计资料和统计学分别从三个角度描述统计，三者之间又是密切联系的。统计资料是统计工作的成果，统计学是统计工作的经验总结和理论概括，统计学指导统计工作。

统计是从数量方面认识事物的特征及规律的科学方法，是人们认识客观现象、开展调查研究、进行各种分析的重要工具。统计的研究对象是大量客观现象总体的数量方面。

统计不论是在宏观决策上还是微观管理上，甚至在我们的日常生活中，都有重要的作用。统计的主要作用可以归纳为服务和监督两个方面。

统计的法制是将统计工作的性质、任务、管理体制、工作制度、机构设置、有关当事人的职责、权利、义务以及奖惩等事项用法律形式确定下来。统计职能是统计作为一门方法论科学在社会经济管理中所具有的功能。统计有信息、咨询和监督三种职能。

统计对客观现象的研究过程，也就是对整个客观现象的认识过程。统计的认识活动是由浅入深、由表及里不断深化的过程。一项完整的统计工作可分为四个阶段，即统计设计、统计调查、统计整理和统计分析。

统计是一门方法论科学，在长期的统计实践活动中，主要应用的研究方法有，大量观察法、统计分组法、综合指标法和统计推断法。

统计学是对大量客观现象的数量特征进行计量描述和分析推断的方法论科学。在研究统计理论和方法过程中，人们运用了统计总体和总体单位、统计标志和统计指标以及变异、变量和变量值等一系列重要概念。

统计总体是根据统计研究目的确定的所研究对象的全体。总体单位是构成总体的个别单位。统计总体具有客观性、同质性、大量性和差异性四个特性。

统计标志是指用来说明总体单位数量特征或属性特征的概念或名称。根据表现形式不同，统计标志可分为品质标志和数量标志两种。

统计指标是说明总体数量特征的科学概念及其综合数值。统计指标按其所反映总体的内容不同，可分为数量指标和质量指标。统计指标是说明总体数量特征的，而统计标志是说明总体单位特征的。从统计指标的概念和特点可以看到统计指标与统计标志有着密切联系，统计标志是统计指标建立的基础。统计标志和统计指标之间存在相互转换的关系。

所谓变异，就是标志的具体表现的差异。所谓变量，是指可变的数量标志，变量的具体取值为变量值。

本章思考

1. 怎样结合实际生活理解统计的含义？
2. 统计的研究特点有哪些？
3. 统计的工作过程包括哪几个阶段？
4. 标志和指标有哪些区别和联系？

第2章 统计调查

▶ 知识要点与技能目标

通过学习，了解数据的计量与类型，明确统计调查是有计划、有组织地采集统计资料的工作过程。掌握各种统计调查方法的特点及其应用条件，掌握统计数据的处理流程和各种方法，应用调查问卷法进行一次调查实践。了解Excel是统计工作的基本工具，应用Excel进行统计抽样。

2.1 统计数据的分类

统计数据是对客观现象进行分类与计量的结果，采用的分类与计量方式不同，可以得到不同类型的统计数据，而不同类型的统计数据需要用不同的统计方法进行分析，因此，人们在采集统计数据之前，先要对客观现象进行计量或测量。按照计量学的一般分类方法以及对事物计量的精确程度，可将计量方式由低级到高级、由粗略到精确分为不同的层次。下面介绍区别和认识统计数据的类型。

2.1.1 统计数据的计量

我们知道任何一种定性的事物，都可以用一定的定量数据来表示，例如，一袋面粉重量为20kg，一个人身高为182cm，一个地区有500个工业企业等。从这些现象的数据中我们可以发现客观现象是可以度量的。

在统计学中我们对总体数量特征的登记、分类、计算等就是统计数据的计量，客观现象的可量性决定了在对其进行研究时，必须予以量化，从数据量化的抽象程度不同，大体分为定类数据、定序数据、定距数据和定比数据四种类型。

1. 定类数据

定类数据是将事物按照其某种属性进行平行的分类或分组。这种分组只能测度事物之间的类别差，其他差别无法得知。因此，定类数据是最粗略、精度最低的数据，也是最基本的数据。例如，铁路运输服务项下，划分为“铁路旅客运输服务”“铁路货物运输服务”，就是按照运输服务的对象，即服务属性进行归类。在人口统计中，按性别分组，将人口分为男性和女性；按民族分组，将人口分为汉族、回族、苗族等人口。

2. 定序数据

定序数据是对事物之间等级差别和顺序差别的一种测度。它不仅可以测度类别差，还可以确定排列顺序，这种测定的量度层次要比定类数据高一些，但是这种测量的数据不能显示类别之间的准确差值，只能比较大小，不能进行加、减、乘、除的数学运算。例如，产品按其质量高低列成一等品、二等品、三等品；学生的成绩可排列为优、良、中、及格、不及格等。但究竟一等品与二等品，二等品与三等品之间以及优与良，良与中之间相差多少却难以判断。再如，对于文化程度，大学高于高中，高中高于初中，但大学到底比高中高多少，高中又比初中高多少却也无从判断，即无法测量出类别之间的准确差值。

3. 定距数据

定距数据是对事物类别或次序之间距离的测度。该数据通常使用自然或物理单位计量，这是比前两种数据更精确的计量数据。例如，20℃和30℃相差10℃，−30℃和−20℃也是相差10℃。再如，20m比10m高10m。定距数据可以进行加、减的运算，不能进行乘、除的运算。其原因为定距数据中没有绝对零点，即“0”不代表什么都没有，而是有实际意义的。例如，温度就是一种典型的定距变量，0℃不代表没有温度而是表示结冰点。

4. 定比数据

定比数据是对事物绝对差异和相对差异所做的测量。定比数据和定距数据的唯一区别是，定比数据有绝对零点，定比数据中的“0”表示没有，或者是理论上的极限。因此，定比变量不仅可以进行加减的运算，还可以进行乘除的运算，适用于计算集中程度和离散程度的所有指标。比如，绝对零点只能无限接近，不可能完全达到。如果一个物体的体积为零，那么它要么不存在，要么是数学中的抽象概念。例如，几何中的点、线、面的体积都为零。

在测定数据的应用中，同类事物用不同的数据量化，会得到不同的数据。例如，农民的收入数据，按实际收入分组是定距数据；按高、中、低收入水平分组是定序数据；而按有收入或无收入分组则成为定类数据了。

2.1.2 统计数据的类型

前面按照对事物计量的精确程度，数据分为定类数据、定序数据、定距数据和定比数据，从这四种计量的结果来看，统计数据又可分为定性数据和定量数据两种类型。

1. 定性数据

定性数据也称品质数据，它说明的是事物品质特征，是不能用数值表示的，其结果通常表现为类别，这类数据是由定类数据和定序数据计量形成的。例如，企业按规模分组，可以分为大型、中型和小型企业；企业按经济类型分组，可以分为公有经济与非公有经济等。

2. 定量数据

定量数据也称数量数据，它说明的是现象的数量特征，是能够用数值来表现的，这类数据是由定距数据和定比数据计量形成的。对不同类型的数据，可采用不同的统计方法处理和分析。比如，品质数据通常可以计算出各组的频数或频率，而数量数据则可以用更多的统计方法进行处理。

需要指出的是从本质上来说，定性数据的表现是文字，是描述性的；定量数据的表现是数字，是度量性的。但有时我们也用数字来区别定性数据，比如，用“1”表示性别为“男”，用“2”表示性别为“女”，表面上看它们也是用数字表示的，但这只是一种规定，对应关系具有随意性，如果用“1”表示性别为“女”，用“2”表示性别为“男”，也是一样可行的，并不会影响这个问题的结果，就是用“0”表示性别为“男”，用“1”表示性别为“女”也可以，这也说明其本质是不能用数字来表示的。而定量数据的取值直接反映了其属性，是不能随便改变的，比如，表示人的身高时，身高为 166cm 肯定是低于身高为 180cm，这是毋庸置疑的，是不可改变的事实。也就是说，人的身高取值不是可以随便规定的。

2.1.3　统计数据的来源

所有的统计数据如果追本溯源都来自于调查或实验。但是，从使用者的角度看，统计数据的来源主要有直接来源和间接来源两个渠道，由此得到直接数据和间接数据。

1. 直接数据

通过自己的调查或实践活动直接获得的第一手统计数据即原始统计数据，我们称为统计数据的直接来源。比如，我们想要了解北京市的房地产商品住宅的平均价格，那么我们亲自或委托他人直接调查所采集到的价格信息，就属于第一手资料，这些价格信息属于统计数据的直接来源，也可以称为直接数据。

2. 间接数据

如果与研究内容有关的资料是别人调查采集的，或者有一些历史遗留的统计数据，我们只是对这些原有的信息重新加工整理，使之成为我们进行统计分析可以使用的数据，我们把这些数据称为统计数据的间接来源。例如，统计部门和各级政府部门公布的统计信息，定期发布的统计报表资料，定期出版的各类统计年鉴等，这些信息都属于统计数据的间接来源，也可以称为间接数据。

间接来源的统计数据又称为第二手统计数据或次级统计数据，虽然具有采集方便，成本较低的特点，但是第二手资料并不是专门为你所研究的问题设计的，相关性不够，因而在回答你的问题时，存在很大的局限性或有可能不准确，所以我们在使用时要特别的谨慎。

2.2　统计调查的方案

统计调查是把客观现象作为一个整体，按照预定的统计任务，运用科学的调查方法，有组织、有计划地对这一整体进行登记，以取得系统数据资料的过程。统计调查既是认识现象总体的开始，也是进行资料整理和分析的基础环节。

统计调查的基本任务是获取反映客观现象总体或总体单位的相关数据资料信息。采集数据的准确性和及时性是衡量统计调查工作质量的重要标志。

了解了统计数据的分类，清楚了可以利用哪些统计数据，现在的关键问题是如何去采集统计数据？用什么方法采集？有哪些采集过程？这是下面将要讨论的重点问题。

2.2.1 统计设计的含义

拥有一定的统计资料是统计研究的基础，而获取高质量统计资料是以统计设计为前提的，由此可以看出统计设计在数据采集过程中的重要性。

统计设计是根据统计研究对象的性质和研究目的，对统计工作的各个方面和各个环节的通盘考虑和安排，是制定各种活动方案的过程。统计工作的各个环节，是指统计工作具体进行时的各个阶段，包括统计数据的采集，统计数据的汇总和整理，统计数据的分析研究等。

统计设计作为一个独立的阶段，是由统计研究的目的决定的。只有通过统计设计，才能保证统计工作的协调进行和统计标准的统一；只有通过统计设计才能分清主次，采用各种统计方法，避免重复和遗漏，使统计分析工作有序进行。

统计设计从不同的角度来考察，有不同的分类。

统计设计按照研究对象的不同，可分为整体设计和专项设计。整体设计是指以研究对象为一个整体，对整个统计工作进行的全面设计。整体设计的范围可根据研究目的不同而有大有小，我们既可以把对一个企业统计研究的设计作为整体设计，也可以把对一个国家统计研究的设计作为整体设计。专项设计是对研究对象的某一部分的统计设计。如果我们调查一个地区的企业发展状况，对该地区全部企业的统计工作进行设计是整体设计，只对该地区的大型企业的统计工作进行设计，就是专项设计。

统计设计按照工作阶段的不同，可分为全过程设计和单阶段设计。全过程设计是对统计工作全过程的通盘考虑，单阶段设计是对统计工作的某一个阶段的安排。统计工作包括统计设计、统计调查、统计整理和统计分析，对这四个阶段的设计我们叫作全过程设计，而对其中一个阶段的设计叫作单阶段设计。

统计设计按照计划时期的不同，可分为长期设计、中期设计和短期设计。一般来说，长期设计是指五年以上的统计设计，短期设计是一年或一年以内的统计设计，中期设计是介于长期设计和短期设计之间的统计设计。

2.2.2 调查方案的内容

随着科学技术的不断进步，采集统计数据的方式方法越来越多，但无论采用哪一种采集数据的方法，都要事先根据需要和可能，对研究对象进行定性分析，设计出调查方案。调查方案的设计是统计设计阶段的一项重要内容，是保证统计调查顺利进行的前提，也是准确、及时、系统、完整地取得调查资料的重要条件。统计调查方案的基本内容一般有以下几个方面。

1. 调查目的

我们采集的统计资料是为了说明或分析问题的，同时也是为一定研究目的服务的，所以在设计调查方案时首先要明确调查的目的和任务。研究的对象不同，采集的资料就不同，而调查的目的和任务，主要由实际需要并结合调查对象自身的特点来确定。

例如，2016年第三次全国农业普查方案明确了“农业普查是全面了解‘三农’发展变化情况的重大国情国力调查。组织开展第三次全国农业普查，查清我国农业、农村、农民基本情况，掌握农村土地流转、农业生产、新型农业经营主体、农业规模化和产业化等新情况，反映农村发展新面貌和农民生活新变化，对科学制定‘三农’政策、促进我国实现农业现代化、全面建成小康社会，具有十分重要的意义。”第三次全国经济普查的主要目的是“全面调查了解我国第二产业和第三产业的发展规模及布局；了解我国产业组织、产业结构、产业技术的现状以及各生产要素的构成；摸清我国各类企业和单位能源消耗的基本情况；建立健全覆盖国民经济各行业的基本单位名录库、基础信息数据库和统计电子地理信息系统。通过普查，进一步夯实统计基础，完善国民经济核算制度，为加强和改善宏观调控，科学制定中长期发展规划，提供科学准确的统计信息支持。”我国人口普查的目的是“为准确地查清我国人口在数量、地区分布、构成和素质方面的变化，为科学地制定国民经济和社会发展的战略与规划，统一安排人民的物质和文化生活，检查人口政策的执行情况，提供可靠的资料。”

2. 调查对象、调查单位与报告单位

调查目的和任务明确后，又有了一个新的问题摆到了我们的面前。我们究竟应该向谁去调查，或者在众多的潜在调查者中，哪些才是我们要采集的真正有用资料，我们该如何确定受访对象。

调查对象是指在某项调查中需要进行调查研究的客观现象的总体，它是由性质相同的许多个别事物组成的。在设计调查方案时首先要根据调查目的，科学的确定调查对象。例如，第三次全国农业普查的登记对象是，“中华人民共和国境内的农业经营户、农业经营单位、居住在农村且有确权（承包）土地的住户。”又如，要了解2017年我国外贸企业情况，那么我国所有的外贸企业就是我们的调查对象，同时，还必须对调查对象的内涵与外延要有清晰的界定，只有这样才能保证资料不被遗漏，保证统计资料的准确性及完整性。

调查单位是指在调查的客观现象总体中的个体，即统计调查过程中登记各个调查项目的承担者。在上面的例子中，每一家外贸企业就是调查单位。例如，人口普查每10年进行一次，尾数逢“0”的年份为普查年度。人口普查的调查对象是具有中华人民共和国国籍并在中华人民共和国境内常住的人。人口普查的调查单位是每一个人。农业普查也是每10年进行一次，尾数逢“6”的年份为普查年度。第三次全国农业普查的现场登记工作从2017年1月1日开始，第三次全国农业普查的调查单位是，每一个“住在农村的”和“从事农业的”单位和个人。

报告单位（或填报单位）是指负责向上报告调查内容，提交统计数据资料的单位。根据调查任务不同，报告单位与调查单位两者有时一致，有时不一致。例如，我们对天津市工业企业某种型号设备的调查，其调查单位就是天津市工业企业每一台这种型号的设备，而报告单位则是具有某种型号设备的每个工业企业，调查单位与报告单位两者不一致。如果调查任务是了解天津市工业企业的生产情况，则调查单位与报告单位就一致了，即都是天津市每个工业企业。

3. 调查项目与调查表

调查项目是指调查单位所要调查的主要内容，确定调查项目就是要明确向调查者了解什么问题。调查表就是，当我们提出了一些问题，获得了一些信息资料以后，我们应该把这些资料以一种什么样的方式，填在一张什么样的表格里，它的主要作用在于，通过设计合理的调查表式可以为后来的统计分析提供便利。因此，设计统计调查表也是一项重要工作。

调查表有两种形式，一种是单一表，即每个单位填写一张表（或一套表）完成一项调查任务，如表 2-1 所示。如果内容繁多，仅仅使用一张表不够，有时需要一套表，包括若干张，这种调查一般是大型的普查，如人口普查。另一种是一览表，是把许多调查单位填写在一张表上，如表 2-2 所示。在调查内容不多的情况下，采用一览表可以节省人力、物力与时间。

调查表一般由表头、表体和表脚三部分构成。

表头是用来说明调查表的名称，填报单位的名称、隶属关系等。

表体是调查表的主体部分，它包括调查所要说明的客观现象的内容、栏号、计算单位等。

表脚是被调查者单位负责人、填报人签名、盖章处以及报表报出日期等。

调查表的设计与一般的统计表格式大体一致，关于统计表设计的问题，后面有详细介绍。

表 2-1　工业产销总值及主要产品产量（定期报表）

表　　号：B204-1 表
组织机构代码□□□□□□□□-□　　制定机关：国家统计局
统一社会信用代码□□□□□□□□□□□□□□□□□□　　文　　号：国统字（2016）125 号
单位详细名称：　　2017 年　　月　　有效期至：2018 年 1 月

指标名称	计量单位	代码	本年		上年同期	
			本月	1—本月	本月	1—本月
甲	乙	丙	1	2	3	4
一、工业总产值（当年价格）	千元	01				
工业销售产值（当年价格）	千元	03				
其中：出口交货值	千元	04				
二、工业总产值（当年价格）按工业行业小类分	—	—				
烟煤和无烟煤开采洗选	千元	0610				
……	……	……				
其他水处理、利用与分配	千元	4690				
三、主要工业产品产量						

单位负责人：　　统计负责人：　　填表人：　　联系电话：　　报出日期：20　年　月　日

说明：（1）统计范围：辖区内规模以上工业法人单位。

（2）报送日期及方式：调查单位 4、12 月月后 8 日，9 月月后 10 日，其他月月后 7 日 12：00 前独立自行网上填报，1 月免报；区级统计机构 4、12 月月后 9 日，9 月月后 11 日，其他月，月后 8 日 12：00 前完成数据审核、验收、上报，1 月免报。

（3）本表甲栏下“二、工业总产值（当年价格）按工业行业小类分”按国民经济行业小类填报；“三、主要工业产品产量”按《规模以上工业产品产量目录》填报。

（4）本表“上年同期”数据统一由国家统计局或省级统计机构复制，调查单位和各级统计机构均不得修改；本年新增的调查单位自行填报“上年同期”数据。

（5）审核关系：①工业销售产值（03）≥其中：出口交货值（04）；②工业总产值（01）= 烟煤和无烟煤开采洗选（0610）+…+其他水处理、利用与分配（4690）。

表 2-2　2015 年全国 1%人口抽样调查死亡人口调查表
（2014.11.01—2015.10.31 死亡的人口登记）

表　　号：R502 表
制定机关：国家统计局
文　　号：国统字（2015）50 号
有效期至：2015 年 12 月

＿＿＿＿县（市、区）＿＿＿＿乡（镇、街道）＿＿＿＿村（居）委会＿＿＿＿调查小区

每个死亡人口都登记						死亡时满 6 周岁的人口登记	死亡时满 15 周岁的人口登记
户编号	姓名	性别	出生时间	死亡时间	民族	受教育程度	婚姻状况

调查员（签字）：

说明：（1）受教育程度选项包括未上过学、小学、初中、普通高中、中职、大学专科、大学本科和研究生。
（2）婚姻状况选项包括未婚、有配偶、离婚、丧偶。

4. 调查时间与调查期限

调查时间是指调查资料所属的标准时间。如果调查的是时期现象，就要明确规定资料所反映的是调查对象从何时起到何时止的资料。如果调查的是时点现象，则要明确规定统一的标准调查时点。无论普查员何时入户或到单位访问，均填报的是这个时间段或时间点的情况。例如，第三次全国农业普查的普查时期为 2016 年 1 月 1 日至 12 月 31 日，凡是普查表中提到的年度资料，如“2016 年在本户实际从事的农业时间”“2016 年播种面积”等，均以普查时期全年数据为准；第三次全国农业普查的普查时点为 2016 年 12 月 31 日 24 时，凡是普查表中提到的年末资料，如“2016 年年末耕地面积”“2016 年年末拥有住房情况”等，均以普查时点数据为准。

调查期限是指整个调查工作的时限，包括采集资料及报送资料的整个工作时段所需要的时间。为了保证资料的及时性，通常规定调查期限要在保证资料准确性的前提下尽可能的短。

5. 调查工作的组织实施计划

调查的组织计划是指为确保调查顺利实施的具体组织工作计划，主要是指调查的组织领导、调查机构的设置、调查的步骤以及人员的选择和培训、调查的质量控制等。

调查工作完成的期限及工作的进度包括采集资料与报送资料的整个工作所需要的时间，以保证调查资料的及时性。

确定调查的方式与汇总的方法。组织实施计划要明确采取什么方式取得统计资料，是被调查者自填或派人直接采访，还是组织开调查会方式收集资料。还要明确采取什么方法汇总资料，是采取超级汇总，还是逐级汇总，或两者兼用。

组织领导。组织实施计划要明确由什么机关来组织领导此项调查工作，以及调查人员的组织。统计调查特别是一些大型的全国或全省的调查，往往需要动员很多单位与很多人员参加，必须要有严密的组织工作计划与工作安排。

调查前的其他准备工作。这里指的是除了上面所说的各项准备工作之外的工作，包括宣传教育工作、干部培训、文件印刷、会议传达及试点工作等。

2.2.3 统计数据的采集

1. 统计数据采集的原则

准确与及时的原则。采集的数据既保证“精准”还要有“时效”，在规定的时间内，采集真实反映客观事物的统计数据，这是保证统计工作质量的首要环节。

系统与完整的原则。采集的数据既要全面清晰，还要保证调查单位不重不漏，所列调查项目资料采集齐全，以对客观现象的规律性做出明确的判断。

经济与实用的原则。采集的数据既要遵循市场规则，还要保证数据的有用或可用，在市场经济条件下，采集数据必须考虑调查成本，特别是大型的普查。

2. 统计数据采集的方法

统计工作中，为研究一些特定的社会经济问题，还需要进行一些特定的调查，如市场调查机构进行的市场调查等，这些调查也是取得直接统计数据的重要手段，特别是随着市场经济的发展，市场调查越来越被人们所重视，一些企业已逐步把市场调查作为取得企业所需生产和经营信息的重要依据。在实际调查中，采集数据常用的具体方法有报告法、观察法及询问法等几种。

（1）报告法。报告法是基层单位根据上级的要求，以各种原始记录与核算资料为基础，采集各种统计数据资料，逐级上报给有关部门。现行的统计报表形式就是采用这种方法获得统计数据资料的，这也是我国目前采集数据的主要形式。

（2）观察法。观察法主要讲的是直接观察法，是调查人员亲临现场，对调查对象进行观察、计量以取得统计数据的一种方法。例如，公交运营中的客流量的调查，需要调查人员亲自到公交站点观察乘客的数量；调查人员期末盘点商品库存时，亲自盘点、计数，从而取得统计数据资料。这种调查方法能保证资料的准确性，但需要较多的人力与时间，因此，在调查中往往采用其他方法。

空间遥感统计调查法也是一种观察调查方法，它是现代高科技应用于统计调查的一种方法，也称卫星遥感统计调查。

（3）询问法。询问法是根据调查提纲，调查者向被调查者询问，提出问题，由被调查者答复以取得统计数据资料的一种方法。询问法的调查方式有标准式和非标准式两种。标准式询问又称结构式询问，它是按照调查人员事先设计好的、有固定格式的标准化问卷，有顺序地依次提问，并由受访者做出回答；非标准式询问又称非结构式询问，它事先不制作统一的问卷或表格，没有统一的提问顺序，调查人员只是给一个题目或提纲，由调查人员和受访者自由交谈，以获得所需的统计数据资料。具体方式有邮寄调查法、网上调查法、电话调查法、座谈会调查法等。

邮寄调查是通过邮寄或其他方式将调查问卷送至被调查者，由被调查者填写，然后将问卷寄回或投放到指定收集点的一种调查方法。邮寄调查是一种标准化调查，其特点是调查人员和被调查者没有直接的语言交流，信息的传递完全依赖于问卷。邮寄调查的问卷发放方式有邮寄、宣传媒介传送及专门场所分发三种。基本程序是在设计好问卷的基础上，先在小范围内进行预调查，以检查问卷设计中是否存在问题，以便纠正，然后选择一定的方式发放问卷，进行正式的调查，再将问卷按预定的方式收回，并对问卷进行处理和分析。

网上调查在 20 世纪 90 年代开始迅速发展，由于省略了印制、邮寄和数据录入的过程，问卷的制作、发放及数据的回收速度均得以提高，可以短时间内完成问卷调查，进而分析数据得出报表。网上调查易获得连续性数据、调研内容设置灵活、调研群体大、可视性强等，也是其他采集数据方法所不具备的优势，但是网上调查在目前来说还处于发展和完善之中，其代表性、安全性以及无限制样本等问题还是有待解决的重要问题。网上调查也是一种标准化调查。

电话调查是调查人员利用电话同受访者进行语言交流，从而获得统计数据信息的一种调查方式。电话调查法具有时效快、费用低等特点，因此，电话调查法的应用也非常广泛。电话调查可以按照事先设计好的问卷进行，也可以针对某一专门问题进行电话采访。用于电话调查的问题要明确、问题数量不宜过多。

座谈会调查也称为集体访谈法，它是将一组受访者集中在调查现场，让他们对调查的主题发表意见，从而获取统计数据资料的一种方法。通过座谈会，研究人员可以从一组受访者那里获得所需的定性资料，这些受访者与研究主题有某种程度上的关系。为获得此类资料，研究人员通过严格的甄别程序选取少数受访者，围绕研究主题以一种非正式的、比较自由的方式进行讨论。参加座谈会的人数不宜太多，并且是有关调查问题的专家或有经验的人。讨论方式主要取决于主持人的习惯和爱好。通过小组讨论，能获取其他调查方法无法取得的资料。

2.3 统计调查的形式

统计数据的采集是整个统计工作的基础，只有将采集到的资料，进行深入分析，才能发挥统计的作用。统计法明确规定，“统计调查应当以周期性普查为基础，以经常性抽样调查为主体，以必要的统计报表、重点调查、综合分析等为补充，搜集、整理基本统计资料。”前面介绍了统计数据资料的来源，但是究竟采用何种形式，才能获得这些实实在在的数据呢？我们有必要了解一下统计数据采集的形式，从而便于我们在数据采集时，结合现实情况选择恰当的方法。统计数据采集的主要形式有统计报表和专门调查两大类。

2.3.1 统计报表制度

统计报表是统计部门采集统计数据的主要形式。统计报表制度是按照国家统一规定的表格形式、指标内容、报送程序和报送时间，定期地、自上而下地布置，并由填报单位自下而上逐级提供统计数据的一种统计调查方式。

统计报表制度中的统计报表包括的范围比较全面，项目比较系统，分组比较齐全，指标的内容和调查周期相对稳定，因此，统计报表制度是统计数据采集的主要形式。目前我国统计局执行着一套表统计调查制度、国民经济核算制度、工业统计报表制度、建筑业统计报表制度、基本单位统计报表制度、固定资产投资统计报表制度等三十多个的统计报表制度。

1. 统计报表的种类

统计报表按照不同的角度，可进行多种分类。

统计报表按照性质和内容的不同，可分为基本统计报表和专业统计报表。基本统计报表是由国家统计部门制发，在全国范围内执行，用来采集整个国民经济与社会发展的基本资料。专业统计报表是由各业务主管部门为适应本部门的需要而制定的，主要用来采集本部门系统内的统计数据。

统计报表按照填报单位的不同，可分为基层报表和综合报表。基层报表主要由基层企事业单位填报，它是统计调查的基本资料；综合统计报表是由上级主管部门根据基层报表逐级汇总填报的统计报表。

统计报表按照调查范围的不同，可分为全面调查的统计报表和非全面调查的统计报表。全面调查的统计报表要求调查对象的全部单位填报；非全面统计报表只需要调查对象中的部分单位填报。

统计报表按照报送周期的不同，可分为定期报表和年报。日报、月报、旬报、季报、半年报均属定期统计报表。

统计报表按照实施范围的不同，可分为国家统计报表、部门统计报表和地方统计报表。

2. 统计报表制度的基本内容

为了解填报单位的基本情况，为各级政府制定政策和计划、进行宏观管理与调控提供依据，依照《中华人民共和国统计法》的规定，制定统计报表制度。一般来说，每一份统计报表制度至少包括以下基本内容。

（1）报表总说明。报表总说明是指填写报表时应遵守的各种规定和注意事项。主要包括统计范围及调查单位确定、统计内容、统计原则、数据采集、数据处理、数据发布、需要强调的问题以及对上报时间和报表制度解释权的强调等。

我们以 2017 年一套表统计调查制度为例，统计范围为规模以上工业、有资质的建筑业、限额以上批发和零售业、限额以上住宿和餐饮业及全部房地产开发经营业等国民经济行业法人单位及所属的产业活动单位，规模以上服务业法人单位，其他有 5 000 万元以上在建项目的法人单位，以及工业生产者价格统计调查样本的法人单位。

确定以上法人单位又有其标准。比如“规模以上工业：年主营业务收入 2 000 万元及以上的工业法人单位”“限额以上批发和零售业：年主营业务收入 2 000 万元及以上的批发业、年主营业务收入 500 万元及以上的零售业法人单位”等。

统计内容包括调查单位基本情况、从业人员及工资总额、财务状况、生产经营情况、能源和水消费、固定资产投资、研发活动、信息化和电子商务交易情况等。

数据采集要求调查单位采取联网直报方式，采用统一的统计分类标准和编码，严格按照分行业报表规定的调查内容、上报时间报送数据，在规定的时间内采取分级、分专业审核、验收和汇总的方式进行数据处理，根据按月度、季度、半年、年度等数据调查频率，通过国家统计局外网、新闻发布会、统计公报、统计年鉴或其他统计资料等形式对公众发布统计数据。

（2）报表目录。报表目录是指包括有报表表号、报表名称、报告期别、统计范围、报送单位及报送日期方式等事项的一览表。报表目录的作用是使填报单位了解在什么时间、用什么方式、向什么单位报送什么报表，表 2-3 为 2017 年一套表统计调查制度中的工业报表目录（节选）。

表 2-3 2017 年一套表统计调查制度中的工业报表目录（节选）

表号	表名	报告期别	辖区内统计范围及报送单位	报送日期及方式	区级统计机构数据审核验收上报截止时间	页码
B103-2	工业企业成本费用	年报	规模以上工业成本费用调查法人单位	次年 3 月 10 日 24 时前网报	次年 3 月 25 日 24 时	24
B104-4	工业企业战略性新兴产业总产值	年报	经认定的从事战略性新兴产业生产的规模以上工业法人单位	次年 3 月 10 日 24 时前网报	次年 3 月 25 日 24 时	28
209 表	电子商务交易平台情况	季报	规模以上工业法人单位拥有的电子商务交易平台（非重点）	一、二季度季后 7 日，三季度季后 10 日，四季度季后 8 日 12:00 前网报	一、二季度季后 8 日，三季度季后 11 日，四季度季后 9 日 12:00	49
B204-2	主要工业产品销售、库存、订货	季报	规模以上工业法人单位	一、二季度季后 7 日，三季度季后 10 日，四季度季后 8 日 12:00 前网报	一、二季度季后 8 日，三季度季后 11 日，四季度季后 9 日 12:00	38
B204-1	工业产销总值及主要产品产量	月报	规模以上工业法人单位	4、12 月月后 8 日，9 月月后 10 日，其他月月后 7 日 12:00 前网报	4、12 月月后 9 日，9 月月后 11 日，其他月月后 8 日 12:00	37
B203	财务状况	月报	规模以上工业法人单位	月后 18 日 18:00 前网报	月后 20 日 12:00	36
……	……	……	……	……	……	……

（3）报表表式。报表表式是指统计报表的具体格式。报表格式要求简单明了，每张表式要明确规定出表名、表号、制定机关、文号、有效期、填报单位、报送日期、主栏项目、纵栏项目、表下填报单位负责人和填报人签章以及备注说明等。报表一般有综合年报表式、综合定报表式、基层年报表式和基层定报表式。如表 2-1 为基层定报表式，表 2-4 为基层年报表式。

（4）报表附录。报表附录主要包括报表中的指标解释、填报规定，计算原则和审核要求。根据各行业的要求不同还可以列入国民经济行业分类（GB/T 4754—2017）、各类划分标准、产品或商品等目录。工业报表制度附录中有规模以上工业主要产品产、销、存目录和规模以下工业主要产品产量目录。批发和零售业、住宿和餐饮业统计报表制度附录中有企业登记注册类型及批发和零售业、住宿和餐饮业统计限额标准等。指标的解释，如从业人员期末人数指报告期末最后一日 24 时在本单位工作，并取得工资或其他形式劳动报酬的人员数，该指标为时点指标，不包括最后一日当天及以前已经与单位解除劳动合同关系的人员，是在岗职工、劳务派遣人员及其他从业人员之和。

表 2-4　主要工业产品生产能力

组织机构代码□□□□□□□□□-□
统一社会信用代码□□□□□□□□□□□□□□□□□□
单位详细名称：　　　　　　　　　　2016 年

表　　号：B104-3 表
制定机关：国家统计局
文　　号：国统字（2016）125 号
有效期至：2017 年 6 月

产品名称	计量单位	产品代码	年初生产能力	年末生产能力	产品产量
甲	乙	丙	1	2	3

单位负责人：　　统计负责人：　　填表人：　　联系电话：　　报出日期：20　年　月　日

说明：① 统计范围：辖区内规模以上工业法人单位。

② 报送日期及方式：调查单位次年 3 月 10 日 24 时前独立自行网上填报；区级统计机构次年 3 月 25 日 24 时前完成数据审核、验收、上报。

③ 本表甲栏下按《主要工业产品生产能力目录》填报。

3. 统计报表的资料来源

统计报表的资料来源于基层单位的原始记录。从原始记录到统计报表，中间还要经过统计台账和企业内部报表。原始记录是基层单位通过一定的表格形式，对生产经营活动的具体内容和状况进行最初的数字和文字记载。统计台账是基层单位根据统计报表的要求和基层经营管理需要，按时间顺序设置的一种系统积累统计资料的表册。

2.3.2　专门组织的调查

1. 普查

普查是专门组织的一次性的全面调查。其主要用来调查属于一定时点上或一定时期内的社会现象总量，采集某些不能或不适宜用定期的全面报表采集的数据信息，以摸清重大的国情、国力。例如，为了摸清我国“家底”，2013 年在全国进行了第三次经济普查。又如为了摸清我国人口总数，2010 年 11 月 1 日零时进行的第六次全国人口普查等。

我国的周期性普查制度经国务院批准，正式建立于 1994 年 7 月，当时的普查项目包括人口普查、农业普查、工业普查、第三产业普查和基本单位普查共 5 项。2003 年我国对普查项目及其周期进行了调整，现在的普查项目有 3 项，农业普查（每 10 年一次，逢 6 年份进行），人口普查（每 10 年一次，逢 0 年份进行），经济普查（每 10 年两次，逢 3、8 年份进行）。下面我们列举 2016 年的第三次全国农业普查进度安排，如表 2-5 所示。

表 2-5　第三次全国农业普查进度安排

时间安排	阶段项目	工作内容
2015.06—2016.10	普查准备工作	组建机构，制定普查方案，培训普查人员，开展宣传动员
2016.11—2017.02	现场数据采集	组织查清摸底，进行入户访问登记
2017.03—2017.12	数据处理与发布	质量抽查，审核汇总，分析评估，发布主要数据
2018.01—2018.06	数据开发及总结	开发普查资料，开展普查总结和表彰

普查可以为制定长期计划、宏观发展目标以及重大决策提供全面、详细的统计数据信息和资料，为搞好定期调查和开展抽样调查奠定基础。普查具有采集的信息资料比较全面、系统、准确可靠的优点，但由于普查组织工作较为繁重、涉及面广、时间较长，且需要大量的人力、物力和财力，一般不宜经常进行。目前我国已开展的普查项目，如表 2-6 所示。

表 2-6　截至 2017 年年底已开展的普查项目年份一览表

普查项目	第一次	第二次	第三次	第四次	第五次	第六次
人口普查	1953 年	1964 年	1982 年	1990 年	2000 年	2010 年
农业普查	1996 年	2006 年	2016 年	预计 2026 年	预计 2036 年	预计 2046 年
经济普查	2004 年	2008 年	2013 年	预计 2018 年	预计 2023 年	预计 2028 年

说明：2003 年由于“非典”的特殊原因，第一次全国经济普查延至 2004 年实施。

2. 抽样调查

抽样调查是一种非全面调查，它是专门组织的从调查研究的总体中，随机抽选一部分单位进行调查，并据以对调查研究的总体做出估计和推断的一种调查方法。显然，抽样调查虽然是非全面调查，但它的目的却在于取得反映总体情况的信息资料，因而，也可起到全面调查的作用。

根据抽选样本的方法，抽样调查可以分为概率抽样和非概率抽样两类。概率抽样是按照概率论和数理统计的原理从调查研究的总体中，根据随机原则来抽选样本，并从数量上对总体的某些特征做出估计推断，对推断出可能出现的误差可以从概率意义上加以控制。在我国，习惯上将概率抽样称为抽样调查。

抽样调查主要特点是按随机原则抽选样本，总体中每一个单位都有同等的概率被抽中，抽样误差可以控制（关于抽样调查的详细内容将在第 8 章统计推断中介绍）。

3. 重点调查

重点调查是一种非全面调查，它是在调查对象中，选择一部分重点单位进行调查。重点调查主要适用于那些反映主要情况或基本趋势的调查。如对全国钢铁企业进行调查，选择了宝钢、鞍钢、首钢、太钢、包钢、武钢等几个钢铁产量占全国钢铁产量较大比重的企业作为调查对象，这就属于重点调查。

重点调查的重点单位，通常是指在调查总体中具有举足轻重的、能够代表总体的情况、特征和主要发展变化趋势的单位。这些单位在调查对象中虽然数目不多，但就其调查的标志值总量来说，在总体标志总量中占有绝大比重。

选取重点单位应遵循的原则，是要根据调查任务的要求和调查对象的基本情况而确定选取的重点单位及数量。

重点调查的主要特点是投入少、调查速度快、所反映的主要情况或基本趋势比较准确。其主要作用在于反映调查总体的主要情况或基本趋势。因此，重点调查通常用于不定期的一次性调查（专门组织的调查），但有时也用于经常性的连续调查（定期统计报表）。

4. 典型调查

典型调查也是一种非全面调查，它是根据调查的目的与要求，在对被调查对象进行全面分析的基础上，有意识地选择若干具有典型意义的或有代表性的单位进行的调查。

进行典型调查的主要目的不在于取得客观现象的总体数值，而在于了解与有关数字相关的具体情况。其作用是，补充全面调查的不足。例如，补充定期报表、年度报表只有数据而没有具体情况的不足；在一定的条件下可以验证全面调查数据的真实性。

典型调查一般有两种类型。一种是一般典型的调查，即对个别典型单位的调查研究，我们称为“解剖麻雀”式的典型调查。在这种典型调查中，只需在总体中选出少数几个典型单位，通过对这几个典型单位的调查研究，用以说明事物的一般情况或事物发展的一般规律。另一种是分类选典型的调查，即对现象总体按与研究问题有关的标志划分类型，以减少类型组中各单位之间的差异，然后再从各类型组中选择典型单位进行调查。简单地说，就是将调查总体划分为若干个类，再从每类中选择若干个典型单位进行调查，以说明各类的情况。

典型调查的优点在于调查范围小，调查单位少，灵活机动，具体深入，节省人力、财力和物力等。其不足是在实际操作中选择真正有代表性的典型单位比较困难，而且还容易受人为因素的干扰，从而可能会导致调查的结论有一定的倾向性，因此典型调查的结果一般情况下，当总体各单位之间的差异比较小时，典型的代表性就相对高一些，这时我们可以用典型资料来推算全面数字。而当总体各单位之间的差异较大时，就一定要通过划类选典型的资料，和各类型在总体中所占的比重来推算全面数字，这样才可以取得比较好的效果。

2.3.3 问卷调查的方法

问卷调查的方法是以书面提出问题的方式采集统计数据的一种研究方法。具体讲就是调查者将所要研究的问题运用统一设计的问卷向被选取的调查对象，以邮寄方式、网络方式、当面询问或追踪访问方式填答，从而获取对某一现象或问题的数据资料的调查方法，又称问卷调查法或问卷法。问卷法的运用，关键在于设计好调查问卷。

问卷调查法可以节省调查时间，提高工作效率。调查问卷一般通俗易懂，实施方便。由于许多问题都已给出可供选择的备选答案，易于被调查者所接受，因而问卷调查法已成为采集统计数据的重要手段。

各领域、各行业的调查问卷形式多样，它们都是根据不同的环境和调查的问题“量身定做”。依据调查内容和调查方向的不同，设计问卷必须突出调查项目的特点，本节我们主要从调查问卷的设计及实施上讨论相关问题。

1. 调查问卷的内容与结构

一般情况下，一份完整的调查问卷主要包括问卷标题、问卷前言、调查项目、背景资料和结束语等内容。

（1）调查问卷的前言。调查问卷的前言主要告知被调查者调查的目的以及相关说明等，同时署上调查单位的名称和时间。问卷前言的作用，在于使被调查者了解问卷调查的意图，引起他们的重视和兴趣，争取他们的支持与合作，它是调查者与被调查者沟通的中介。问卷前言的长短是由内容决定的，但应尽可能语言要简练，文字不要太多，能说明问题即可。调查问卷的内容是以明确调查目的为基础的，然后才是讨论为什么调查，调查需要了解什么。

例如，一份“中国工商银行客户满意度调查问卷”（以下简称工行满意度调查问卷）的前言："尊敬的客户您好，为了更好地为您服务，受工行委托，我们正在开展客户满意度调查。耽误您几分钟时间，您的意见对我们非常重要，您看可以吗？"这些语言足以说明调查的目的并暗示了对被调查者的要求。

有些重大的，范围较广的调查前言可以具体一些。如国家法定节假日调整研究小组曾进行的"国家法定节假日调整方案"问卷调查，前言中对国家法定节假日调整的背景、调整的主要内容、调整方案的特点一一做了说明，调查的问题只有很简短的六项，前言却长达一千多字。当然这是网上调查，如果是其他任何一种方式，就不需要这样细致的前言了。

（2）调查问卷的内容。调查问卷的内容即调查的具体项目，是调查问卷的主要部分。涉及被调查者的意见、观念、习惯、行为和态度等问题，可以是抽象的观念，如被访者的理想、信念、价值观与各种取向等；也可以是被访者具体的某种习惯、行为等，但是应该避免在调查内容上出现使被访者难以说清楚的问题。

第一，问题明确、直观，避免冗长。"明确"即问题的设置要规范，"直观"即问题的设置应简洁。一份效率较高的调查问卷设计，应考虑被调查者回答时尽可能减少思索，烦琐的内容会使调查的结果趋于不实，因此，调查问卷设计要避免让被调查者反感。只有命题准确、提问直观、才能使被访者对问题做出明确的回答，我们的问卷才会逃过被扔进垃圾桶的命运。同时，问卷设置的项目不宜过多，因为过多的项目容易使被访者厌倦从而影响数据的准确性，特别是进行网上调查的问卷。

我们看一下，"国家法定节假日调整方案"问卷调查，问卷主要调查项目均为三个选项且全部是"支持、反对、无所谓"。被访者选择提交后，在饼状图中显示出即时变化数据，如第一题"对于将国家法定节假日总天数由 10 天增加到 11 天，您的态度是""支持 29 574，86.63%；反对 2 261，6.62%；无所谓 2 302，6.75%"。该调查问卷的设计充分体现了提出问题的明确性与直观性以及完成结果的高效性。

第二，选题客观、全面，严禁强迫。"客观"即选题的设置要符合实际，"全面"即选题的设置让所有的被访者都有所选择，不能使有效的信息流失。

我们看一份某职业学院"师德师风调查问卷"，前言中规定，"每题只填写一个选项"，而问卷第五题"您认为青年教师最应在哪方面进行完善"，给出的选项是"A. 奉献精神，B. 角色认识，C. 责任意识，D. 业务能力"，第七题"您认为教师在'为人师表'方面最需要注意的是"，给出的选项是"A. 言谈举止得体，B. 为人处事公正，C. 品德高尚，D. 以身作则"，对于这样的问题让被访者怎样回答，设计者的标准答案应该是什么，很难把握。有的问题并不是唯一选项，所以会强迫被访者回答问题，这是必须要注意的。

又如，一个"居民广告接受度的调查问卷"中的问题，"你通常选择哪一种广告媒体"给出的选项是"A. 报纸，B. 电视，C. 杂志，D. 广播"，如果不是这四种就没有可以选择的内容，这就会出现一张不完整的答卷。为了让被访者都有所选择，我们在问卷上加上"其他"项就可以解决这个问题了，当然这一项并不是我们调查的目的。

第三，整理可行、方便，易于分析。设计一份成功的问卷除了要考虑到紧密结合调查主题与方便统计数据信息采集外，还要考虑到问卷内容要便于结果的得出及其结果的说服力。这就需要在设计问卷时要考虑到问卷在调查后的整理与分析工作。

调查项目最好为数量标志，这样能够直接累加。如果为品质标志，先将品质数据进行统计分类，将类别名称转化为数字代码就可以累加了。调查的问题只有进行了数据分析，才能使调查工作收到预期的效果。

需要说明的是，调查问卷考虑到数据处理、分析的可行性，一般采用选择形式。在问题设置时尽量为单项选择，多项选择会带来计算上的麻烦和数据的不准确，甚至出现无意义的数据且不便于最后的分析。关于问卷多项选择的处理、计算与分析我们另题讨论在此不作赘述。

（3）调查问卷的其他部分。调查问卷除上述构成的内容外，还包括问卷的标题、被调查者的基本情况、调查的地点、时间和结尾等部分。

问卷的标题要概括性地说明调查研究的主题，使被调查者对所要回答的问题有一个大致的了解。确定标题应简明扼要，既要明确调查对象，又要突出研究主题，并易于引起回答者的兴趣。

项目编码是将问卷中的调查项目变成数字的工作过程，以便于分类整理，易于进行计算机处理和统计分析。通常是在每一个调查项目的最左边按一定要求顺序编号，它并不是所有问卷都需要的项目。例如，工行满意度调查表——Q3 柜员服务，见表 2-7。

表 2-7　工行满意度调查表——Q3 柜员服务（实表）

编号	柜员服务指标	非常不满意	不满意	有点不满意	中立	有点满意	满意	非常满意	无法回答
1	柜员主动热情	1	2	3	4	5	6	7	99
2	柜员业务熟练	1	2	3	4	5	6	7	99
3	柜员总是为客户着想	1	2	3	4	5	6	7	99

背景资料是被调查者的基本信息，如性别、年龄、民族、文化程度、职业等。在企业调查问卷后附上企业名称、所有制性质、主管部门等。

例如，“国家法定节假日调整方案”调查问卷中，将被调查者的职业放到了最后一项，即“您的职业是”，选项包括 6 个，“国企员工、外资企业员工、私企员工、公务员、事业单位工作人员和其他”。通过这些项目，便于对调查资料进行统计分组、分析。在实际调查中，列入哪些项目，列入多少项目，应根据调查目的、调查要求而定，并非越多越好。

为了提高调查信度，问卷大多采取不署名形式，在调查前要向被访相关人员做出解释，说明调查不对其自身产生任何影响，希望真实填写。

调查问卷的结尾即结束语。此处除了有向被调查者致谢之类的语言外，有时也将主观题目换成客观题目的形式，这类的问题也适合放在最后，因为我们可以让有时间和愿意配合的被访者进行一定的文字说明。如“关于高职院校精品课的调查问卷”在最后的结束部分写道，“访问到此结束，谢谢您的合作！如果您对精品课的设置或其他方面有要求或建议请您简要写在下面（或发至 jpk123@sina.com）”。这样更为完整了，并且能意外获得问卷外的信息资料，取得事半功倍的效果。

2. 调查问卷的编排与实施

一份完整的调查问卷设计出来，如果没有将调查问题进行合理的编排，会降低调查效果，所以大家要特别注意以下几个方面的问题。

（1）调查问题的顺序。在设计问卷时，要注意问题的排列顺序，使问卷条理清楚，顺理成章。题目的编排应有逻辑性，题目的顺序应先易后难。一般情况下，容易回答的问题放在前面，较难回答的问题放在后面；被调查者比较熟悉的问题放在前面，被调查者比较生疏的问题放在后面；一般性问题放在前面，敏感性问题或特殊性问题放在后面；封闭性问题放在前面，开放性问题放在后面；引起被调查者兴趣的问题放在前面，易引起被调查者反感的问题放在后面。

例如，工行满意度调查问卷中的调查顺序：Q1 环境设施；Q2 大堂服务；Q3 柜员服务；Q4 服务效率；Q5 自助服务；Q6 客户经理服务；Q7 银行收费……Q15 敏感信息。问题是由外向内，由简到繁的层层过渡。

（2）调查问题的衔接。问卷中的各种问题应很好地衔接起来，使调查者能快捷方便地找到符合某种回答条件和不符合某种回答条件的答案。

仍看工行满意度调查问卷，“Q14.1 近三个月内，您是否对工行的服务有过抱怨？”选择“1. 有”，继续。“Q14.2 请问您对工行服务抱怨的具体内容是？”继续，“Q14.3 抱怨类型（调查者依据抱怨内容划归类型）”选择“2. 没有”，跳到 Q15。

有时，连续几个问题都只适合于具有某种条件的被调查者，设计就采用跳答指示的方法来解决。

例子中，第一个选项是被调查者对工行服务有抱怨，可以继续追问下一个问题。而下一个问题不适于第二个选项者，这样通过跳答指示，使被调查者很快找到自己应该回答的问题。但应注意，这类跳答衔接法不宜过多使用，否则会给人以版面混乱的感觉，同时容易漏答和错答。这里的问题要由近至远，由浅入深的环环衔接。

（3）问卷调查法的实施。问卷调查法实施的一般程序：设计调查问卷、选择调查对象、分发问卷、回收和审查问卷。然后，再对问卷调查结果进行统计分析和理论研究。

问卷调查法的重要问题是要提高问卷回复率，我们从哪些方面去努力争取回复率呢？

首先，要选择具有吸引力的调查课题并设计高质量的问卷。调查课题的吸引力，可以激发被调查者回答的兴趣。而问卷的设计质量，对问卷回复率和有效率起着决定性的作用。

其次，要挑选恰当的调查对象。被访者的合作态度和理解、回答书面问题的能力，决定着问卷回复率的高低。

最后，在选取回复率较高的问卷调查方式的同时，要争取知名度高、权威性大的机构支持。问卷调查主办者的权威性和知名度，直接影响被调查者对问卷调查的信任程度。

下面我们了解和比较一下问卷调查法中不同调查方式的特点。

问卷调查法按照问卷填答者的不同，可分为自填式问卷调查和代填式问卷调查。其中，自填式问卷调查，按照问卷传递方式的不同，可分为网络问卷调查、报刊问卷调查、邮政问卷调查和送发问卷调查；代填式问卷调查，按照与被调查者交谈方式的不同，可分为访问问卷调查和电话问卷调查。这几种问卷调查方式的利弊，可简略概括如表 2-8 所示。

实践证明，各种问卷调查各有其特点，网络问卷调查、报刊问卷调查、邮政问卷调查相对最终回复率较低，由此，在条件许可的情况下，应尽可能采取电话问卷、送发问卷和访问问卷的方式进行调查。

问卷调查法的主要特点是能突破时空限制，在广阔范围内，对众多被访者同时进行调查，便于对调查结果进行定量研究，同时，节省了人力、物力、财力和时间。匿名性的问卷提高了回答问卷的真实性和回复率。但是，问卷调查法缺乏弹性，很难作深入的定性调查，只能获得书面的社会信息，而不能了解到生动、具体的社会情况，特别是自填式问卷调查，调查者难以了解被调查者是否随便敷衍的状况，被访者的较草率填答，任意打钩、画圈，或者是在从众心理驱使下按照社会主流意识填答，都会使问卷调查失去真实性。

表 2-8 不同方式的问卷调查特点

项 目		自填式问卷调查				代填式问卷调查	
		网络问卷	报刊问卷	邮政问卷	送发问卷	访问问卷	电话问卷
调查对象	范围	很广	很广	广	窄	窄	广或窄
	选控	难	难	可控	可控	可控	可控
	代表性	难估计	差	难估计	强	强	强
调查单位	影响因素	难判断	难判断	难判断	可判断	可判断	难判断
	答题质量	不稳定	高	高	高	不稳定	不稳定
	问卷回率	低	低	低	高	高	高
投入人力		少	少	少	少	多	少
调查费用		低	低	高	低	高	中
调查时间		短	长	长	短	短	短

3. 问卷调查中的询问技术

问卷中的问题是问卷的核心，设计问卷时，就要仔细研究问题的类别和提问方法，根据不同类别的问题，我们只有采取不同的方法询问，才能获得最佳的效果。

（1）不同性质问题的询问

根据所提问题的性质，可分为直接性问题、间接性问题和假设性问题。

直接性问题是对被调查者没有困窘或敏感影响的问题，可采用直接提问方式。例如，被调查者的职业等个人基本情况或一般性意见。

间接性问题是对于涉及被调查者的个人秘密或隐私等不愿直接回答的问题，询问时可采用间接提问方式。例如，经济收入等问题，可采用数据区间形式取得答案。

假设性问题是对于涉及被调查者对某些问题的看法或未来想法的问题，询问时可采用假设性提问方式，“如果……您会……”，例如，“如果您打算本年投资，您会选择哪种投资方式？”

（2）不同作答方式的询问

根据对问题的作答方式不同，可分为封闭性问题和开放性问题。

封闭性问题是指问题和各种可能的答案都事先设计好，让被调查者通过选择答案来回答问题的一种问题形式。例如，您的职业是：选项“国企员工、外资企业员工、私企员工、公务员、事业单位工作人员和其他”。封闭性问题由于答案的唯一性，因此回答方便，易于进行各种统一处理和分析，有利于提高问卷的回收率和有效率。其主要特点是：回答者只能在规定的范围内被动回答，无须反映应答者的想法。

开放性问题是所提问题不列出备选答案，答题类型也不做任何具体规定，而由被调查者根据自己的想法用文字表达出来。例如，“Q14.2 请问您对工行服务抱怨的具体内容是？”开放性问题的主要特点是可以使被调查者充分自由地按自己的想法与方式回答问题，不受限制，有利于发挥被调查者的主动性和想象力，特别适合于询问那些潜在答案很多或者答案比较复杂或者尚未弄清各种可能答案的问题。但是开放式问题的被调查者答题的随意性大，调查者难以排除无用信息和不确切信息。由于答案不规范，数据的处理和分析比较困难。

(3) 不同情境内容的询问

根据所提问题情境内容不同，可分为事实性问题、判定性问题和敏感性问题三种类型。

事实性问题要求被调查者回答有关事实情况，其主要目的是为了获取反映客观实际的资料。因此，问题的含义必须清楚，使被调查者容易理解并易于回答。如职业、年龄、经济收入、教育程度等。

判定性问题是假定某个被调查者在某个问题上确有其行为或态度，继续进一步了解另外一些行为或态度。这种问题由两个或两个以上的问题相互衔接构成。前面一个问题是后面一个问题的前提。例如，“您喜欢看电视吗？”如果回答“是”，就需要回答下一个问题：“您喜欢看 CCTV 的哪一个频道？”如果回答了，就完成了这个询问的问题。

敏感性问题是指涉及个人社会地位、隐私等，例如，工行满意度调查的“Q15.2 您拥有以下哪些类别的资产（可多选）”选项“1. 不动产；2. 20 万以上轿车；3. 股票；4. 基金；5. 国债；6. 实业投资；7. 贵金属；8. 收藏品；9. 其他。”这类敏感信息大多数被调查者总是企图回避，不愿意合作。因此，要了解这些敏感性问题，必须变换提问方式或采取一些特殊的调查技术。首先声明“这些信息我们将严格保密，非常期待您的帮助，您直接在提示卡上指出您的情况即可，也可以自愿，谢谢。”

以上是从不同角度讲述对各种调查问题的询问，在实际采集统计数据中，几种类型的问题可以结合使用。

总之，问卷调查法采集数据正是具有客观性和能够弥补客观性统计指标不足的优势，才会被广泛采用。问卷调查了解的是人们的主观看法，如果问卷设计规范、合理，其调查结果是能够大体上反映社会心态这一客观现实的。在分析问题时，将定量的分析和社会心态相结合可以完善客观统计指标，充分发挥问卷调查法的作用。

本章小结

社会经济中的每一种现象都可以找到一定的数量特征，在现象发生演变的背后，这些数据本身是对定性的事物做定量分析，它至少应该有定类数据、定序数据、定距数据、定比数据四个部分。

而数据采集的过程，是统计工作最基本的环节。其基本要求是，采集的资料应该准确、及时、系统、完整。各种类型的调查相互联系，交叉融合，可以根据具体情况选择运用或结合运用。采集资料的方法有很多种，主要有观察法、报告法和询问法等几种。

统计调查方案是统计设计在调查阶段的具体化，是保证统计调查有计划、有组织进行的必要条件。一份完整的调查方案应包括：确定调查目的和任务；确定调查对象、调查单位与报告单位；确定调查项目，设计调查表式；确定调查时间、空间和调查期限；确定调查工作的组织实施计划。

统计调查按照组织形式的不同可以分为：统计报表和专门调查。统计报表是依据国家有关法规，自上而下的布置，自下而上的传达统计资料的一种最基本的调查组织形式。

普查是根据统计的特定目的而专门组织的一次性全面调查，主要用于调查一定时点的客观现象总量。抽样调查、重点调查和典型调查为非全面调查。在三种非全面调查中，抽样调查遵循随机原则抽取调查单位，重点调查以单位的标志值占总体标志总量的比重大小来选择调查单位，典型调查以对总体具有某种代表性来选择调查单位。抽样调查主要用于推断总体，重点调查分析总体发展的趋势，典型调查主要用于深入研究问题，有时也推算总体。

问卷调查法是以书面提出问题的方式采集数据的一种研究方法。它是调查者将所要研究的问题运用统一设计的问卷向调查对象询问填答，获取对某一现象或问题的看法和意见的调查方法。问卷调查法可以节省调查时间，提高工作效率。调查问卷一般通俗易懂，实施方便，易于被调查者所接受，因而问卷调查法已成为采集数据的重要手段。

总之，我国的统计调查体系是建立以周期性的普查为基础，以经常性的抽样调查为主体，以必要的统计报表、重点调查和综合分析等为补充的统计调查体系。

本章思考

1. 统计数据如何分类？举出你熟悉的例子。
2. 什么是统计设计？有哪些内容？
3. 简述统计调查及调查方案内容。
4. 什么是统计报表？有哪些分类？
5. 如何区分普查、抽样调查、重点调查和典型调查？
6. 怎样理解问卷调查法？简述调查问卷的主要结构？

技能操作：应用 Excel 进行统计抽样

Excel 数据分析功能强大，应用 Excel 可以完成统计数据的整理和分析，其中包括直方图、均值计算与推断、时间序列、相关系数、协方差、各种概率分布、抽样与动态模拟等内容，我们将在后面的应用中分别介绍。

应用 Excel 进行统计工作，需要使用 Excel 扩展功能，如果初次使用 Excel，尚未安装“数据分析”，必须“加载宏”，在 Excel 选项中加载数据“分析工具库”。加载成功后，可以在数据菜单中看到“数据分析”选项，这样就可以工作了。下面讲解 Excel 加载宏的操作方法。以 Excel2016 版本为例（其他版本大同小异）。

第一步，打开 Excel，新建工作簿，单击工作簿左上角的“文件”，出现界面，单击左侧下方“选项”，如图 2-1 所示。

第二步，选择左侧“加载项”后，在右侧下方“管理”中选择“Excel 加载项”，之后单击“转到”按钮，如图 2-2 所示。

第三步，在“数据”菜单下，弹出加载项对话框，勾选“分析工具库”，单击“确定”按钮，如图 2-3 所示。

在 Excel 菜单栏的“数据”选项中，我们可以看到“数据分析”了，加载成功，如图 2-4 所示。

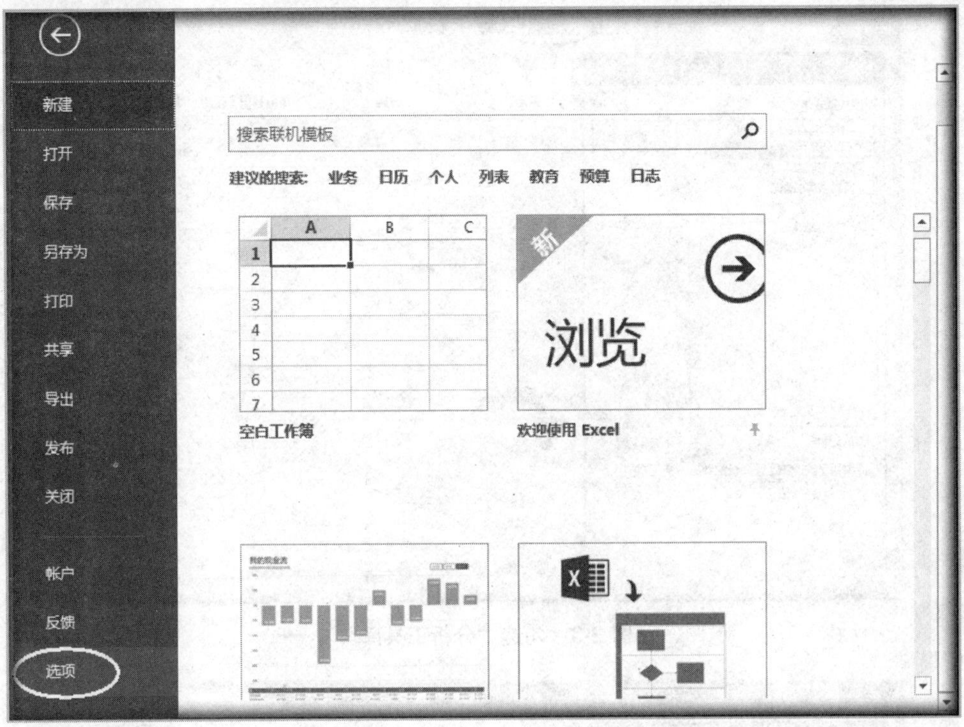

图 2-1　打开 Excel 界面

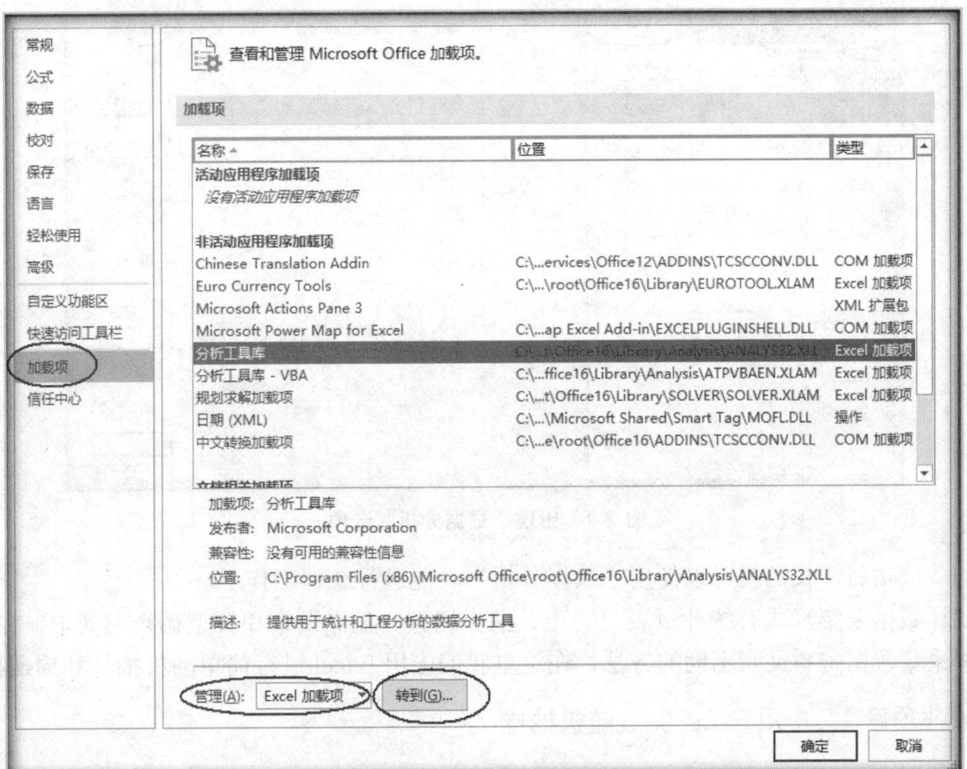

图 2-2　Excel 加载项

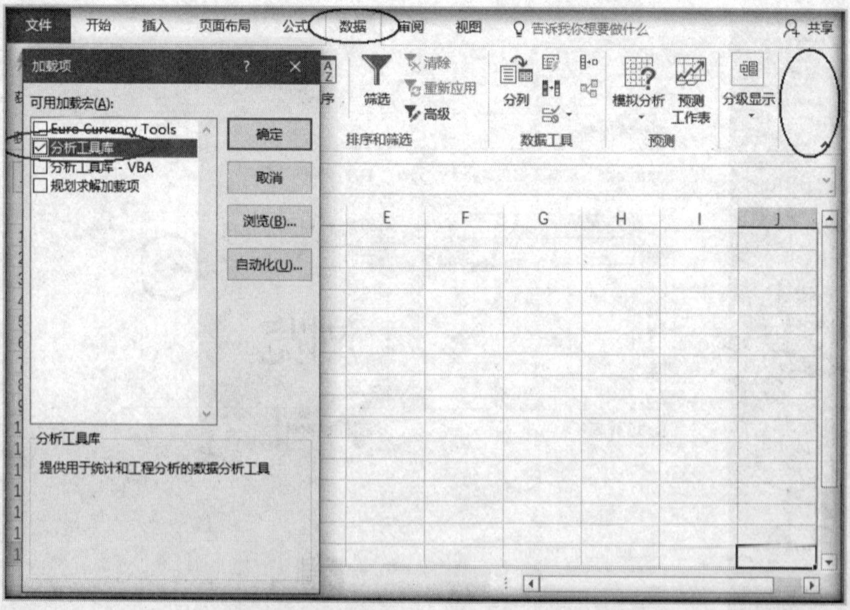

图 2-3　勾选“分析工具库”

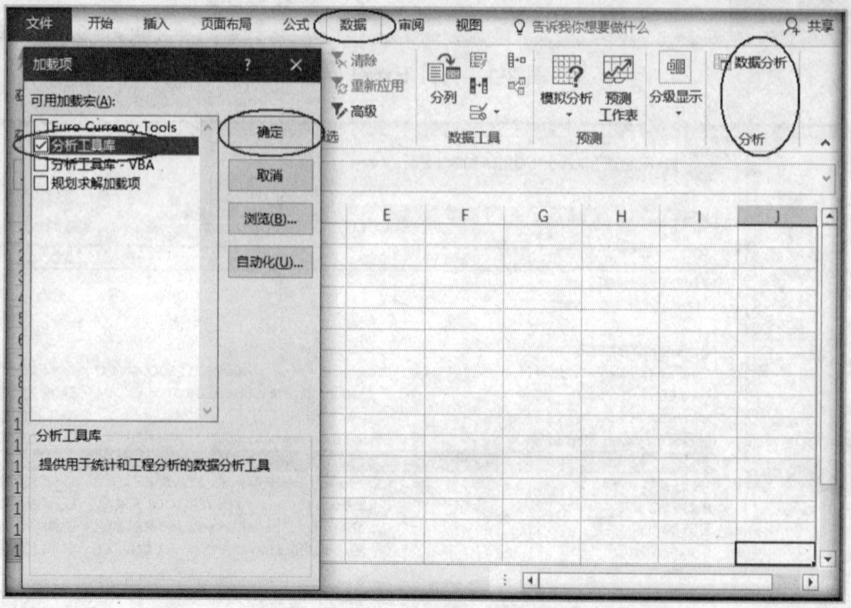

图 2-4　出现“数据分析”选项

加载成功后，我们就可以使用“数据分析”功能进行统计工作了。

统计数据采集形式有统计报表、普查、抽样调查、重点调查和典型调查，其中，在抽样调查中采集数据资料又有不同的方法，在这里我们应用 Excel 进行简单随机抽样和周期抽样。

操作项目 1：应用 Excel 完成随机抽样

技能要求：了解统计抽样的基本原理并按要求对各个总体单位进行编号。

统计资料：某商业网点有 90 名职工，如果要了解这 90 名职工的生活消费情况，则 90 名职工构成一个总体，总体单位是每一个职工，总体单位总数是 90 人，按调查需要，随机从中抽取 15 人进行调查。

基本任务：在统计调查中，应用 Excel 数据分析中的随机抽样功能进行抽样。

操作步骤：启动 Excel，建立“随机抽样”工作簿。

第一步，使用 Excel 进行抽样，首先要对应每个职工编号，即对 90 个总体单位进行编号，按需要编号后（也可以按有关标志或无关标志编号），将编号输入工作表，如图 2-5 所示。

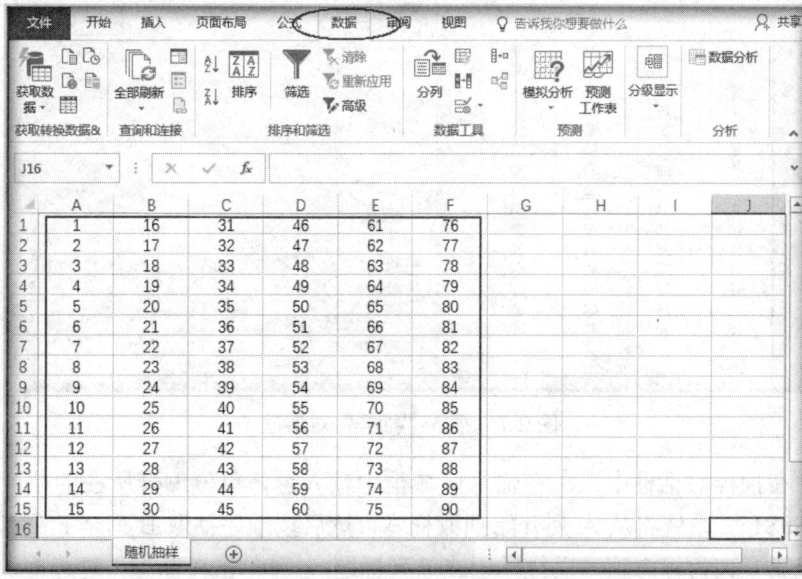

图 2-5　总体单位编号输入

第二步，“数据”菜单下，选择“数据分析”，打开数据分析对话框，从中选择“抽样”，如图 2-6 所示。

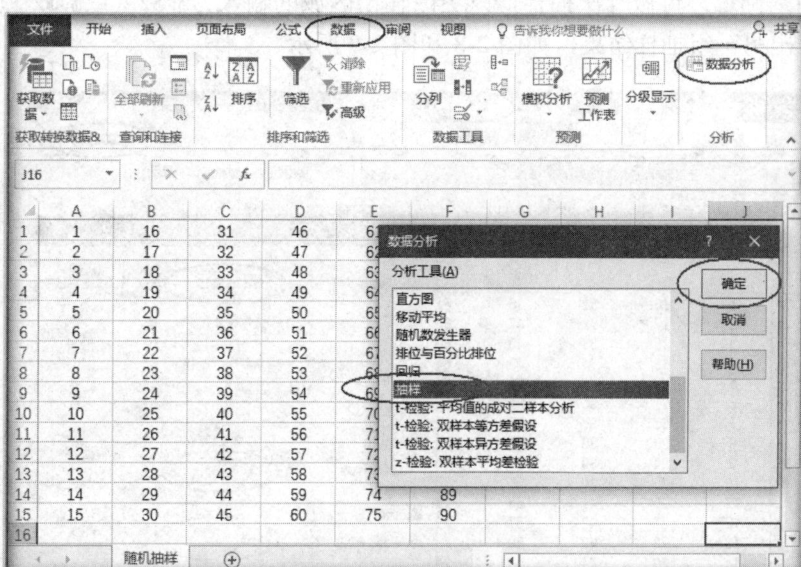

图 2-6　“数据分析”选项

第三步，选中“抽样”，单击“确定”按钮，弹出抽样对话框，注意我们在“抽样方法”

中选择了“随机”，在“输出选项”中选择了“输出区域”，如图 2-7 所示。

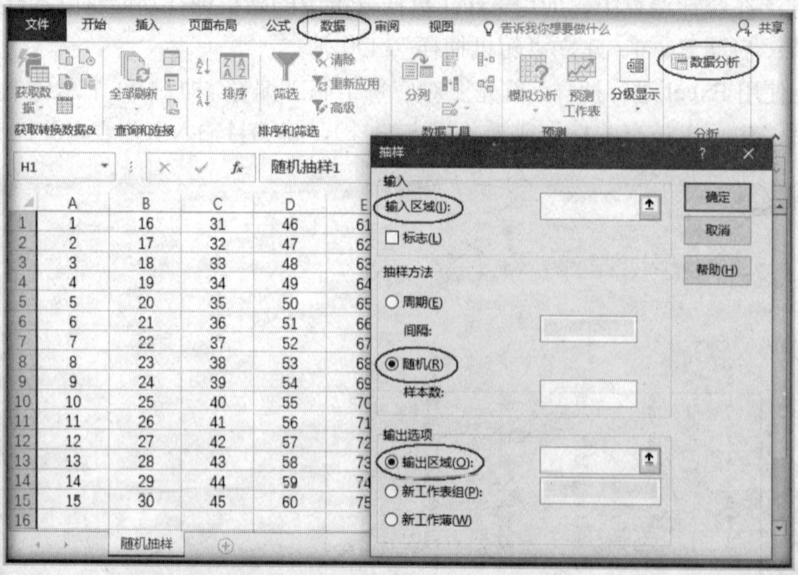

图 2-7　插入“抽样”对话框

第四步，在抽样对话框中：①在输入区域框中输入总体单位编号所在的单元格区域，在本例是$A$1:$F$15，系统将从 A 列开始抽取样本，然后按顺序抽取 B 列至 F 列。如果输入区域的第一行或第一列为标志项（横行标题或纵列标题），可单击“标志”复选框，本例没设置标志；②在抽样方法选项下，有周期和随机两种抽样模式，我们采用随机抽样，只需在“样本数”框中输入要抽取的样本单位数即可，本例是 15 个样本；③指定输出区域，在这里我们只输入$H$2，（或输入$H$2:$H$16）单击确定后，即可在选定的单元格内得到抽样结果。我们可以在上面基础上，再做一次抽样，只更改输出区域的输入为$J$2（或$J$2:$J$16），单击确定，即刻得出另一组抽样结果，如图 2-8 和图 2-9 所示。

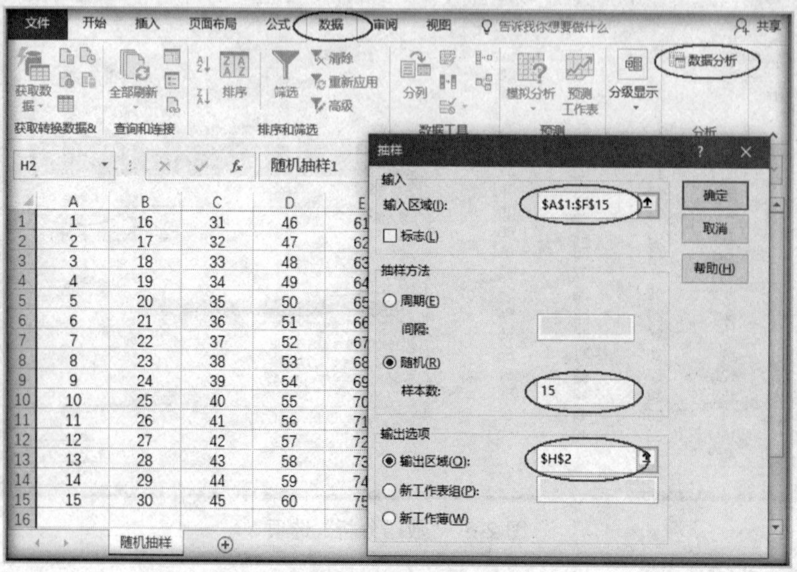

图 2-8　输入“抽样”对话框数据

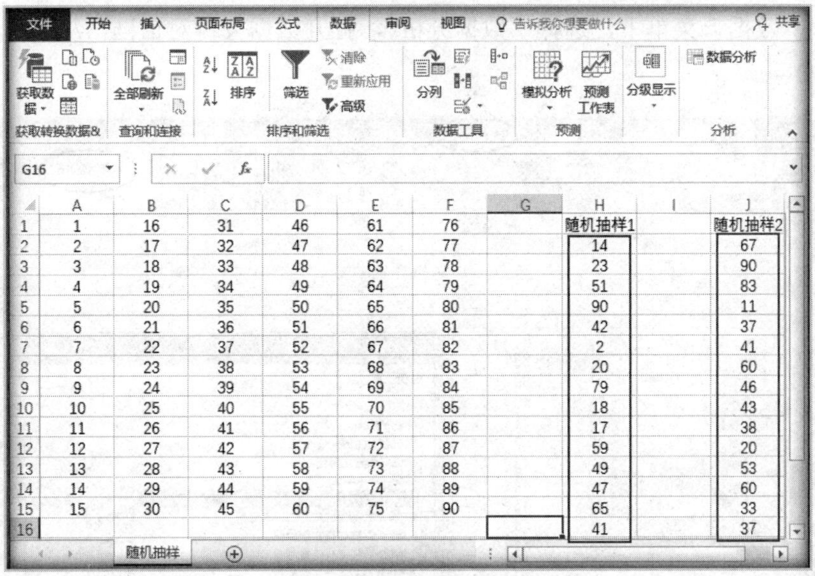

图 2-9　输出随机抽样结果

操作项目 2：应用 Excel 完成周期抽样

技能要求：了解统计抽样的基本原理并按随机原则对各个总体单位进行编号。

统计资料：现要了解某校会计系 96 名学生的学习情况，96 人构成一个总体，则总体单位数为 96，根据调查需要，按周期抽样方法从中抽取 12 人进行调查。

基本任务：在统计调查中，应用 Excel 数据分析中的抽样功能进行周期抽样（等距抽样）。

操作步骤：启动 Excel，建立“周期抽样”工作簿。

第一步，使用 Excel 进行抽样，首先要对每个学生编号，即对 96 个总体单位进行编号，按需要编号后（也可以按有关标志或无关标志编号），将编号输入工作表，如图 2-10 所示。

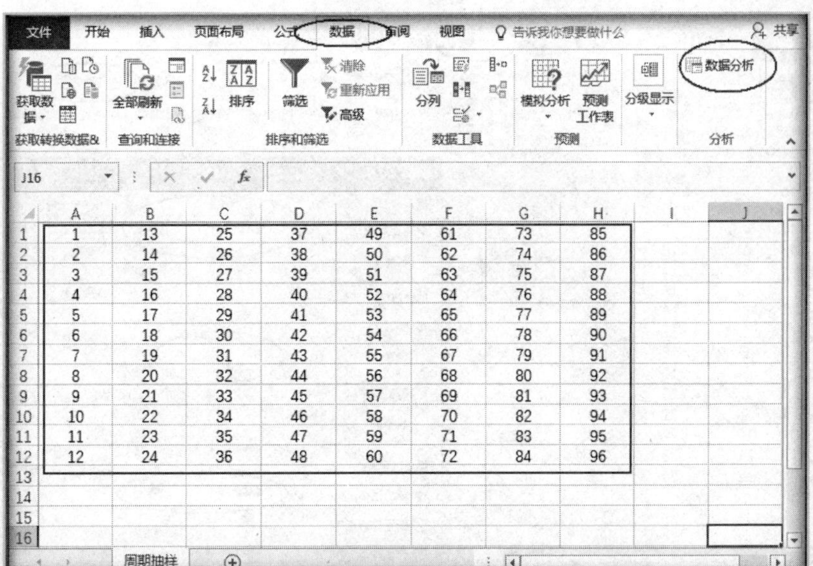

图 2-10　总体单位编号输入

第二步，“数据”菜单下，选择“数据分析”，打开数据分析对话框，从中选择“抽样”，如图 2-11 所示。

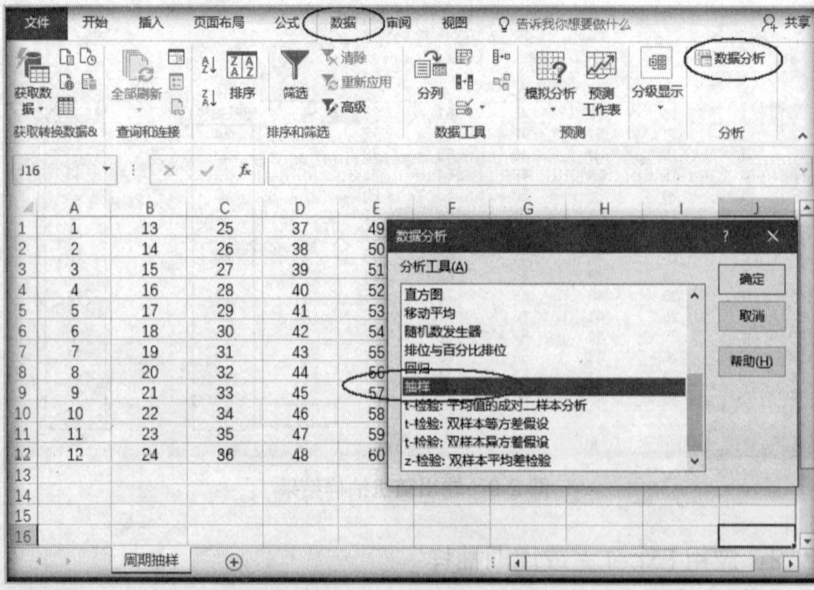

图 2-11　插入“数据分析”对话框

第三步，选中“抽样”，单击“确定”按钮，弹出抽样对话框，注意“抽样方法”和“输出选项”。在输入区域框中，输入总体单位编号所在的单元格区$A$1:$H$12，我们在抽样方法选项下，选择了周期抽样模式，确定取样的周期间隔，是将总体单位数除以要抽取的样本单位数。本例要在 96 个总体单位中抽取 12 个，则在“间隔”框中输入 8（96/12=8）。在指定“输出区域”输入$J$2:$J$13（或只输入$J$2），单击“确定”按钮后，即可在选定的单元格内得到等距抽样结果，如图 2-12 和图 2-13 所示。

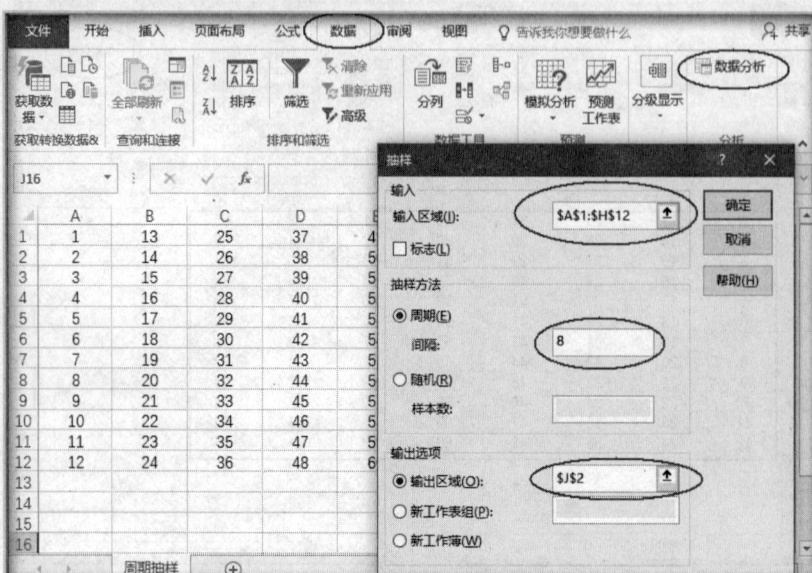

图 2-12　插入“抽样”对话框

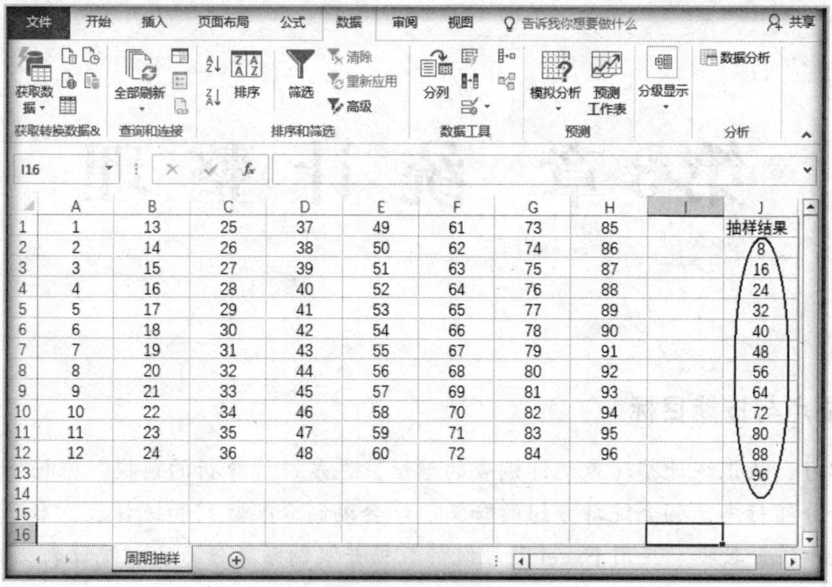

图 2-13　输出周期抽样结果

至此，我们应用 Excel 抽样功能，选用了两种方法，完成了统计数据的抽样。

技 能 训 练

1. 以你所在的班为总体，按照随机原则，从中抽取 6 人作为样本。试用 Excel 抽样功能，进行简单随机抽样。

2. 现对刚入学的 100 名新生，进行有关健康方面的抽样调查，要求用 Excel 抽样功能，采取简单随机的抽样模式，从总体中抽取 15 人，看抽中哪些编号的学生；如果采取周期抽样模式（等距抽样），从总体中抽取 20 人，在抽样对话框里的“间隔”框中应该输入几？这次又抽中了哪些编号的学生？

3. 结合实际情况设计一份结构完整的调查问卷（3～5 个问题即可），并试着用访问的方式完成这份问卷的调查（10～20 份，以备第 3 章统计整理使用）。

参考答案

1. 没有统一答案（答略）
2. 没有统一答案（答略）
3. 没有统一答案（答略）

第3章 统 计 整 理

▶ 知识要点与技能目标

通过学习，认识统计整理是统计调查的继续，也是统计分析的前提。根据研究的目的，正确地选择分组标志，领会统计分组的含义。学会编制分配数列和统计表，准确利用统计表和统计图显示统计数据。应用Excel处理统计数据并编制频数分布表、统计表及统计图。

3.1 统计整理的含义

在统计调查中，我们虽然取得了大量的、能够说明不同现象特征的原始资料，然而，由于这些只是一些个别的、分散的资料，缺乏系统性，不能反映客观现象总体的综合数量特征，因此，为完成统计研究的任务，必须对这些个别的、分散的资料运用科学的方法进行加工处理，把它转化为反映总体的资料，并通过统计表或统计图加以显示和描述。

3.1.1 统计整理的概念

统计整理即统计数据的整理，是指根据统计研究的目的和统计分析的要求，将统计调查采集的原始资料，进行科学的分类和汇总，或对简单加工过的资料，进行再加工，使之系统化、条理化，从而能够反映总体特征资料的工作过程。

从统计工作的全过程来看，统计整理是统计工作过程的中间环节，在统计工作中起着承前启后的作用，通过整理将客观现象的个体数量表现过渡到对总体的综合数量表现，使我们得到描述现象总体数量特征的综合指标数值。因此，统计整理的正确与否，将直接影响现象总体数量特征的准确性和统计数据的分析。

3.1.2 统计整理的步骤

统计整理的内容是由统计的研究目的决定的，首先根据研究的目的和统计分析的要求，选择需要整理的相关标志或指标，确定具体的分组方法，对统计资料进行汇总、计算。然后通过统计表或统计图描述汇总的结果。在统计整理中，抓住最基本的、最能说明问题本质特征的统计分组和统计指标，对统计数据进行加工整理，这是进行统计整理必须遵循的原则。

统计整理的步骤由内容来决定，大体分为以下几个步骤。

1. 制定统计整理方案

统计整理方案是指导整个工作的基本文件，应根据上述统计整理的原则，在方案中明确规定各种统计分组及统计指标设置。统计整理方案具体表现为一系列综合表式、填表说明以及各种统一的填报目录等。在统计整理方案之外，还要制订一个整理的工作计划，说明整理工作完成的期限、组织领导、培训、资料的审核和汇总的方法等。

整理方案与调查方案要紧密衔接。整理方案中的指标体系与调查项目要一致，或是其中的一部分，不能脱离或超越调查项目的范围。整理方案是否科学，对于统计数据整理乃至统计数据分析的质量都是至关重要的。

2. 审核、纠正统计数据资料

在汇总前，要对采集的原始数据资料进行审核。审核、检查所采集的统计数据资料是否完整，有无迟报、不报、漏报的情况，如果报送已齐全，应审查有无差错。审查的办法主要有：

逻辑审查。它是利用逻辑理论检查指标之间或数据之间有无矛盾，是否符合逻辑关系。例如，在 2017 年“工业产销总值及主要产品产量月报（B204-1 表）”中，“工业销售产值（03）≥其中：出口交货值（04）”“工业总产值（01）= 烟煤和无烟煤开采洗选（0610）+…+其他水处理、利用与分配（4690）”。

设疑审查。它是根据指标之间存在的一定量值范围与比例关系，设置疑问框，审查数据疑点。例如，如果规定现价工业总产值与销售收入的比值为 0.7～1.5，那么，小于 0.7 或大于 1.5 的比值均为“疑问”值。当然，疑问框的设置必须有科学依据，不可随意设置。

人机同审。是指人工审核与计算机审核同时进行的审查。例如，我国现行的统计报表制度中对《法人单位基本情况表》的审核提出了要求，在企业主要经济指标中“全年营业收入”一项，人工审核的要求有，“营业企业是否漏填；数值是否从千元填起；全年营业收入是否大于等于其中主营业务收入。”计算机审核的要求有，“营业企业不能为空；大于 0；全年营业收入是否大于等于其中主营业务收入；取值大于等于最大值时需核实”等。

发现统计数据差错以后，要分别就不同情况及时纠正与处理。在对原始数据资料进行审核的同时也要对整理后的次级数据资料进行审核与检查。

3. 进行科学的统计数据分组与汇总

统计整理的前提和基础是采用一定的组织形式和方法，对原始数据资料进行科学的分组。分组后的资料，要进行必要的汇总和计算，使得反映总体单位特征的数据资料转化为反映统计总体特征的数据资料。

4. 编制统计表与绘制统计图

统计表是统计数据资料整理的结果，也是表达统计资料的重要形式之一。根据研究的目的可以编制各种统计表，也可以根据需要绘制不同类型的统计图。

3.1.3 分组标志的选择

在取得完整、正确的统计资料前提下，统计分组的优劣是决定整个统计研究成败的关键，它直接关系到统计分析的质量，而分组标志就是分组依据的标准。

由于分组标志与分组的目的有直接关系，所以选择分组标志是统计分组的核心问题。

一个统计总体可以采用多个标志进行分组。分组时所采用的分组标志不同，其分组的结果及由此得出的结论也不会相同。因为分组标志一经选定，必然表现出总体在这个标志上的差异情况，但同时又掩盖了其他标志的差异。如果分组标志选择不恰当，不但无法表现出总体统计数据的基本特征，甚至会把不同质的事物混在一起，从而掩盖和歪曲现象的本质特征。

划分各组界限，就是要在分组标志的变异范围内，划定各相邻组间的性质界限和数量界限。那么如何正确选择分组标志呢？

第一，根据统计研究的目的选择分组标志。统计总体的各个单位有许多标志，选择什么标志作为分组标志，由统计研究的目的决定。例如，如果要研究全国大学生的构成情况及健康状况，调查的对象是全国大学生，即全国所有高等院校在校学生就构成了总体，而每一个在校学生就是总体单位。构成情况有许多方面，根据需要可分别选择性别、年龄、民族等作为分组标志，而健康状况可以选择身高、体重、肺活量等作为分组标志，可见，对于不同的研究日的，需要选择不同的分组标志。

第二，根据事物内部矛盾选择反映事物本质的分组标志。事物的标志多种多样，有些标志是主要的标志，能够反映事物的本质，而有的则是次要标志。例如，要研究某市教师的生活水平状况，在教师的“工资”，教师的“其他收入”和教师“家庭成员的平均收入”等标志中，最能反映教师的生活水平状况的分组标志应当是“教师家庭成员的平均收入”，因为教师的生活水平的高低不仅受工资和其他收入的影响，更重要的是受所负担家庭成员多少的影响。再如，要对企业的经济效益进行研究，可供选择的标志也很多，有绝对指标，也有相对指标，诸如资金利税率、资金产值率、商品销售率、销售利税率等，然而更能综合反映企业经济效益的则是资金利税率。因此，在进行分组时，要从统计研究的目的出发，从若干标志中选择最能反映事物本质特征的标志。

第三，根据被研究事物所处的具体条件选择分组标志。客观现象随着时间、地点、条件的变化而变化，条件变化了，事物的特征也会发生变化，也就是说最能反映现象本质特征的标志将随之变化。例如，研究工业企业规模与劳动生产率等因素之间的关系时，需要按企业规模进行分组，而反映企业规模的标志有职工人数、生产能力、固定资产价值等，究竟选择哪一种标志作为分组标志，需要根据具体条件而定，对于劳动密集型产业、应采用职工人数作为分组标志来反映企业生产规模的大小，而对于技术密集型产业，反映企业生产规模大小就要选用固定资产价值或生产能力作为分组标志。

3.2 统计数据的分组

在统计数据的整理工作中，一项重要且复杂的整理工作，是将统计数据进行科学的分组，简称统计分组。统计分组是基本统计方法之一，统计工作从始至终都离不开统计分组的应用，在统计调查方案中必须对统计分组做出具体规定，才能采集到能够满足分组需要的资料。统计资料整理的任务是使零散资料系统化，但怎样使资料系统化，根据什么归类，这就取决于统计分组，而统计分组的关键在于选择分组标志和划分各组界限。上一节我们了解了如何正确选择分组标志，本节主要学会如何依据分组标志去分组。

3.2.1 统计分组的概念

统计分组是根据研究任务的需要和事物内在的特点，将统计总体按照一定的标志划分为若干组成部分的一种统计方法。

客观现象是复杂的，现象之间既存在相互联系、相互制约的关系，同时又存在质与量方面的差异。统计分组的目的，就是揭示现象内部各部分之间存在的差异，认识它们之间的矛盾，表明事物的本质与规律。

在对客观现象进行研究时，一方面，要从总体上进行研究；另一方面，还要对总体中各个性质不同的组成部分进行研究，以便于观察总体中各部分之间性质上的差别。同时，由于对同一总体研究的角度不同，可以选择不同的标志进行分组。例如，同属于工业企业这一总体，我们就可以根据不同的研究目的选择不同的分组标志进行划分，如按经济类型不同，可以将企业分为公有制经济和非公有制经济；按登记注册类型不同，可以将企业分为内资企业，港、澳、台商投资企业和外商投资企业等，如表 3-1 所示。

表 3-1 第三次全国经济普查工业企业的从业人员及比重

企业按登记注册类型分组	从业人员/万人	比重/%
工业企业从业人员合计	14 025.9	100.0
其中：内资企业	11 259.2	80.3
港、澳、台商投资企业	1 343.1	9.6
外商投资企业	1 423.6	10.1

资料来源：国家统计局、国务院第三次经济普查办公室 2014 年 12 月 16 日《第三次全国经济普查主要数据公报（第二号）》。

统计工作中，常用的重要分组全国都有统一的分类标准，如按经济类型分组、按国民经济行业分组、按单位隶属关系分组、按地区分组、企业按规模分组等。

3.2.2 统计分组的作用

由于现象的表现形式多种多样，我们在研究问题时，要注意现象的一般性和特殊性，注意现象的特点、现象之间的差别和联系。通过分组可以反映出不同类型的经济现象在总体中的分布及构成情况，同时也能更深刻地认识现象的本质。

1. 统计数据分组可以划分现象的类型，表明统计总体的基本性质和特征

统计分组的目的之一是要按照某种标志，将社会经济现象区分为各个性质不同的组成部分，以认识社会经济现象的本质和规律性。当研究目的在于探讨社会经济现象的类型时，则需要将社会经济现象按特定的标志划分为性质不同的类型组，这是一种广泛应用的重要分组。例如，国民经济的重要分组之一，按三次产业结构分组，将国民经济分为第一产业、第二产业和第三产业，如表 3-2 所示。

表 3-2　北京市 2016 年地区生产总值完成情况

按三次产业分组	地区生产总值/亿元	比上年增长/%	比重/%
地区生产总值合计	24 899.3	6.7	100.00
第一产业	129.6	−8.8	0.52
第二产业	4 774.4	5.6	19.18
其中：工业	3 884.9	5	—
建筑业	1 023.5	7.7	—
第三产业	19 995.3	7.1	80.30

资料来源：北京市统计局、国家统计局北京调查总队 2017 年 2 月 25 日《北京市 2016 年国民经济和社会发展统计公报》。

2. 统计数据分组可以反映总体内部结构及其结构特征

统计总体虽然是在同一性质的基础上结合起来的整体，而各单位之间仍存在着许多的差异，为了深入分析这些差异，可以分析统计总体的构成，即对总体进行结构分组。例如，全国的人口数按城乡分组，可以分为城镇人口和乡村人口；按性别可以分为男性人口和女性人口，也可以按年龄分组等，如表 3-3 所示。

表 3-3　我国 2016 年人口数及其构成

<table>
<tr><th colspan="2">指　标</th><th>年末数/万人</th><th>比重/%</th></tr>
<tr><td colspan="2">全国总人口</td><td>138 271</td><td>100.00</td></tr>
<tr><td rowspan="2">其中：按城乡分组</td><td>城镇</td><td>79 298</td><td>57.35</td></tr>
<tr><td>乡村</td><td>58 973</td><td>42.65</td></tr>
<tr><td rowspan="2">其中：按性别分组</td><td>男性</td><td>70 815</td><td>51.21</td></tr>
<tr><td>女性</td><td>67 456</td><td>48.79</td></tr>
<tr><td rowspan="4">其中：按年龄分组</td><td>0～14 岁</td><td>24 438</td><td>17.67</td></tr>
<tr><td>15～59 岁</td><td>90 747</td><td>65.63</td></tr>
<tr><td>60 岁及以上</td><td>23 086</td><td>16.70</td></tr>
<tr><td>其中：65 岁及以上</td><td>15 003</td><td>10.85</td></tr>
</table>

资料来源：国家统计局 2017 年 2 月 28 日《中华人民共和国 2016 年国民经济和社会发展统计公报》。

3. 统计数据分组可以揭示各类客观现象之间的依存关系

客观现象之间是相互联系、相互依存和相互制约的。当研究同一总体范围内，两个可变标志的依存关系时，可以将其中一个可变标志（自变量）作为分组标志，以观察另一个标志（因变量）相应的变动情况。例如，某地区农作物的收获率和耕作深度依存关系，如表 3-4 所示。

运用依存关系分析时，关键是要分清影响因素（自变量）和影响结果（因变量）。

从表 3-4 的分组资料可以看出，农作物的收获率和耕作深度具有明显的依存关系，即耕作深度越深，农作物的平均收获率越高。这种依存关系，通过分组便易观察。

表 3-4　某地区农作物的收获率和耕作深度依存关系分析表

耕地按耕作深度分组/厘米	地块数/块	平均收获率（千克/公顷）
10～12	6	3 000
12～14	15	3 500
14～16	20	4 000
16～18	16	4 700
18～20	3	5 100

注：1 公顷=10 000 平方米。

3.2.3　统计分组的种类

1. 品质标志分组和数量标志分组

统计按分组标志的性质不同可分为品质标志分组和数量标志分组。

品质标志分组就是按事物的质量属性分组。例如，人口按民族、职业分组，工业企业按经济类型分组等。按品质标志分组，有些比较简单，如表 3-5 所示，人口按性别分组。但有些比较复杂，如表 3-6 所示，工业产品按品种分组。

表 3-5　我国 2016 年人口性别构成统计表

按性别分组	年末数/万人	比重/%
全国总人口	138 271	100.00
其中：男性	70 815	51.21
女性	67 456	48.79

资料来源：国家统计局 2017 年 2 月 28 日《中华人民共和国 2016 年国民经济和社会发展统计公报》。

表 3-6　我国 2016 年主要工业产品产量（节选部分工业产品）

产品名称	计量单位	产量
……	……	……
彩色电视机	万台	15 769.6
其中：液晶电视机	万台	15 713.6
其中：智能电视机	万台	9 310.1
家用电冰箱	万台	8 481.6
房间空气调节器	万台	14 342.4
一次能源生产总量	亿吨标准煤	34.6
原　煤	亿吨	34.1
原　油	万吨	19 968.5
天然气	亿立方米	1 368.7
发电量	亿千瓦小时	61 424.9
……	……	……

资料来源：国家统计局 2017 年 2 月 28 日《中华人民共和国 2016 年国民经济和社会发展统计公报》。

数量标志分组就是按事物的数量特征分组。例如，工业企业按职工人数分组。按数量标志分组时，根据每组数量标志值的具体表现，又分为单项式分组和组距式分组两种，如表 3-7 和表 3-8 所示。

表 3-7　某居民区按家庭人口数分组表

按家庭人口数分组/人	户数/户
1	4
2	36
3	40
4	12
5	8
合　计	100

表 3-8　某商业集团商品销售额与流通费用率统计表

按销售额分组/万元	商店数/个	流通费用率/%
100 以下	25	11.2
100～500	70	10.6
500～1 000	130	9.9
1 000～3 000	75	8.7
3 000～5 000	40	7.8
5 000～10 000	18	7.0
10 000 以上	10	6.3

数量标志分组的关键是正确划分各组组限以达到组间的差异性和组内的同质性。由于按数量标志分组所涉及的问题较之按品质标志分组复杂。我们将在下面变量数列的编制中做进一步说明。

2. 简单分组与复合分组

统计分组按分组标志的多少可以分为简单分组与复合分组。

简单分组就是对研究现象按一个标志进行分组。例如，将工业企业职工分别按年龄、工龄、文化程度等标志进行分组。简单分组只能说明被研究现象某一方面的差别情况，如表 3-9 所示。

表 3-9　某学院会计 1706 班统计学成绩分组表

按成绩分组/分	学生数/人	比重/%
60 以下	3	6.00
60～70	8	16.00
70～80	23	46.00
80～90	11	22.00
90～100	5	10.00
合　计	50	100.00

复合分组是按两个或两个以上的标志对总体单位进行重叠分组，如对某班学生先按性别分组，再按考试成绩分组，这样可以反映性别和成绩两个因素的次数分布情况，因而分析问题更深入、更具体。但复合分组的组数会随着分组标志的增加而成倍增长，分组过多，现象的次数分布特点反而不容易反映出来。因此，在进行复合分组时，一定要结合现象的特点以及分析研究的需要选择适当的标志个数。例如，对企业职工的分析，就常用按工作岗位、年龄、工龄、文化程度等标志进行多项分组，组成分组体系，从各个方面反映企业职工的各种特征，就可对企业职工获得比较全面的认识。下面我们看一个复合分组表，如表 3-10 所示。

表 3-10　某地区 2017 年年末人口分布情况

按城乡和性别分组	人口数/万人	比重/%
全地区人口总数	3 826	100.00
城镇人口	2 783	72.70
其中：男性	1 419	37.10
女性	1 364	35.60
农村人口	1 043	27.30
其中：男性	532	13.90
女性	511	13.40

3.3　分配数列的编制

3.3.1　分配数列的概念

在统计分组的基础上，将总体中所有单位按组归类整理，形成总体中各个单位数在各组间的分布，叫作次数分布。分布在各组中的个体单位数叫作次数或频数，通常用符号 f 表示。频数的大小，决定了该组标志值作用的强度。各组次数与总次数之比叫作比率或频率。频率表明各组值的相对作用强度。将各组别与次数按一定的次序排列，形成的数列称作分配数列或次数分布数列。

任何分配数列都必须满足两个条件，即各组频率大于或等于零，各组的频率总和等于 1 或 100%。分配数列反映了所研究的总体中，全部单位数在各组内的分布状态和总体的分布特征，并据以研究总体某一标志的平均水平及其变动的规律性。通过表 3-11 的学习可了解分配数列的内容。

表 3-11　某企业工人工资情况分组表

工人按工资分组/元	工人人数/人	各组人数所占比重/%
600～700	110	22.00
700～800	300	60.00
800～900	90	18.00
合　计	500	100.00
名称或数值	次数或频数	比率或频率

统计整理中，根据分组标志的不同，分配数列分为品质分配数列和变量分配数列两种。

按品质标志分组所编制的分配数列叫品质分配数列或属性分配数列，简称品质数列。品质数列由组的名称和各组的次数两个要素构成。例如，3.2.3 节中我国 2016 年人口性别构成统计表，如表 3-5 所示。品质数列的编制程序比较简单，一般是将其原始数据归类合计，然后制表即可。例如，2010 年全国第六次人口普查主要数据公报："全国人口中，汉族人口为 133 972 万人，占总人口的 91.51%；各少数民族人口为 11 379 万人，占总人口的 8.49%。"将数据制表，如表 3-12 所示。

表 3-12　2010 年全国第六次人口普查民族构成表

按民族分组	人数/人	比重/%
全国总人口	1 339 724 852	100.00
其中：汉　　族	1 225 932 641	91.51
少数民族	113 792 211	8.49

备注：① 人口数据不包括居住在境内的港澳台居民和外籍人员；

② 资料来源于国家统计局 2011 年 4 月 28 日《2010 年第六次全国人口普查主要数据公报》。

按数量标志分组所编制的分配数列叫变量分配数列，简称变量数列。任何一个变量数列都由各组变量值和各组的次数两个要素构成，如表 3-11 所示。

按同一数量标志进行不同的分组，能够形成不同的变量数列。因此，我们有必要对变量数列进行阐述。

3.3.2　变量数列的种类

变量数列是依据数量标志分组所编制的分配数列，它是一种区分事物数量差别的分配数列，反映了总体在一定时间上的量变状态或量变过程，并从这种量的差别中来反映事物质的差别。变量数列中按照各组变量值的表现形式不同，变量数列分为单项数列与组距数列。

1. 单项变量数列

按每个变量值依次分组编制的变量数列叫作单项变量数列。这种数列中组数与数量标志所包含的变量值数目相等，每个变量值作为一组。如表 3-13 所示的分布数列即为单项变量数列，简称单项数列。

表 3-13　某工业企业工人日产量资料

按日产量分组/件	工人人数/人	比重/%
110	8	4.00
120	20	10.00
130	38	19.00
140	100	50.00
150	22	11.00
160	12	6.00
合　计	200	100.00

单项变量数列一般在变量的变异幅度不大的情况下采用。在表 3-13 中，变量的最大变量值为 160 件，最小变量值为 110 件，变量值的变异范围为 110 件～160 件，变量值的数目为 6 个。如果变量值的个数较多，变动的范围也较大，为了准确地反映出总体各个单位分布的特征和分布的趋势，则应编制组距数列。

2. 组距变量数列

按照数量标志分组时，用变量值变动的一定范围（即组距）代表一个组所形成的变量数列，称为组距变量数列，简称组距数列，如表 3-11 所示。

组距数列中，各组变量值变动的界限称为组限，组内最大变量值称为上限，最小变量值称为下限。组距就是上限与下限之差，即

$$组距=组上限-组下限$$

例如，根据国家《大中小型工业企业划分标准》中，钢铁联合企业和石油开采企业都是按年生产能力（万吨）的分组，如表 3-14 所示。

表 3-14　工业企业不同行业分组表

企业规模 \ 行业及分组	钢铁联合企业 按生产能力分组/万吨	石油开采企业 按生产能力分组/万吨
小型工业企业	10 以下	15 以下
中型工业企业	10～30	15～50
	30～60	50～100
大型工业企业	60～100	100～150
	100 以上	150 及以上

在钢铁联合企业分组中，10、30、60、100 都是组限，第三组的 30～60，30 称为本组下限，60 称为本组上限，则组距为 60−30=30。

组距数列中的组中值是各组变量值的中间数值，通常根据各组上限、下限进行简单平均求得，公式为

$$组中值=\frac{上限+下限}{2}$$

例如，在表 3-14 中，钢铁联合企业分组，第三组的 30～60，组中值为

$$组中值=\frac{60+30}{2}=45$$

用组中值代表组内变量值的一般水平，应保证的前提条件是组内各单位变量值在本组内均匀分布或在组中值两侧呈对称分布。实际上，完全具备这一前提是不可能的，但在划分各组组限时，必须考虑使组内变量值的分布尽可能满足这一要求。此外，为了计算方便，力求组中值取整数。

编制组距数列时，常常使用“××以上”或“××以下”，这样不确定组限的组，称为开口组，数列两端的组都不确定组限，称为开口组距数列，如表 3-8 所示的分组；数列两端组的组限都确定，称为闭口组距数列，如表 3-4、表 3-11 所示；数列两端组的组限一个确定，一个不确定，则为半开半闭的组距数列，如表 3-9 所示。

根据研究目的和现象的特点，可以将组距数列编制为等距数列和异距数列。在等距数列中，各组的组距均相等并能清楚地反映总体的分布特征，如表3-11所示；而在异距数列中，各组的组距并不都相等（见表3-14），但能比较准确地反映总体内部各组成部分的性质差异。

在开口组距数列中，为了进行统计分析，也需要计算组中值。开口组的组中值确定，一般可将相邻组组距假定为开口组组距，然后计算组中值。公式为

$$已知上限的开口组组中值=上限-\frac{相邻组的组距}{2}$$

$$已知下限的开口组组中值=下限+\frac{相邻组的组距}{2}$$

例如，在表3-9中，该组距数列是等组距数列，每组的组距均为10，第一组“60以下”，是已知上限的开口组，故组中值的计算为

$$已知上限的开口组组中值=60-\frac{10}{2}=55$$

3.3.3 变量数列的编制

前面我们介绍了变量数列分为单项数列与组距数列，单项式变量数列一般变量的变异幅度不大，编制单项式变量数列，可直接将数列中的每一数值按一定的顺序分组，即将每个变量值依次分组。这里我们特别介绍组距数列的编制。

组距数列的编制大致由原始数据排序、计算全距、设立组数、确定组距、分组归类、形成分配数列、制作统计表等程序构成。

1. 确定组数

编制组距数列，必须对总体进行分组，针对一个总体，应将其分为几个组，这要根据研究的目的来确定，同时要本着以能简单明了地反映问题为原则。如果组数过多，会造成总体单位分布分散，同时又可能把属于同类的单位归到不同的组中，不能真实反映出事物的本质特点和规律性；如果组数过少，又会将不同性质的单位归到同一个组内，失去区别事物的界限，达不到正确反映客观事实的目的。因此，恰当地确定组数是非常重要的。

我们可以参考美国学者斯特杰斯（H.A.Sturges）提出的确定组数的经验公式，称为斯特杰斯经验公式，即

$$n=1+3.322\lg N$$

在总体各单位标志值趋于正态分布的情况下，可根据总体单位数（N）来确定分组数（n）。上式可在分组时参考，因为，当总体单位数过少时，按上述公式计算的组数可能偏多；而当总体单位数很多时，计算的组数不可能偏少。所以，在实际中也可以根据具体情况自行确定组数。

2. 确定组距

确定组数后，还应确定组距。组数和组距之间存在着密切关系，在“全距”一定，即数列中最大变量值与最小变量值之差不变的情况下，组距的大小和标志变量数列的全距大小成正比变化，与组数多少成反比变化，即组数越多，组距越小；组数越少，组距越大。编制变

量数列，在采用等距分组的情况下，确定组距（d）可采用下列公式

$$d=\frac{\text{全距（}R\text{）}}{\text{组数（}n\text{）}}$$

当设一个数列包括 N 个变量值，最大值为 $X_{\max}$，最小值为 $X_{\min}$，若组距数列的组数为 n 个，组距为 d，参照斯特杰斯公式则有

$$d=\frac{X_{\max}-X_{\min}}{1+3.322\lg N}$$

在具体进行分组时，首先，应对标志值的分布情况进行观察，找出变量的最大值和最小值；其次，根据分布比较集中的标志值确定组距的中心位置；再次，根据预定的组距的大小定出上限和下限。一般地，第一组的下限必须略小于实际变量值的最小值，最后一组的上限必须略大于实际变量值的最大值，并尽可能使各单位的标志值在组内分布比较均匀。为计算方便，组距的确定宜取 5 或 10 的倍数。

3. 确定组限

根据变量的不同类型，组限的划分有不同的要求。对于连续型变量（如体重、身高等）划分组限时，相邻组的组限必须重合。对于离散型变量（如学校数、产品件数等）划分组限时，相邻组的组限必须间断。但是，在实际工作中，为了保证总体单位的不重不漏，对于离散型变量，一般也采用连续型变量的组限表示方法。

在编制组距数列时，对于变量值刚好等于组限时，习惯上规定将其放在下限组。例如，表 3-9 中的第二组“60～70”与第三组“70～80”，两组都有“70”分，第三组“70～80”中的“70”在这组为下限，故这一组为下限组。如果一个变量值为“70”，则将其放入该组。下面我们看一个简单的例题。

【例 3-1】利用组距数列分组的方法，对某生产小组的 40 名工人日产量分为高中低三组，并说明该小组工人产量的特征。每名工人的某日生产量如下（单位：件）。

660 700 450 460 460 480 640 490 540 500 650 550 560 560
560 590 580 560 570 570 580 590 590 550 590 560 590 600
590 600 640 480 650 490 750 660 450 560 750 710

按组距数列编制的一般程序，先将上列原始数据按从小到大的顺序依次排列为

450 450 460 460 480 480 490 490 500 540 550 550 560 560
560 560 560 560 570 570 580 580 590 590 590 590 590 590
600 600 640 640 650 650 660 660 700 710 750 750

上述资料按一定顺序排列后，就可以为编制变量数列提供有序的数据，其最小值为 450 件，最大值为 750 件，全距为

$$750-450=300\text{（件）}$$

依据条件及组距的计算公式，得出

$$d=\frac{\text{全距（}R\text{）}}{\text{组数（}n\text{）}}=\frac{300}{3}=100\text{（件）}$$

经过分组归类后，形成分配数列并制作出如表 3-15 所示的统计表。

表 3-15 某生产小组工人日产量分布情况

按日产量分组/件	人数/人	比重/%
500 以下	8	20.00
500～600	20	50.00
600 以上	12	30.00
合 计	40	100.00

通过编制的组距数列，如表 3-15 所示，很清楚地看出：日产量在 500 件以下的工人有 8 人，占总数的 20%，日产量在 600 件以上的工人有 12 人，占总数的 30%，日产量在 500～600 件的工人最多有 20 人，占总数的 50%。该生产小组工人日产量呈明显的正态分布特征。

这里要特别提出，在应用 Excel 功能编制变量数列时，与统计的编制原理略有不同。

3.3.4 统计数据的汇总

统计调查采集的统计数据资料经过统计分组，便可以进行汇总工作。统计数据资料的汇总简称统计汇总，是调查采集的原始资料或次级资料经过科学分组后，将各个单位分别归到各组中，计算各组及总体的单位数，如表 3-13 中的人数“200 人”的汇总过程，或将分布在各组中的各单位的标志值分别加总，计算各组及总体的标志总量，如表 3-2 中的 2016 年北京地区生产总值“24 899.3 亿元”的汇总过程。

统计汇总是根据事先设计好的汇总（或整理）方案进行的，统计汇总方案是统计设计的内容之一，它要根据统计分析的要求，设计统计汇总的具体内容，对整个汇总过程做出统一的安排。

1. 统计数据汇总的方式

统计汇总的方式基本有两种，一是逐级汇总，二是集中汇总。

逐级汇总是统计汇总中最常使用的一种方式，它是按照一定的统计管理体制，自下而上逐级整理汇总本系统或本地区范围内的统计数据资料。目前，我国现行的统计报表制度一般采用这种方式。这种方式有利于满足各地区、各部门对统计资料的需要，有利于就地检查和核对原始资料。但是一般费时较长，影响统计数据资料的时效性，同时，由于经过的中间环节较多，容易产生误差。

集中汇总是将全部调查资料，集中到组织统计调查的最高一级组织机关一次汇总。这种汇总方式，可以在较短时间内取得大规模综合统计数据的结果，大大缩短统计资料整理的时间，减少汇总过程产生的误差。但是原始资料一旦出现差错，不能及时改正，汇总的资料往往不能满足各地区、各部门的需要。

为了满足各地区、各部门管理的需要，有时也采取将两种汇总方式结合运用的综合汇总方式。这种汇总方式是在将最基本、最重要的指标实行逐级汇总的同时，又将全部原始资料集中到最高一级组织机关实行集中汇总。例如，我国的人口普查数据资料就是采取了两种相结合的方式进行汇总，几个主要分组和指标采取逐级汇总方式，很快就得出汇总结果。同时，全部普查资料则由各省、市、自治区集中汇总，然后由中央一次汇总得出全国的人口的数据资料。

统计实践中，我国许多部门对统计资料的汇总还采用了汇审汇编的形式，即由所属单位的统计人员携带报表和有关资料集中到综合单位分工协作，共同审核、汇总和编表。这种方法由于是上下结合、集中审核整理的汇总，便于及时发现和修正差错，也有利于相互交流经验，提高统计人员的业务水平。

2. 统计数据汇总的方法

汇总原始资料的方法，主要是依据统计分组和所确定的统计指标，将总体各单位按类分别归到各组中，计算出各组及总体的单位数，并对分布在各组中的各单位的标志值进行加总，计算各组及总体的标志值之和，即总体标志总量。统计数据汇总的方法主要有手工汇总和计算机数据处理。

（1）统计数据的手工汇总。手工汇总就是用简单的计算工具进行的汇总，它是目前我国统计数据汇总中普遍使用的方法。手工汇总中通常使用的方法有划记法、过录法、折叠法和卡片法四种。

划记法。划记法是在汇总表上以点线、符号表示各组总体单位数的方法。汇总时，根据总体单位归属的组别，在该组内点一个点或画一条线，最后计算出各组点或线的数目，得到各组的总体单位数，此方法只能计算数目不多的总体单位数，不能汇总各组的标志值。

过录法。过录法是先将原始资料过录在事先设计好的整理表上，然后计算出各组和总体的单位数或标志值的合计数，再将计算结果填到统计表上。此方法既可汇总单位数，又可汇总标志值，且便于核对检查，但较烦琐。一般在简单分组且总体单位数少的情况下采用。

折叠法。折叠法是将多张调查表中需要汇总的数值，沿着同行或同列折叠好，按顺序摆成表状进行汇总计算，然后将汇总结果填入统计表。这种方法避免了过录，简便易行，实际工作中经常使用。但如果发现计算错误，很难查找，所以，汇总过程中，特别要求仔细认真。

卡片法。卡片法是按调查的目的和要求，把每个调查单位的有关资料填到一张卡片上，利用卡片进行分组和汇总。卡片法在复合分组且总体单位数多的情况下采用较适宜。若调查资料不多，采用卡片法就不经济了。

（2）统计数据的计算机处理。计算机数据处理是在手工处理的基础上发展起来的，其处理过程虽然与手工处理大致相同，但具有手工处理不可比拟的优越性。计算机在统计工作中的应用，是统计工作现代化的标志，计算机数据处理大致经过以下步骤。

第一，软件包的选择与编程。随着科学技术的发展，软件包在统计工作中的应用越来越广泛，用户可根据计算机的类型，所处理数据的特点和对统计结果的要求，选择合适的软件包。如 SAS（Statistical Analysis System）、SPSS（Statistical Pakage for the Social Science）等，这些软件包均具有统计汇总的功能，其特点是面向用户，用户只需具备计算机操作的一般知识，而不必掌握计算机的内部细节，借助软件包说明书即可完成对相应软件的操作，完成数据处理工作。根据统计研究的需要，在数据处理过程中，用户还可以编写程序，以完成数据处理工作。

第二，数据的转换与编码。为满足计算机数据处理的需要，在处理采集的统计数据前，必须使其进行标准化、规范化，即将这些数据转化为计算机所能接收的数据，这种转换工作即所谓的数据编码。通过编码可以提高统计数据录入与处理的速度，有利于进行数据的分类和汇总。数据编码就是将字符型数据按照专门制定的编码规则转换成数值型数据，以便于进行数据的录入和计算机能够正确地接收。数据编码工作的处理对象主要是字符型数据。

第三，数据的录入与控制。统计调查所取得的数据经过编码、预审工作，能够被计算机所接收，而要对这些大量的数据进行加工处理，输出预期的结果，必须将这些数据录入到计算机中，从而使计算机对数据进行加工处理成为可能。数据录入工作是整个计算机数据处理工作的基础环节，录入数据的质量将直接影响到数据处理结果的正确性和可用性。

第四，数据的编辑、汇总与输出。计算机数据处理过程中，为确保录入数据的质量控制的正确或合理性，在进行数据的分类、汇总计算等处理之前，还必须根据数据本身的特点和数据内各数据之间的相互关系对数据进行进一步的加工净化，即数据编辑。数据经过审查无误后，根据用户的要求，即可进行数据的汇总。数据的输出是将计算机处理后的数据输出到一定的介质上，如磁盘、纸等，以满足不同的需要。

3.4 统计数据的显示

整理好的统计数据最终要通过统计表和统计图来表现，下面具体讲解统计表和统计图的制作和使用。

统计表是以表格来表现统计数据资料的一种形式。广义的统计表应包括统计调查、统计整理和统计分析等统计工作各阶段中所使用的一切表格。统计表的特点是简明扼要，在实际工作中，利用统计表可以从各方面进行比较、分析和研究客观现象的数量表现。

3.4.1 统计表的结构

统计表从形式上看，主要是由总标题、横栏标题、纵栏标题和指标数值四部分组成。

总标题是统计表的名称，用以概括说明统计表中所反映的统计资料的时间、空间和内容，一般位于表的上端正中央。横栏标题一般位于表的左方，是用来说明总体及其各分组的名称。纵栏标题一般位于表的上方，通常用来表示统计指标的名称。但是横栏标题内容与纵栏标题内容的位置又不是绝对固定的，在有些情况下，可以互换。指标数值列于统计表格中横纵栏标题的交叉处。另外，统计表中的备注、资料来源、填表时间、填表单位等也是统计表的组成部分。

统计表从内容看，是由两部分组成，一部分是统计表所要说明的总体及其分组，通常称为主词；另一部分则是说明总体的统计指标，通常称为宾词。

统计表的结构如表 3-16 所示。

总标题

表 3-16 2016 年我国国内生产总值完成情况

按产业类别分组	绝对数/亿元	比去年同期增长/%	比重/%
国内生产总值	744 128	6.7	100.0
其中：第一产业增加值	63 671	3.3	8.56
第二产业增加值	296 236	6.1	39.81
第三产业增加值	384 221	7.8	51.63

纵栏标题 横栏标题 指标数值

主词栏 宾词栏

备注：① 绝对额按现价计算，增长速度按不变价计算的初步核算数据；

② 资料来源：国家统计局 2017 年 2 月 28 日《中华人民共和国 2016 年国民经济和社会发展统计公报》。

3.4.2 统计表的种类

1. 调查表、整理表和分析表

广义的统计表按其作用不同，分为调查表、整理表（或汇总表）和分析表。

调查表是在统计调查中用于登记、采集原始资料的表格。

整理表（或汇总表）是在统计整理或汇总中使用的表格和用于表现统计整理或汇总结果的表格。

分析表是在统计分析中用于对整理所得的统计资料进行统计定量分析的表格。

2. 空间数列表、时间数列表和时空数列表

按统计数列的性质不同，分为空间数列表、时间数列表和时空数列结合表。

空间数列表是指反映在同一时间条件下，不同空间范围内的统计数列的表格，如表 3-17 所示。

表 3-17 2016 年我国四个直辖市实现地区生产总值

直辖市	生产总值/亿元
北京市	24 899.3
天津市	17 885.4
上海市	27 466.2
重庆市	17 558.8
合 计	87 809.7

资料来源：分别来自四个直辖市 2017 年年初发布的《2016 年国民经济和社会发展统计公报》。

时间数列表是指反映在同一空间条件下，不同时间的统计数列的表格，如表 3-18 所示。本书第 5 章会充分应用这类统计表。

时空数列结合表是指同时反映上述两方面内容的统计表，这类统计表反映出不同单位，不同地区，不同省市等在不同时间上的发展变化，如表 3-19 所示。

表 3-18　我国“十二五”期间历年实现的国内生产总值

年　份	2010	2011	2012	2013	2014	2015
国内生产总值/亿元	413 030.4	489 300.5	540 367.5	595 244.5	643 973.9	689 052.1

资料来源：国家统计局数据库中的年度数据——2010—2015 年国内生产总值。

表 3-19　2010—2015 年我国四个直辖市实现地区生产总值　　单位：亿元

年份 / 地区	2010	2011	2012	2013	2014	2015
北京市	13 777.9	16 000.4	17 801.0	19 500.6	21 330.8	22 968.6
天津市	9 108.8	11 191.0	12 885.2	14 370.2	15 722.5	16 538.2
上海市	16 872.4	19 195.7	20 101.3	21 602.1	23 560.9	24 965.0
重庆市	7 894.2	10 011.1	11 459.0	12 656.7	14 262.6	15 717.3

资料来源：分别来自北京市、天津市、上海市和重庆市 2011—2016 年发布的《2010—2015 年国民经济和社会发展统计公报》，均为初步核算数据。

3. 简单表、简单分组表和复合分组表

统计表按分组情况不同，分为简单表、简单分组表和复合分组表。

简单表是统计总体未经任何分组的统计表，如表 3-18 所示。

简单分组表是指统计总体仅按一个标志进行分组的统计表。如表 3-9 和表 3-13 所示。利用简单分组表可以揭示不同类型现象的特征，说明现象内部的结构，分析现象之间的相互关系等。

复合分组表是指统计总体按两个以上标志进行重叠分组的统计表。如表 3-10 所示。复合分组表能更深刻、更详细地反映客观现象，但使用复合表要恰如其分，并不是分组越细越好，因为复合表中多进行一次分组，组数将成倍增加，分组太细反而不利于研究现象的特征。

3.4.3　统计表的编制

在编制统计表时应遵循科学、实用、简洁的原则。统计表的设计重点要突出，使人一目了然，便于分析和比较。这就要求设计统计表之前，要对列入表中的统计数据资料进行全面的分析，研究如何分组、如何设置指标，哪些指标放在主词栏，哪些指标放在宾词栏等，具体要求如下。

1. 统计表的内容

统计表的总标题，要以概括的文字，反映表中资料的基本内容及资料所属的时间和空间范围；统计表中各主词项目之间和宾词项目之间的顺序，应根据时间的先后、数量的大小、空间位置的顺序等合理编排；表中的指标数字应有计算单位。如果全表只有一种计量单位，通常在表头的右上方统一注明，有两个以上计量单位的，应在项目名称和指标名称的后面注明；对某些资料必须进行说明时，应在表的下面注明。

2. 统计表的数字

表内上下各栏数字的位数要对齐，同类数字要统一小数点后面的位数。例如，规定小数点后面保留一位小数时，如果保留的一位小数刚好是零，也应填上“0”，如表 3-19 中的“17 801.0 和 11 191.0”；表内如有相同的数字时，应全部重写一遍，不能用“同上”“同左”等字样表示；不可能有数字的格子，为表明没有漏报，应当用短横线“—”填满；如果有数字但数字很小，达不到规定单位的最低数字时，可以用虚线“------”填满；如果某项资料规定免于填报，应当用符号“×”填满。总之，表内各行各栏应没有空格。

3. 统计表的形式

统计表的形式应长宽比例适中，一般为长方形，避免长细、短粗和正方形。在绘制统计表时，表的顶线和底线用粗线或双线绘制，一些明显的分隔部分也应用粗线或双线，其他则用细线，统计表的左右两端不封口。统计表中如果栏数较多，习惯上对主词各栏采用甲、乙……次序编栏，对宾词各栏采用 1、2、3……次序编栏，若各栏统计指标值之间有一定的计算关系，可用等式表示。

3.4.4 统计图的制作

统计图是以统计数据资料绘制的几何图形或具体图形来说明客观现象数量方面的一种形式。统计图与统计表一样，可以从数量方面反映出研究对象的规模、水平、结构、发展趋势和比例关系。统计图在统计整理中的应用越来越广泛。

统计图表现的统计数据资料，不仅醒目、形象、生动活泼，而且通俗易懂、一目了然。所以，统计图是进行宣传教育的有效工具，也是进行统计分析、加强经营管理的一种重要手段。

1. 统计图的绘制

绘制统计图应遵循的原则，首先是能反映客观实际情况。统计图不同于一般的美术图，不允许夸张。绘制统计图所用的统计数据资料及绘制的统计图都必须准确，给人留下正确的印象；其次，统计图要主题突出，简明扼要。绘制的统计图所表达的基本内容要简明、确切，必要时可对图中的内容附加说明；最后，统计图内容与形式的协调。统计图要根据统计数据资料和绘图目的进行绘制，同时还要确保统计图的客观与美观的结合。

统计图的绘制，一般根据实际需要明确制图目的，决定制图应用的数据资料、图式和表达方法。然后考虑统计图的分布场合和应用对象，采集并选用统计资料。

绘制统计图一般先用铅笔画好草图，待校对准确后再绘制出正式图形，并书写统计图名称、加注数字文字说明（如绘制单位、日期、资料来源等）和必要的图例。随着科技的发展，现在统计图的制作一般借助于相关软件，下面我们介绍 Excel 制作的几种常用统计图。

2. 常用的统计图

为了更直观、形象地显示次数分布的特征以及研究对象的结构、发展趋势和比例关系等，可以在编制统计表的基础上，利用统计图来表示。统计图的种类繁多，有直方图、折线图、曲线图、圆形图、统计地图、象形图等，最常用的有直方图、折线图、曲线图、圆形图。

（1）直方图。直方图是在平面直角坐标系上，将分组标志作为横轴，各组次数（频数或频率）作为纵轴，用长方形的宽度和高度来表示次数分布的图形。下面我们用表 3-9 中的资料绘制直方图，如图 3-1 所示，依据直方图可以直观地看出各组学生的成绩及人数的分布状况。

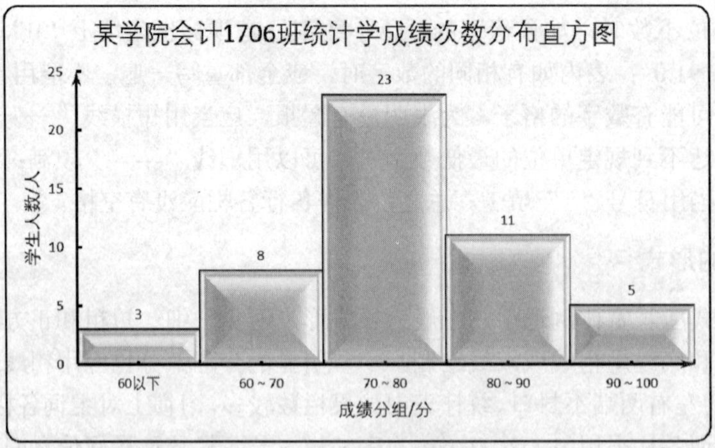

图 3-1　直方图

（2）折线图。折线图是在直方图的基础上，将直方图每个长方形的顶端中点（即组中值），用直线连接而成，仍用前例，如图 3-2 所示。需要注意，折线图的两个终点要与横轴相交才会使折线图下所围成的面积与直方图的面积相等，从而使二者所表示的频数分布一致。

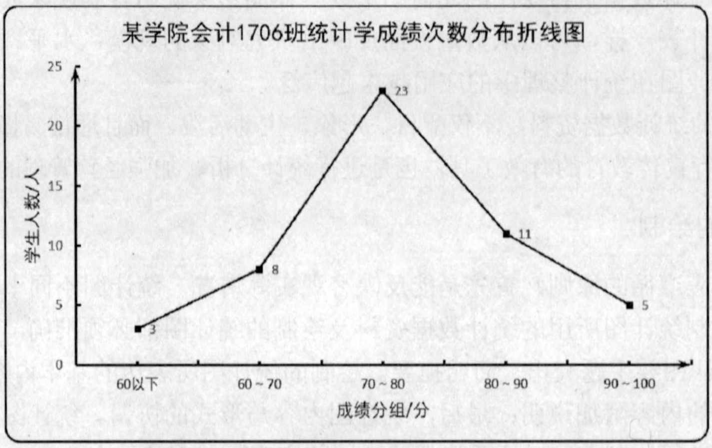

图 3-2　折线图

（3）曲线图。曲线图是组数趋于无限多时，折线图的极限描绘，是一种理论曲线。如果总体中变量值的数目较多，当我们将所分的组数设置也很多时，则组距随着组数的增多而变小，这时的折线图也逐渐地趋向于一条平滑的曲线图。分布曲线在统计学中有着十分广泛的应用，是描述各种统计量和分布规律的有效方法。仍用前例，曲线图如图 3-3 所示。

（4）圆形图。圆形图也称饼图，是用圆形及圆内扇形的面积来表示数值大小的图形。圆形图主要用于表示总体中各组成部分所占的比例，对于研究结构性问题十分有用。在绘制圆形图时，总体中各部分所占的百分比，用圆内的各个扇形面积表示，这些扇形的中心角度是按各部分百分比占 360°的相应比例确定的。例如，表 3-16 中的 2016 年全年我国国内生产总值构成数据资料，第一产业的百分比为 8.56%，那么其扇形的中心角度就应为 360°×8.56%=30.81°，其余第二产业的百分比为 39.81%，中心角度 360°×39.81%=143.32°；第三产业的百分比为 51.63%，中心角度 360°×51.63%=185.87°。根据计算的数据，绘制圆形图。我们可以直接用 Excel 编制圆形图（保留整数），如图 3-4 所示。

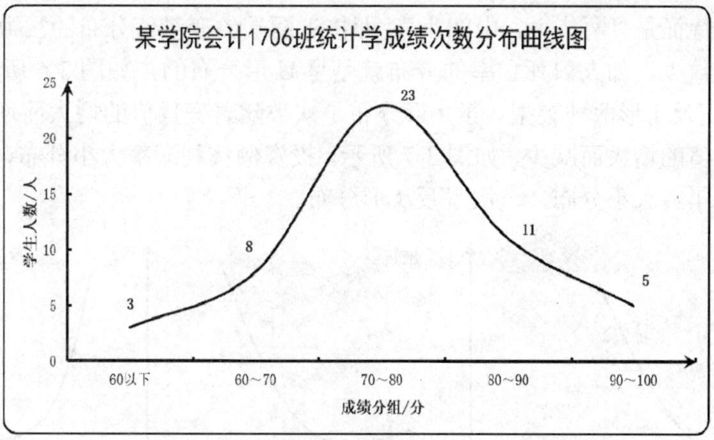

图 3-3　曲线图

图 3-4　圆形图

3. 次数分布的主要类型

在日常生活和经济管理中，常见的频数分布曲线主要有钟形分布、J 形分布和 U 形分布等几种类型，如图 3-5～图 3-7 所示。

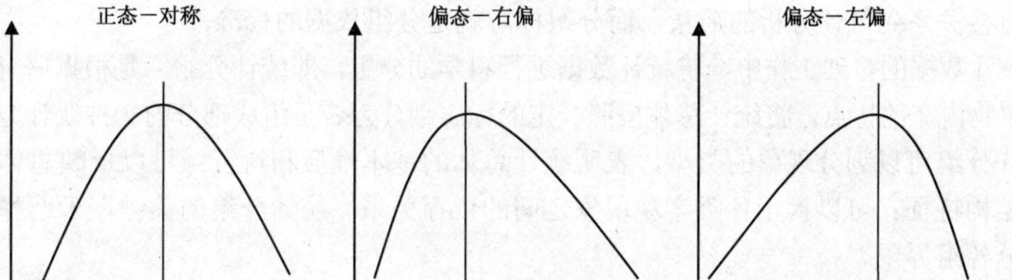

图 3-5　钟型分布图

钟形分布的特征是“两头小、中间大”，即靠近中间的变量值分布的次数多，靠近两端的变量值分布的次数少。如果次数分配对称，则称为正态分布。正态分布是实际生活中最重要、最常见的分布，许多现象统计总体的分布都趋于正态分布；如果次数分配不对称，则称为偏态分布，偏态分布包括左偏态和右偏态两种，如图 3-5 所示。

U 形分布的特征是“两头大，中间小”，即接近两端的变量值分布的次数多，接近中间的变量值分布的次数少，如人口死亡率的分布就是呈 U 形分布的，如图 3-6 所示。

J 形分布有正反 J 形两种类型。正 J 形分布是次数随着变量值的增大而增多，反 J 形分布是次数随着变量值的增大而减少，如图 3-7 所示。投资额按利润率大小分布，一般呈正 J 形分布；人口总体按年龄大小分布，一般呈反 J 形分布。

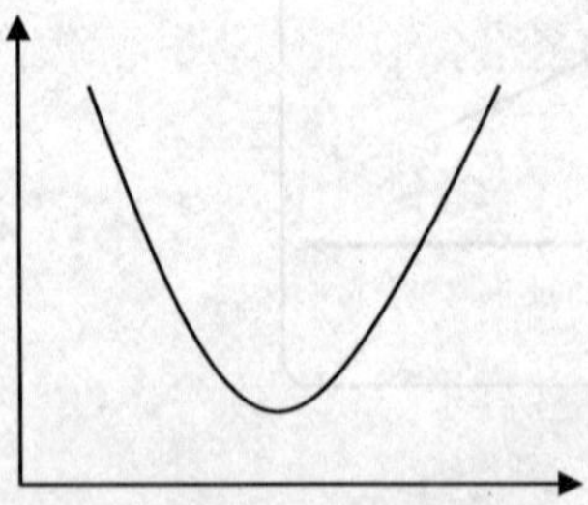

图 3-6　U 型分布图

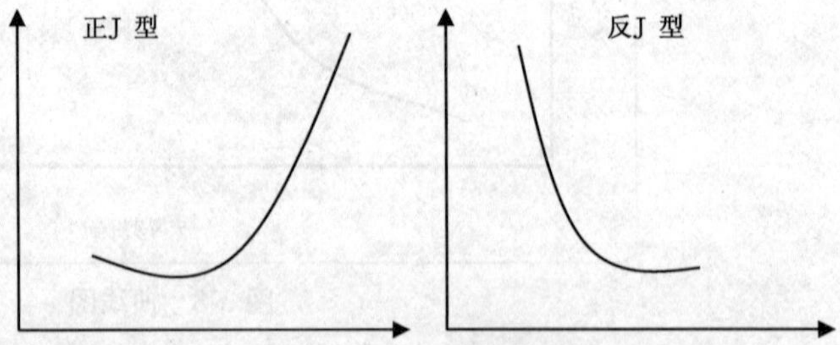

图 3-7　J 型分布图

本章小结

统计资料整理是统计调查的继续，也是统计分析的前提，本章在介绍了统计资料整理的概念、内容及基本步骤的基础上，重点阐述了统计分组、分配数列及变量数列的相关概念和基本方法，同时也对统计资料的汇总方法、统计报表的编制以及统计图的表示进行了讲解，旨在使读者熟悉统计资料整理的各种过程。

统计整理是根据统计研究目的和统计分析的要求，将统计调查所获得的原始资料进行科学的分类和汇总，或对简单加工过的资料进行再加工，使之系统化、条理化，从而得出能够反映事物总体特征资料的工作过程。从统计工作的全过程来讲，统计整理是统计工作过程的中间环节，在统计工作中起着承前启后的作用。

统计整理的内容是由统计的研究目的决定的，在统计整理中，抓住最基本的、最能说明问题本质特征的统计分组和统计指标，对统计数据进行加工整理，这是进行统计整理必须遵循的原则。

在取得完整、正确的统计资料的前提下，统计分组的优劣是决定整个统计研究成败的关键，它直接关系到统计分析的质量，而分组标志就是分组依据的标准。

在统计数据的整理工作中，将统计数据进行科学的分组，即统计分组，是根据研究任务的需要和事物内在的特点，将统计总体按照一定的标志划分为若干组成部分的一种统计方法。

统计分组可以划分现象的类型，表明统计总体的基本性质和特征；可以反映总体内部结构及其结构特征；可以揭示各类客观现象之间的依存关系。统计分组的关键在于选择分组标志和划分各组界限。

在统计分组的基础上，将总体中所有单位按组归类整理，形成总体中各个单位数在各组间的分布。将各组别与次数按一定的次序排列所形成的数列称作分配数列。根据分组标志的不同，分配数列分为品质分配数列和变量分配数列两种。

统计调查取得的统计数据资料经过统计分组，便可以进行汇总工作。统计汇总的组织形式有逐级汇总和集中汇总。汇总的方法有手工汇总和计算机数据处理。

统计表是以表格来表现统计数据资料的一种形式。统计表从形式上看，主要是由总标题、横栏标题、纵栏标题和指标数值组成。统计表从内容看有主词和宾词。

统计图是以统计数据资料绘制的几何图形或具体图形来说明社会经济现象数量方面的一种形式。

本章思考

1. 什么是统计整理？有何意义？
2. 怎样正确选择分组标志？
3. 统计分组有哪些作用？
4. 编制组距数列需要哪些程序？为什么要编制？
5. 统计表有哪些种类？举出两个例子。

技能操作：应用 Excel 作频数分布表和统计图

Excel 中的统计整理工具主要有数据排序、频数分布函数、数据透视表、统计图等。

数据排序。Excel 可以根据要求对数据表的行或列数据进行排序。排序时，Excel 将利用指定的排序顺序重新排列行、列或各单元格，简洁地表现现象的规则性。

频数分布函数。频数分布函数是 Excel 的一个工作表函数，是编制次数分布的主要工具，通过频数分布函数，对数据进行分组与归类，清楚地表现数据的分布形态。

数据透视表。数据透视表是一种交互式工作表，用于对已有数据表和数据库中的数据进行汇总和分析的工具。

统计图。Excel 可以编制许多图表，其中大部分是统计图，可用于数据的整理与分析，能够直观形象地描述现象的数量规律性。

操作项目 1：应用 Excel 整理定量数据并编制图表

完成本项目需要使用 Excel 扩展功能，前面我们已经将 Excel 安装了数据分析，在此，可以直接应用“数据分析”选项。

技能要求：掌握统计分组，熟悉分配数列中的变量数列的编制及 Excel 统计整理功能。

统计资料：例 3-1 中 40 名工人的日产量数据。

660	700	450	460	460	480	640	490	540	500	650	550	560	560
560	590	580	560	570	570	580	590	590	550	590	560	590	600
590	600	640	480	650	490	750	660	450	560	750	710		

基本任务：运用 Excel 进行数据排序、分组、编制频数分布表并绘制统计图。

操作步骤：启动 Excel，建立整理数据工作簿。

用 Excel 进行统计分组有两种方法，一是利用数据分析中的“直方图”工具；二是利用“FREQUENCY”函数。我们先学习第一种操作方法。

第一步，在工作表中的（A2～A41）矩形区域内输入 40 名工人产量数据的资料，选中数据资料，在数据菜单下，选择“排序”进入，在弹出的“排序”对话框中按产量的升序排列，然后单击“确定”按钮，如图 3-8 和图 3-9 所示。

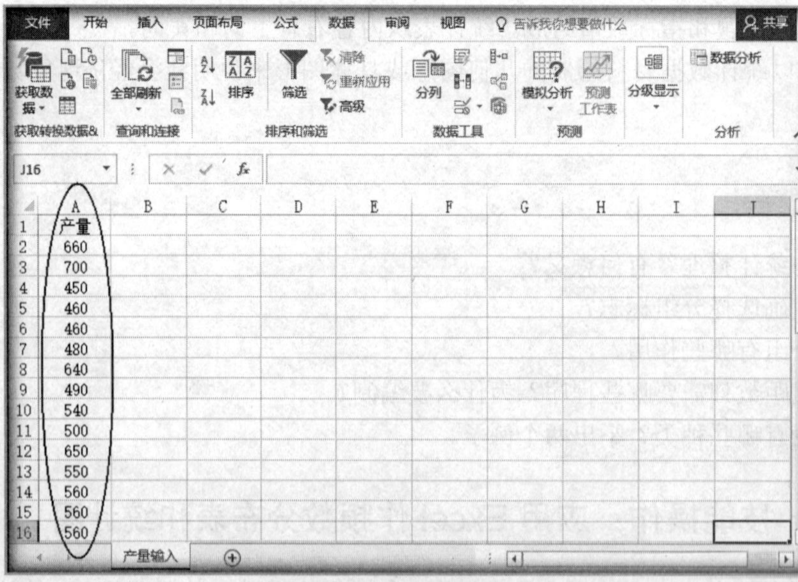

图 3-8　产量数据输入

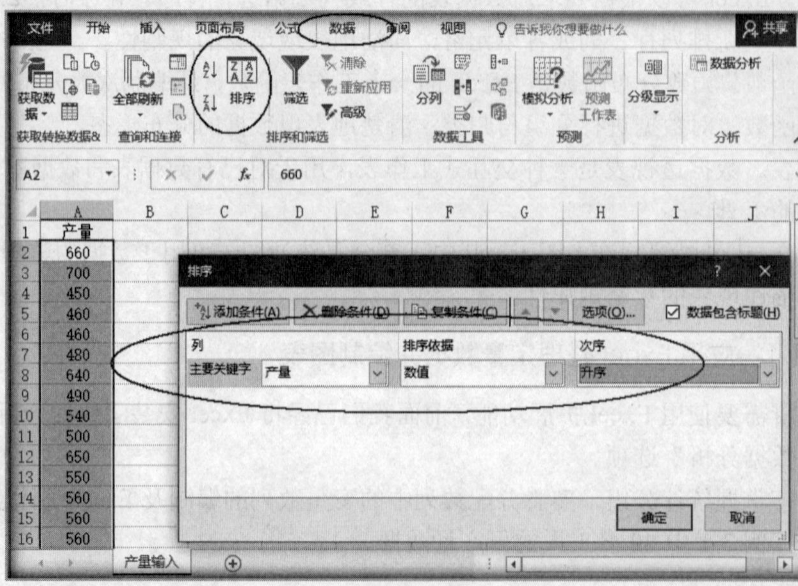

图 3-9　产量数据升序排序

第二步，产量数据排序后，便于分组，根据数据的具体情况，结合前面讲过的分组基本方法，决定将 40 个产量分为 6 组，在此依次将每组的上限值输入 Excel 表中，即 460、520、580、640、700、760，注意这里只能输入每组的上限值，如图 3-10 所示。

第三步，在数据菜单下选择“数据分析”并打开，从其对话框的分析工具列表中选择“直方图”，单击“确定”按钮，如图 3-11 所示。

第四步，弹出直方图对话框后，在“输入区域”输入$A$2:$A$41，在“接收区域”输入$B$2:$B$7。接收区域指的是分组标志所在的区域，本例我们把分组标志值输入 B2:B7 单元格。在输出选项中，我们选择了“输出区域”，可以直接选择一个区域，也可以直接输入一个单元格（代表输出区域的左上角），这里我们推荐只输入一个单元格（本例为 B9），因为我们

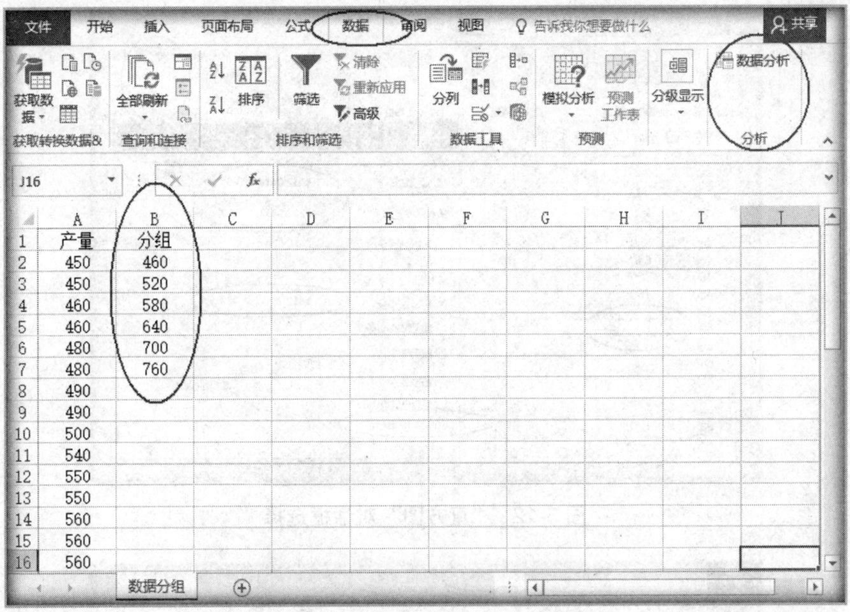

图 3-10　数据分组——输入上限值

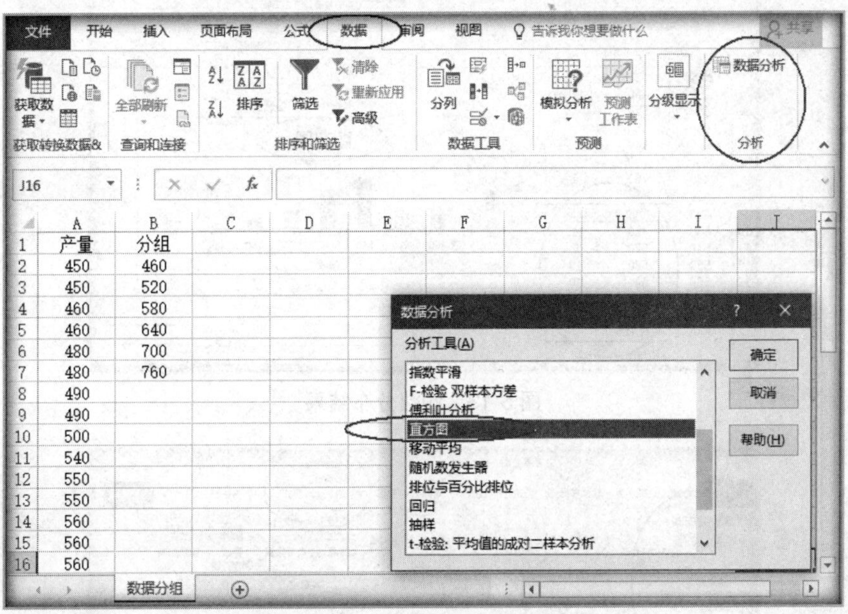

图 3-11　分析工具——直方图

往往事先并不知道具体的输出区域有多大，如图 3-12 所示。

第五步，选择图表输出，可以得到直方图（上图已经勾选）；选择累计百分率，系统将在直方图上添加累积频率折线；选择柏拉图，可得到按降序排列的直方图。我们只选择了图表输出，确定之后显示，如图 3-13 所示。

应当注意的是，图 3-13 实际上是一个条形图，而不是直方图，若要把它变成直方图，操作很简单，选中直方图绘图区，Excel 工作簿上方弹出“图表工具”，其中的“设计”菜单下的“快速布局”可以直接更改直方图，如图 3-14 和图 3-15 所示。

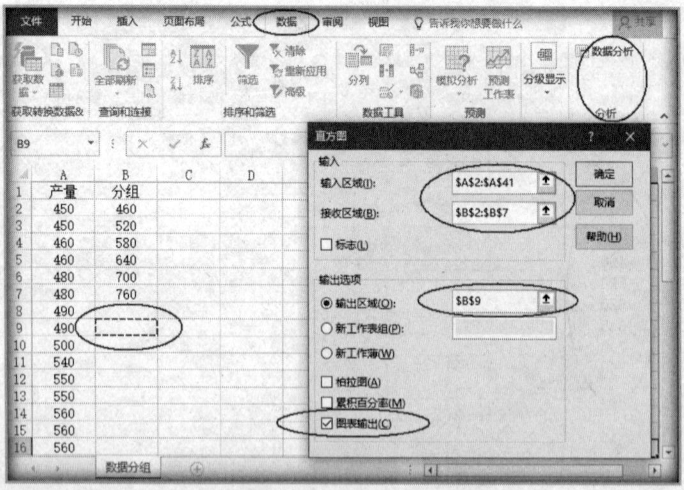

图 3-12 “直方图”对话框选择

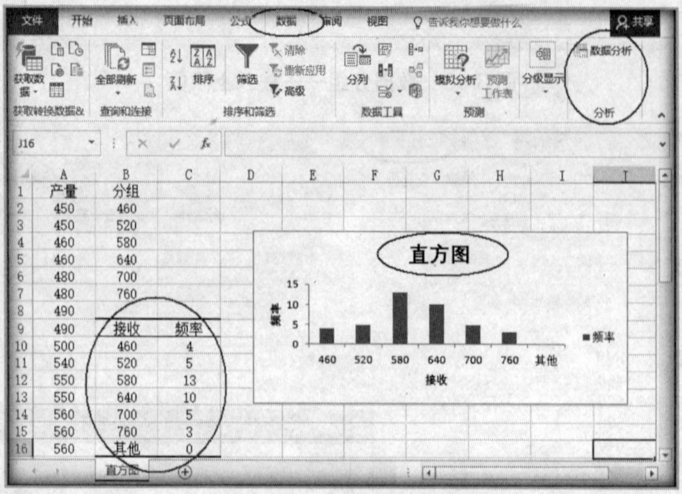

图 3-13 频数分布结果

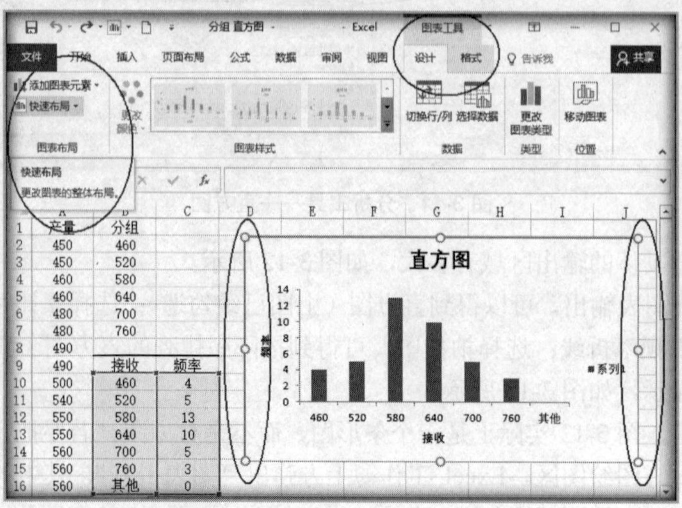

图 3-14 图表工具——设计

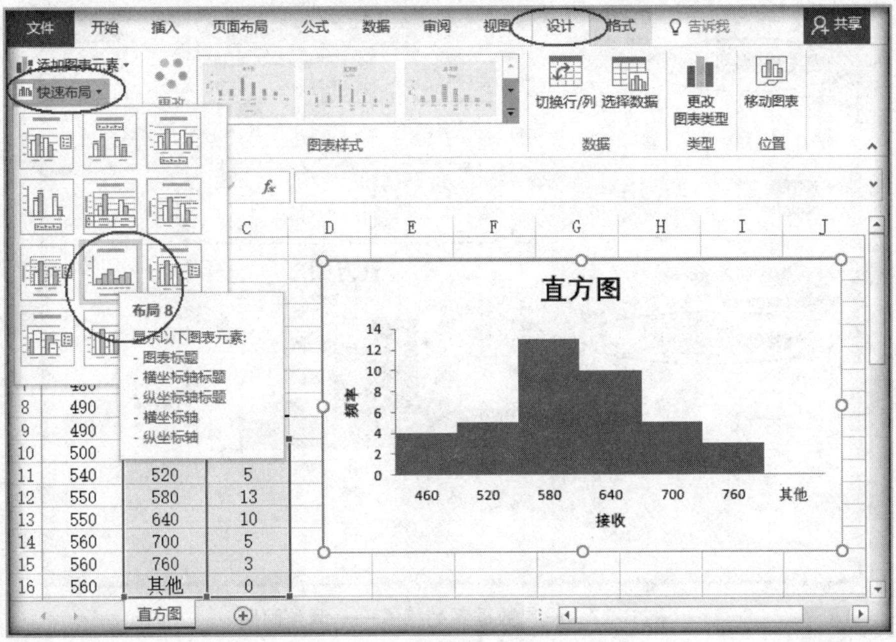

图 3-15 图表工具——快速布局

我们也可以按如下操作更改图形（低版本的 Excel 类同），单击任一直条，然后右击，在弹出的快捷菜单中选取“设置数据系列格式”，弹出“设置数据系列格式”对话框，在对话框中选择选项标签，把“分类间距”调为 0，即可得到直方图，之后，按研究要求调整标准的直方图，如图 3-16～图 3-18 所示。

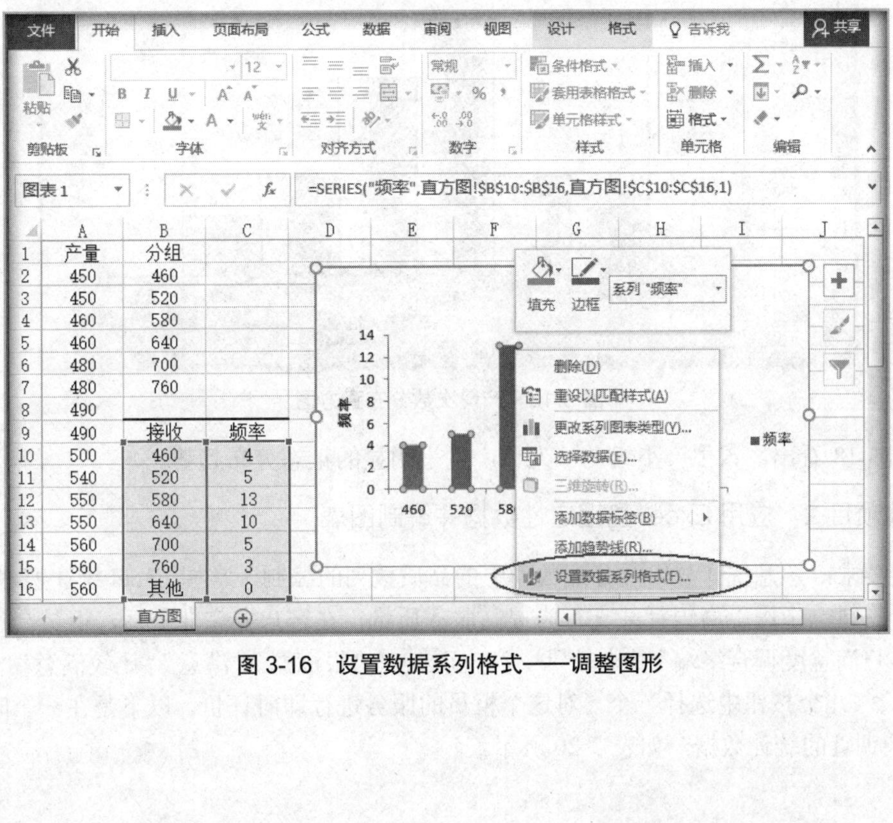

图 3-16 设置数据系列格式——调整图形

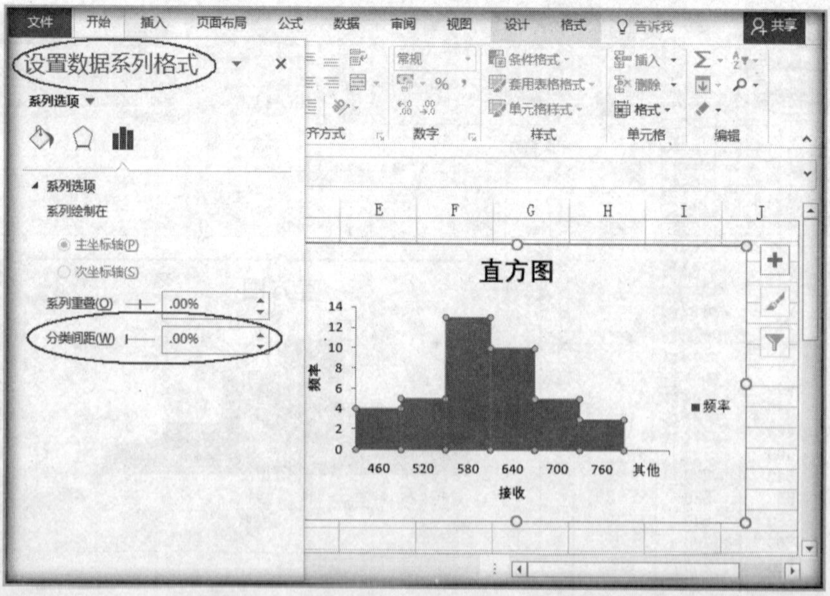

图 3-17　设置数据系列格式——调整间距

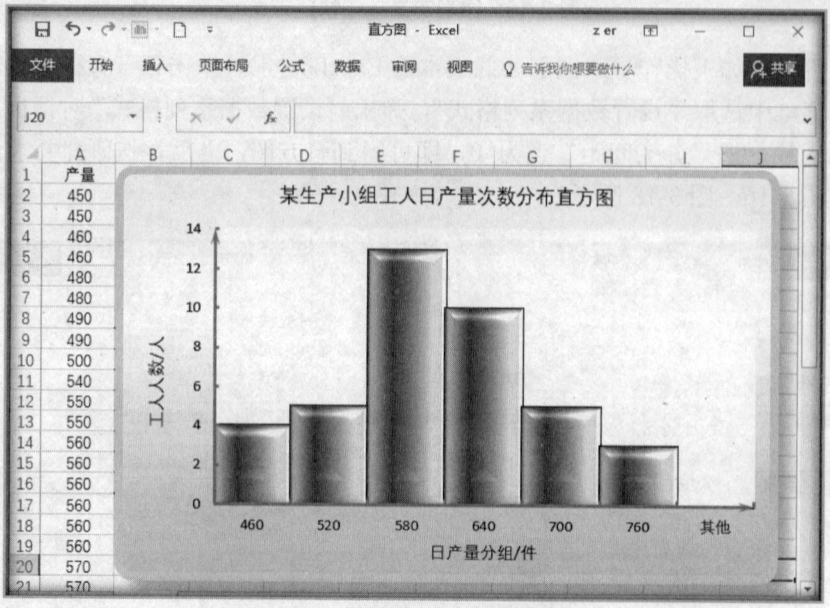

图 3-18　产量次数分布直方图

由图 3-18 看出，该生产小组的工人日产量呈明显的正态分布趋势。

操作项目 2：应用 Excel 整理定性数据并编制图表

技能要求：熟悉统计分组及分配数列中的品质数列的编制，掌握 Excel 统计整理功能。

统计资料：中国工商银行某支行为提高服务质量，在客户办完业务后，柜员会让客户在他的“客户满意度调查终端”上按一下，客户可以在“很满意”“满意”“比较满意”“不满意”“很不满意”几个按钮中选择一个，对这个柜员的服务进行即时评价。以下是在一个时段内对 30 名客户调查的统计数据，如表 3-20 所示。

表 3-20 客户满意度调查的原始资料

客户编号	满意度选项	客户编号	满意度选项	客户编号	满意度选项
01	比较满意	11	很满意	21	满意
02	满意	12	不满意	22	很满意
03	满意	13	满意	23	比较满意
04	比较满意	14	满意	24	满意
05	满意	15	很满意	24	很满意
06	比较满意	16	满意	26	满意
07	满意	17	很满意	27	很不满意
08	很满意	18	比较满意	28	很满意
09	很满意	19	不满意	29	满意
10	满意	20	比较满意	30	比较满意

基本任务：运用 Excel 统计功能，进行数据分类并编制频数分布图表。

操作步骤：启动 Excel，建立“满意度调查”工作簿。

现在，我们学习第二种操作方法，利用“FREQUENCY”函数整理数据。这种方法主要是对定性数据进行统计分类，也可以对定量数据进行统计分组。

因为 Excel 无法对文字进行识别统计，所以，对于定性数据，先要将类别名称转化为数字代码，如上述五种选择分别用 5 个数字表示，即：1 代表很满意；2 代表满意；3 代表比较满意；4 代表不满意；5 代表很不满意。

第一步，在工作表上的（A2～A31）矩形区域内输入客户满意度调查的数据资料，再将对应的代码数据输入（B2～B31）矩形区域，对选项对应的代码进行简单分组，将 1、2、3、4、5 依次输入（C2～C6）矩形区域。（D2～D6）设为输出区域，如图 3-19 所示。

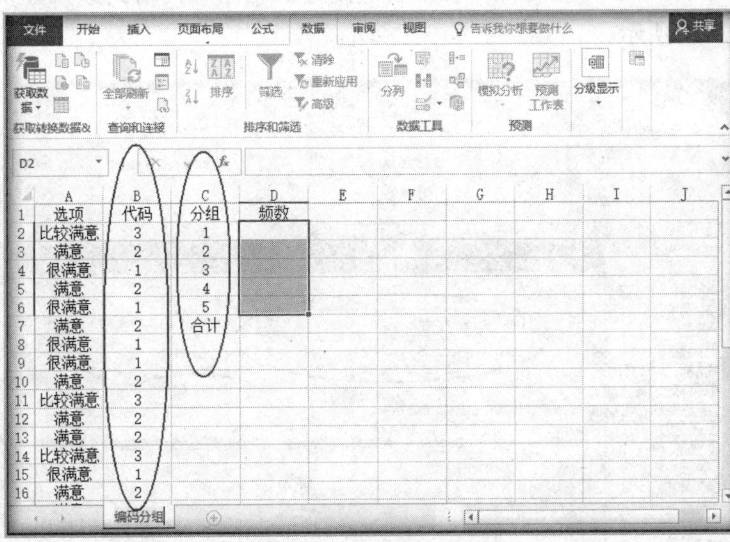

图 3-19 调查数据输入

第二步，在“公式”菜单中单击“插入函数”“*fx*”选项，或单击常用工具栏中的“*fx*”按钮，弹出“插入函数”对话框，在函数分类列表中，选择“统计”，在“选择函数”列表中选择“FREQUENCY”函数，回车或单击“确定”按钮进入“FREQUENCY”函数对话框，如图 3-20 所示。

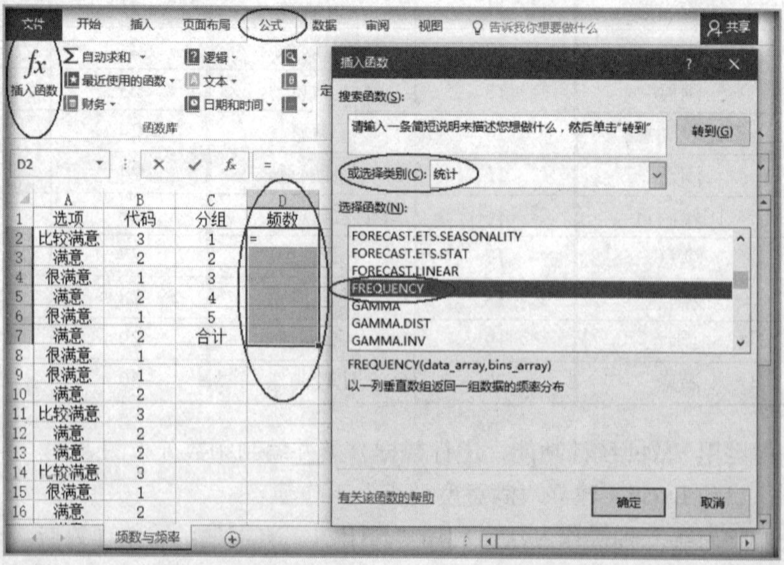

图 3-20　插入函数——选择“FREQUENCY”

第三步，在“FREQUENCY”对话框中有“Data_array”和“Bins_array”两个文本框。Data_array 用于计算频率的数组，可输入待分组的原数据区域。本例为“代码”中 B2:B31。Bins_array 数据接受区间，可输入分组标志，设定对 Data_array 进行频率计算的分段点。本例为“分组”中 C2:C6。可直接选入，也可输入“{1；2；3；4；5}”，数据两端必须加大括号，各数据之间要用分号隔开。输入完成后，由于频数分布是数组操作，所以不能单击“确定”按钮。按“Ctrl+Shift+Enter”组合键，在最初选定单元格区域内得到频数分布结果，本例中为 D2:D6，如图 3-21 所示。

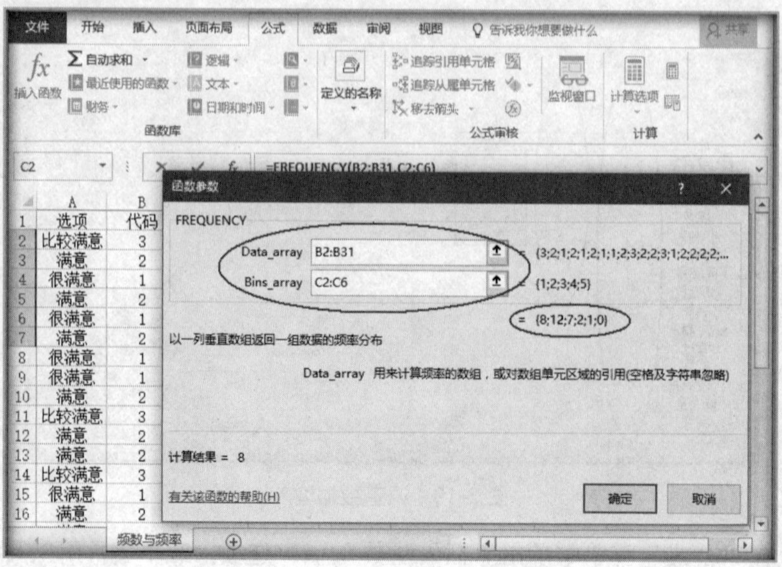

图 3-21　“FREQUENCY”函数参数

第四步，求 D 列合计数，单击 D7 单元格，输入“=SUM（D2:D6）”，回车后即可得到合计数“30”，或在 D7 单元格直接双击“Σ”符号。然后计算频率，单击 E2 单元格，输入“=D2*100/30”，回车后即可得到第一组的频率“26.67%”，其他组利用“填充”功能，按住鼠标拖至 E6 单元格后放开鼠标，即可得到 E3～E6 单元格的频率，最后利用 SUM 函数求出合计频率（或双击工具栏上的“Σ”按钮），利用“设置单元格式”中的功能，保留两位小数。注意在输入公式的时候，不要忘记等号，否则就不会出现数值，如图 3-22 所示。

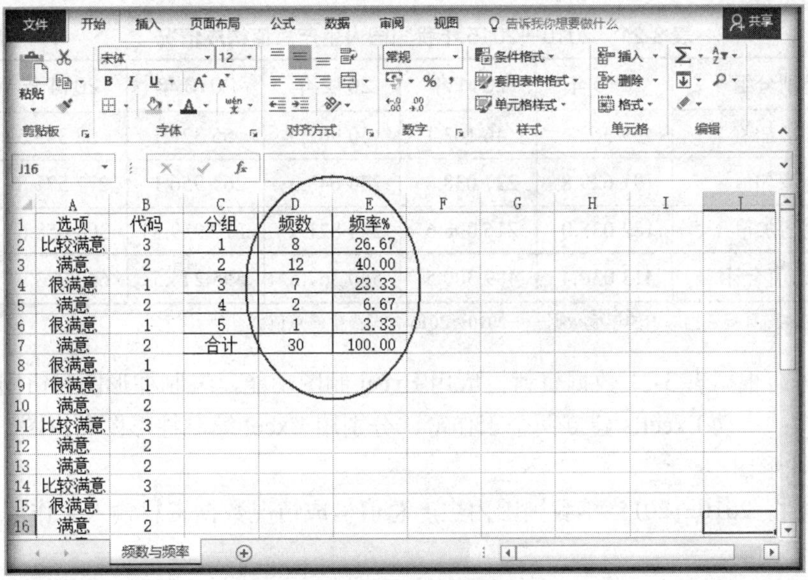

图 3-22　频数分布结果

至此，频数分布函数进行统计分析的功能就全部操作完成了。我们也可以利用前面学过的内容，在此基础上绘制直方图，如图 3-23 所示。

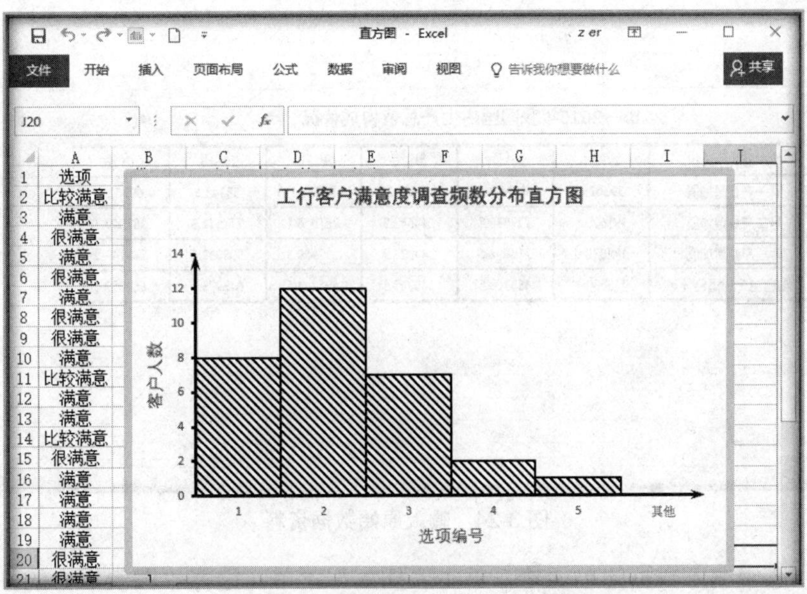

图 3-23　满意度频数分布直方图

操作项目 3：应用 Excel 依据统计数据编制统计图

Excel 提供了大量的统计图形供用户根据需要和图形功能选择使用。图形工具有：柱形图、折线图、饼图、散点图、面积图、环形图、股价图等。各种统计图的编制方法大同小异，本项目仅以柱形图和饼图为例，介绍编制统计图的操作步骤。

技能要求：熟悉编制统计图的一般原则和步骤，掌握 Excel 的制图功能。

统计资料：已知 2010—2015 年我国国内生产总值构成情况资料，如表 3-21 所示。

表 3-21　2010—2015 年我国国内生产总值构成情况　　单位：亿元

按产业类别分组	2010 年	2011 年	2012 年	2013 年	2014 年	2015 年
第一产业增加值	39 362.6	46 163.1	50 902.3	55 329.1	58 343.5	60 862.1
第二产业增加值	191 629.8	227 038.8	244 643.3	261 956.1	277 571.8	282 040.3
第三产业增加值	182 038.0	216 098.6	244 821.9	277 959.3	308 058.6	346 149.7
国内生产总值合计	413 030.4	489 300.5	540 367.5	595 244.5	643 973.9	689 052.1

资料来源：国家统计局数据库中的年度数据——2010—2015 年国内生产总值。

基本任务：根据表 3-21 数据资料，应用 Excel 制图功能，编制柱形图和饼图。

操作步骤：启动 Excel，建立两个工作簿。分别用 Excel 编制柱形图和饼图。

1. 编制柱形图

第一步，将 2010—2015 年我国国内生产总值构成情况数据资料输入工作簿，如图 3-24 所示。

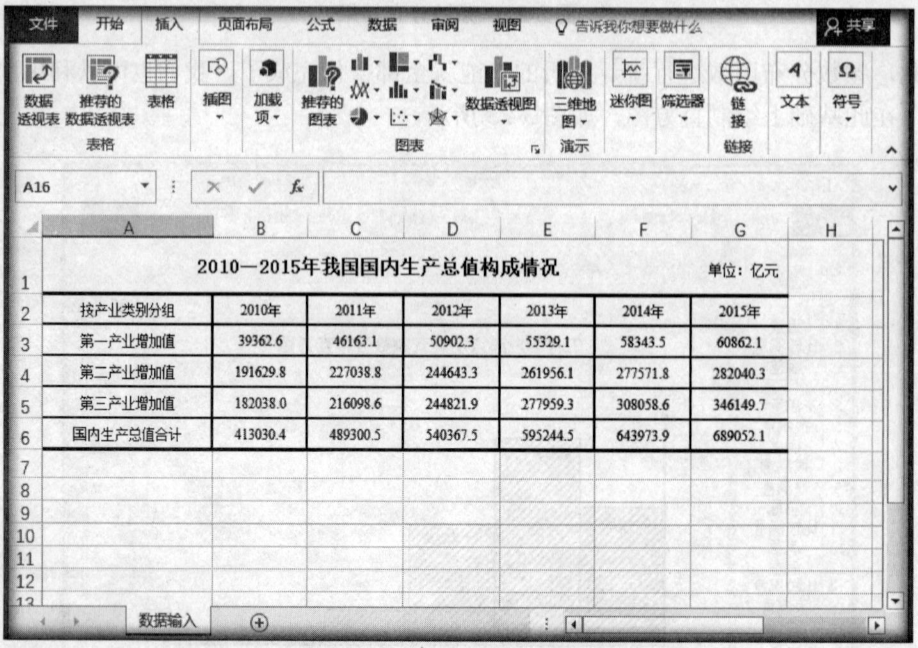

图 3-24　输入原始数据资料

第二步，选中编入数据的单元格，单击“插入”菜单，选择“图表”中的柱形图，弹出图表选项，我们可以选择二维柱形图，也可以选择三维柱形图，本例选择了二维柱形图，单击二维柱形图选项，如图 3-25 和 3-26 所示。

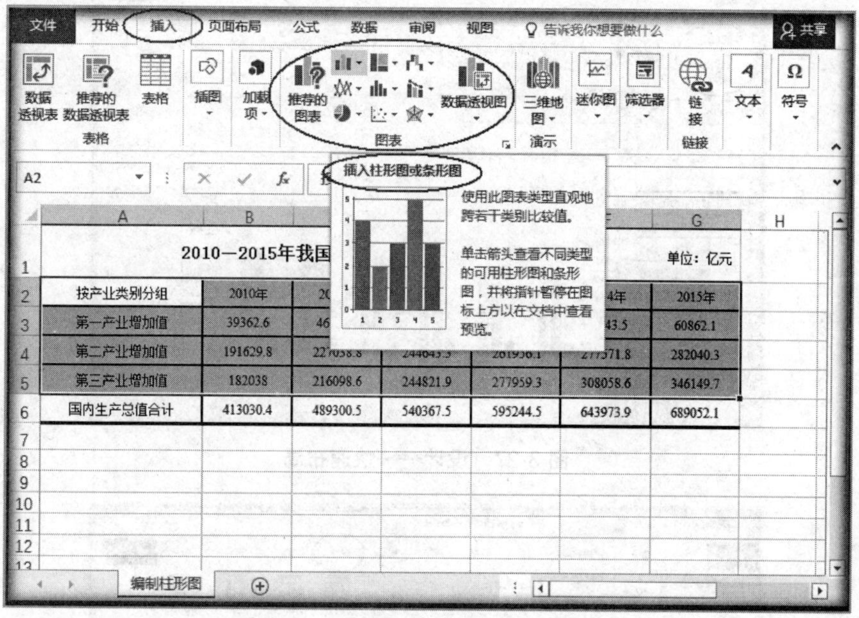

图 3-25　选择图表类型——插入柱形图

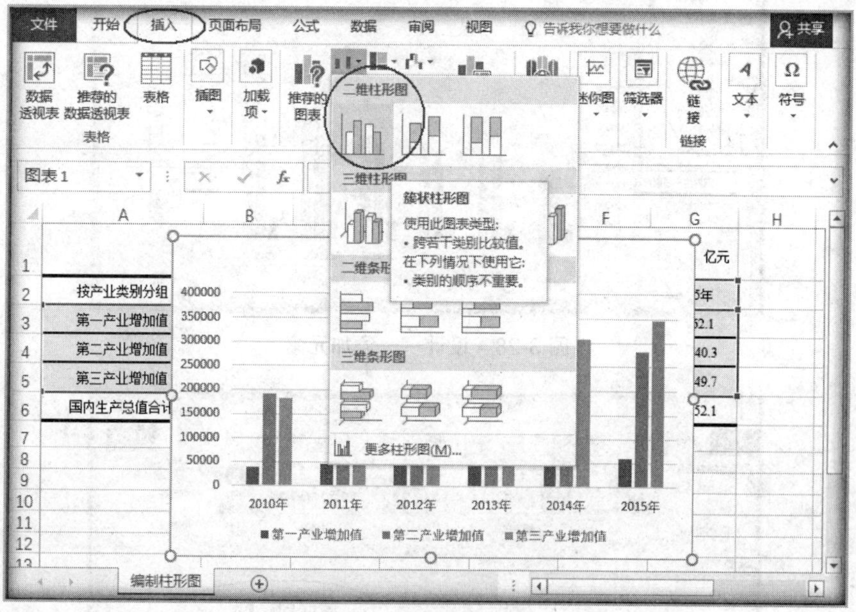

图 3-26　选择二维柱形图

第三步，图表与图表工具同时显示出来，之后利用图表工具中的“设计”功能编制图表。我们可以选用“快速布局”的方式，也可以选择其他方式，添加或更改图表元素，调整图表数据点的显示以及图表色彩等，如图 3-27 所示。

第四步，在图表工具的“设计”菜单选项中，我们依次编制所需要的项目，例如，坐标轴、图表标题、数据标签、图例等，如图 3-28 和图 3-29 所示。经过调整即可得到柱形图，如图 3-30 所示。

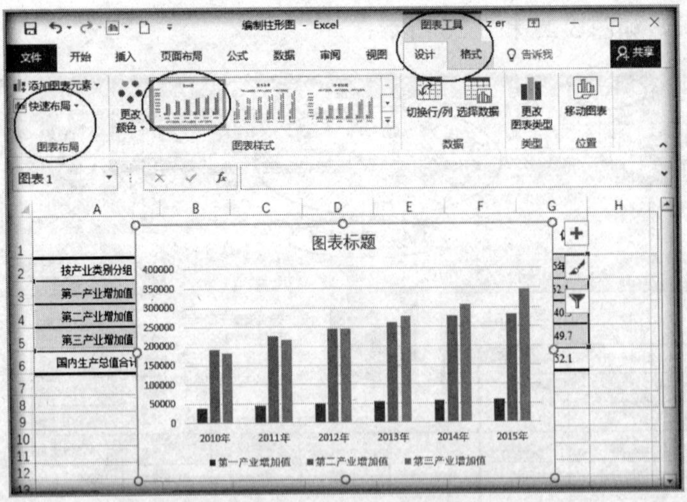

图 3-27　设计——快速布局

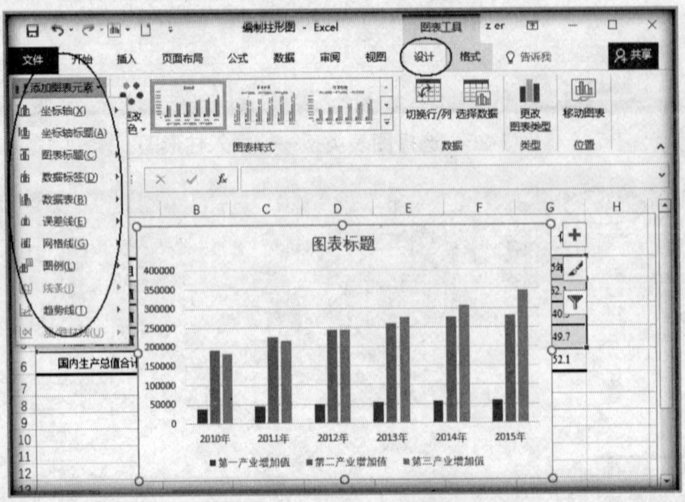

图 3-28　设计——添加元素

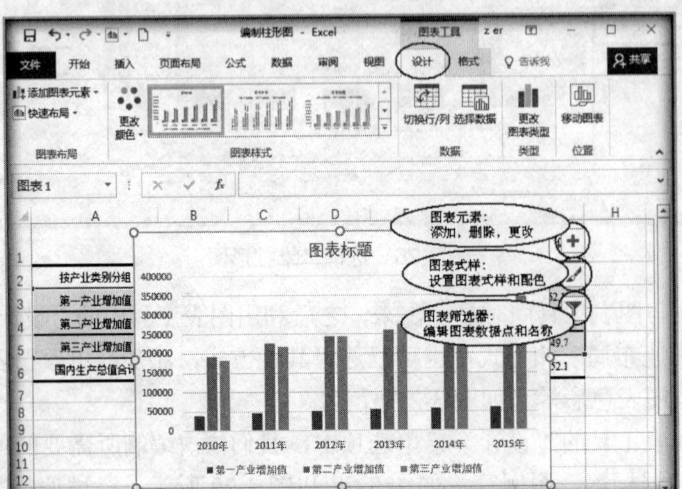

图 3-29　设计——调整柱形图

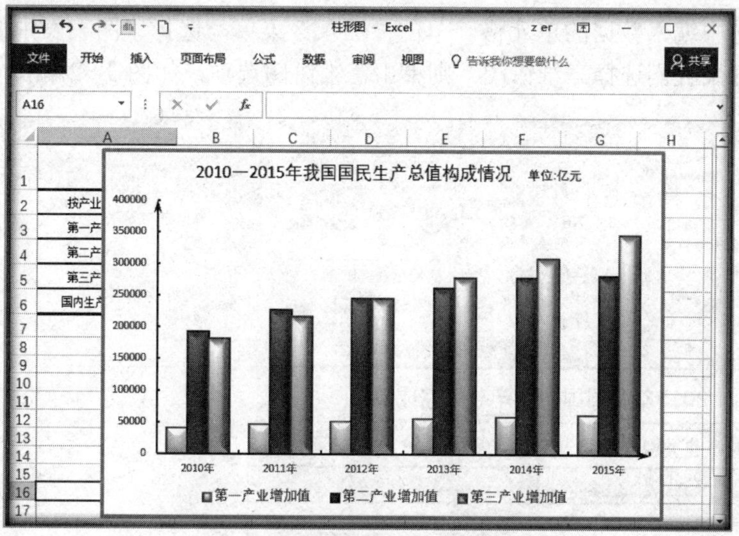

图 3-30　国内生产总值柱形图

2. 编制饼图

第一步，我们将表 3-21 中的数据资料进行整理，如表 3-22 所示。将 2015 年我国国内生产总值完成情况资料输入工作表中，如图 3-31 所示。

表 3-22　2015 年我国国内生产总值完成情况

按产业类别分组	国内生产总值/亿元
第一产业增加值	60 862.1
第二产业增加值	282 040.3
第三产业增加值	346 149.7
合　　计	689 052.1

资料来源：国家统计局数据库中的年度数据——2010—2015 年国内生产总值。

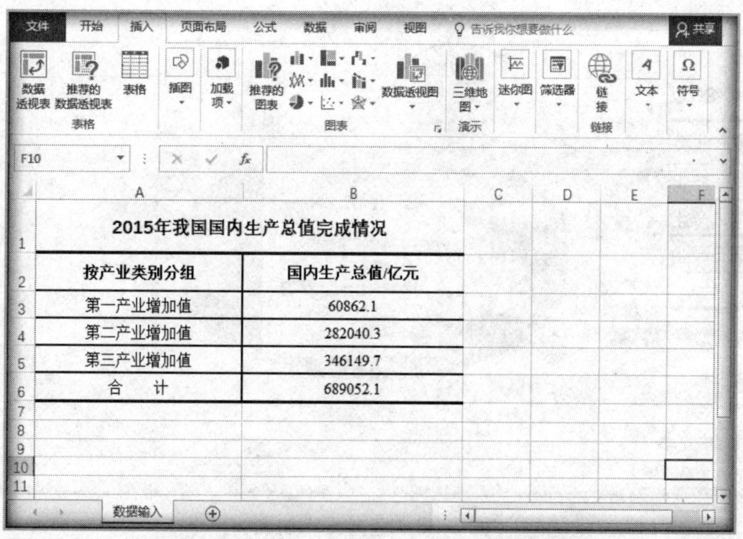

图 3-31　输入 2015 年我国国内生产总值

第二步，选中编入数据的单元格，单击“插入”菜单，选择“图表”中的饼图图标，弹出图表选项，如果我们选择三维饼图，则单击三维饼图选项，如图 3-32 和图 3-33 所示。

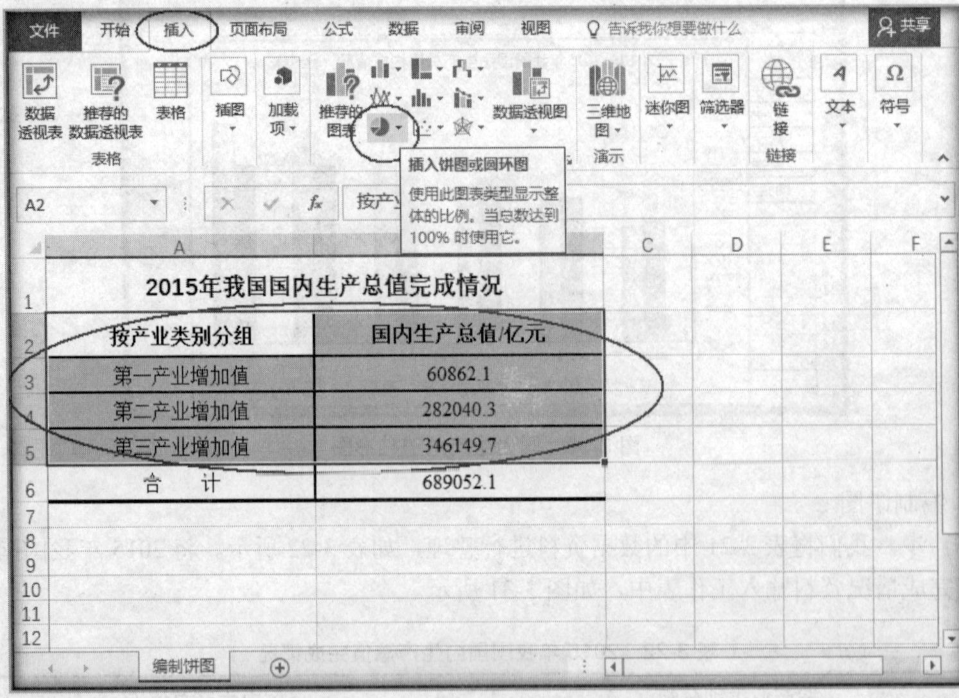

图 3-32　选择图表类型——插入饼图

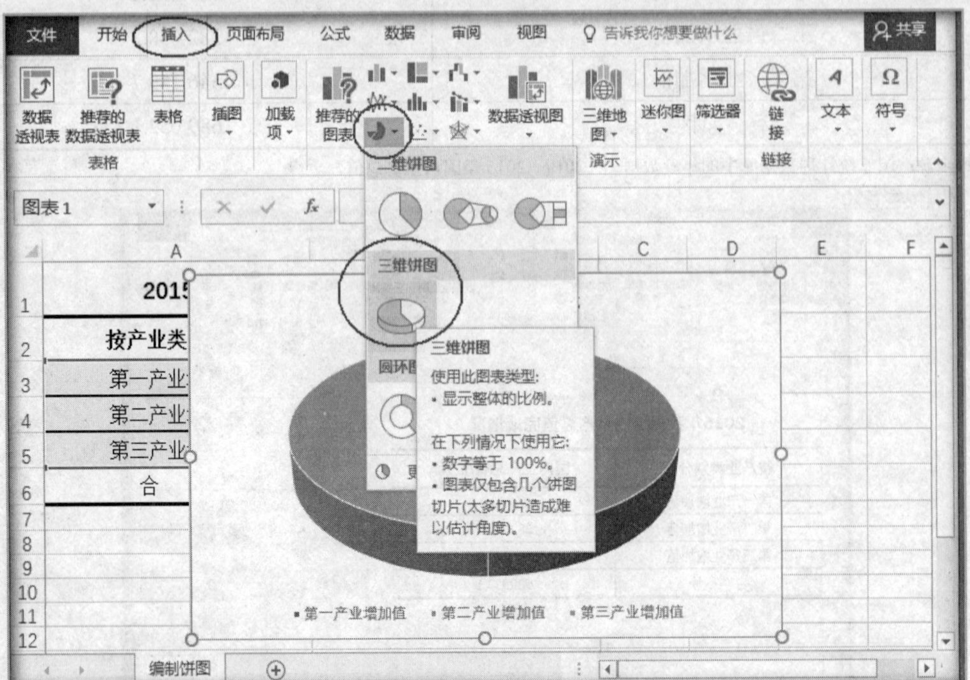

图 3-33　选择三维饼图

第三步，直接利用图表工具中的“设计”功能编制饼图。选用“快速布局”或选择其他方式添加图表标题，数据标签及图例，调整图表的图表色彩等，如图 3-34 所示。

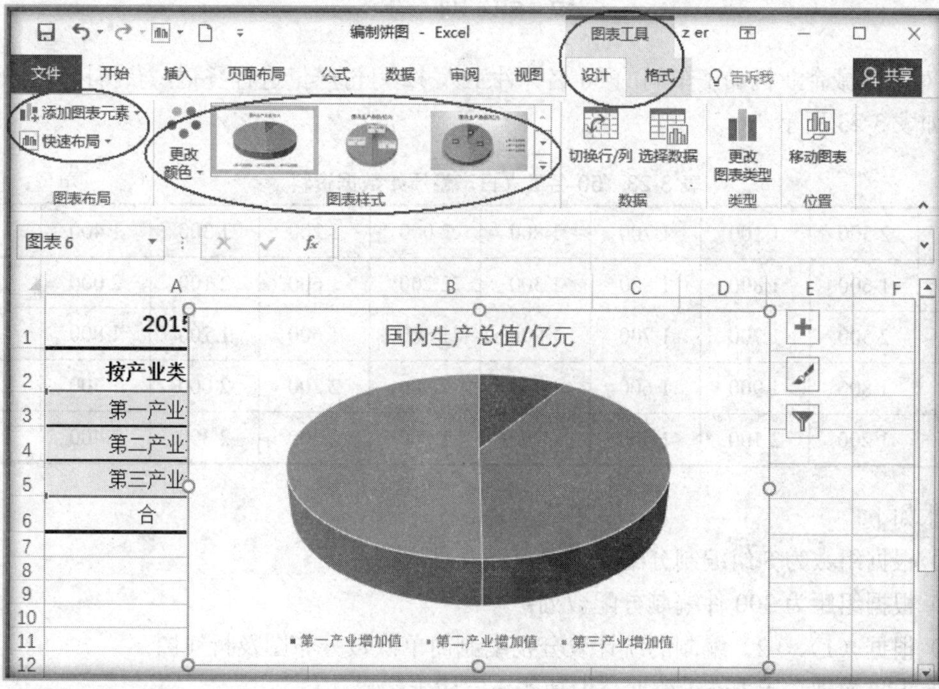

图 3-34 设计——调整饼图

第四步，在图表工具的“设计”菜单选项中，依次编制所需要的项目，经过调整完成饼图制作，如图 3-35 所示。

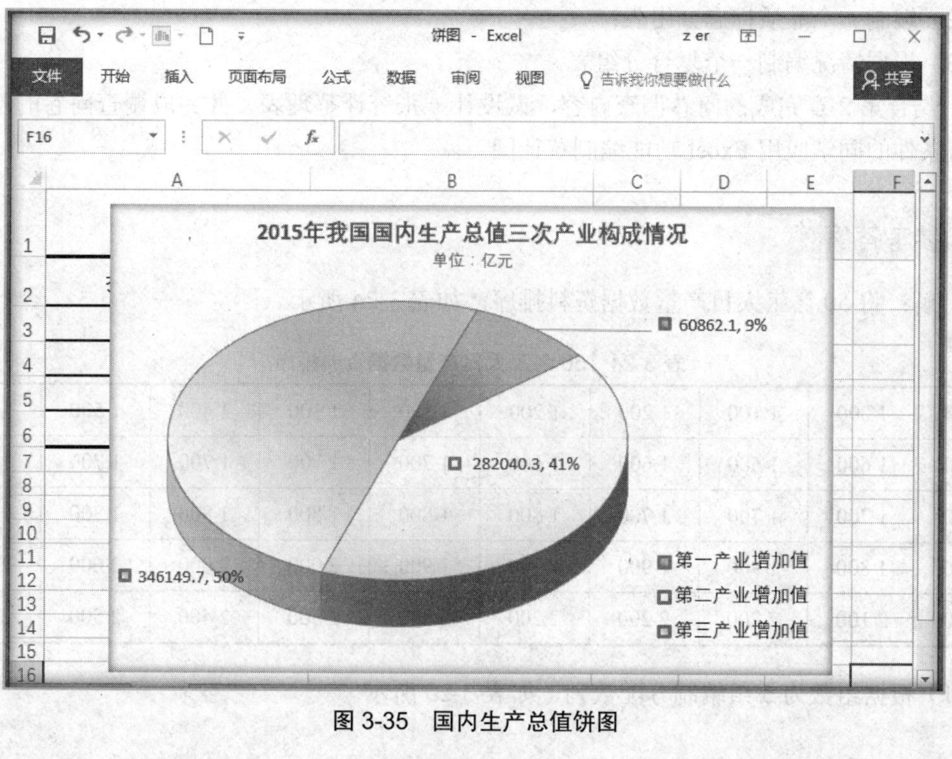

图 3-35 国内生产总值饼图

技能训练

1. 对某机械企业机加工车间的50名计件工人12月份产量进行登记，获得以下原始数据资料，如表3-23所示。

表3-23　50名工人日产量原始数据资料　　单位：件

900	2 500	1 100	1 700	1 800	2 000	1 200	1 300	1 400	1 500
1 900	1 600	1 800	1 800	1 300	2 200	1 600	2 100	2 000	1 700
1 700	2 500	1 700	1 700	1 800	1 800	1 600	1 700	1 800	1 800
2 200	1 800	1 900	1 600	1 900	1 900	2 200	2 000	1 700	2 100
1 500	1 200	2 100	1 500	1 700	1 000	2 300	2 300	2 400	1 700

要求如下：

（1）根据组数为5组编制分配数列；

（2）根据组距为300件编制分配数列；

（3）根据（1）、（2）编制的统计表分别编制简单次数分布图及折线图；

（4）上机实训，用Excel数据分析功能，完成上述操作。

2. 以自己所在班的实际人数为资料，将同学可以按不同的性别、年龄、身高、体重、民族、籍贯或学习成绩等用Excel数据分析功能，编制以下统计表。

（1）编制一个数量标志分组表；

（2）编制一个品质标志分组表；

（3）根据情况编制一个复合分组表。

3. 结合第2章完成的问卷调查内容，试设计一张统计整理表，并完成调查问卷的整理工作，有条件的同学应用Excel功能编制统计图。

参考答案

1. 解：将50名工人日产量数据资料排序，如表3-24所示。

表3-24　50名工人日产量数据资料排序

900	1 000	1 100	1 200	1 200	1 300	1 300	1 400	1 500	1 500
1 500	1 600	1 600	1 600	1 600	1 700	1 700	1 700	1 700	1 700
1 700	1 700	1 700	1 700	1 800	1 800	1 800	1 800	1 800	1 800
1 800	1 800	1 900	1 900	1 900	1 900	2 000	2 000	2 000	2 100
2 100	2 100	2 200	2 200	2 200	2 300	2 300	2 400	2 500	2 500

（1）根据组数为5组编制分配数列，如表3-25所示。

表 3-25　50 名工人 12 月份日产量资料

按产量分组/件	人数/人	比重/%
1 000 以下	1	2.00
1 000～1 500	7	14.00
1 500～2 000	28	56.00
2 000～2 500	12	24.00
2 500 以上	2	4.00
合　计	50	100.00

（2）根据组距为 300 件编制分配数列：（略）

（3）根据（1）、（2）编制的统计表分别编制简单次数分布图及折线图。（略）

2. 答案（略）

3. 答案（略）

第4章 综合分析

▶ 知识要点与技能目标

通过学习，理解统计工作是对所研究客观现象的一系列综合数据进行深入分析，揭示其特征和规律性。了解绝对数、相对数和平均数的含义。熟练掌握相对数、算数平均数、调和平均数、中位数、众数的计算方法，了解标志变动度的作用，并掌握其计算方法和运用条件。了解 Excel 处理统计数据及统计分析的基本原理，应用 Excel 计算描述统计量。

4.1 绝对数与相对数

4.1.1 绝对数的概念与作用

绝对数又称总量指标，是反映客观现象发展的总规模、总水平的综合指标，是最基本的统计指标。绝对数是对统计调查采集的原始资料，进行分组整理，而反映总体的综合数据，是统计整理的直接成果，并为统计研究进入统计分析提供可靠的数据基础。

绝对数是客观现象总体认识的起点，这是因为客观现象基本情况往往首先表现为总量。比如，对一个国家的国情、国力的了解是通过总量指标来完成的，而对一个地区、一个单位的人力、物力状况基本情况的了解也离不开总量指标。又如，我国土地面积约 960 万平方千米，2016 年年末我国人口总数为 138 271 万人，这两个绝对数表现了我国幅员辽阔、人口众多的基本特点。另外，国民经济发展情况也直观表现为绝对数，如 2016 年全年国内生产总值 744 128 亿元，全年钢材产量 113 801 万吨，全年粮食产量 61 624 万吨等。

绝对数是编制计划、实行经营管理的依据。国民经济计划的基本指标常以绝对数的形式规定。因此，与计划指标相对应的统计指标，就成为检查计划完成情况的依据。

绝对数是计算相对数和平均数的基础。相对数和平均数都是在绝对数的基础上派生出来的。绝对数的计算结果正确与否，直接影响到相对数和平均数的计算结果。

4.1.2 绝对数的种类与计量

绝对数按其反映的总体内容不同，分为总体单位总量和总体标志总量，简称为单位总量和标志总量。

单位总量指总体内所有单位的总数，例如，2016 年年末我国共有医疗卫生机构 99.3 万个，第三次全国经济普查全国小微企业总数 785 万个等。标志总量即总体中各单位标志值总和，如全国小微企业资产总额 138.4 万亿元，2016 年年末卫生技术人员 844 万人、医疗卫生机构床位 747 万张等。一个特定总体内，只能存在一个单位总量，而可以同时并存多个标志总量，从而构成一个总量指标体系，例如，我国小微企业法人单位第三次全国经济普查主要数据资料，如表 4-1 所示。

表 4-1 我国小微企业法人单位第三次全国经济普查主要数据资料

按行业分组	企业法人单位/万个	从业人员/万人	资产总额/万亿元
工业	234.2	7 403.6	40.8
建筑业	32.2	1 675.4	5.0
交通运输业	21.1	462.8	5.2
软件和信息技术服务业	17.9	174.5	1.6
批发业	169.8	1 457.8	12.7
零售业	103.1	766.2	3.2
租赁和商务服务业	78.4	945.3	36.8
其他及未列明行业合计	128.3	1 844.8	33.1
总　计	785.0	1 4730.4	138.4

资料来源：国家统计局、国务院第三次经济普查办公室 2014 年 12 月 16 日《第三次全国经济普查主要数据公报（第一号）》。

总体单位总量和总体标志总量并不是固定不变的，而是随研究目的不同而变化。例如，第三次全国经济普查，如果仅考察全国工业小微企业情况时，则全部工业小微企业构成一个总体，其中每一个工业小微企业为一个单位，全部工业小微企业法人单位数则构成了总体单位总量，即 234.2 万个，用以反映总体规模的大小，而“从业人员”7 403.6 万人、“资产总额”40.8 万亿元等，构成标志总量，所有相互联系的指标则形成统计指标体系，用以分析我国工业小微企业法人单位的状况。当研究的目的是考察某一工业企业从业人员状况时，总体为该工业企业全部从业人员，总体单位为每一位从业人员，全部从业人员总数构成单位总量，将所有从业人员的劳动报酬汇总，构成工资总额，就是标志总量。只有正确确定总体单位，才能分辨单位总量和标志总量指标。

绝对数按其反映的时间状况不同，可分为时期数和时点数，又称时期指标和时点指标。

时期数是反映某种客观现象在一段时间发展变化结果的总量指标，它反映的是一段时间连续发生变化过程，如国民生产总值、贸易总额、基本建设投资额、工资总额、人口出生数等。时点数是反映客观现象在某一时点（瞬间）状况上的总量指标，如人口数、土地面积、企业数、商品库存额、固定资产原值、黄金储备量、银行存款余额等。对于二者的特点与运用，将在第 5 章中做详细介绍。

在运用绝对数时一般是按实物单位、货币单位和劳动量单位来计量的。

实物单位有自然单位，如企业按“个”计算，汽车按“辆”计算；度量衡单位，如粮食按“千克”计算、钢铁按“吨”计算；双重单位，如发电机按“台仟瓦”、重型设备按“吨/台”来计量；复合单位，如货运量按“吨公里”，发电量按“千瓦小时”计算，等等。

在计算产品产量时，往往需要采用标准实物单位。因为利用实物单位计算产品产量时，对于同一类产品，由于品种、规格、能力或化学成分不同，其使用价值也就不同，因而产品混合量往往不能确切地反映生产成果，为此，对一些产品要求按一定折合标准，折算为一种标准规格或标准含量的产品。例如，各种氮肥以含氮量 21%为标准来折算；将含热量不同的煤以每千克发热量 7 000 千卡为标准单位进行折算，等等。

在统计上，将实物单位计量的指标称为实物指标，其主要特点是能直接反映产品的使用价值或现象的具体内容，因而能够具体地表明事物的规模和水平。在掌握国民经济的基本情况，计划和管理各项生产活动，研究各种物资的消耗和库存，分析各种产品对生产和居民需要的满足程度等，都广泛应用实物指标。实物指标还是计算价值指标的基础，在实际应用中占有重要的地位，但是，实物单位有其局限性，它缺乏对不同类产品或商品的综合性能。不同类实物，使用价值不同，内容性质不同，无法按实物单位进行直接汇总，不能用以反映现象的总规模、总水平，例如，企业生产不同产品的总成果，基建不同项目的总工作量，不同商品的总销售量，都不能用某一项实物单位来反映，因此，必须借助货币单位去解决。

以货币单位计算的总量指标又称货币指标和价值指标。货币单位体现现象和过程的社会属性。例如，国内生产总值、基建投资额、商品销售额、工资总额等。价值指标的最大特点在于它代表一定的社会必要劳动量，因此具有最广泛的综合性能和概括能力，用途非常广泛。价值指标首先用于反映经济活动总成果，并通过分类指标的计算，研究它们之间的比例关系。价值指标脱离了物质内容，比较抽象，有时不能准确反映实际情况。实际工作中，价值指标和实物指标常常结合运用，才能全面了解客观现象总体。

劳动单位是劳动力劳动时间的计量单位，如工时、工日等。借助劳动单位计算的劳动总消耗量指标来确定劳动规模，并作为评价劳动时间利用程度和计算劳动生产率的依据。有时企业生产总成果也用劳动单位来表示，如机械工业部门的定额工时产量。

4.1.3 相对数的概念与作用

相对数又称相对指标，是两个相互联系现象的数量比率。用以反映现象的发展程度、结构、强度、普遍程度或比例关系，如人口的性别比例和年龄构成、人口的出生率和死亡率等。相对数把两个具体数值抽象化了，借助于相对数对客观现象进行对比分析，可以使我们深刻地认识客观现象之间存在的固有联系。

相对数应用广泛，是统计分析的基本方法，其作用主要表现在以下两个方面。

第一，相对数为人们认识事物发展的质量与状况提供客观的依据。客观现象总是相互联系、相互制约的。要分析一种客观现象，我们不仅要利用绝对数，而且还要把与其有关的数值联系起来进行比较分析，这样才能对事物发展规模的大小，变化速度的快慢，各种比例协调与否，有全面的认识。例如，2015 年我国货物进出口总额 245 741 亿元，其中出口额 141 255 亿元，进口额 104 486 亿元，仅凭这些指标难以对外贸经济的发展做出分析和评价，如果我们将它同 2010 年我国货物进出口总额 29 728 亿元，其中出口额 15 779 亿元，进口额 13 949 亿元，进行对比，计算动态相对数（发展速度），将出口总额与进口总额进行比较或计算进口和出口所占的比重，则进一步了解我国对外贸易规模、速度，进出口结构等状况。

第二，相对数可以使不能直接对比的现象找到可比的基础，以进行有效的分析。如考察不同类型企业生产经营情况，由于条件不同、产品不同，一般不能用产值或利润指标直接对比，但如果都以各自的产值指标和利润指标作为依据，计算产值利润率指标，就可以进行不同类型企业的比较、分析和评价了。

相对数具有“无名数”和“有名数”两种表现形式，这也是相对数的计算单位。

“有名数”的表现形式主要用于强度相对数，它把计算强度相对数时的分子和分母数值的计量单位同时使用，如人口密度用“人/平方千米”表示，等等。

相对数一般表现为“无名数”，它是一种抽象化的计算单位，多以倍数、成数、百分数或千分数表示。倍数是将对比的基数定为 1 而计算出来的相对数。两个数字对比，分子数值大于分母数值很多时可用倍数表示。成数是将对比的基数定为 10 而计算出来的相对数，比如粮食产量增产一成，即增长 1/10。百分数是将基数定为 100 而计算出来的相对数，它是相对数最常用的一种表现形式。统计中还把两个以百分数表示的指标进行对比，差距相当于 1%，称为一个百分点。比如，某企业规定劳动生产率比去年同期提高 10%，实际提高 12%，这说明实际劳动生产率比计划任务规定多了两个百分点，千分数是分子数值小于分母数值很多的情况下运用，它是将对比的基数定为 1 000 所计算出来的相对数，如人口出生率、死亡率、自然增长率多用千分数表示。

4.1.4　相对数的种类与计算

随着研究目的和任务的不同，对比的基础也不同，也就产生不同的相对数。以下介绍常用的几种。

1. 结构相对数

结构相对数是在总体分组的基础上，用各组的总量与总体总量对比的相对数即比重。结构相对数是反映总体内部组成情况的综合指标。其计算公式如下

$$结构相对数=\frac{各组（或部分）总量}{总体总量}\times 100\%$$

结构相对数通常根据总量指标来计算，表明总体单位数的结构或总体标志值的结构，计算结果用百分数或成数表示，各组比重总和等于 100%或等于 1，如表 4-2 所示。

表 4-2　2016 年按领域分组全国固定资产投资（不含农户）构成情况

按领域分组	投资绝对数/亿元	比重/%
制造业	187 836	31.5
基础设施	118 878	19.9
房地产开发	102 581	17.2
其　他	187 206	31.4
合　计	596 501	100.0

资料来源：国家统计局 2017 年 2 月 28 日《中华人民共和国 2016 年国民经济和社会发展统计公报》。

这些比重属于结构相对数，说明我国制造业的固定资产投资比重较高。

结构相对数用以研究总体内部组成部分的分配情况，从而认识事物各个部分的特殊性质及其在总体中所占有的地位和地位的变化。

2. 比例相对数

比例相对数是同一总体中不同部分数量对比的相对数，用以分析总体范围内各个局部、各个分组之间的比例关系和协调平衡状况。其计算公式如下

$$比例相对数=\frac{总体中某一部分数值}{同总体中另一部分数值}$$

比例相对数计算结果通常以百分比来表示，也有以比较基数单位为 1、100、1 000 时，被比较单位数是多少的形式来表示。

例如，某大学 2017 年机械学院招收的新生中男生 621 人，女生 285 人，则新生的性别比例指标为 217.89%（以女生为 100），或男生数与女生数之比为 2.18∶1。

比例相对数一般以绝对数进行对比。依据具体资料的情况，也可运用现象总体各部分的相对数或平均数进行对比。

3. 比较相对数

比较相对数是同一时期内不同空间的同类现象数量对比的相对数，用来说明同类现象在同一时期内发展的平衡程度，以表明同类事物在不同条件下的数量对比关系。不同空间的同类现象可以是不同的国家、不同的地区、不同的企业等。比较相对数的数值通常用百分数或倍数表示。其计算公式如下

$$比较相对数=\frac{甲地某指标值}{乙地同类指标值}$$

例如，2016 年北京市生产总值为 24 899.3 亿元，上海市生产总值为 27 466.2 亿元，天津市生产总值为 17 885.4 亿元，则上海市生产总值为北京市的 1.10 倍，而北京市生产总值又为天津市的 1.39 倍。

以上例子是总量指标对比的。在实际工作中，也可以用相对数或平均数进行对比，例如，用人均粮食产量进行对比。

4. 动态相对数

动态相对数又称发展速度，是同类事物的水平在不同时间对比的相对数，即报告期与基期对比发展变化的程度。报告期就是被研究的时期，又称本期、现期、计算期，基期是作为比较基准的时期。动态相对数一般用百分数来表示。其计算公式如下

$$动态相对数=\frac{报告期水平}{基期水平}\times 100\%$$

例如，2016 年我国全年规模以上工业企业实现利润 68 803 亿元，2015 年实现利润 63 554 亿元，动态相对数（发展速度）为 108.26%，增长速度为 8.26%。发展速度相关问题我们将在第 5 章中具体介绍。

5. 计划完成程度相对数

计划完成程度相对数简称计划完成率，是现象在某一时期内的实际完成数与计划完成数对比的相对数。借以观察计划完成程度，检查、监督计划执行情况，其基本计算公式如下

$$计划完成程度相对数=\frac{实际完成数}{计划完成数}\times 100\%$$

计划完成程度相对数的子项是根据实际完成情况进行统计得到的数据，母项是下达的计划任务指标。由于计划数总是用来衡量计划完成情况的标准，所以该公式的子项和母项不得互相换算，而且公式的子项和母项的指标含义、计算口径、计算方法、计量单位以及时间长短和空间范围等方面都要一致。公式的子项数值减母项数值则表明计划执行的绝对效果。

【例 4-1】某工业企业 2017 年年初计划产品产量达到 1 800 万件，年末实际产品产量完成了 2 106 万件，则该工业企业产量计划完成程度为

$$产量计划完成程度（\%）=\frac{实际完成产量}{计划完成产量}\times 100\%$$

$$=\frac{2\ 106}{1\ 800}\times 100\%=117\%$$

计算结果表明：该企业超额完成产量计划任务的 17%（117%−100%），实际产量比计划产量增加了 306 万件（2 106 万件−1 800 万件）。

计划完成程度相对数用来监督和检查国家、地区或企业等计划的执行情况，分析计划完成或未完成的原因，为组织新的平衡和促进经济发展提供依据。

计划任务数是计算计划完成程度相对数的基数，由于计划任务数下达的表现形式不同，计划完成程度相对数有以下几种不同的计算方法。

（1）绝对数的计划任务。当计划任务数以绝对数形式出现时，检查其计划完成情况一般有两种计算方法。其一是计划数与实际数是同期的，例如，2017 年实际数与 2017 年计划数对比，说明 2017 年年度计划执行的结果，可以直接应用基本计算公式，方法如例 4-1。其二是计划期中某一段实际累计数与全期计划数对比，用以说明计划执行的进度，其计算公式是

$$计划完成程度相对数=\frac{累计至本期止实际完成数}{全期计划数}\times 100\%$$

【例 4-2】某商业企业 2017 年计划全年销售额完成 1 200 万元，截止到 2017 年 6 月末实际完成了 570 万元，则该商业企业销售额计划完成程度为

$$销售额计划完成程度（\%）=\frac{累计至6月末实际完成销售额}{全年计划完成销售额}\times 100\%$$

$$=\frac{570}{1\ 200}\times 100\%=47.5\%$$

计算结果表明：该商业企业 2017 年上半年完成全年计划任务的 47.5%。6 月末全年时间已经过去 50%，完成计划任务需要销售额达到 600 万元，47.5%这一指标可以提示企业，在下半年一定要加大力度工作，才可以弥补上半年的不足，完成全年销售额计划任务。

（2）相对数的计划任务。当计划任务数以相对数形式出现时，检查其计划完成情况一般有“两绝对数对比得出的相对数”和“提高（或降低）率相对数”两种。

第一，两绝对数对比的相对数。计算两绝对数对比的相对数的计划完成程度可将实际完成的相对数与计划规定的相对数直接对比。

【例 4-3】某超市 2017 年计划商品流通费用率为 6%，实际流通费用率为 6.99%。计算流通费用率计划完成程度，则

$$流通费用率的计划完成程度(\%)=\frac{实际完成流通费用率}{计划完成流通费用率}\times100\%$$

$$=\frac{6.99\%}{6\%}\times100\%=116.5\%$$

因为商品流通费用率指标是逆指标，所以，116.5%−100%=16.5%说明该公司商品流通费用率差 16.5%没有完成计划。

第二，提高（或降低）率的相对数。在统计工作的计划中，有些计划任务是以提高（或降低）百分比规定的。

如劳动生产率计划提高百分之几，成本水平规定降低百分之几，这时计算计划完成程度有其特殊性，计算提高（或降低）率的计划完成程度相对数采用公式如下

$$计划完成程度相对数=\frac{1(或100\%)\pm实际提高(或降低)率}{1(或100\%)\pm计划提高(或降低)率}\times100\%$$

【例 4-4】某企业 2017 年计划规定劳动生产率比上年提高 12%，实际提高 16%，计算劳动生产率的计划完成程度。

在这种情况下，计划完成程度指标不能直接用实际提高或降低率除以计划提高或降低率，而应当恢复计划为上年的“112%”，实际应为“116%”然后进行对比，利用公式则

$$劳动生产率计划完成程度(\%)=\frac{100\%+实际提高率}{100\%+计划提高率}\times100\%$$

$$=\frac{100\%+16\%}{100\%+12\%}\times100\%=\frac{116\%}{112\%}\times100\%=103.6\%$$

计算结果表明：该企业劳动生产率比计划提高 3.6%（103.6%−100%），或者说该企业劳动生产率计划完成 103.6%。如果计划规定的任务是提高率，计算结果越大越好。

【例 4-5】某企业计划规定某种产品单位成本 2017 年比 2016 年下降 5%，实际下降 7%，计算单位成本的计划完成程度，则

$$单位成本计划完成程度(\%)=\frac{100\%-实际降低率}{100\%-计划降低率}\times100\%$$

$$=\frac{100\%-7\%}{100\%-5\%}\times100\%=\frac{93\%}{95\%}\times100\%=97.9\%$$

计算结果表明：实际单位成本比计划规定的单位成本降低 2.1%（97.9%−100%）。如果计划规定的任务是降低率，计算结果越小越好。

如果将实际提高（或降低）率与计划提高（或降低）率相减，其结果说明实际比计划多提高（或多降低）的百分数，用百分点表示。如上例劳动生产率完成计划情况可用 16%−11%=5%，说明实际比计划多提高 5 个百分点；单位成本完成计划情况用 7%−5%=2%，说明实际比计划多降低 2 个百分点。

（3）平均数的计划任务。当计划任务数以平均数形式出现时，检查其计划完成情况一般直接应用基本公式，计划完成程度相对数的公式为

$$计划完成程度相对数=\frac{实际完成平均数}{计划完成平均数}\times100\%$$

如考核企业的单位产品原材料消耗量、单位产品成本等平均水平，一般适用这种计划完成程度的。

（4）长时期的计划任务。在我国一般长期计划是五年，如果计划任务规定全期应完成的总量，检查计划的执行情况采用累计法；如果计划任务规定最后末年应达到的水平，检查计划的执行情况采用水平法。

累计法。用整个计划期间实际完成的累计数与全期计划指标相比较，以检查计划完成程度。采用公式如下

$$计划完成程度相对数=\frac{五年计划期间累计完成数}{五年计划规定的累计数}\times 100\%$$

【例 4-6】某地区“十二五”计划规定，2011—2015 年的五年累计社会固定资产投资总额为 11 600 亿元，实际完成投资 12 326 亿元，则

$$\begin{aligned}固定资产投资计划完成程度（\%）&=\frac{五年实际投资总额}{五年计划投资总额}\times 100\%\\&=\frac{12\ 326}{11\ 600}\times 100\%=106.3\%\end{aligned}$$

计算结果表明：该地区超额完成 6.3%（106.3%−100%）的固定资产投资计划任务。

累计法检查计划执行情况，将计划期全期 5 年（或 60 个月）减去计划期起，至累计实际数量达到全期计划总量的用时，即为提前完成计划的时间。如本例全期计划规定固定资产投资总额为 11 600 亿元，如果从 2011 年 1 月 1 日至 2015 年 9 月 30 日实际完成投资额累计已达到 11 600 亿元，即该地区提前 3 个月完成投资计划。

水平法。编制长期计划时，有些计划指标是以计划期末年应达到的水平规定的，即用期末实际达到的水平对比计划期末应达到的水平，以检查其计划完成情况。采用公式如下

$$计划完成程度相对数=\frac{五年计划末年实际达到的水平}{五年计划规定的末年水平}\times 100\%$$

【例 4-7】某地区“十二五”计划规定，汽车产量 2015 年年末达到年产 260 万辆的水平，实际执行结果，2015 年年末年产达到 278 万辆，则

$$\begin{aligned}汽车产量计划完成程度（\%）&=\frac{2015年年末实际达到的水平}{2015年年末计划规定的水平}\times 100\%\\&=\frac{278}{260}\times 100\%=106.9\%\end{aligned}$$

计算结果表明：该地区汽车产量超额完成计划规定水平的 6.9%。

水平法检查计划执行情况，计算提前完成计划的时间，是根据连续一年时间达到的水平和计划规定最后一年达到的水平相比较确定的。连续一年即五年中 60 个月的任一阶段的 12 个月，只要达到计划期末水平。如本例计划规定汽车产量，2015 年年末年产量应达到 260 万辆的水平，实际执行结果从 2014 年 7 月 1 日至 2015 年 6 月 30 日连续 12 个月汽车产量已达到 260 万辆的水平，那么提前完成计划任务的时间为半年。

6. 强度相对数

强度相对数是两个性质不同且有联系的绝对数之间的对比，用来表明某一现象在另一现象中发展的强度、密度和普遍程度。它和其他各种相对数根本不同的特点，在于它不是同类现象指标的对比。例如，以人口数与土地面积对比得到的人口密度指标，以主要产品产量与人口数对比得到的每人平均产量，工农业生产中生产条件相互对比，计算各种装备程度指标，

将生产成果与生产条件对比，计算各种效率指标均为强度相对数。计算公式如下

$$强度相对数=\frac{某种现象总量指标}{另一个有联系且性质不同的现象总量指标}$$

例如，2016 年我国国内生产总值为 744 128 亿元，全国人口为 138 271 万人，则平均每人的国内生产总值为 53 817 元。

强度相对数以双重计量单位表示，是一种复名数，如人口密度单位是“人/平方千米”，人均主要产品产量用“吨/人”。

强度相对数有正逆指标之分。如每千人拥有的零售商业机构个数，为正指标，而每个商业机构所服务的人数，为逆指标。一般来说，正指标越大越好，逆指标则越小越好。

强度相对数是统计中重要的对比分析指标，它可以说明一个国家、地区或部门的经济实力或为社会服务的能力。同时，借助这种指标进行国家、地区之间的比较，以确定发展状况。

至此，各种相对数的计算方法介绍结束了，在运用相对数时我们应该特别注意，可比性原则是计算相对数的基本要求。因为相对数是将相互联系的事物进行比较，以反映事物之间的数量对比关系，所以，分子与分母两个指标必须可比，可比性主要包括：

指标经济内容的可比性。例如，比较两个生产不同产品企业的劳动生产率水平。如果一个企业的产量与全体职工人数对比，另一企业也是产量与全体工人数之比，那么这两个企业的劳动生产率是不可比。

指标范围的可比性。违反这个要求通常是由于空间的范围变动引起的。例如，2017 年，甲企业兼并了乙企业，甲企业规模扩大了，产量等动态资料反映了不同的对象范围，因而甲企业资料与 2017 年前的资料是不可比的。

计量单位的可比性。例如，比较两个拖拉机厂的产量，如果一个厂的产量是以台表示的，另一个厂是以马力表示的总功率，它们是不可比的。

我们应该辩证地看指标的可比性，因为可比性不是绝对的，某些指标在这一条件下不可比，在另一条件下又可比，这都必须依据研究目的，对具体条件、具体情况进行具体分析，并加以灵活运用。

4.2 数据的集中特征

4.2.1 平均数的概念与作用

统计平均数又称平均指标，是用以反映客观现象总体各单位某一数量标志在一定时间、地点条件下所达到的一般水平。在客观现象同质总体中，每个单位都有许多数量标志表明其特征，这些特征的数量取值有大小差异，分布多少不均。平均数的特点在于将总体各单位标志值的差异抽象化了，它可能与各单位所有标志值都不相同，但作为代表值反映单位标志值的一般水平。在统计分析中，平均数是最常用的一种综合指标，具有广泛的作用。

1. 反映总体各单位变量分布的集中趋势

在客观现象总体中各单位某一标志在数量上的变化是有差异的，变量从小至大形成一定的分布。通常很小或很大的标志值对应的单位数相对比较少，而中间的标志值对应的单位数

相对比较多，也就是靠近平均数的单位数占比重最大，平均数反映了标志值变动的集中趋势。

2. 比较同类现象的时空差异

由于平均数消除了总体单位的差异，反映现象的一般水平，故有利于比较现象在不同空间、不同时间上的发展变化情况。例如，评价不同工业企业生产情况，因为受企业生产规模大小的影响，不宜用工业总产值进行对比。如果用平均数，如劳动生产率进行比较，就可以直接评价它们的生产情况，反映其工作成绩和存在问题了。

3. 分析现象之间的依存关系

在对现象总体进行分组分类的基础上，应用平均数可以观察现象之间存在的相互联系、相互制约的关系。例如，对不同工龄的工人分组，再计算各组的平均劳动生产率，就可以分析工龄与劳动生产率之间的依存关系。

此外，平均数经常被作为评价事物和问题决策的数量标准或参考。

4.2.2 平均数的种类与计算

平均数有多种计算方法，如算术平均数、调和平均数、几何平均数、中位数和众数等，它们都用来反映现象的一般水平。

算术平均数、调和平均数和几何平均数是根据总体所有标志值来计算的，可以称为数值平均数，而中位数和众数是根据标志值所处的位置来确定，故称为位置平均数。它们所反映的一般水平，有不同的意义，有不同的计算方法，也有不同的应用场合。算术平均数是统计研究中最常用的指标。

1. 算术平均数

统计中，算术平均数是总体标志总量除以总体单位总数，它是计算客观现象平均数的最常用方法。基本公式如下

$$\text{算术平均数}=\frac{\text{总体标志总量}}{\text{总体单位总数}}$$

算术平均数采用简单算术平均数和加权算术平均数形式来计算。

（1）简单算术平均数。简单算术平均数是加总标志值得出标志总量再除以单位总量。适合总体单位数较少的情况。其计算公式如下

$$\bar{x}=\frac{\sum x}{n}$$

式中：$\bar{x}$ 代表算术平均数；x 代表各单位标志值；$\sum$ 是求和符号；n 代表总体单位数。

【例 4-8】某企业零件加工车间甲生产班组有 10 名工人，每人日产量分别为 20、22、23、25、25、26、26、28、32、33 件，则平均每个工人日产量件数为

$$\frac{20+22+23+25+25+26+26+28+32+33}{10}=26\text{（件）}$$

（2）加权算术平均数。如果是有些标志值出现若干次的资料，就应该运用加权算术平均数，它同样是求出标志总量再除以单位总量。计算公式如下

$$\bar{x}=\frac{\sum xf}{\sum f}$$

式中：f为标志值出现的次数。

【例 4-9】已知某企业加工车间 200 名工人日产量资料，如表 4-3 所示，计算工人平均日产量。

表 4-3　加工车间 200 名工人日产量资料

按日产量分组/件 x	工人人数/人 f	各组日产总量/件 xf
25	36	900
26	131	3 406
27	30	810
28	3	84
合　计	200	5 200

$$\text{平均日产量}\bar{x}=\frac{\sum xf}{\sum f}=\frac{5\ 200}{200}=26\text{（件）}$$

这说明加权算术平均数是在分配数列的条件下计算，它必须首先求出每组的标志总量，并加总取得总体的标志总量，然后除以总体单位总数。

从上式可见，平均数的大小不仅决定于总体各单位标志值（x），同时也决定于各标志值的次数（f）。次数多的标志值对平均数的影响要大些，次数少的标志值对平均数的影响也相应会小。标志值次数的多少，对平均值的大小有权衡轻重的影响作用，所以称为权数。这种用权数计算算术平均数的方法称为加权算术平均数。

权数除用总体各组单位数即频数形式表示外，还可以用比重即频率形式表示。因此，便有另一种加权算术平均数形式，就是用标志值乘以相应的频率。其公式如下

$$\bar{x}=x_1\frac{f_1}{\sum f}+x_2\frac{f_2}{\sum f}+x_3\frac{f_3}{\sum f}+\cdots+x_n\frac{f_n}{\sum f}=\sum x\cdot\frac{f}{\sum f}$$

【例 4-10】已知某企业加工车间产量和各组工人数构成资料，如表 4-4 所示，计算工人平均日产量。

表 4-4　加工车间日产量及各组工人比重资料

按日产量分组/件 x	各组工人比重/% $\frac{f}{\sum f}$	$x\cdot\frac{f}{\sum f}$
25	18.00	4.50
26	65.50	17.03
27	15.00	4.05
28	1.50	0.42
合　计	100.00	26.00

$$\text{平均日产量}\bar{x}=\sum x\cdot\frac{f}{\sum f}=26\text{（件）}$$

从上例看出，比重的大小直接表明了该组标志值占据平均数的地位。权数的各组单位数占总体单位数的比重大小直接影响算术平均数。单位数所占的比重越大，对平均数的影响就越大，反之，就越小。因此，当各组的单位数相等或各组单位数所占的比重相等时，权数对各组的作用相同，也就失去了加权的意义。这时加权算术平均数等于简单算术平均数。

即当 $f_1 = f_2 = \cdots = f_n$时

$$\bar{x} = \frac{\sum xf}{\sum f} = \frac{f\sum x}{nf} = \frac{\sum x}{n}$$

上面的例子中，如果各组工人数都一样，则平均日产量为

$$\text{平均日产量}\quad \bar{x} = \frac{\sum x}{n} = \frac{25+26+27+28}{4} = 26.5\text{（件）}$$

不难看出，简单算术平均数和加权算术平均数之间并没有根本的区别，因为给一个变量值乘上一个权数与多次地加总这个变量值，意义上是相同的。

需要说明，在组距分配数列条件下计算加权算术平均数，应以各组距的实际平均数乘以相应的权数来计算。但在实际编制组距数列中，很少计算组平均数。这样，在缺乏组平均数资料条件下，可用各组中值代替计算。当然，这种用组中值代替计算的算术平均数，不可避免地存在误差，具有近似值的性质。

在分配数列条件下，一般来说，次数就是权数，但是，在计算平均数或相对数的平均数时，经常遇到次数是不适合做权数的，这就遇到权数的选择问题，我们看如下例子。

【例 4-11】已知某工业有限公司所属 20 个企业产值计划完成情况资料，如表 4-5 所示。

表 4-5　某工业有限公司产值计划完成情况资料

计划完成程度/%	组中值/% x	企业数/个 （已知）	计划任务数/万元 f（已知）	实际完成数/万元 xf（未知）
90～100	95	3	120	114
100～110	105	10	1 600	1 680
110～120	115	7	280	322
合　计	—	20	2 000	2 116

本例的平均对象是各企业产值计划完成程度。为了计算该工业有限公司产值计划平均完成程度，是用企业数作权数呢？还是用计划产值作权数？企业数虽是完成产值计划不同程度的次数但并不是合适的权数。因为各企业规模大小不同，产值多少也有差别，正确计算平均产值计划完成程度，需用计划产值来加权，这样，适合于这一指标的性质，即从全部企业的实际产值和计划产值的对比中来确定。计算如下

$$\begin{aligned}\text{产值平均计划完成程度} &= \frac{\sum xf}{\sum f} \\ &= \frac{95\%\times120+105\%\times1\,600+115\%\times280}{120+1\,600+280} \\ &= \frac{2\,116}{2\,000} = 105.8\%\end{aligned}$$

我们应当注意，算术平均数与强度相对数同是两个总量指标的对比关系，但是两者实质

上是不相同的。平均数是在一个同质总体内标志总量和单位总量的对比，它要求标志总量必须是总体各单位标志值的总和，分子与分母一一对应。强度相对数的分子、分母是两个不同总体现象总量，不存在各个标志值与各个单位对应的问题。比如，人均粮食产量是全国粮食总产量与全国人口数之比，是强度相对数，粮食产量并非全国人口每个人都具有的标志，分子与分母不是对应关系。

2. 调和平均数

调和平均数是标志值倒数的算术平均数的倒数，又称倒数平均数，有简单调和平均数和加权调和平均数两种。

（1）简单调和平均数。当我们直接掌握了总体各单位标志值 x_1，x_2，x_3，…，x_n 时，依据概念，其调和平均数公式为

$$H=\frac{1}{\dfrac{\frac{1}{x_1}+\frac{1}{x_2}+\cdots+\frac{1}{x_n}}{n}}=\frac{n}{\frac{1}{x_1}+\frac{1}{x_2}+\cdots+\frac{1}{x_n}}=\frac{n}{\sum\frac{1}{x}}$$

式中：H 为调和平均数；x 为变量值；n 为项数。

【例 4-12】某农贸市场 8—9 月份的蔬菜价格变化分别为 1.80、2.60、2.80、3.20 和 3.60 元，则 5 个价格的调和平均数为

$$\begin{aligned}\text{价格调和平均数}H&=\frac{n}{\sum\frac{1}{x}}\\&=\frac{5}{\frac{1}{1.80}+\frac{1}{2.60}+\frac{1}{2.80}+\frac{1}{3.20}+\frac{1}{3.60}}\\&=\frac{5}{1.887\,6}=2.65(\text{元})\end{aligned}$$

（2）加权调和平均数。当我们已知变量数列的分组资料时，则应当计算加权调和平均数。在客观现象统计中，主要使用的是权数为特定形式（$m=xf$）的加权调和平均数。我们把调和平均数作为算术平均数的变形使用，它仍然是依据算术平均数的基本公式——标志总量除以总体单位总量来计算。当 $m=xf$ 时，则 $f=m/x$。其计算公式如下

$$H=\frac{\sum m}{\sum\frac{m}{x}}$$

在条件一定的情况下，调和平均数和算术平均数的计算公式关系如下

$$H=\frac{\sum m}{\sum\frac{m}{x}}=\frac{\sum xf}{\sum\frac{1}{x}xf}=\frac{\sum xf}{\sum f}=\bar{x}$$

上式表示：加权算术平均数以各组单位数（f）为权数，加权调和平均数以各组标志总量（m）为权数，而计算内容和结果是相同的。作为算术平均数变形的加权调和平均数，一般运用于没有直接提供被平均标志值的相应单位数的资料。举例说明：

【例 4-13】已知某企业加工车间日产量分组及各组日产总量资料，如表 4-6 所示，计算工

人平均日产量。本例没有直接给定工人人数，只能采取调和平均数方法计算。

表 4-6　某企业工人日产量分组及各组日产总量资料

按日产量分组/件 x	各组日产总量/件 m（已知）	工人人数/人 m/x（未知）
25	900	36
26	3 406	131
27	810	30
28	84	3
合　计	5 200	200

$$\text{工人平均日产量}H=\frac{\sum m}{\sum \frac{m}{x}}=\frac{5\ 200}{200}=26(\text{件})$$

由相对数或平均数计算平均数时，所掌握的权数是相对数或平均数的子项资料时，应采用调和平均数计算，见例 4-14、例 4-15。而所掌握的权数是相对数或平均数的母项资料时，应采用算术平均数计算。

【例 4-14】已知某企业工人工资分组及各组工资总额资料，如表 4-7 所示，试计算工人平均工资。

表 4-7　某企业月工资分组及各组工资总额资料

按工人月工资分组/元 x（已知）	各组工资总额/元 m（已知）	工人人数/人 m/x（未知）
2 000	560 000	280
3 000	1 680 000	560
4 000	640 000	160
合　计	2 880 000	1 000

$$\text{工人平均工资}H=\frac{\sum m}{\sum \frac{m}{x}}=\frac{2\ 880\ 000}{1\ 000}=2\ 880\ (\text{元})$$

【例 4-15】如果例 4-11，已知的是各企业计划完成程度及其相应的实际完成数时，全公司平均计划完成程度则用加权调和平均数方法，如表 4-8 所示。

表 4-8　某工业公司总产值计划完成情况资料

计划完成程度/% （已知）	组中值/% x	企业数/个 （已知）	实际完成数/万元 m（已知）	计划任务数/万元 m/x（未知）
90～100	95	3	120	114
100～110	105	10	1 600	1 680
110～120	115	7	280	322
合　计	—	20	2 000	2 116

$$公司总产值平均计划完成程度H=\frac{\sum m}{\sum \frac{m}{x}}=\frac{2\ 116}{2\ 000}=105.8\%$$

在运用调和平均数时，可以想象，所有标志值的权数都相等，就可以采用简单调和平均数代替加权调和平均数

即当 $m_1 = m_2 = \cdots = m_n$时

$$H=\frac{\sum m}{\sum \frac{m}{x}}=\frac{nm}{m\sum \frac{1}{x}}=\frac{n}{\sum \frac{1}{x}}$$

3. 几何平均数

几何平均数是 n 个变量值（比率）的乘积开 n 次方根，也是反映集中趋势的一种计算方法，常用于计算平均发展速度或平均比率。

几何平均数有两种计算方法：简单几何平均法和加权几何平均法。

简单几何平均数的计算公式为

$$G=\sqrt[n]{x_1 \cdot x_2 \cdot x_3 \cdot \cdots \cdot x_n}=\sqrt[n]{\Pi x}$$

式中：G 表示几何平均数；x_1, x_2, $\cdots$, x_n 为被平均的变量值；n 为被平均变量的个数；Π 为连乘符号。

加权几何平均数的计算公式为

$$G=\sqrt[f_1+f_2+\cdots+f_n]{x_1^{f_1} \cdot x_2^{f_2} \cdot x_3^{f_3} \cdot \cdots \cdot x_n^{f_n}}=\sqrt[\sum f]{\Pi x^f}$$

【例 4-16】某企业从金融机构按复利贷款，当贷款利率为 6.93%时贷款一年，当贷款利率为 6.39%时贷款 2 年，当贷款利率为 5.85%时贷款 3 年。试求该企业近 6 年的平均本利率。

根据公式有

$$G=\sqrt[6]{1.069\ 3^1 \times 1.063\ 9^2 \times 1.058\ 5^3}=1.062\ 1=106.21\%$$

则该企业近 6 年的平均本利率为 106.21%。

值得注意的是，几何平均数在实际应用中受到不少限制，如在被平均的变量中不允许有零，只要任意一个变量值为零就不能计算几何平均数。

为了计算方便，可将各观测值取对数后相加除以 n，得 $\lg G$，再求 $\lg G$ 的反对数，即得 G 值。

4. 中位数和众数

算术平均数和调和平均数是根据总体各单位标志值计算的，而这里讲的中位数和众数是根据处于特殊位置的一部分标志值计算的。所以说它是两个位置平均数，以下分别介绍。

（1）中位数的计算。如果把现象总体中的各单位标志值按大小顺序排列，处于数列中点位置的标志值就是中位数。中位数的概念表明，数列中有一半单位的标志值小于中位数，另一半单位的标志值大于中位数，中位数表示现象的一般水平。例如，在研究社会居民收入水平时，居民收入中位数比平均收入更能代表居民收入水平等。

在标志值未经分组的情况下，确定中位数的方法是相对简单的。先把各单位按标志值大小顺序排列，如果总体单位数为奇数，则处于 $\frac{n+1}{2}$（n 代表总体单位数）位置的标志值是中

位数；如果总体单位数为偶数，那么中位数就是位次为 $\frac{n}{2}$ 和 $\frac{n}{2}+1$ 的两个标志值的平均数。

例如，甲乙两班组工人分别为 11 人和 10 人，每人日产零件数如下。

甲班组：22、23、24、25、26、27、28、29、31、32、33

乙班组：20、22、23、25、25、26、26、28、32、33

甲班组中位数位置为 $\frac{11+1}{2}=6$，即第 6 位工人的日产量 27 件为中位数。

乙班组中位数位置为 $\frac{10+1}{2}=5.5$，即在第 5 与 6 位之间，即第 5 位和第 6 位工人日产量的算术平均数 $\frac{25+26}{2}=25.5$ 为中位数。

当资料编制为单项式分配数列时，可以按上述方法直接确定中位数的位置。因为总体已经分组，所以，$\sum f$ 代表总体单位数。

在组距数列的条件下计算中位数较为复杂。组距分组资料确定中位数与单项式分组资料相似，不同的是根据中位数位次及累计法确定中位数组后，无法得到中位数的准确值，而要用公式计算中位数的近似值。其计算公式如下

$$M_e = L + \frac{\frac{\sum f}{2} - S_{m-1}}{f_m} \times d \quad （下限公式）$$

$$M_e = U - \frac{\frac{\sum f}{2} - S_{m+1}}{f_m} \times d \quad （上限公式）$$

式中：M_e 表示中位数；L 表示中位数组的下限；U 表示中位数组的上限；f_m 表示中位数所在组的次数；S_{m-1} 表示中位数所在组以前各组的累计次数；S_{m+1} 表示中位数所在组以后各组的累计次数；$\sum f$ 表示总次数；d 表示中位数所在组的组距。

因为一般组距数列的标志值的变化是连续不断的，$\frac{\sum f}{2}$ 与 $\frac{\sum f+1}{2}$ 对应的标志值没有截然的界限。根据组距数列确定中位数位次时，这里用 $\frac{\sum f}{2}$ 完全可以表示中位数的位置。

【例 4-17】下面以某企业甲车间 100 名工人日产量的资料，说明中位数的计算方法，如表 4-9 所示。

表 4-9　甲车间 100 名工人日产量资料

日产量/件 x	工人人数/人 f	向上累计次数	向下累计次数
20 以下	6	6	100
20～24	14	20	94
24～28	60	80	80
28～32	16	96	20
32 以上	4	100	4
合　计	100	—	—

先确定中位数所在的组。确定分配数列的中点位置，是将整个数列的总次数除以 2，即 $\frac{\sum f}{2}=50$，中位数在这个数列中的第 50 个工人的日产量。我们知道，在组距分配数列中，各组距数值已是按大小顺序排列，这样，计算各组累计工人数，即中位数应在日产量 24～28 的组内。根据中位数公式计算近似值。

用下限公式计算

$$M_e=L+\frac{\frac{\sum f}{2}-S_{m-1}}{f_m}\times d=24+\frac{\frac{100}{2}-20}{60}\times(28-24)$$

$$=24+\frac{30}{60}\times 4=26\text{（件）}$$

用上限公式计算

$$M_e=U-\frac{\frac{\sum f}{2}-S_{m+1}}{f_m}\times d=28-\frac{\frac{100}{2}-20}{60}\times(28-24)$$

$$=28-\frac{30}{60}\times 4=26\text{（件）}$$

（2）众数的计算。众数是现象总体中出现次数最多的标志值。因此，在分配数列中，具有最多次数的那个组的标志值，就是众数。在实际统计工作中，可以利用众数表明现象的一般水平。

根据单项式分组数列的资料确定众数，找出出现最多的标志值即可。

【例 4-18】2017 年某乡村农民家庭按儿童人数分组，如表 4-10 所示。

表 4-10　2017 某乡村农民家庭按儿童人数分组资料

家庭按儿童数分组/人	家庭户数/户
0	20
1	60
2	150
3	90
4	40
合　计	360

该例中，众数就是 2 个儿童，因为这个标志值所对应的 150 户，是次数最多的组。

对于组距式分组资料，在确定众数所在组后，利用公式计算众数的近似值。其计算公式为

$$M_o=L+\frac{\Delta_1}{\Delta_1+\Delta_2}\times d\text{（下限公式）}$$

$$M_o=U-\frac{\Delta_2}{\Delta_1+\Delta_2}\times d\text{（上限公式）}$$

式中：M_o 表示众数；L 表示众数所在组的下限；U 表示众数所在组的上限；Δ_1 表示众数所在组次数与前一组次数之差；Δ_2 表示众数所在组次数与后一组次数之差；d 表示众数所在组的组距。

【例 4-19】我们用前面计算中位数的组距分组资料来说明众数的计算方法，如表 4-11 所示。

表 4-11　甲车间 100 名工人日产量资料

日产量/件 x	工人人数/人 f
20 以下	6
20～24	14
24～28	60
28～32	16
32 以上	4
合　计	100

确定该车间工人日产量的众数，首先找出众数所在的组，数列中 24～28 件的组有 60 人，即次数最多，该组为众数所在组。然后利用公式计算近似值。

用下限公式计算

$$M_o = L + \frac{\Delta_1}{\Delta_1 + \Delta_2} \times d = 24 + \frac{60-14}{(60-14)+(60-16)} \times (28-24)$$

$$= 24 + \frac{46}{46+44} \times 4 \approx 26\text{（件）}$$

用上限公式计算

$$M_o = U - \frac{\Delta_2}{\Delta_1 + \Delta_2} \times d = 28 - \frac{60-16}{(60-14)+(60-16)} \times (28-24)$$

$$= 28 - \frac{44}{46+44} \times 4 \approx 26\text{（件）}$$

众数的计算中，当遇到分配数列所有标志值的频数相同时，则众数不存在。在单位数不多或无明显集中趋势的资料中，测定众数无意义。某些现象，当有两个标志值的频数都很大，那就有两个众数，属于双众数分配数列。一般的双众数分布，从被研究的标志来看，可能总体不具有同质性。

在统计实践中，中位数和众数常用来代替算术平均数，或者与算术平均数同时使用。当现象总体包含有极大或极小标志值的单位时，尤其适合于计算中位数和众数。因为这些对于总体不太有代表性的标志值会影响算术平均数的数值，而不影响中位数和众数的数值。中位数与众数也就成为有价值的统计分析指标。但是，中位数和众数不像算术平均数那样，把总体各个单位标志值差异抵消，所以，常常在运用中位数和众数时，把它们看作是对现象总体一般水平描述的补充。

4.2.3　平均数的应用原则

为使平均数能真实地表明客观事物的本质及其发展规律，应用平均数必须遵守以下原则。

（1）在同质总体中计算平均数。所谓“同质”就是研究想象总体的各个单位在某一标志上性质是相同的。只有在同质总体中，总体单位才具有共同的特征，从而才能计算它们的平均数来反映其一般水平。

（2）组平均数补充说明总平均数。在同质总体中，各单位之间存在的差别影响总平均数，我们应重视影响总平均数的有关因素，用相关标志对总体进行分组，计算组平均数对总平均数作补充说明，以揭示客观现象内部结构的影响。

例如，某科技发展有限公司基期、报告期职工人数及工资情况，如表 4-12 所示。

表 4-12　某科技发展有限公司基期、报告期职工人数及工资情况

按工资分组	职工人数/人		工资总额/万元		平均工资/元	
	基期	报告期	基期	报告期	基期	报告期
低工资组	200	400	57.60	128.00	2 880	3 200
高工资组	800	600	417.60	333.60	5 220	5 560
合　计	1 000	1 000	475.20	461.60	4 752	4 616

从总水平看，基期总平均，每人工资 4 752 元（475.2 万元/1 000），报告期总平均，每人 4 616 元（461.6 万元/1 000），工资水平下降了，而实际两工资组工资都有一定程度增加，出现这种现象是由于两组工资偏低的人数在总体中所占比重由基期的 20%上升为报告期的 40%，这样造成工资总水平有所下降。所以在具体分析某一客观现象一般水平变动时，必须用组平均数来补充说明。

（3）分配数列补充说明总平均数。在使用平均数了解客观现象时，计算平均数的同时，还要观察变量数列的次数分配情况以及变量数列的端值。例如，在表 4-13 加工车间工人日产量及各组工人结构资料中，工人平均日产量为 26 件，这是一般水平，同时还要观察日产量“25”和“28”，并了解 82%的工人日产量达到了“一般水平”，这样掌握的情况就全面了。

表 4-13　加工车间工人日产量及各组工人结构资料

按日产量分组/件	工人人数/人	工人比重/%	各组日产总量/件
25	36	18.00	900
26	131	65.50	3 406
27	30	15.00	810
28	3	1.50	84
合　计	200	100.00	5 200

4.3 数据的离散特征

4.3.1 标志变动度概念与作用

标志变动度又称变异指标，综合反映总体各个单位标志值差异的程度。

我们对现象总体的规模和一般水平的认识，可以借助于绝对数和平均数，但这些数值都不能反映各单位的差异情况，相反，它们却把各单位的差异抽象化了。两个总体即使是相同的总量指标和平均指标，也可能掩盖其差异，这样就不能对总体全面认知。现在，举一个简单的例子说明，表 4-14 所示是甲、乙两班统计平时成绩分配数列。

表 4-14 甲、乙两班统计平时成绩分配数列

成绩分组/分 x	学生人数/人 f		各组总分数/分 xf		各组人数比重/% $\frac{f}{\sum f}$	
	甲班	乙班	甲班	乙班	甲班	乙班
20	0	1	0	20	0.0	2.0
30	0	1	0	30	0.0	2.0
40	1	1	40	40	2.0	2.0
50	1	3	50	150	2.0	6.0
60	6	6	360	360	12.0	12.0
70	20	11	1 400	770	40.0	22.0
80	18	17	1 440	1 360	36.0	34.0
90	4	8	360	720	8.0	16.0
100	0	2	0	200	0.0	4.0
合　计	50	50	3 650	3 650	100.0	100.0

从表 4-14 知道，甲、乙两班人数及总分数相同，按成绩分组的分配特征不同，甲班 70 分的比重为 40%，乙班 70 分的比重为 22%，同时，乙班一至九组分数齐全，而甲班却没有低分和高分。

从表中的资料计算，这两班的平均分数是相同的，即

$$\bar{x}_{甲}=\frac{3\ 650}{50}=73（分）\qquad \bar{x}_{乙}=\frac{3\ 650}{50}=73（分）$$

显然，73 这个平均分数把两班分数方面的特殊性掩盖了。所以我们有必要探讨总体各单位标志值变化的差异程度，以便从另一方面说明总体的特征。标志变动度正是为了说明总体中各单位标志值之间的差异程度或标志值分布的差异情况，因此，标志变动度是说明总体的另一个重要指标。

标志变动度在统计分析研究中的作用主要有如下几个方面。

第一，标志变动度反映总体各单位标志值分布的离中趋势。总体各个单位的标志值是围绕着自身的平均值这一中心变动。例如，价格围绕着价值（作为平均价格）上下波动。所以，平均数反映总体各单位标志值的集中趋势。而标志变动度则表明总体各单位标志值的分散程度，对于变动中心来说，也就是反映标志值的离中趋势。标志变动度值越大，说明标志值的分布越分散，总体的同质性也越差。

第二，标志变动度可以说明平均数的代表性程度。平均数作为总体各单位标志值一般水平的代表，其代表性的高低，随着标志值的差异程度不同，而区别很大。就上面两班分数的例子，平均分数同是 73 分，对两班具有不同程度的代表性和可靠性，通过比较这个班的最接近于平均数的标志值 70 分所占比重，就可证实这一点。显然 73 分这个平均分数，甲班比乙班更有代表性。标志变异越大，说明平均数的代表性越小。而标志变异越小，说明平均数的代表性就越大。把平均数与变异指标结合起来运用，才能使统计分析更完整、内容更充实，从而认识被研究现象的本质。

第三，标志变动度说明现象变动的均匀性或稳定性程度。例如，考察工业企业的生产情

况，在研究生产计划完成程度的基础上，利用标志变动度，可以测定生产过程的均匀性程度。如果发现时间数列中，各时期的产量差异变动很大，说明该企业生产的均匀性差，执行计划缺乏节奏性，应该采取措施纠正这一现象。

4.3.2 标志变动度的种类与计算

绝对数标志变动度有全距、平均差、标准差，相对数标志变动度有全距系数、平均差系数和标准差系数，最常用的是标准差系数。下面分别介绍它们的特点和计算方法。

1. 全距

测定标志变异程度的最简单指标是全距，它是标志的最大值与最小值之差，以 R 表示。

$$R = x_{\max} - x_{\min}$$

依据前面资料，甲生产班组 10 名工人日产零件数为 20、22、23、25、25、26、26、28、32、33 件，其中最高日产零件数为 33 件，而最低日产零件数只有 20 件。变异全距用 R 表示，即 R=33−20=13 件。

如果资料为组距数列，可以用最高组上限和最低组下限之差来近似地表示全距。

全距的优点在于计算方便，意义明确。它是测定标志变动度的简便方法。在实际工作中，全距可用于工业产品质量的检查和控制。在正常的生产条件下，产品质量性能指标，如强度、硬度、浓度、长度等的差距总是在一定的范围内波动的，如果差距超过了一定范围，就说明生产可能出现问题了，必须采取相应措施，以确保生产正常运转。

但是，全距表示总体变动的范围，只是表示被研究标志的变动，说明的只是极端标志值之间的差异，不受中间标志值的影响，与变量数列的次数分布状况无关。全距取决于极端标志值，具有偶然性，因而，全距不能全面反映各单位标志的变异程度，也不能评价平均数的代表性程度。

2. 平均差

如何解决全距的不足，我们要把总体各单位标志值的变异综合起来，以便对总体标志变异程度有客观的评定，这就要运用算术平均数形式计算平均差。

平均差是测定标志值变异程度的另一种指标。它是各单位标志值与其算术平均数的离差绝对值的算术平均数，又称平均离差，用 $A.D$ 表示。

根据资料是否分组，平均差有简单和加权两种计算形式，以下分别举例说明。

平均差简单计算公式，用于未分组数列

$$A.D = \frac{\sum |x - \bar{x}|}{n}$$

【例 4-20】以例 4-8，某企业零件加工车间甲生产班组 10 名工人日产零件数资料，计算平均差，如表 4-15 所示。

$$\bar{x} = \frac{\sum x}{n} = \frac{20 + 22 + \cdots + 30 + 32 + 33}{10} = 26\text{（件）}$$

$$A.D = \frac{\sum |x - \bar{x}|}{n} = \frac{30}{10} = 3\text{（件）}$$

表 4-15　甲生产班组 10 名工人日产零件数资料

日产零件/件 x	$x-\bar{x}$	$\lvert x-\bar{x}\rvert$
（1）	（2）=（1）−26	（3）=（2）绝对值
20	−6	6
22	−4	4
23	−3	3
25	−1	1
25	−1	1
26	0	0
26	0	0
28	2	2
32	6	6
33	7	7
合　计	—	30

平均差加权计算公式，用于分组数列

$$A.D=\frac{\sum\lvert x-\bar{x}\rvert f}{\sum f}$$

【例 4-21】已知某企业一车间 200 名工人按日产量分组的分配数列，计算平均差，如表 4-16 所示。

表 4-16　一车间 200 名工人日产量分组资料计算平均差

日产量/台	组中值/台 x	工人人数/人 f	xf	$x-\bar{x}$	$\lvert x-\bar{x}\rvert$	$\lvert x-\bar{x}\rvert f$
(1)	(2)=(1)平均	(3)	(4)=(2)×(3)	(5)=(2)−42	(6)=(5)绝对值	(7)=(6)×(3)
20～30	25	10	250	−17	17	170
30～40	35	70	2 450	−7	7	490
40～50	45	90	4 050	+3	3	270
50～60	55	30	1 650	+13	13	390
合　计	—	200	8 400	—	—	1 320

$$\bar{x}=\frac{\sum xf}{\sum f}=\frac{8\ 400}{200}=42（台）$$

$$A.D=\frac{\sum\lvert x-\bar{x}\rvert f}{\sum f}=\frac{1\ 320}{200}=6.6（台）$$

计算结果表明：平均差越大，标志变动程度越大；平均差越小，标志变动程度越小。平均差之所以需要运用变量对平均数离差的绝对值来计算，这是因为算术平均数的数学性质告诉我们，这些离差的和为零，即 $\sum(x-\bar{x})=0$，不取绝对值就无从计算平均差。但是取绝对值计算不符合代数方法的演算，所以在统计研究中较少使用。

3. 标准差

标准差又称均方差，是测定标志变异最主要的指标。总体各单位的标志值与其算术平均数离差的平方的算术平均数称为方差。方差的平方根即为均方差，用 σ 表示。

根据资料是否分组，标准差有简单和加权两种计算形式，分别举例说明。

标准差简单计算公式，用于未分组数列

$$\sigma=\sqrt{\frac{\sum(x-\bar{x})^2}{n}}$$

【例 4-22】仍以例 4-8，某企业零件加工车间甲生产班组 10 名工人日产零件数资料计算标准差，如表 4-17 所示。

表 4-17 甲生产班组 10 名工人日产量标准差计算表

日产零件量/件 x	$x-\bar{x}$	$(x-\bar{x})^2$
(1)	(2) = (1) −26	(3) = $(2)^2$
20	−6	36
22	−4	16
23	−3	9
25	−1	1
25	−1	1
26	0	0
26	0	0
28	2	4
32	6	36
33	7	49
合　计	—	152

$$\sigma=\sqrt{\frac{\sum(x-\bar{x})^2}{n}}=\sqrt{\frac{152}{10}}=3.80\text{（件）}$$

标准差加权计算公式，用于未分组数列

$$\sigma=\sqrt{\frac{\sum(x-\bar{x})^2 f}{\sum f}}$$

【例 4-23】已知表 4-16，某企业一车间 200 名工人按日产量分组资料，计算标准差，如表 4-18 所示。

表 4-18　一车间 200 名工人日产量分组资料计算标准差

日产量/台	组中值/台 x	工人数/人 f	$x-\bar{x}$	$(x-\bar{x})^2$	$(x-\bar{x})^2f$
（1）	（2）	（3）	（4）=（2）−42	（5）=（4）^{2}	（6）=（5）×（3）
20～30	25	10	−17	289	2 890
30～40	35	70	−7	49	3 430
40～50	45	90	+3	9	810
50～60	55	30	+13	169	5 070
合　计	—	200	—	—	12 200

$$\sigma=\sqrt{\frac{\sum(x-\bar{x})^2f}{\sum f}}=\sqrt{\frac{12\,200}{200}}=7.8\text{（台）}$$

计算结果表明，标准差越大，标志变动程度越大；标准差越小，标志变动程度越小。

标准差与平均差一样，考虑到总体所有单位标志值的变异。计算标准差，要对标志值与算术平均数的离差加以平方，是为了消除正负的影响；对离差平方和求其平均数并开方，就恢复了原来的计算单位。标准差同其他变异指标比较，有较多优点，所以得到广泛运用。

4. 离散系数

全距、平均差和标准差都有与平均数相同的计量单位，也就是与各单位标志值的计量单位相同。各种标志变动度都是反映总体各单位标志值变异的绝对指标。其数值的大小，还要受总体单位标志值本身水平高低的影响。为了对比分析不同水平的变量数列之间标志变异程度，需要计算离散系数也称变异系数，即标志变动度与其算术平均数之比的相对标志变动度，可有全距系数、平均差系数和标准差系数。常用的是标准差系数，用 V_σ 表示，计算公式如下

$$V_\sigma=\frac{\sigma}{\bar{x}}\times100\%$$

如果甲乙两个农场平均粮食亩产分别为 300 千克和 400 千克；标准差分别为 7.5 千克和 9 千克，甲农场的标准差小，看起来好像甲农场亩产 300 千克的生产水平更具有代表性。但是，两个农场属于不同水平，不能用标准差进行比较，必须计算变异系数

$$\text{甲农场}\ V_\sigma=\frac{7.5}{300}\times100\%=2.5\%$$

$$\text{乙农场}\ V_\sigma=\frac{9}{400}\times100\%=2.25\%$$

从离散系数的比较中，显然可以看出，乙农场亩产的离散系数比甲农场小，可见乙农场的亩产不但高，且各地块产量比甲农场稳定，因而乙农场亩产 400 千克更具有代表性。这才是正确的分析。

在统计实践中，经常需要比较不同标志的变异程度，而变异系数提供了广泛比较的可能性。比如，同一地区的小麦和稻谷收获率的变异程度。总之，相对数的理论启示我们，用变异系数可以比较同类现象的不同水平的变异程度，也可以进行不同现象的标志变异比较。

4.3.3 交替标志的标准差

在客观现象中，有些现象的特征，只表现为两种性质上的差异。比如，对某一电视节目，观众表现为“喜欢看”或“不喜欢看”；某产品的质量表现为“合格”或“不合格”，这些只表现为“‘是’或‘否’”“‘有’或‘无’”的标志称为交替标志，也称作是非标志。在进行抽样估计时，交替标志的标准差或方差有着重要意义。

1. 成数

成数是相对数的一种表现形式，在统计总体中，交替标志只有两种表现，我们把具有某种表现或不具有某种表现的单位数占全部总体单位数的比重称为成数。例如，企业生产的1 000件产品中，合格品985件，不合格品15件，合格品占全部产品的98.5%（985/1 000），不合格品占全部产品的1.5%（15/1 000）。在这里98.5%和1.5%均为成数。

若用N表示总体单位数，N_1表示具有某种标志表现的单位数，N_0表示不具有这种标志表现的单位数，则成数可写为

$$\frac{N_1}{N} \text{ 或 } \frac{N_0}{N}$$

如果用p和q分别表示具有与不具有某种标志的成数，则有

$$p=\frac{N_1}{N} \text{ 和 } q=\frac{N_0}{N}$$

交替标志总体的两种成数之和等于1。用公式表示为

$$p+q=1 \quad \text{或} \quad q=1-p$$

2. 交替标志的平均数

交替标志表现了现象质的差别，因此，计算其平均数首先需要将交替标志的两种表现进行量化处理。用“1”表示具有某种表现，用“0”表示不具有某种表现，即设具有某种表现的为x_1=1，不具有的某种表现为x_2=0，则

$$\bar{x}=\frac{\sum xf}{\sum f}=\frac{1\times N_1+0\times N_0}{N_1+N_0}=\frac{N_1}{N}=p$$

或

$$\bar{x}=\sum x\cdot\frac{f}{\sum f}=1\times\frac{N_1}{N}+0\times\frac{N_0}{N}=1\times p+0\times q=p$$

如果用前面例子的数据资料可得

$$\bar{x}=\frac{1\times 985+0\times 15}{985+15}=\frac{985}{1\,000}=98.5\%$$

由此看出，交替标志的平均数即为总体中所研究的标志表现的成数。

3. 交替标志的标准差

4.3.2节我们学习了标准差的计算方法，交替标志的标准差是变量值“x_1”和“x_2”分别与其平均数“p”的离差平方的算术平均数的平方根。即

$$\begin{aligned}\sigma_{交替标志} &= \sqrt{\frac{(1-p)^2 \cdot N_1 + (0-p)^2 N_0}{N_1+N_0}} \\ &= \sqrt{(1-p)^2 \cdot \frac{N_1}{N} + (0-p)^2 \cdot \frac{N_0}{N}} \\ &= \sqrt{q^2 \cdot p + p^2 \cdot q} \\ &= \sqrt{pq(q+p)} = \sqrt{pq} \\ &= \sqrt{p(1-p)}\end{aligned}$$

根据前面例子的资料可计算交替标志的标准差为

$$\sigma_{交替标志} = \sqrt{p(1-p)} = \sqrt{98.5\% \times 1.5\%} = 12.16\%$$

本章小结

统计绝对数又称总量指标，它是反映客观现象发展的总规模、总水平的综合指标。

绝对数按其反映的总体内容不同，分为总体单位总量和总体标志总量；按其反映的时间状况不同，分为时期数和时点数。在运用绝对数时一般是按实物单位、货币单位和劳动量单位来计量的。

统计相对数又称相对指标。它是两个有联系的现象数值的比率，用以反映现象的发展程度、结构、强度、普通程度或比例关系。相对数有“无名数”和“有名数”两种表现形式。相对数的计算有六种形式：结构相对数、比例相对数、比较相对数、动态相对数、计划完成程度相对数和强度相对数。

统计平均数又称平均指标，用以反映客观现象总体各单位某一数量标志在一定时间、地点条件所达到的一般水平。平均指标的特点：把总体各单位标志值的差异抽象化了；平均数是个代表值，代表总体各单位标志值的一般水平。

平均数的种类有：算术平均数、调和平均数、几何平均数、中位数和众数。前三种平均数是根据总体所有标志值计算的，所以称为数值平均数。后两种平均数是根据标志值所处的位置确定的，因此称为位置平均数。

算术平均数是计算平均数的最常用方法，它的基本公式形式是总体标志总量除以总体单位总量。在实际工作中，由于资料的不同，算术平均数有两种计算形式：即简单算术平均数和加权算术平均数。

调和平均数的计算。在实际工作中，有时由于缺乏总体的单位数资料，不能直接计算平均数，这时就可采用调和平均数计算。

中位数是将总体各单位标志值按大小顺序排列后，处于中间位置的那个数值。众数是总体中出现次数最多的变量值。

变异指标又称标志变动度，它综合反映总体各个单位标志值的差异程度或离散程度。包括：全距、平均差、标准差和变异系数。

全距是测定标志变异程度的最简单的指标，它是标志的最大值和最小值之差，反映总体标志值的变动范围。平均差是各单位标志值与其算术平均数的离差绝对值的算术平均数，反映的是各标志值与其平均数的平均差异程度。标准差是总体中各单位标志值与算术平均数的离差平方的算术平均数的平方根。

变异系数是以相对数形式表示的标志变动度。常用的是标准差系数，它是通过标准差与平均数对比得到的。

本章思考

1. 时点数与时期数有哪些区别？
2. 简述强度相对数与其他相对数的区别？
3. 平均数有哪些特点？
4. 强度相对数与平均数有何不同？
5. 简述标志变动度的概念和作用。
6. 什么是变异系数？变异系数在什么条件下应用？

技能操作：应用 Excel 计算描述统计量

常用的描述统计量有算术平均数、调和平均数、几何平均数、中位数、众数、标准差、方差、标准差系数等。一般来说，在 Excel 中求这些统计量，未分组资料可用函数计算，已分组资料可用公式计算。

操作项目 1：应用 Excel 分析工具计算描述统计量

完成 Excel 计算描述统计量，需要使用 Excel 扩展功能，我们已经将 Excel 安装了“数据分析”，这里可以直接应用“数据分析”选项。

技能要求：熟悉各类平均数和标准差的计算方法，掌握 Excel 在描述统计中的计算。

统计资料：已知某商场服装部随机抽取 30 名消费者当日消费额资料，如表 4-19 所示。

表 4-19　某商场服装部 30 名消费者当日消费额资料

消费者编号	当日消费额/元	消费者编号	当日消费额/元	消费者编号	当日消费额/元
01	450	11	430	21	380
02	290	12	360	22	460
03	430	13	420	23	430
04	310	14	320	24	390
05	360	15	360	25	350
06	300	16	360	26	360
07	260	17	490	27	400
08	420	18	360	28	370
09	410	19	370	29	370
10	360	20	300	30	220

基本任务：根据表 4-19 数据资料，应用 Excel 进行各类平均数和标准差的计算。

操作步骤：启动 Excel，建立新的工作簿。

第一步，在工作簿上将 30 名消费者当日消费额资料输入 A2:A31 单元格，如图 4-1 所示。

可以将标签“Sheet1”重新命名。

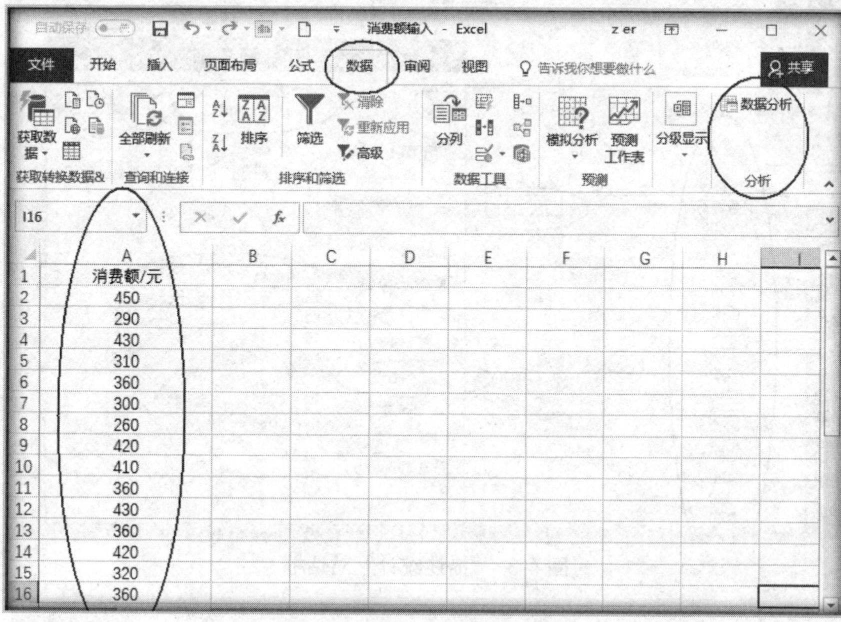

图 4-1　输入原始数据资料

第二步，在“数据”菜单中选择“数据分析”，从其对话框中选择“描述统计”，单击“确定”按钮后打开“描述统计”对话框，如图 4-2 所示。

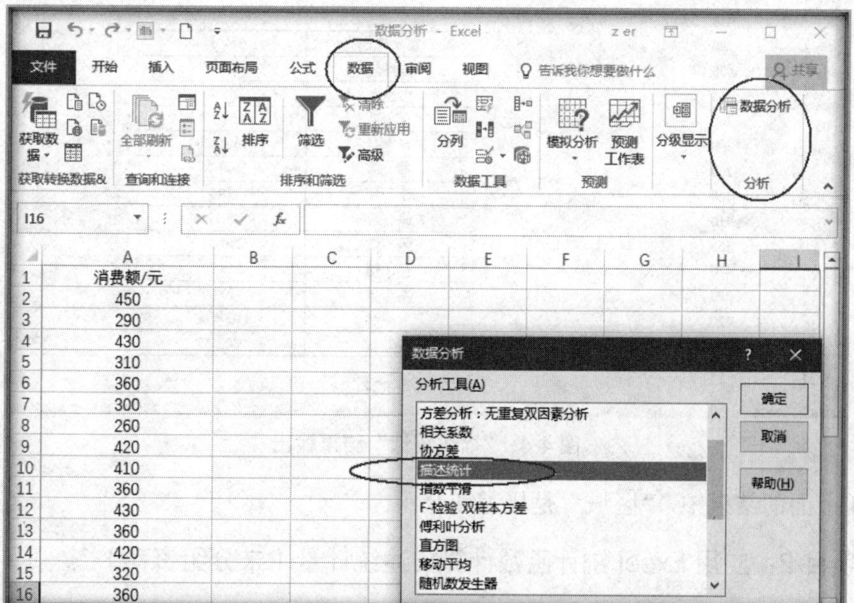

图 4-2　“数据分析”对话框

第三步，在输入区域中输入“$A$2:$A$31”，如果输入“$A$1:$A$31”，一定要勾选“标志位于第一行”；在输出区域中选择“$C$1”，选择“汇总统计”，可给出一系列描述统计量，其他复选框可根据需要选定，单击“确定”按钮，输出结果，整理后如图 4-3 和图 4-4 所示。

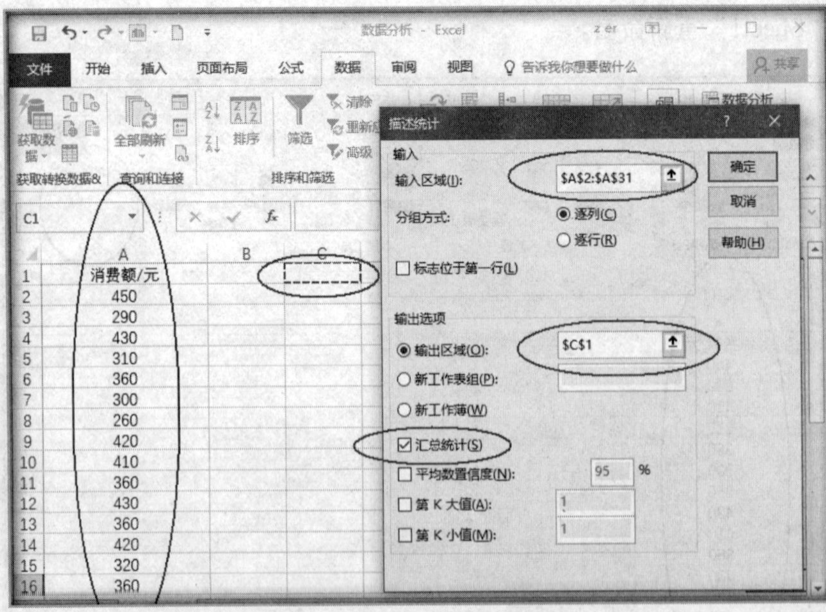

图 4-3 “描述统计”对话框

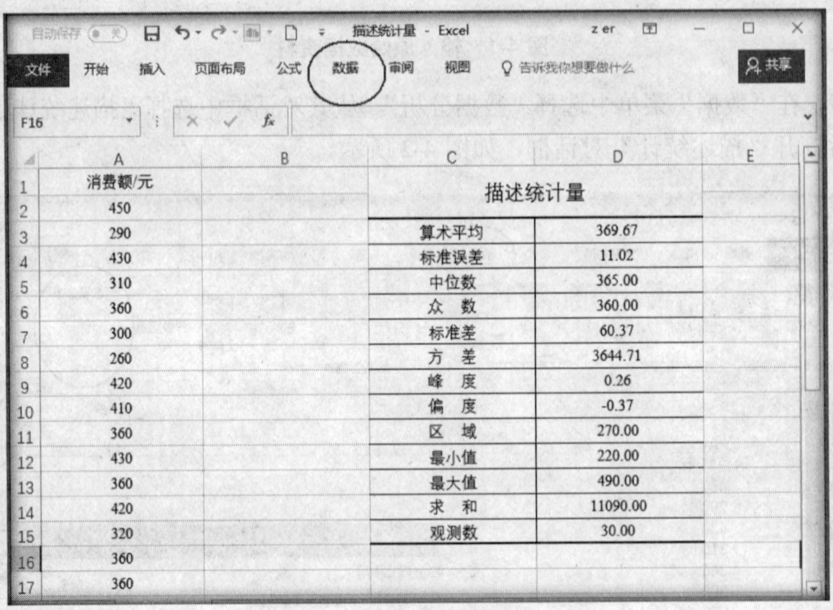

图 4-4 “描述统计”结果输出

图 4-4 上面的结果中，“区域”是极差或全距。

操作项目 2：应用 Excel 统计函数计算描述统计量（未分组资料）

技能要求：熟悉各类平均数、标准差的计算方法，掌握 Excel 统计函数功能。

统计资料：仍用操作项目 1“某商场服装部随机抽取 30 名消费者当日消费额”的资料。

基本任务：根据表 4-19 资料，应用 Excel 函数功能，计算各类平均数和标准差。

操作步骤：启动 Excel，建立工作簿。

第一步，将 30 名消费者的消费额数据资料输入 A2:A31 单元格。

第二步，根据 Excel 提供的公式，依次将表 4-20 所示的指标函数输入选定的单元格。

表 4-20　用函数计算描述统计量列表

序号	指标	选择单元格	输入函数	结果输出
1	算术平均数	D5	=AVERAGE(A2:A31)	369.67
2	调和平均数	D6	=HARMEAN(A2:A31)	358.95
3	几何平均数	D7	=GEOMEAN(A2:A31)	364.53
4	中位数	D8	=MEDIAN(A2:A31)	365.00
5	众数	D9	=MODE(A2:A31)	360.00
6	全距	D10	=MAX(A2:A31)−MIN(A2:A31)	270.00
7	标准差	D11	=STDEV(A2:A31)	60.37
8	标准差系数	D12	=STDEV(A2:A31)/AVERAGE(A2:A31)	0.16

第三步，用函数计算描述统计量，输出计算结果，如图 4-5 所示。

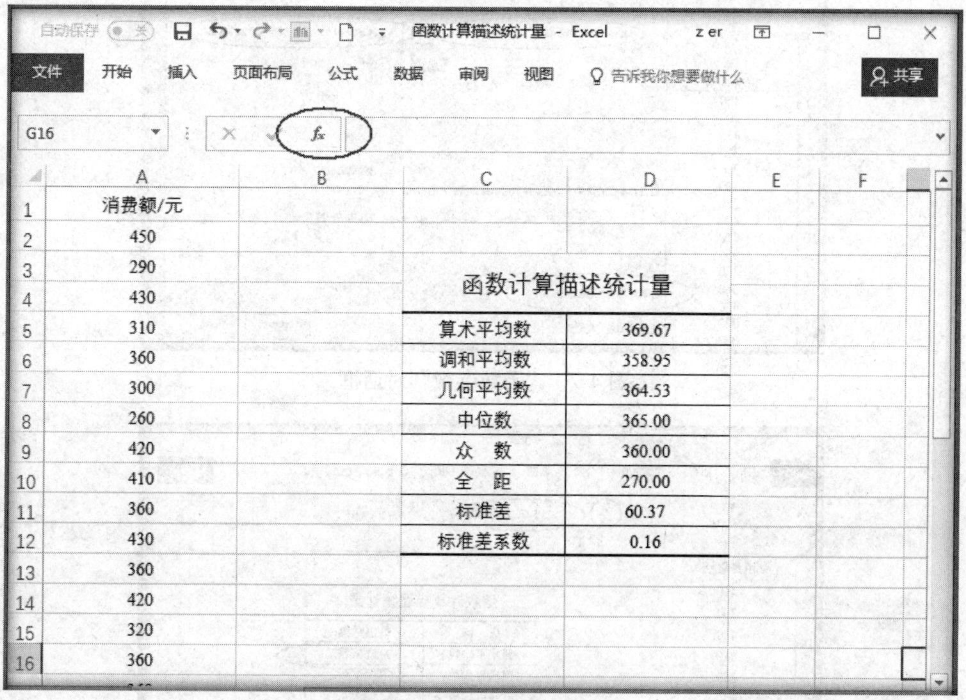

图 4-5　“函数”结果输出

除了以上方法外，计算五种平均数及标准差也可以直接插入函数，单击“插入函数”符号“*fx*”，弹出对话框，在“选择类别”栏目里选择“统计”；在“选择函数”栏目里，依次选择 AVERAGE、HARMEAN、GEOMEAN、MEDIAN、MODE 和 STDEV；在函数参数中输入“A2:A31”。单击“确定”按钮，输出计算结果，如图 4-6～图 4-8 所示。

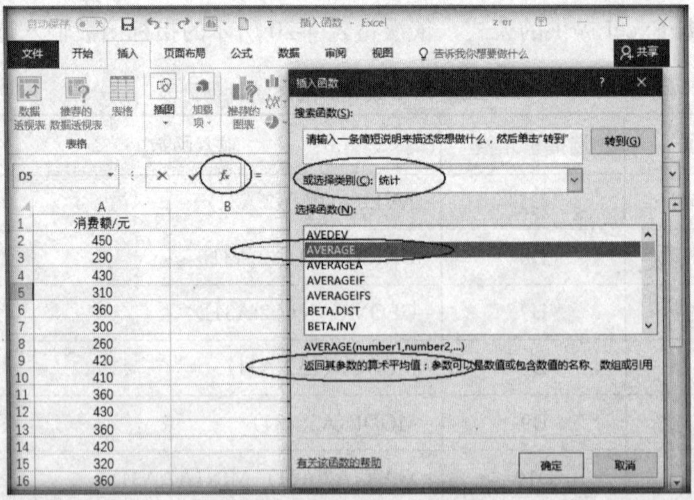

图 4-6 “插入函数”对话框

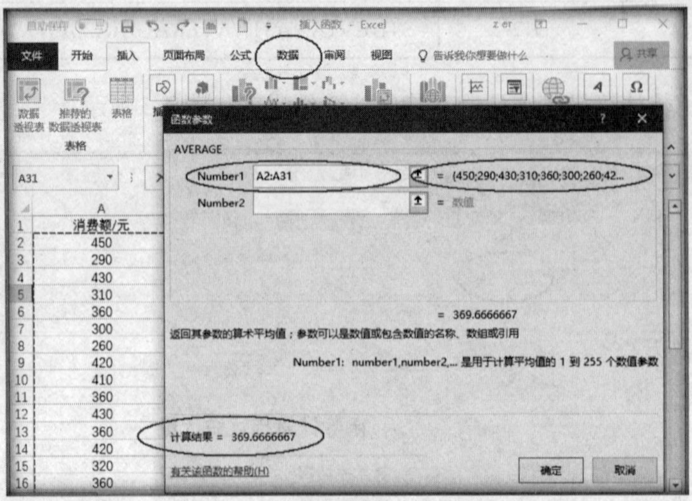

图 4-7 “函数参数”对话框

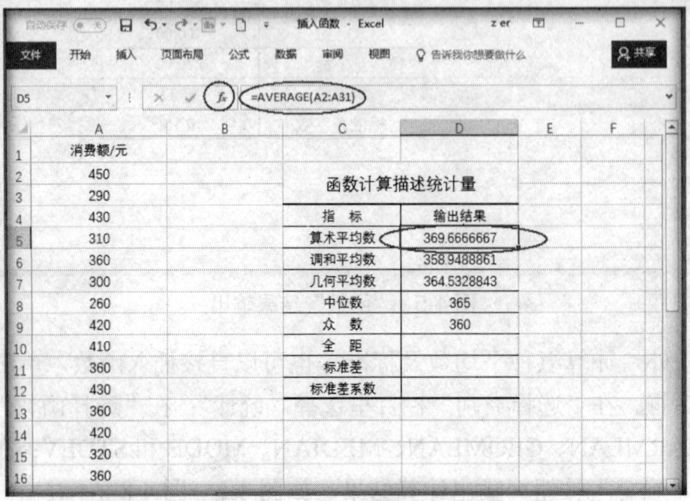

图 4-8 “算术平均数”输出

操作项目 3：应用 Excel 统计公式计算描述统计量（分组资料）

技能要求：熟悉平均数、标准差和标准差系数的计算公式，掌握 Excel 统计函数功能。

统计资料：根据甲、乙两个班组工人日产量资料，如表 4-21 所示。

表 4-21　甲、乙两个班组工人日产量资料

甲班组		乙班组	
日产量/件	工人人数/人	日产量/件	工人人数/人
5	6	8	11
7	10	12	14
9	12	14	7
10	8	15	6
13	4	16	2
合　计	40	合计	40

基本任务：根据表 4-21 数据资料，应用 Excel 计算平均数、标准差和标准差系数。

操作步骤：启动 Excel，建立新的工作簿。

第一步，将甲、乙两个班组的工人日产量数据资料输入 Excel 工作簿，如图 4-9 所示。

图 4-9　输入甲、乙两班组原始数据资料

第二步，以甲班组的数据为例计算，如表 4-22 所示。

表 4-22　甲班组工人日产量平均数及变异指标计算操作列表

项　目	算　式	单元格	输入操作	输出结果
各组日产量总数	$\sum xf$	C3	=A3*B3；填充；C8=SUM（C3:C7）	340
日产量平均数	$\bar{x}=\dfrac{\sum xf}{\sum f}$	C13	=C8/B8	8.5
各组离差平方×f	$\sum (x-\bar{x})^2 f$	D3	=B3*（A3-\$C\$13）^2；填充；D8=SUM（D3:D7）	198
标准差	$\sigma=\sqrt{\dfrac{\sum (x-\bar{x})^2 f}{\sum f}}$	C12	=SQRT（D8/B8）	2.22
变异系数%	$V_\sigma=\dfrac{\sigma}{\bar{x}}\times 100\%$	C15	=C14/C13*100	26.17

操作结束，输出结果。同理，可得乙班组的平均数为 11.90，标准差为 2.69，变异系数为 22.61%，如图 4-10 所示。

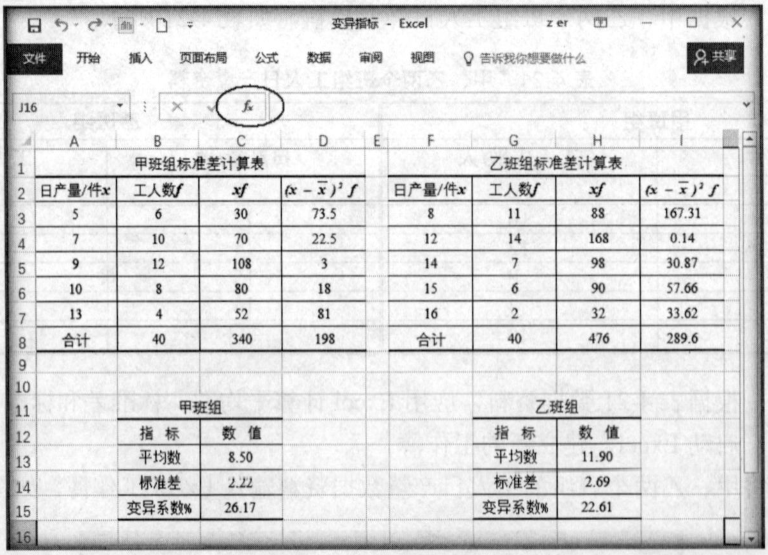

甲班组标准差计算表

日产量/件x	工人数f	xf	$(x-\bar{x})^2f$
5	6	30	73.5
7	10	70	22.5
9	12	108	3
10	8	80	18
13	4	52	81
合计	40	340	198

乙班组标准差计算表

日产量/件x	工人数f	xf	$(x-\bar{x})^2f$
8	11	88	167.31
12	14	168	0.14
14	7	98	30.87
15	6	90	57.66
16	2	32	33.62
合计	40	476	289.6

甲班组

指 标	数 值
平均数	8.50
标准差	2.22
变异系数%	26.17

乙班组

指 标	数 值
平均数	11.90
标准差	2.69
变异系数%	22.61

图 4-10 计算结果输出

计算结果显示，甲班组的变异系数大于乙班组，因此，乙班组的日产量平均数更具有代表性，即乙班组的日产量的总体变动幅度小于甲班组。

技 能 训 练

1. 2017 年 12 月甲、乙两市场某商品价格、销售量和销售额资料，如表 4-23 所示。

表 4-23 2017 年 12 月甲、乙两市场某商品销售资料

商品品种	价格/元	甲市场销售量/件	乙市场销售额/元
A	105	700	126 000
B	120	900	96 000
C	137	1 100	95 900
合 计	—	2 700	317 900

要求：（1）试分别计算该商品在两个市场上的平均价格。

（2）应用 Excel 数据分析功能，验证两个平均价格。

2. 某自行车公司下属 20 个企业，2017 年 J 牌自行车的单位成本分组资料，如表 4-24 所示。

表 4-24 某自行车公司 2017 年 J 牌自行车的单位成本分组资料

J 牌自行车单位成本/元	企业数/个	各组产量站总产量的比重/%
200～220	5	40
220～240	12	45
240～260	3	15

试计算该公司 2017 年 J 牌自行车的平均单位成本。

3. 某企业三个车间一季度生产情况，如表 4-25 所示。

表 4-25 某企业三个车间一季度生产情况

车 间	计划完成百分比/%	实际产量/件
第一车间	90	198
第二车间	105	315
第三车间	110	220

根据资料计算：一季度三个车间产量平均计划完成程度。

4. 某企业 2017 年 6 月份按工人劳动生产率高低分组的有关资料，如表 4-26 所示。

表 4-26 某企业 2017 年 6 月份劳动生产率有关资料

按工人劳动生产率分组/件	实际产量/件
50～60	1 100
60～70	4 550
70～80	11 250
80～90	4 250
90 以上	950

试计算该企业工人平均劳动生产率并用 Excel 数据分析功能验证计算结果。

5. 某车间有甲、乙两个生产班组，甲生产班组平均每个工人的日产量为 36 件，标准差为 9.6 件；乙生产班组工人日产量资料，如表 4-27 所示。

表 4-27 某车间乙生产班组工人的日产量资料

日产量/件	工人数/人
10～20	18
20～30	39
30～40	31
40～50	12

要求：（1）计算乙组平均每个工人的日产量；

（2）比较甲、乙两生产组哪个组的平均日产量更有代表性？

（3）试用 Excel 计算组距数列的平均数、标准差及标准差系数。

参考答案

1.（1）甲市场的平均价格=123.04（元/件）。

（2）乙市场的平均价格=117.74（元/件）。

2. J牌自行车的平均单位成本225（元/辆）。

3. 产量平均计划完成程度=101.81%。

4. 工人平均劳动生产率=73.67（件/人）。

5. 乙组的平均日产量是28.70（件）；乙组的标准差是9.13（件）。

$V_{\sigma甲}=26.67\%<V_{\sigma乙}=31.81\%$，故甲组工人的平均日产量更具有代表性。

第5章 动 态 分 析

知识要点与技能目标

通过学习，了解动态数列的含义和编制原则，熟悉绝对数、相对数和平均数的动态数列，熟练掌握平均发展水平、平均增长量、发展速度、平均发展速度和平均增长速度的计算。理解 Excel 处理统计数据及统计分析的基本程序与基本原理，应用 Excel 进行动态数列分析。

5.1 动态数列的含义

5.1.1 动态数列的概念

动态数列是将客观现象在不同时间上的一系列同类统计指标数值，按时间先后顺序排列形成的数列，又称时间数列。动态数列由两部分构成，一是客观现象所属的时间，二是反映客观现象的统计指标数值。

客观现象在数量方面总是处于发展变化过程之中，我们要想研究认识它的发展规律并预知它的变化趋势，就要应用统计方法，对动态的数据进行动态分析，下面我们就来认识和编制动态数列，如表 5-1 所示。

表 5-1 2010—2015 年我国国内生产总值完成情况

年 份	2010	2011	2012	2013	2014	2015
国内生产总值/亿元	413 030	489 301	540 368	595 245	643 974	689 052

资料来源：国家统计局数据库中的年度数据——2010—2015 年国内生产总值。

动态数列可以描述客观现象发展的过程和结果，通过对动态数列的分析可以探索客观现象发展变化的数量规律性，预测客观现象的发展趋势，我们还可以将具有密切关系的动态数列，或不同国家、不同地区间的相同动态数列进行对比分析，因此，动态数列分析是客观现象统计分析的一种重要方法。

5.1.2 动态数列的种类

动态数列根据不同的研究任务，分别可编制成绝对数、相对数或平均数的动态数列。所以动态数列可分为绝对数动态数列、相对数动态数列和平均数动态数列三种，其中，绝对数动态数列是基本数列，其余两种是派生数列。

1. 绝对数动态数列

绝对数动态数列是将一系列绝对数按时间先后顺序排列形成的数列。绝对数动态数列用以反映客观现象在一段时间内达到的绝对水平及增减变化的状况，见表 5-1。根据其反映客观现象性质的不同，绝对数动态数列又分为时期数动态数列和时点数动态数列，简称时期数列和时点数列。

（1）时期数列由时期数按时间顺序排列构成。数列中每一指标数值都是反映某客观现象在一段时间内发展过程的总量。如全国钢材产量数列、企业生产总值数列、商场销售额数列等。时期数列中的各数值是连续登记取得的，具有可加性，且各个数值的大小与时期的长短有直接关系。时期数反映的是客观现象在一段时间内发展过程的总量，是在这段时间内将所发生的数量逐一登记后进行累计的结果。

（2）时点数列由时点数按时间顺序排列构成。数列中的每一指标数值反映的是客观现象在某一时刻上的总量。如企业职工人数数列、产品库存量数列等。时点数列中的各数值不是连续登记取得的，不具有可加性，数列中每个指标数值的大小与其时间间隔长短没有直接关系。因为时点数列的每一个指标值只表明客观现象在某一瞬间上的数量，因而时间间隔的长短对指标值大小没有直接影响。如企业年末工人数不一定大于各月末的数值。

应该指出的是，某些时点客观现象，如人口数、库存量、耕地面积，若是统计其一定时期的增减数量时，形成的是时期数列，它们是可以加总的。

2. 相对数动态数列

相对数动态数列是将一系列同类相对数按时间先后顺序排列形成的数列。它反映客观现象之间相互联系的发展过程。例如，2011—2015 年我国国内生产总值的发展速度就是相对数动态数列。在相对数动态数列中，各个数值不能相加，如表 5-2 所示。

表 5-2　2011—2015 年我国国内生产总值发展速度

指　　标	2011 年	2012 年	2013 年	2014 年	2015 年
国内生产总值发展速度/%	118.5	110.4	110.2	108.2	106.0

资料来源：国家统计局数据库中的年度数据——2010—2015 年国内生产总值。

3. 平均数动态数列

平均数动态数列是将一系列同类平均数按时间先后顺序排列形成的数列。它反映客观现象总体各单位某标志一般水平的发展变动趋势。在平均数动态数列中，各个数值相加也是没有意义的。

统计中往往把这三种动态数分析结合起来运用，以便于对客观现象发展过程进行全面分析。

5.1.3　动态数列的编制原则

编制动态数列的目的是要通过对数列中各时期指标数值的比较，来研究客观现象的发展变化及其规律。因此，保证数列中各个指标数值的可比性，是编制动态数列的基本原则。具体的还应该在时间长短、总体范围、经济内容、计算计量等方面保证一致。

第一，时间长短一致。时期数列指标数值的大小与指标包含时间长短有直接关系。因此，一般要求时期数列指标数值包含的时期前后要一致，以利于对比，如表 5-3 所示。当然，特殊的情况还可以采用特殊的方法。

表 5-3　我国几个“五年计划期”钢材产量资料

时　期	“八五”时期 1991—1995 年	“九五”时期 1996—2000 年	“十五”时期 2001—2005 年	“十一五”时期 2006—2010 年	“十二五”时期 2011—2015 年
钢材产量/万吨	37 089	55 311	129 175	313 596	515 245

资料来源：国家统计局 1992 年至 2016 年发布的《1991—2015 年中华人民共和国国民经济和社会发展统计公报》。均为初步核算数据。

上表动态数列的资料，说明了我国不同时期钢材产量的发展状况。这里需要注意动态数列指标数值所包含时期长短与各指标数值之间的时间间隔。时期数列中有时期长短问题，如果各个时期不连续，则存在间隔问题。只有时期数列的间隔相等，才便于动态比较分析。对于时点数列，由于数列上的指标数值均表示一定时刻上的状态，不存在时期长短问题，只存在间隔问题，其指标数值之间间隔相等，同样便于动态对比分析。

第二，总体范围一致。动态数列中，各个指标所包括的总体范围应该一致。如果研究某地区人口发展情况，而该地区的行政区域划分有了变动，则前后的人口数就不能直接对比，必须将人口资料的总体范围调整一致，然后再进行动态分析。

第三，经济内容一致。动态数列中如果指标名称一致，但经济内容或经济含义不同，这也是不可比的。例如，工业企业的工资指标，按费用要素分组的工资包括全部职工的工资；而按成本项目分组的工资只包括基本生产工人的工资。如果把这两种工资指标数值编制在同一动态数列中反映客观现象的变动，则会产生错误的结论。

第四，计算方法与计量单位一致。动态数列各项指标的计算方法、计算口径和计量单位应该一致。例如，要研究企业劳动生产率的变动，产量用实物量还是用价值量，人数用全部职工数还是用生产工人数，前后都要统一起来。再如，要把不同时期国内生产总值对比，就应该注意价格水平的变化，采用统一的不变价格表示，或者采用可比价格，才能正确反映国内生产总值实际变化程度。

我们所面对的动态数列，往往是反映一段很长时期的过程，各期的统计资料难免由于各种原因发生指标所属时间、总体范围、经济内容乃至于计算方法与计算单位不统一，所以可比性的原则是非常重要的。

5.2　发展水平与平均水平

我们编制动态数列，是为了进行动态分析。动态分析主要是对客观现象发展的水平和发展速度的分析。水平分析是速度分析的基础；速度分析是水平分析的深入和继续。本节介绍发展水平和平均发展水平的计算。

5.2.1 发展水平

发展水平就是动态数列中的每一项具体的指标数值，又称发展量。它反映客观现象在各个时期所达到的规模和发展的程度。

发展水平，可表现为总量指标，如工资总额、工业总产值、年末职工人数；也表现为相对指标或平均指标，如人口出生率、工人劳动生产率等。不论是编制动态数列或是计算各种动态指标，都要求正确地计算发展水平，才能进行发展水平分析。动态数列可用符号 a_0，a_1，a_2，a_3，…，a_{n-1}，a_n 表示，如表 5-4 所示。根据各发展水平在动态数列中所处的地位与作用，可有：

最初水平——动态数列中第一项指标数值，用 a_0 表示；

最末水平——动态数列中最后一项指标数值，用 a_n 表示；

中间水平——除第一项和最后一项指标数值，用 a_1，a_2，a_3，…，a_{n-1} 表示。

表 5-4 “十二五”时期我国国内生产总值资料

年 份	2010	2011	2012	2013	2014	2015
符 号	a_0	a_1	a_2	a_3	a_4	a_5
国内生产总值/亿元	413 030	489 301	540 368	595 245	643 974	689 052

资料来源：国家统计局数据库中的年度数据——2010—2015 年国内生产总值。

从上表中可看出我国国内生产总值在“十二五”时期所达到的水平。a_0 为 413 030 亿元，是“十二五”时期前一年的水平，为最初水平。a_n 为 689 052 亿元，是最末水平，表明“十二五”时期最后一年国内生产总值。如果将 2015 年和 2010 年两年国内生产总值的发展水平对比，则 a_{2015} 为报告期水平，a_{2010} 为基期水平，如果将 2013 年和 2012 年两年国内生产总值的发展水平对比，则 a_{2013} 为报告期水平，a_{2012} 为基期水平，即两个时期的数值对比，前面时期的数值为基期，后面时期的数值为报告期。

这些发展水平，随着动态分析目的和任务的改变而随时变动它的位置，今年的报告期水平，可能是将来的基期水平，这一个数列的最末水平，可能是另一个数列的最初水平。

5.2.2 平均发展水平

平均发展水平是将不同时期的发展水平加以平均而得的平均数即是平均发展水平。统计上又称为序时平均数。它和一般平均数有共同之处，都是将客观现象的个别数量差异抽象化，但彼此又有区别，序时平均数平均的是客观现象总体在不同时期上的数量表现，从动态上说明其在某一时期内发展的一般水平，故又称为动态平均数。而一般平均数是将总体各单位同一时间的变量值差异抽象化，用以反映总体在一定时间、地点条件下的一般水平，不体现时间的变动，故又称静态平均数，它是根据变量数列计算的。两者区别见表 5-5。

表 5-5　动态平均数与静态平均数的异同

异同	动态平均数的特点 $\overline{a}$	静态平均数的特点 $\overline{x}$
不同点	依据时间数列	依据变量数列
	平均不同时间，同类指标数值的差异	平均同一时间，不同总体单位的差异
	客观现象一定发展阶段的一般水平	客观现象在一定时间、地点条件下的一般水平
共同点	同类客观现象的数量差异抽象化	

序时平均数可以依据绝对数动态数列计算，也可以依据相对数动态数列或平均数动态数列计算。其中，绝对数动态数列计算序时平均数是最基本的。

1. 绝对数动态数列计算序时平均数

绝对数动态数列分为时期数列和时点数列，二者计算序时平均数的方法不同，现分别加以说明。

（1）时期数列计算序时平均数。根据时期数列的特点，采用简单算术平均法，即时期数列中各个指标数值之和除以时期项数。例如，计算一年的月平均产值，可把 12 个月产值相加除以 12。一年的季平均产值，则是四季产值之和除以 4。用公式表示

$$\overline{a}=\frac{a_1+a_2+a_3+\cdots+a_n}{n}=\frac{\sum a}{n}$$

式中：$\overline{a}$ 代表序时平均数；a 代表各期发展水平；n 代表时期项数。

【例 5-1】根据表 5-4 资料，计算我国“十二五”时期年平均国内生产总值

$$\overline{a}=\frac{\sum a}{n}$$

$$=\frac{489\ 301+540\ 368+595\ 245+643\ 974+689\ 052}{5}=591\ 588(\text{亿元})$$

（2）时点数列计算序时平均数。时点数列分为连续时点数列和间断时点数列，它们的序时平均数计算不同。

① 连续时点数列计算序时平均数。

我们将以天为间隔的时点数列称为连续时点数列，其计算序时平均数有两种情况。

第一种情况，时点数列资料是每天登记并按天排列，用简单算术平均数计算，即以时点指标值之和除以时点项数，计算公式为

$$\overline{a}=\frac{\sum a}{n}$$

式中：a 为时点指标值；n 为天数。

【例 5-2】已知某企业 9 月份 1—6 日每天的职工人数资料，如表 5-6 所示。

表 5-6　某企业 9 月份 1—6 日职工人数资料

日　期	1	2	3	4	5	6
职工人数/人	a_1	a_2	a_3	a_4	a_5	a_6
	106	102	107	113	108	112

则 1～6 日平均每天的职工人数为

$$\overline{a}=\frac{\sum a}{n}=\frac{106+102+107+113+108+112}{6}=108（人）$$

第二种情况，时点数列资料不是每天变动，只发生变动时进行登记，这就需要用每次资料持续不变的时间长度为权数，进行加权平均，计算平均数，计算公式为

$$\overline{a}=\frac{\sum af}{\sum f}$$

【例 5-3】已知某企业 3 月份的产品库存量变动记录资料，如表 5-7 所示。

表 5-7　某企业 3 月份产品库存资料

日　期	1	4	9	15	19	29	30
库存量/箱	38	42	29	23	20	11	18

如果计算该企业的 3 月份平均库存量，则以表 5-8 表示上述资料的计算过程。

表 5-8　某企业 3 月份平均库存量计算表

时期/日	库存量/箱 a	时期长度/天 f	各时期总箱数 af
1～3	38	3	114
4～8	42	5	210
9～14	29	6	174
15～18	23	4	92
19～28	20	10	200
29	11	1	11
30～31	18	2	36
合　计	—	31	837

$$\overline{a}=\frac{\sum af}{\sum f}=\frac{837}{31}=27（箱）$$

② 间断时点数列计算序时平均数。

第一种情况，间隔相等的时点数列。假定指标数值在两个时点之间的变动是均匀的。先计算相邻两个时点之间的序时平均数，然后根据这些平均数，再用简单算术平均法计算整个研究时间的序时平均数。算式经过整理我们称为“首尾折半法”。

计算两时点指标数值的平均数公式为

$$\overline{a}=\frac{\frac{(a_1+a_2)}{2}+\frac{(a_2+a_3)}{2}+\cdots+\frac{(a_{n-1}+a_n)}{2}}{n-1}$$

整理后得

$$\overline{a}=\frac{\frac{a_1}{2}+a_2+\cdots+a_{n-1}+\frac{a_n}{2}}{n-1}$$

公式表现出首尾折半法的特点。式中 $n-1$ 为间隔的数目，它比时点数列的项数少 1 项。

【例 5-4】已知某企业 2017 年第二季度职工人数，如表 5-9 所示。要求计算季度平均职工人数。

表 5-9 2017 年第二季度某企业职工人数资料

日 期	3 月 31 日	4 月 30 日	5 月 31 日	6 月 30 日
职工人数/人	480	470	485	550

职工人数资料是每月月末登记的，可以先计算各月平均数，即把本月月末人数看作是下月初的人数，且假定在这一期间人数变动为均匀变动。这样有

$$\frac{月初人数+月末人数}{2}=月平均人数$$

则季平均人数在各月平均的基础上再平均

$$\bar{a}=\frac{\frac{480+470}{2}+\frac{470+485}{2}+\frac{485+550}{2}}{4-1}=\frac{1470}{3}=490（人）$$

也可以直接代入首尾折半法公式

$$\bar{a}=\frac{\frac{480}{2}+470+485+\frac{550}{2}}{4-1}=\frac{1470}{3}=490（人）$$

第二种情况，间隔不相等的时点数列。也假定指标值在两个时点之间的变动是均匀的，先求两时点指标值的平均数，然后以间隔时间为权数进行加权平均，公式表示为

$$\bar{a}=\frac{\frac{a_1+a_2}{2}f_1+\frac{a_2+a_3}{2}f_2+\cdots+\frac{a_{n-1}+a_n}{2}f_{n-1}}{\sum f_{n-1}}$$

式中：a 表示各指标值；f 表示时间间隔长度。

【例 5-5】已知 2017 年纺织机械有限公司成品仓库中 A-1 零件库存量资料，如表 5-10 所示。

表 5-10 2017 年纺织机械有限公司成品仓库中 A-1 零件库存量资料

日 期	1 月 1 日	3 月 1 日	7 月 1 日	8 月 1 日	10 月 1 日	12 月 31 日
库存量/件	35	38	28	62	60	36

本例记录的库存量资料间隔不等，我们假定库存量在两时点之间均匀变动，计算全年平均库存量，则 2017 年 A-1 零件平均库存量为

$$\bar{a}=\frac{\frac{a_1+a_2}{2}f_1+\frac{a_2+a_3}{2}f_2+\cdots+\frac{a_{n-1}+a_n}{2}f_{n-1}}{\sum f_{n-1}}$$

$$=\frac{\frac{35+38}{2}\times2+\frac{38+28}{2}\times4+\frac{28+62}{2}\times1+\frac{62+60}{2}\times2+\frac{60+36}{2}\times3}{2+4+1+2+3}$$

$$=\frac{73+132+45+122+144}{12}=43（件）$$

2. 相对数（或平均数）动态数列计算序时平均数

相对数（或平均数）动态数列是由具有互相联系的两个绝对数动态数列对比构成的。因此要先分别计算出这两个绝对数动态数列的序时平均数，然后进行对比，求得相对数（或平均数）动态数列序时平均数。用公式表示如下

$$\overline{c}=\frac{\overline{a}}{\overline{b}}$$

式中：$\overline{c}$ 代表相对数（或平均数）动态数列序时平均数；$\overline{a}$ 代表作为分子的动态数列序时平均数；$\overline{b}$ 代表作为分母的动态数列序时平均数。

【例 5-6】已知某企业 2017 年计划产值和实际完成产值的资料，如表 5-11 所示。要求计算该企业该年的产值平均计划完成程度。

表 5-11　某企业 2017 年产值计划完成资料

季　度	一季度	二季度	三季度	四季度
计划产值/万元 b	1 000	1 150	1 200	1 350
实际产值/万元 a	1 100	1 357	1 392	1 620

产值计划完成程度动态数列，是两个时期数列对应指标数值对比形成的，即实际产值数列与计划产值数列对比。产值平均计划完成程度等于实际产值序时平均数与计划产值序时平均数对比，依据

$$计划完成程度相对数=\frac{实际完成数值}{计划数值}\times 100\%$$

$$\overline{c}=\frac{\overline{a}}{\overline{b}}=\frac{\sum a/n}{\sum b/n}=\frac{\sum a}{\sum b}$$

$$=\frac{1\,100+1\,357+1\,392+1\,620}{1\,000+1\,150+1\,200+1\,350}=\frac{5\,469}{4\,700}=116.36\%$$

如果已知该企业 2017 年计划产值 b 和计划完成程度 c 的资料，要求计算该企业该年的产值平均计划完成程度。依据公式，列计算表，得出实际产值数据，再计算产值平均计划完成程度，如表 5-12 所示。

表 5-12　某企业 2017 年产值计划完成情况计算表

季　度	一季度	二季度	三季度	四季度	全年合计
（已知）计划产值/万元 b	1 000	1 150	1 200	1 350	4 700
（已知）计划完成程度/% c	110	118	116	120	116.36
（未知）实际产值/万元 $a=bc$	1 100	1 357	1 392	1 620	5 469

也可以依据 a、b、c 之间的关系，$a=bc$，直接代入公式，计算产值平均计划完成程度为

$$\overline{c}=\frac{\overline{a}}{\overline{b}}=\frac{\sum bc}{\sum b}$$

$$=\frac{1\,000\times 1.1+1\,150\times 1.18+1\,200\times 1.16+1\,350\times 1.2}{1\,000+1\,150+1\,200+1\,350}=\frac{5\,469}{4\,700}=116.36\%$$

如果已知该企业 2017 年实际产值 a 和计划完成程度 c 的资料，要求计算该企业该年的产值平均计划完成程度。依据 a、b、c 之间的关系，$b=a/c$，直接代入公式

$$\bar{c}=\frac{\bar{a}}{\bar{b}}=\frac{\sum a}{\sum \frac{a}{c}}$$

$$=\frac{1\,100+1\,357+1\,392+1\,620}{\frac{1\,100}{1.1}+\frac{1\,357}{1.18}+\frac{1\,392}{1.16}+\frac{1\,620}{1.2}}=\frac{5\,469}{4\,700}=116.36\%$$

【例 5-7】已知某衬衫企业 2016 年下半年各月生产总值及月末工人数资料，如表 5-13 所示，要求计算下半年的月平均劳动生产率和下半年劳动生产率。

表 5-13 某衬衫企业 2016 年下半年生产总值及月末工人人数资料

月 份	6	7	8	9	10	11	12
生产总值/万元 a	7 000	7 090	7 370	7 610	8 380	9 010	10 820
月末工人人数/人 b	400	403	406	420	430	430	450

劳动生产率动态数列，是由时期数列和时点数列相应指标（产值和人数）对比形成的。计算平均月劳动生产率，先要计算出分子和分母的序时平均数，然后对比。即

$$\bar{c}=\frac{\bar{a}}{\bar{b}}=\frac{\frac{\sum a}{n}}{\frac{\frac{a_1}{2}+a_2+\cdots+a_{n-1}+\frac{a_n}{2}}{n-1}}$$

$$=\frac{\frac{7\,090+7\,370+7\,610+8\,380+9\,010+10\,820}{6}}{\frac{\frac{400}{2}+403+406+420+430+430+\frac{450}{2}}{7-1}}$$

$$=\frac{8\,380}{419}=20(\text{万元/人})$$

劳动生产率是单位时间内生产的成果。如果要求确定下半年的劳动生产率，单位时间是“6 个月”，而不是“1 个月”。整个下半年劳动生产率就应以月份数 n 乘以月平均劳动生产率

$$n\bar{c}=6\times 20=120(\text{万元/人})$$

或

$$\text{下半年劳动生产率}=\frac{\sum a}{\frac{\frac{a_1}{2}+a_2+a_3+\cdots+\frac{a_n}{2}}{n-1}}$$

$$=\frac{7\,090+7\,370+7\,610+8\,380+9\,010+10\,820}{\frac{\frac{400}{2}+403+406+420+430+430+\frac{450}{2}}{7-1}}$$

$$=\frac{50\,280}{419}=120(\text{万元/人})$$

如果时点指标已经是计算出来的各时期平均数，则分子分母都按时期数列计算序时平均数的方法计算，然后将计算结果进行对比。分子与分母都是时点数的相对数动态数列的序时平均数计算就不再叙述了。

5.2.3 增长量与平均增长量

增长量是用来说明客观现象在一定时期内所增长的绝对数量的指标，它是报告期水平与基期水平之差，反映报告期比基期增长的水平。当报告期水平大于基期水平，即客观现象水平增长时，表现为正值；反之，客观现象水平下降时，表现为负值。公式表示为

增长量=报告期水平−基期水平

由于所选基期的不同，增长量分为逐期增长量和累积增长量。逐期增长量是报告期水平减去前一期水平的差额，说明客观现象逐期增长的数量；累积增长量则是报告期水平与基期水平（一般是最初水平）相减的差额，说明一定时期内的总增长量。用公式表示为

逐期增长量=报告期水平−前一期的水平

累计增长量=报告期水平−固定基期水平

符号表示为

逐期增长量：$a_1-a_0,a_2-a_1,a_3-a_2,\cdots,a_n-a_{n-1}$

累计增长量：$a_1-a_0,a_2-a_0,a_3-a_0,\cdots,a_n-a_0$

逐期增长量与累计增长量之间存在一定的数量关系。各逐期增长量之和等于相应的累计增长量；两个相邻的累计增长量之差等于相应的逐期增长量。用公式表示为

$$(a_1-a_0)+(a_2-a_1)+(a_3-a_2)+\cdots+(a_n-a_{n-1})=a_n-a_0$$

$$(a_2-a_0)-(a_1-a_0)=a_2-a_1,\ (a_3-a_0)-(a_2-a_0)=a_3-a_2$$

【例 5-8】2011—2016 年我国私人轿车保有量如表 5-14 所示，计算逐期增长量和累积增长量水平。

计算结果列于表 5-14 中。可见，2011—2016 年私人轿车保有量逐期增长量之和等于累积增长量，即 5 830 万辆。

表 5-14 2011—2016 年我国私人轿车保有量增长量计算表 单位：万辆

指 标	2011 年	2012 年	2013 年	2014 年	2015 年	2016 年
	a_0	a_1	a_2	a_3	a_4	a_5
私人轿车保有量	4 322	5 308	6 410	7 590	8 793	10 152
逐期增长量	—	986	1 102	1 180	1 203	1 359
累积增长量	—	986	2 088	3 268	4 471	5 830

资料来源：国家统计局 2012 年至 2017 年发布的《2011—2016 年中华人民共和国国民经济和社会发展统计公报》。均为初步核算数据。

平均增长量是用来说明某种客观现象在一定时期内平均每期增长的数量，从广义来说，它也是一种序时平均数。它可将各个逐期增长量相加后，除以逐期增长量的个数，即采用简单算术平均法求得；也可将累积增长量除以时间数列项数减 1 求得。

$$平均增长量=\frac{逐期增长量之和}{增长量项数}$$

$$=\frac{累计增长量}{时间长度(即n-1)}$$

例如，2011—2016 年私人轿车保有量平均增长量为

$$私人轿车保有量平均增长量=\frac{5\,830}{5}=1\,166（万辆）$$

5.3　发展速度与平均速度

5.3.1　发展速度

发展速度是两个不同时期发展水平指标对比的结果。发展速度用来说明报告期的水平是基期水平的百分之几或若干倍，它是以相对数形式表现的动态分析指标。其计算公式如下

$$发展速度=\frac{报告期水平}{基期水平}$$

在计算发展速度时，由于采用的基期不同，可分为环比发展速度和定基发展速度。

环比发展速度是用报告期水平与前一期水平对比计算的，它反映客观现象在前后两期的发展变化，表示客观现象的短期变动。用符号表示为

$$环比发展速度：\frac{a_1}{a_0},\ \frac{a_2}{a_1},\ \frac{a_3}{a_2},\ \cdots,\ \frac{a_n}{a_{n-1}}$$

定基发展速度是用各报告期水平同某一固定基期水平对比计算的，它说明客观现象在较长时期内发展的总速度。用符号表示为

$$定基发展速度：\frac{a_1}{a_0},\ \frac{a_2}{a_0},\ \frac{a_3}{a_0},\ \cdots,\ \frac{a_n}{a_0}$$

环比发展速度与定基发展速度之间，在同一动态数列资料中存在着以下的关系：各环比发展速度的连乘积等于相应的定基发展速度；两个相邻的定基发展速度之比等于相应的环比发展速度。用公式表示为

$$\frac{a_1}{a_0}\times\frac{a_2}{a_1}\times\frac{a_3}{a_2}\times\cdots\times\frac{a_n}{a_{n-1}}=\frac{a_n}{a_0}$$

$$\frac{a_2}{a_0}\div\frac{a_1}{a_0}=\frac{a_2}{a_1},\ \frac{a_3}{a_0}\div\frac{a_2}{a_0}=\frac{a_3}{a_2},\cdots$$

根据以上关系，不难看出，已知两个相邻时期的定基发展速度对比，可以推算出相应的环比发展速度。

5.3.2　增长速度

增长速度是反映客观现象数量增长方向和程度的动态相对指标，由增长量对比基期水平而得，公式如下

$$\text{增长速度}=\frac{\text{增长量}}{\text{基期水平}}=\frac{\text{报告期水平}-\text{基期水平}}{\text{基期水平}}=\text{发展速度}-1$$

从上式可以看出，增长速度等于发展速度减 1，它们之间所说明的内容是不同的。发展速度说明报告期水平发展到基期水平的多少倍或百分之几，增长速度只是说明增加了多少倍或减少了百分之几。当发展速度大于 1 时，增长速度为正值，表示客观现象的增长程度，当发展速度小于 1 时，增长速度为负值，表明客观现象减少的程度，即为“负增长”。

增长速度同样由于对比的基期不同，分为定基增长速度和环比增长速度。

环比增长速度是逐期增长量与前一期发展水平之比，表明客观现象逐期增长的速度。用符号表示为

$$\text{环比增长速度：}\frac{a_1}{a_0}-1,\ \frac{a_2}{a_1}-1,\ \frac{a_3}{a_2}-1,\ \cdots,\ \frac{a_n}{a_{n-1}}-1$$

定基增长速度是累积增长量除以固定基期的发展水平，或是定基发展速度减 1，表现客观现象在这一时期内增长的速度。用符号表示为

$$\text{定基增长速度：}\frac{a_1}{a_0}-1,\ \frac{a_2}{a_0}-1,\ \frac{a_3}{a_0}-1,\ \cdots,\ \frac{a_n}{a_0}-1$$

定基增长速度和环比增长速度都是发展速度的派生指标，它只反映增长部分的相对程度，所以，环比增长速度的连乘积不等于定基增长速度。如果要由环比增长速度求定基增长速度，必须将环比增长速度加 1（或 100%）再连乘，然后将所得的结果再减 1（或 100%）。

下面我们仍以 2011—2016 年我国私人轿车保有量资料，如表 5-15 所示，来反映各项速度指标的具体计算过程。

表 5-15　2011—2016 年我国私人轿车保有量速度计算表

年　份		2011	2012	2013	2014	2015	2016
私人轿车发展水平（万辆）		a_0	a_1	a_2	a_3	a_4	a_5
		4 322	5 308	6 410	7 590	8 793	10 152
发展速度/%	环比 (a_i/a_{i-1})	—	122.81	120.76	118.41	115.85	115.46
	定基 (a_i/a_0)	—	122.81	148.31	175.61	203.45	234.89
增长速度/%	环比 $(a_i/a_{i-1})-1$	—	22.81	20.76	18.41	15.85	15.46
	定基 $(a_i/a_0)-1$	—	22.81	48.31	75.61	103.45	134.89

资料来源：国家统计局 2012 年至 2017 年发布的《2011—2016 年中华人民共和国国民经济和社会发展统计公报》。均为初步核算数据。

表 5-14 和表 5-15 中的计算，可以验证定基发展速度和环比发展速度、累积增长量和逐期增长量之间的计算关系。借助这种关系还可进行未知的发展速度和增长量指标的推算。

在实际工作中，常常计算年距发展速度、年距增长量和年距增长速度。它们是本期发展水平与去年同期发展水平比较的结果，称为同比指标。同比指标把客观现象受季节变动的影

响消除了，使客观现象发展变动程度和趋势明显地表现出来。

在统计分析中，有时也计算增长 1%的绝对值，其基本原理是逐期增长量与环比增长速度之比，也可以用前一期发展水平除以 100 即得。其计算公式为

$$增长1\%的绝对值=\frac{逐期增长量}{环比增长速度}\times100\%$$

或

$$增长1\%的绝对值=\frac{基期水平}{100}$$

我们可以用表 5-14 和表 5-15 中的指标代入加以认识。在此不再赘述。

由于相同的增长速度指标可以从差别很大的绝对数计算而得，用以计算增长速度指标的基期水平越高，增长速度提高 1%所包含的增长量就越多，因此在进行动态分析时，有必要将速度指标与增长量结合起来研究。

5.3.3　平均速度

平均速度主要讲的是平均发展速度和平均增长速度。平均发展速度是环比发展速度的平均数，也是一种序时平均数。在实际统计工作中，一般采用几何平均法或方程式法计算平均发展速度。

1. 几何平均法计算平均发展速度

客观现象发展的平均速度，一般用几何平均法计算。平均速度是总速度的平均，但客观现象发展的总速度不等于各年发展速度之和，而等于各年环比发展速度的连乘积。因而求环比速度的平均数，不能用算术平均数公式计算，只能用几何平均数公式来计算。公式表示如下

$$G=\sqrt[n]{x_1\bullet x_2\bullet x_3\bullet\cdots\bullet x_n}=\sqrt[n]{\Pi x}$$

式中：G 表示平均发展速度；x_n 表示各年环比发展速度；n 表示环比发展速度的项数；Π 为连乘符号。

动态数列中定基发展速度等于各环比发展速度的连乘积，故计算平均发展速度的公式还可表示为

$$G=\sqrt[n]{\frac{a_1}{a_0}\times\frac{a_2}{a_1}\times\cdots\times\frac{a_n}{a_{n-1}}}=\sqrt[n]{\frac{a_n}{a_0}}$$

一段时期的定基发展速度即为客观现象的总速度。用 R 表示总速度，则平均发展速度的公式还可写成

$$G=\sqrt[n]{R}$$

以上算式，可依据具体资料选择应用。

【例 5-9】2012 年某钢铁企业生产总值 6.5 亿元，根据发展规划，到 2017 年达到 9.8 亿元，计算平均每年递增率。

根据已知资料和已学过的公式，我们可以用取对数的方法，也可以直接代入公式，用计算器直接开方，计算平均每年发展速度

$$G=\sqrt[n]{\frac{a_n}{a_0}}=\sqrt[5]{\frac{9.8}{6.5}}=1.0856 \quad 或 \quad 108.56\%$$

$$平均递增率=108.56\%-100\%=8.56\%$$

【例 5-10】某企业 2013—2015 年三年平均发展速度为 107%；2016—2017 年两年平均发展速度为 108.2%，则五年的平均发展速度可以用计算公式表示为

$$G=\sqrt[3+2]{1.07^3\times1.082^2}=107.48\%$$

几何平均法是计算平均速度的常用方法，如人口、产量以及许多经济效益指标则侧重于考察最末一年所达到的水平，适合采用几何平均法，又称水平法。

2. 方程式法计算平均发展速度

方程式法又叫累计法，它是以各期发展水平的总和与基期水平之比为基础来计算的。其理论依据是，以最初水平为基础，如果按照平均发展速度逐期发展，n 期以后，各期理论水平之和应等于各期实际水平之和。

客观现象各报告期实际发展水平之和为

$$a_1+a_2+a_3+\cdots+a_n=\sum a$$

从 a_0 出发，每年都按 x 发展，所得各年计算水平之和为

$$a_1=a_0\overline{x}，\quad a_2=a_0\overline{x}\,\overline{x}=a_0\overline{x}^2，\quad a_3=a_0\overline{x}\,\overline{x}\,\overline{x}=a_0\overline{x}^3，\cdots，\quad a_n=a_0\overline{x}\,\overline{x}\cdots\overline{x}=a_0\overline{x}^n$$

$$a_0\overline{x}+a_0\overline{x}^2+a_0\overline{x}^3+\cdots+a_0\overline{x}^n=\sum a$$

$$a_0\left(\overline{x}^1+\overline{x}^2+\overline{x}^3+\cdots+\overline{x}^n\right)=\sum a$$

$$\overline{x}^1+\overline{x}^2+\overline{x}^3+\cdots+\overline{x}^n=\frac{\sum a}{a_0}$$

这个方程式的正根，就是所求的年平均发展速度。但是，要求解这个方程式是比较复杂的，因此，在实际统计工作中，都是根据事先编好的《平均增长速度查对表》查对应用。

使用查对表时，要先计算出 $\frac{\sum a}{a_0}$ 的数值，如下式

$$\frac{\sum a}{a_0}=\frac{a_1}{a_0}+\frac{a_2}{a_0}+\frac{a_3}{a_0}+\cdots+\frac{a_n}{a_0}=\sum y$$

式中：y 表示定基发展速度。

即各期发展水平之和与基期水平之比，实际上就是各期定基发展速度之和。因此，这个数值可根据全期总水平即各年发展水平总和除以基期水平来计算；也可以计算各年定期发展速度之和。我们可根据掌握的具体资料加以具体应用。依据计算对象的不同特点，一般如基本建设投资、地质勘探，由于计划工作中比较关心长时间（比如五年）的总量计划完成情况可以采用方程式法。

3. 平均增长速度

平均增长速度是反映客观现象在整个研究时期内平均增长变化的程度，一般用平均发展速度减 1 求得，即

$$平均增长速度=平均发展速度-1（或 100\%）$$

上式如为正值，表明客观现象在一定发展阶段内逐期平均递增的程度；如为负值则表示客观现象逐期平均递减的程度。

5.4 动态数列的趋势分析

5.4.1 动态数列变动趋势

测定动态数列受各类因素的影响状况，研究客观现象发展变化的原因及其规律，是为预测和决策提供依据的，而动态数列发展水平的变化，是许多复杂因素共同作用的结果，归纳影响因素大体有四种。

第一，长期趋势。长期趋势是客观现象在一段较长的时间内，由于普遍的、持续的、决定性的基本因素的作用，使发展水平沿着一个方向，逐渐向上或向下变动的趋势。例如，从长时期观察粮食生产状况，由于科技的不断发展和种植方法的不断改进等根本因素的影响，产量趋势持续向上发展。认识和掌握事物的长期趋势，可以把握事物发展变化的基本特点。

第二，季节变动。季节变动是客观现象受季节的影响而发生的变动。其变动的特点是在一年或更短的时间内客观现象呈周期重复的变化。引起季节变动的原因既有客观因素，也有主观因素，如气候条件、节假日以及风俗习惯等。认识和掌握季节变动，对于近期行动决策有重要的作用。

第三，循环变动。循环变动是客观现象发生周期比较长的涨落起伏的变动。它不同于寒暑循环交替变动，也不同于朝单方向持续发展的长期趋势。引起循环变动可能由于不同的原因，使得变动的周期长短不同，常在一年以上，甚至七八年。各期始末难以确定，上下波动程度各不相同。

第四，不规则变动。不规则变动是客观现象除了受以上各种变动的影响以外，还受临时的、偶然因素或不明原因而引起的非周期性、非趋势性的随机变动。不规则变动是无法预知的。

由于上述原因的影响，动态数列的成分结构也包括这四种变动形式，但就实际情况看，季节变动和循环变动在某些场合并不存在。比如，按年排列的动态数列就不体现季节变动。我国工农业生产发展趋势一般不存在循环变动。因此，在实际工作中，要对研究客观现象进行具体分析，实际包含什么因素就测定什么因素。在这里我们仅介绍长期趋势和季节变动的测定两种通常使用的测定方法。

5.4.2 长期趋势的测定

长期趋势的测定就是用一定的方法对动态数列进行修匀，使修匀后的数列排除季节变动、循环变动和无规则变动等因素的影响，显示出客观现象变动的基本趋势，作为预测的依据。测定长期趋势的方法主要有时距扩大法、移动平均法和最小平方法。

1. 时距扩大法

时距扩大法是把原有动态数列中各时期资料加以合并，扩大每段计算所包括的时间，得出较长时距的新动态数列，以消除由于时距较短受偶然因素影响所引起的波动，清楚地显示客观现象变动的趋势和方向。这是对长期的动态数列资料进行统计修匀的一种简便方法。

时距扩大法把较小时间跨度转化为较大时间跨度，如由旬转化为月，月转成季或年，由一年转成为几年，是有一定的逻辑可循的。如果数列水平波动有一定的周期性，扩大的时距应注意与各次摆动的周期相同；如果动态数列看不出有什么周期性，那么就要逐步扩大时距，直到趋势的方向变得足够清晰为止。

时距扩大修匀可以用扩大时距后的总量指标表示，也可以用扩大时距后的平均指标表示，前者只适用于时期数列，后者可以用于时期数列和时点数列。如表 5-16 所示，是我国 1986—2015 年粮食产量资料，以它来说明时距扩大法的运用。

表 5-16　1986—2015 年我国粮食产量资料

年份	产量/万吨	年份	产量/万吨	年份	产量/万吨
1986	39 151	1996	50 454	2006	49 804
1987	40 298	1997	49 417	2007	50 160
1988	39 408	1998	51 230	2008	52 871
1989	40 755	1999	50 839	2009	53 082
1990	44 624	2000	46 218	2010	54 648
1991	43 529	2001	45 264	2011	57 121
1992	44 266	2002	45 706	2012	58 958
1993	45 649	2003	43 070	2013	60 194
1994	44 510	2004	46 947	2014	60 703
1995	46 662	2005	48 402	2015	62 144

资料来源：国家统计局数据库中的年度数据——1986—2015 年全国粮食产量。

从表中看出，三十年来我国粮食产量总体呈不断增长的趋势，但 2000 年开始受严重旱灾和种植面积调减的影响，粮食产量较大幅度减产，2003 年农作物种植结构继续调整，所以，中间有数据波动。我们把时距扩大为五年，可消除短时间受偶然因素影响所带来的波动，如表 5-17 所示。

表 5-17　1986—2015 年我国粮食产量时距扩大表

年份	总产量/万吨	平均年产量/万吨
1986—1990	204 236	40 847.2
1991—1995	224 616	44 923.2
1996—2000	248 158	49 631.6
2001—2005	229 389	45 877.8
2006—2010	260 565	52 113.0
2011—2015	299 120	59 824.0

我国粮食产量时距扩大为五年，将中间个别年份波动基本修匀，形成三十年来总体上升的趋势，但是依然显现出我国“十五”期间粮食产量的低潮。

2. 移动平均法

移动平均法是采用逐期递推移动的方法计算一系列扩大时距的序时平均数，并以这一系列移动平均数作为对应时期的趋势值。通过移动平均数对数列修匀，可以更深刻地描述客观现象发展的基本趋势。

移动平均法所采用的扩大时距，由动态数列的具体特点所决定。同时距扩大法一样，要注意数列水平波动的周期性。一般要求扩大的时距与周期变动的时距相吻合，或为它的整倍数，比如，对于具有季度水平资料的时期数列，经受每年季节性的涨落，主要必须消除季节变动因素，以运用 4 项或 8 项移动平均为宜。在以年为单位的数据所形成的动态数列中，不存在季节变动因素，因此要消除的是循环变动和不规则变动因素。我们可借助于对动态数列水平的观察，循环周期大体几年，就相应采用几年移动平均。若数列水平呈无规则的波动，也是采取逐步扩大时距的办法，直到所求的移动平均数能把客观现象变动趋势表现出来。

移动平均法的具体做法是从动态数列第一项数值开始，按一定项数求序时平均数，逐项移动，得出一个由移动平均数构成的新的动态数列，这个派生数列把受某些偶然因素影响所出现的波动修匀了，使整个数列的总趋势更加明显。移动平均法根据资料的特点及研究的具体任务，可能进行三项、四项、五项乃至更多项移动平均。奇数项移动平均所得的数值放在中间一项的位置上；偶数项移动平均所得的数值放在中间两项位置中间，它需要移正平均，被移动平均的项数越多，对原数列修匀的作用就越大，但得到的新动态数列项数越少。下面是某企业 1997—2016 年产品产量资料，如表 5-18 所示。

表 5-18　某企业 1997—2016 年产品产量资料

年份	产量/万件	年份	产量/万件
1997	3.15	2007	5.39
1998	3.23	2008	5.76
1999	3.25	2009	6.06
2000	3.05	2010	5.41
2001	2.95	2011	6.23
2002	3.40	2012	6.09
2003	2.68	2013	6.20
2004	2.59	2014	8.62
2005	3.58	2015	9.53
2006	4.89	2016	10.50

这二十年的产品产量，总的看来是不断增长的趋势，但中间有波动，属于短期的偶然因素引起的不规则波动。我们做 5 项和 4 项移动平均。

五年移动平均：

第一个平均数为 $(3.15+3.23+3.25+3.05+2.95)\div5=3.13$，对正第三年的原值；

第二个平均数为 $(3.23+3.25+3.05+1.95+3.40)\div5=3.18$，对正第四年的原值。

依次类推移动平均，得出五年移动平均数列，共 16 项。

四年移动平均：

第一个平均数为 $(3.15+3.23+3.25+3.05)\div4=3.17$，对着第 2～3 项的中间。

第二个平均数为 (3.23+3.25+3.05+1.95)÷4=3.12，对着第 3～4 项的中间。

依次类推移动平均，得出四年移动平均数列，共 17 项。

计算结果每个指标值都错半期，无法直接比较，因此还需进行一次移正平均。即在“四年移动平均数列”基础上，再进行一次两项移动平均。

四年移正平均：

第一个平均数为 (3.17+3.12)÷2=3.15，对正第三年的原值；

第二个平均数为 (3.12+3.16)÷2=3.14，对正第四年的原值。

依次类推移动平均，得出两年移正平均数列，共 16 项。

这样各平均数都对准各期，形成新的 4 项平均数列，如表 5-19 所示。

表 5-19　某企业 1997—2016 年产品产量移动平均计算表

年份	产量/万件	产量趋势值		
		五年移动平均	四年移动平均	四年移正平均
1997	3.15	—	—	—
1998	3.23	—	3.17	—
1999	3.25	3.13	3.12	3.15
2000	3.05	3.18	3.16	3.14
2001	2.95	3.07	3.02	3.09
2002	3.40	2.93	2.91	2.96
2003	2.68	3.04	3.06	2.98
2004	2.59	3.43	3.44	3.25
2005	3.58	3.83	4.11	3.77
2006	4.89	4.44	4.91	4.51
2007	5.39	5.14	5.53	5.22
2008	5.76	5.50	5.66	5.59
2009	6.06	5.77	5.87	5.76
2010	5.41	5.91	5.95	5.91
2011	6.23	6.00	5.98	5.97
2012	6.09	6.51	6.79	6.38
2013	6.20	7.33	7.61	7.20
2014	8.62	8.19	8.71	8.16
2015	9.53	—	—	—
2016	10.50	—	—	—

从表 5-19 看出，移动平均的结果使短期的偶然因素引起的波动被削弱，整个动态数列被修匀得更加平滑，波动趋于平稳。

按移动平均法对动态数列修匀后趋势值的个数比原数列实际水平的个数减少了。上面举例中，按 4 项和 5 项移动，首尾都有两个时期得不到趋势值。可以想象，把移动项数记为 n 时，凡按奇数项移动平均，首尾各有 $\frac{n-1}{2}$ 时期得不到趋势值；凡按偶数项移动平均，首尾各有 $\frac{n}{2}$ 时期得不到趋势值。无疑在一定程度上减少了研究最初和最末发展阶段显示趋势特点的可能性。然而移动平均法拥有足够的灵活性，终究能够看到趋势变动的特点。但是，移动平均数不能对趋势进行分析修匀，即无法得到可供预测的方程。

3. 最小平方法

最小平方法是测定长期趋势最普遍使用的方法。它的原理是：数列实际值与数列的趋势值的离差平方和达到一个最小值。符合这个条件的只有一条线，它使趋势线同原数列最佳配合。这线条同时也满足离差之和为零的要求。这是对动态数列进行分析修匀的方法。

如果动态数列逐期增长量相对稳定，即客观现象发展水平按相当固定的绝对速度变化时，则采用直线（线性函数）作为趋势线，来描述趋势变化，预测前景。

以时间因素作为自变量（t），把数列水平作为因变量（y_c），配合的直线趋势方程为

$$y_c = a + bt$$

参数 a，b 的求法用最小平方法。

根据数学上最小平方法的要求，求解 a，b 两参数所需的两个标准方程为

$$\begin{cases} \sum y = na + b\sum t \\ \sum ty = a\sum t + b\sum t^2 \end{cases}$$

此联立方程可以通过偏导数的方法或用普通直线方程式与各观察方程式的关系导出，在此不详叙。解 a，b 得

$$a = \frac{\sum y}{n} - \frac{b\sum t}{n} = \overline{y} - b\overline{t}$$

$$b = \frac{n\sum ty - \sum t \cdot \sum y}{n\sum t^2 - \left(\sum t\right)^2}$$

现以某地区几年来粮食产量资料为例介绍最小平方法的运用。

【例 5-11】这里以 1，2，3，…，n 代表年份顺序。有关运算资料如表 5-20 所示。

表 5-20　某地区几年来粮食产量资料

年份	时间代码 t	粮食产量/万吨 y	t^2	ty	y_c	$y-y_c$
2011	1	85.6	1	85.6	85.6	0
2012	2	91.0	4	182.0	90.9	0.1
2013	3	96.1	9	288.3	96.2	−0.1
2014	4	101.2	16	404.8	101.5	−0.3
2015	5	107.0	25	535.0	106.8	0.2
2016	6	112.2	36	673.2	112.1	0.1
合计	21	593.1	91	2 168.9	593.1	0

根据以上联立方程，求解得

$$b = \frac{n\sum ty - \sum t \cdot \sum y}{n\sum t^2 - \left(\sum t\right)^2}$$

$$= \frac{6\times 2\,168.9 - 21\times 593.1}{6\times 91 - 21^2} = 5.32$$

$$a=\frac{\sum y}{n}-\frac{b\sum t}{n}=\frac{593.1}{6}-\frac{5.32\times 21}{6}=80.23$$

则所配合的趋势方程为

$$y_c=a+bt=80.23+5.32t$$

将 t=1，2，3，…，6 分别代入方程式 $y_c=80.23+5.32t$，可得到与 y 相应的 y_c 值，从表 5-20 中可看出 y 与 y_c 配合很密切，离差之和等于零，这也是最小平方法的基本要求，即除了要求 $\sum(y-y_c)^2$=最小值外，还要求 $\sum(y-y_c)$=0。

利用已配合的直线方程式，可预测事物未来的发展水平。如果预测该地区 2019 年粮食产量可能达到的水平，即

$$y_{2019}=80.23+5.32t=80.23+5.32\times 9=128.11\text{（万吨）}$$

本例运用的最小平方法，t 值的排列顺序是 1，2，3，…，为简化计算过程我们可以将原点设为 0，即 t=0，1，2，…，同样可以得到较准确的数值。如果动态数列中的数据为奇数时，为了计算简便，可取数列的中间一年为原点，即 t=…，−4，−3，−2，−1，0，+1，+2，+3，+4，…如果动态数列中的数据为偶数时，则 t=…，−7，−5，−3，−1，+1，+3，+5，+7，…这样通过正值与负值抵消，可使 $\sum t$=0。

则上述方程式可简化为

$$\begin{cases}\sum y=na\\ \sum ty=b\sum t^2\end{cases}$$

$$a=\frac{\sum y}{n},\ b=\frac{\sum ty}{\sum t^2}$$

【例 5-12】这里以 t=−2，−1，0，+1，+2，+3 代表年份顺序。有关运算资料如表 5-21 所示。

表 5-21　某地区几年来粮食产量资料

年份	时间代码 t	粮食产量/万吨 y	t^2	ty	y_c
2012	−2	91.0	4	−182.0	90.9
2013	−1	96.1	1	−96.1	96.2
2014	0	101.2	0	0	101.5
2015	1	107.0	1	107.0	106.8
2016	2	112.2	4	224.4	112.1
合计	0	507.5	10	53.3	507.5

根据以上联立方程，求解得

$$b=\frac{\sum ty}{\sum t^2}=\frac{53.3}{10}=5.33$$

$$a=\frac{\sum y}{n}=\frac{507.5}{5}=101.5$$

则所配合的趋势方程为

$$y_c=a+bt=101.5+5.33\,t$$

仍预测该地区 2019 年粮食产量可能达到的数值

$$y_{2019}=101.5+5.33\times5=128.15\text{（万吨）}$$

由此看出，这样不但大大减少了计算的工作量，而且得出的 y_c 值相等，预测的 2019 年的值也很接近。因此，在运用最小平方法配合直线方程时，动态数列不论是奇数项还是偶数项，都可以运用简捷方法计算。

5.4.3　季节变动的测定

测定季节变动的目的在于掌握季节变动的周期、数量界限及其规律，以便预测未来，及时采取措施，克服它对人们经济生活所导致的不良影响，更好地组织经营，提高企业和社会效益。

测定季节变动的主要方法是计算季节比率，反映季节变动的程度。季节比率高，说明“旺季”，反之说明“淡季”。计算季节比率通常有两种方法：按月（季）平均法和趋势剔除法。

1. 按月（季）平均法

这种方法不考虑长期趋势影响，直接用原始动态数列计算。按月平均法计算的季节比率是各月份的水平与全年各月总水平之比。为了较准确地观察季节变动情况，要用连续三年以上的发展水平资料，加以平均分析。其计算步骤如下。

第一，根据各年按月（季）的动态数列资料计算出各年同月（季）的平均水平。

第二，计算各年所有月（季）的总平均水平。

第三，将各年同月（季）的平均水平与总平均水平进行对比，即得出季节比率。

【例 5-13】已知某商业企业 2014—2017 年各月防寒服的销售额资料及计算的季节比率，如表 5-22 所示。

表 5-22　某商业企业 2014—2017 年各月防寒服销售额季节比率计算表

月份	各年销售额/万元 y_i				四年同月销售额合计 $\sum\overline{y}_i$	四年同月销售额平均 $\overline{y}_i$	季节比率/% $\overline{y}_i/\overline{y}$
	2014 年	2015 年	2016 年	2017 年			
1	250	280	310	350	1 190	297.5	187
2	160	150	160	170	640	160.0	101
3	60	80	70	80	290	72.5	46
4	30	40	50	60	180	45.0	28
5	20	12	13	15	60	15.0	9
6	11	9	12	12	44	11.0	7
7	22	27	25	22	96	24.0	15
8	20	38	18	24	100	25.0	16
9	80	93	85	90	348	87.0	55
10	160	150	160	180	650	162.5	102
11	410	460	500	560	1 930	482.5	304
12	480	520	520	580	2 100	525.0	330
年总计	1 703	1 859	1 923	2 143	7 628	158.9	1 200

表中：同月平均 $\overline{y}_i=\dfrac{\sum y_i}{N}$（$N$ 为数据资料的年数）；总平均 $\overline{y}=\dfrac{\sum \overline{y}_i}{n}$（$n$ 为一年的月数或季度数）。

季节比率计算如下

（1）四年同月平均销售量 $\overline{y}_i=\dfrac{\sum y_i}{N}$，如 1 月份平均销售额

$$\overline{y}_1=\frac{250+280+310+350}{4}=297.5\text{（万元）}$$

（2）四年总月平均销售额

$$\overline{y}=\frac{\sum \overline{y}_i}{n}=\frac{297.5+160+72.5+45+15+11+\cdots+525}{12}=158.9\text{（万元）}$$

或

$$\overline{y}=\frac{\sum y_i}{n}=\frac{\sum(\sum y_i)}{n\times N}$$

$$=\frac{1\,190+640+290+180+\cdots+2\,100}{12\times 4}=\frac{7\,628}{48}=158.9\text{（万元）}$$

（3）$\text{季节比率}(\%)=\dfrac{\text{同月（季）平均数}}{\text{总月（季）平均数}}\times 100\%$

$$1\text{ 月份的季节比率}=\frac{297.5}{158.9}=187.2\%$$

$$2\text{ 月份的季节比率}=\frac{160.0}{158.9}=100.7\%$$

由各月份季节比率所组成的数列，清楚地表明该企业防寒服销售额的季节性变动趋势，自 1 月份起逐月下降，6 月份降到最低点，8 月份开始上升，到 12 月达到最高峰。若以横轴表示月份，纵轴表示季节比率，绘成季节变动图，就更明显地看出季节性变动趋势，我们将在实训课上完成绘图工作。

按月平均法计算简便，容易掌握。但季节比率的计算不够精确，因为它不考虑长期趋势的影响。在前后期月水平波动较大资料中，后期各月水平比较前期水平有较大提高，就对平均数的影响大，从而影响了季节比率的准确性。我们可以用移动平均趋势剔除法来测定季节变动。

按月平均法计算的季节比率全年总计应为 1 200%（按季节为 400%）。但是由于保留小数的舍进位问题，一般有较小的差距，如果大于或小于 1 200%（按季节为 400%）就需要计算系数进行调整。

2. 移动平均趋势剔除法

如果所提供的三年或更多年份的资料，不仅各月发展水平有规则性的季节变动，而且逐年数值还有显著增长的趋势，这时，为了测定客观现象的季节变动，就要采用另一种分析方法，即移动平均趋势剔除法。这一方法的特点是，先对动态数列计算移动平均数，作为相应时期的趋势值，而后将其从数列中加以剔除，再测定季节比率。具体分析方法在这里就不介绍了。

本章小结

动态数列是指客观现象在不同时间上的一系列指标值按时间先后顺序加以排列后形成的数列，又称时间数列。

由客观现象所属的时间和反映客观现象变化的指标数值两个要素组成。动态数列按其指标表现形式的不同分为绝对数动态数列、相对数动态数列和平均数动态数列。绝对数动态数列又分为时期数列和时点数列。时期数列连续统计，各个指标数值可以直接相加，各个指标数值的大小与时期的长短有直接关系。时点数列指标值不连续统计，各个指标不具有可加性，每个指标值的大小与其时间间隔长短没有直接关系。

编制动态数列的原则：时间长短应前后一致；总体范围应该统一；计算方法应该统一；经济内容要统一。

发展水平即时间数列中每一项具体指标数值，是客观现象在各个时期内实际达到的水平。发展水平可以是绝对数、相对数或平均数。平均发展水平又称序时平均数或动态平均数，是将时间数列中不同时期的发展水平加以平均，从动态上说明客观现象在某一时期内发展的一般水平。可以由总量指标动态数列计算序时平均数，由相对指标或平均指标动态数列计算序时平均数。

增长量说明客观现象在一定时期内增减变化的绝对数量，由于基期水平选择不同，可分为累积增长量和逐期增长量。平均增长量是对各逐期增长量简单平均的结果，说明客观现象在一定时期内平均每期增长的数量。

发展速度是以相对数形式表现的动态分析指标，它是两个不同时期发展水平指标对比的结果。发展速度由于基期选择的不同有环比发展速度和定基发展速度。平均发展速度是各期环比发展速度平均的结果。计算平均发展速度的方法有几何平均法和方程式法。增长速度是增长量与基期水平之比，说明报告期水平比基期水平增加或降低了几个百分点。

影响动态数列发展水平变化的因素主要有长期趋势、季节变动、循环变动和不规则变动。长期趋势是指客观现象在一段较长的时间内，由于普遍的、持续的、决定性的基本因素的作用，使发展水平沿着一个方向，逐渐向上或向下变动的趋势。长期趋势的测定方法有时距扩大法、移动平均法和最小平方法。

本章思考

1. 什么是动态数列？时点数列和时期数列有哪些不同的特点？
2. 由时期数列和时点数列计算序时平均数有什么不同？
3. 判别增长量、发展速度、增长速度、平均发展速度和平均增长速度的关系。
4. 为什么要注意速度指标和水平指标的结合运用？
5. 长期趋势测定的方法有哪些，各有什么不同的特点？

技能操作：应用 Excel 进行动态数列分析

在 Excel 中，使用移动平均法测定长期趋势，可以利用公式或 AVERAGE 函数，也可利用 Excel 提供的“移动平均”工具。公式或函数方法前面已讲过，只能获得数据，不能直接获得长期趋势图，因此长期趋势主要以“移动平均”工具来计算分析。

操作项目 1：应用 Excel 计算移动平均数

技能要求：熟悉统计中动态数列的分析方法，掌握 Excel 制作图表功能。

统计资料：已知本章表 5-16，1986—2015 年我国粮食产量资料。

基本任务：根据表 5-16 数据资料，运用 Excel 进行移动平均数的计算。

操作步骤：启动 Excel，建立“移动平均”工作簿。

第一步，在工作簿上将 30 个粮食产量数据资料输入 B3:B32 单元格，如图 5-1 所示。

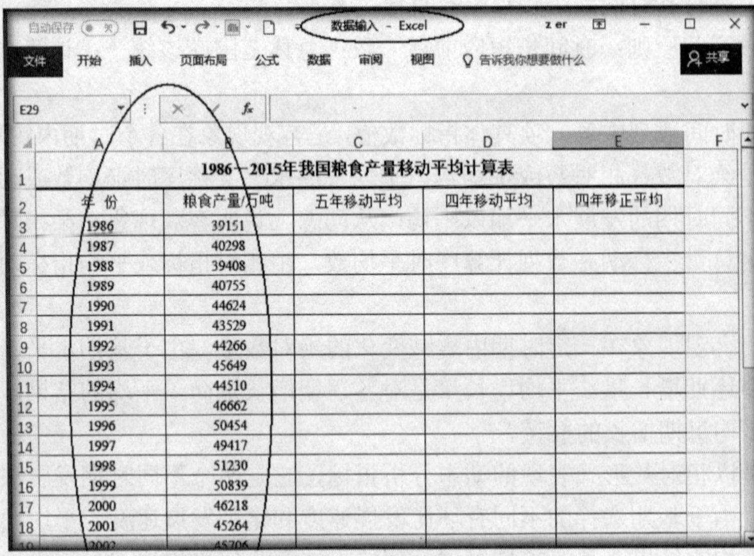

图 5-1 原始数据输入

第二步，单击“数据”菜单，选择“数据分析”。打开“数据分析”对话框，从其“分析工具”列表中选择“移动平均”选项，单击“确定”按钮，如图 5-2 所示。

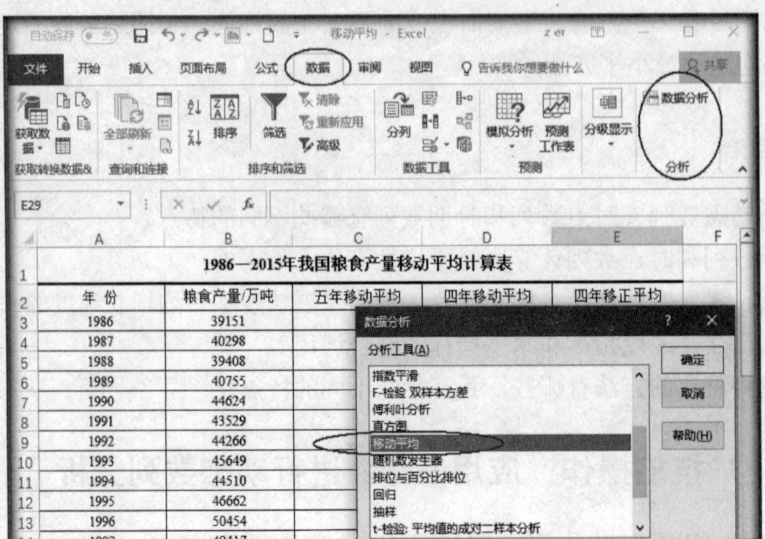

图 5-2 “数据分析”对话框

第三步，打开“移动平均”对话框后，完成五年移动平均，确定“输入区域”，输入“$B$3:$B$32”；“间隔”输入为“5”；“输出区域”输入“$C$3”，单击“确定”按钮后，在指定位置给出五年移动平均计算结果，如图 5-3 所示。

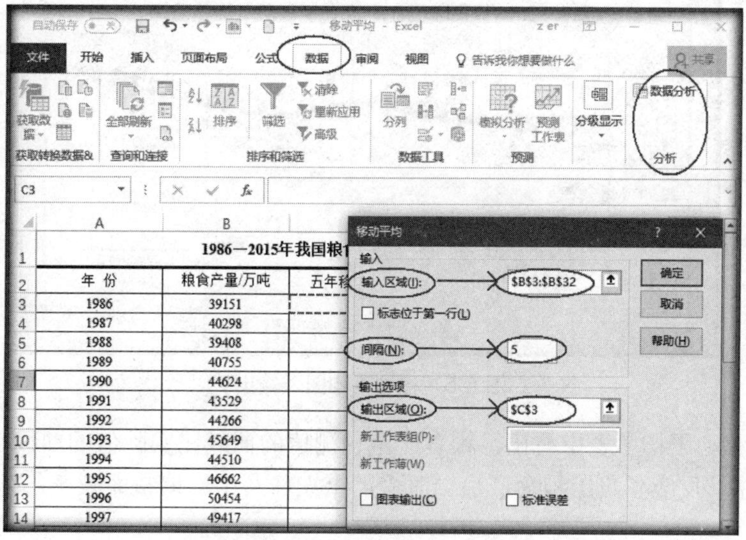

图 5-3　“移动平均”对话框

第四步，再次打开“移动平均”对话框后，分两次同理完成四年移动平均和四年移正平均。确定“输入区域”，分别依次输入“$B$3:$B$32”和“$D$6:$D$32”；“间隔”分别依次输入为“4”和“2”；“输出区域”分别依次输入“$D$3”和“$E$6”，单击“确定”按钮后，在指定位置给出四年移动平均和四年移正平均计算结果，如图 5-4 所示。

图 5-4　长期趋势移动平均

第五步，如果需要作图，见图 5-3“移动平均”对话框，选中“图表输出”复选框，即可出现移动平均曲线图，根据需要，在“图表工具”选择“设计”“格式”进行调整，如图 5-5 所示。

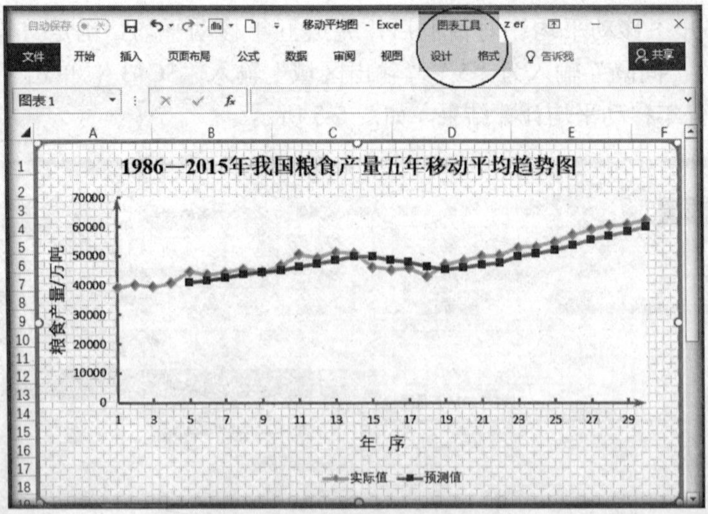

图 5-5　移动平均图表输出

从图 5-5 移动平均图表中看出，粮食产量预测值的曲线比实际值的曲线平滑了许多，但中间的一段下滑，反应了我国粮食产量当时受严重灾情及结构调整而减产，自 2005 年以后呈明显上升趋势。

操作项目 2：应用 Excel 计算季节比率

技能要求：熟悉动态数列季节比率的计算与分析方法，掌握 Excel 制作图表功能。

统计资料：已知本章表 5-22，某商业企业四年防寒服销售额资料。

基本任务：根据表 5-22 数据资料，运用 Excel 功能计算季节比率。

操作步骤：启动 Excel，建立“季节比率”工作簿。

第一步，在工作表上输入防寒服销售额数据资料。按已知数据资料列出计算表，将各年同月的数值列在表内同一列，如图 5-6 所示。

2014—2017年某商业企业防寒服销售额季节比率计算表

单位：万元

月 份	2014年	2015年	2016年	2017年	同月合计	同月平均	季节比率/%
1	250	280	310	350			
2	160	150	160	170			
3	60	80	70	80			
4	30	40	50	60			
5	20	12	13	15			
6	11	9	12	12			
7	22	27	25	22			
8	20	38	18	24			
9	80	93	85	90			
10	160	150	160	180			
11	410	460	500	560			
12	480	520	520	580			
合 计							

图 5-6　销售额数据输入

第二步，计算各年合计与各年同月数值之和。计算每年的销售额总数，单击 B15 单元格，输入“=SUM(B3:B14)”，并用鼠标拖曳将公式复制到 C15:E15 区域，得各年销售额总数。计算各年同月销售额总数，单击 F3 单元格，输入“=SUM(B3:E3)”，并用鼠标拖曳将公式复制到 F4:F15 区域，得出各年同月销售额总数与全部销售额总数之和，如图 5-7 所示。

2014—2017年某商业企业防寒服销售额季节比率计算表（单位：万元）

月 份	2014年	2015年	2016年	2017年	同月合计	同月平均	季节比率/%
1	250	280	310	350	1190		
2	160	150	160	170	640		
3	60	80	70	80	290		
4	30	40	50	60	180		
5	20	12	13	15	60		
6	11	9	12	12	44		
7	22	27	25	22	96		
8	20	38	18	24	100		
9	80	93	85	90	348		
10	160	150	160	180	650		
11	410	460	500	560	1930		
12	480	520	520	580	2100		
合 计	1703	1859	1923	2143	7628		

图 5-7 各年全年及同月销售额

第三步，计算同月平均数与总的月平均数。计算同月平均数，单击 G3 单元格，输入“=F3/4”，并用鼠标拖曳将公式复制到 G4:G14 区域。计算总的月平均数，单击 G15 单元格，输入“=F15/48”回车得结果为 158.9，如图 5-8 所示。

2014—2017年某商业企业防寒服销售额季节比率计算表（单位：万元）

月 份	2014年	2015年	2016年	2017年	同月合计	同月平均	季节比率/%
1	250	280	310	350	1190	297.5	
2	160	150	160	170	640	160.0	
3	60	80	70	80	290	72.5	
4	30	40	50	60	180	45.0	
5	20	12	13	15	60	15.0	
6	11	9	12	12	44	11.0	→同月平均
7	22	27	25	22	96	24.0	
8	20	38	18	24	100	25.0	
9	80	93	85	90	348	87.0	
10	160	150	160	180	650	162.5	
11	410	460	500	560	1930	482.5	
12	480	520	520	580	2100	525.0	
合 计	1703	1859	1923	2143	7628	158.9	→48个月平均

图 5-8 同月平均与总的月平均销售额

第四步，计算季节比率及季节比率之和。计算季节比率，单击 H3 单元格，输入“=G3*100/158.9”，并用鼠标拖曳将公式复制到 H4:H14 区域。计算季节比率之和，单击 H15 单元格，输入“=SUM(H3:H14)”，回车得出季节比率之和为 1 200.0，或直接双击求和符号，如图 5-9 所示。

第五步，绘制季节变动图。根据季节比率，可绘制季节变动趋势图。插入图表，选择折线图，利用图表工具，根据需要调整图形，如图 5-10～图 5-12 所示。

2014—2017年某商业企业防寒服销售额季节比率计算表

单位：万元

月 份	2014年	2015年	2016年	2017年	同月合计	同月平均	季节比率/%
1	250	280	310	350	1190	297.5	187
2	160	150	160	170	640	160.0	101
3	60	80	70	80	290	72.5	46
4	30	40	50	60	180	45.0	28
5	20	12	13	15	60	15.0	9
6	11	9	12	12	44	11.0	7
7	22	27	25	22	96	24.0	15
8	20	38	18	24	100	25.0	16
9	80	93	85	90	348	87.0	55
10	160	150	160	180	650	162.5	102
11	410	460	500	560	1930	482.5	304
12	480	520	520	580	2100	525.0	330
合 计	1703	1859	1923	2143	7628	158.9	1200

图 5-9 计算季节比率

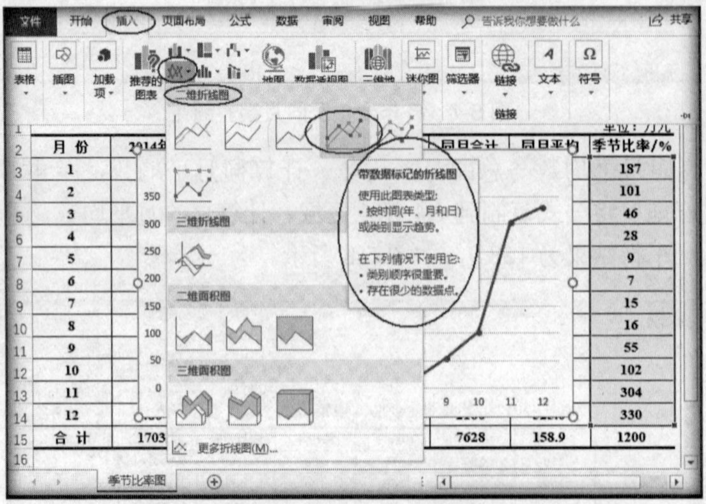

图 5-10 插入二维折线图

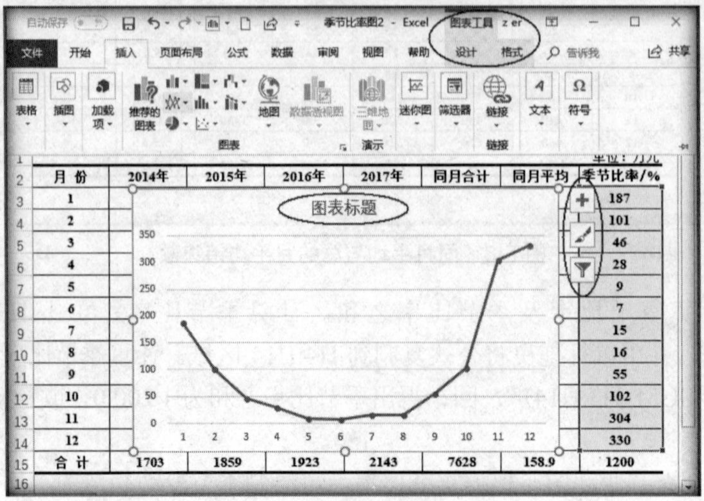

图 5-11 利用图表工具设计图表

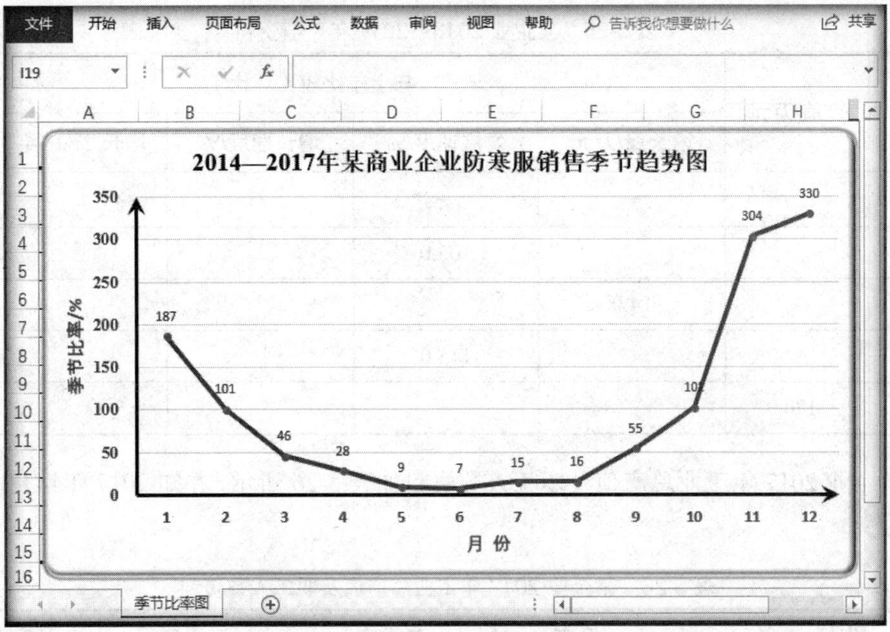

图 5-12　季节变动趋势图

图表直观表明该商业企业防寒服销售的季节性变动趋势，每年自年初起逐月下降，年中期降到最低点，三季度开始回升，到年底达到最高峰。这种变动趋势为企业更好经营，合理组织货源提供了数据依据。

技 能 训 练

1. 某企业 2017 年 9 月职工人数变动登记，如表 5-23 所示。

表 5-23　某企业 2017 年 9 月职工人数变动资料

日　期	9 月 1 日	9 月 11 日	9 月 16 日	10 月 1 日
职工人数	1 210	1 260	1 300	1 250

要求：计算该企业 9 月份平均职工人数。

2. 某商店 2016 年上半年平均各月销售计划及其计划完成程度，如表 5-24 所示。

表 5-24　某商店 2016 年上半年平均各月销售情况

指　标	1 月份	2 月份	3 月份	4 月份	5 月份	6 月份
计划销售额/万元	45.0	40.0	46.0	50.0	55.0	60.0
计划完成程度/%	104.0	98.0	95.0	102.0	106.0	101.0

要求：计算该商店 2016 年上半年平均每月销售计划的完成程度。

3. 根据动态分析指标之间的关系，应用 Excel 推算出表中空格的数值，填入表 5-25 中。

表 5-25　某企业 2013—2017 年产值资料

年份	产值/万元	与上年比较（环比）			
		增长量/万元	发展速度/%	增长速度/%	增长 1%的绝对值/万元
2013	120	—	—	—	—
2014			105.0		
2015		14.0			
2016			115.0		
2017	170.0				

4. 某企业 2017 年工业总产值及职工人数资料如表 5-26 所示，并知 2017 年年初职工人数为 2 200 人。

表 5-26　某企业 2017 年工业总产值及职工人数资料

指标	一季度	二季度	三季度	四季度
总产值/万元	620	594	627	630
季度末职工人数/人	2 100	2 100	2 080	2 020

要求：（1）计算该企业各季度劳动生产率；

（2）计算该企业全年劳动生产率；

（3）又知该企业 2016 年全年劳动生产率为 11 700 元，计算 2017 年比 2016 年全年劳动生产率增长率。

5. 某企业 2017 年各月初产品库存量资料，如表 5-27 所示。

表 5-27　某企业 2017 年各月初产品库存量资料

月份	1 月	2 月	3 月	4 月	5 月	6 月	7 月	8 月	9 月	10 月	11 月	12 月	18 年 1 月
库存量/吨	63	60	56	48	45	54	48	43	40	50	57	68	60

要求：计算上半年、下半年和全年的平均库存量。

6. 南京某电器商场 2008—2017 年空调销售额资料，如表 5-28 所示。

表 5-28　电器商场 2008—2017 年空调销售额资料

年份	2008	2009	2010	2011	2012	2013	2014	2015	2016	2017
销售额/万元	0.4	1.1	3	5.6	11.4	15	18	28	30.1	40.3

要求：试用 Excel 计算此动态数列的逐期增长量、累计增长量；定基发展速度、环比发展速度；定基增长速度、环比增长速度；增长 1%的绝对值；平均发展速度、平均增长速度。

7. 某地区 2012—2017 年的汽车产量资料，如表 5-29 所示。

表 5-29　某地区 2012—2017 年的汽车产量资料

年份	产量/万辆	累计增长量/万辆	定基发展速度/%	环比发展速度/%
2012	71.42			
2013		35.28		
2014			181.81	
2015				105.27
2016				106.28
2017		82.86		

要求：运用动态分析指标的相互关系，应用 Excel 计算表中未填入的指标数值。

参考答案

1. 该题属于连续的时点数列，职工人数变动后登记。

该企业 9 月份平均职工人数≈1 262（人）

2. 该商店 2016 年上半年平均每月销售计划的完成程度为：$\bar{c}=\dfrac{\bar{a}}{\bar{b}}=101.2\%$

3.（表略）

4.（1）第一季度职工人数=2 150（人）　第一季度劳动生产率=2 884（元/人）

第二季度职工人数=2 100（人）　第二季度劳动生产率=2 829（元/人）

第三季度职工人数=2 090（人）　第三季度劳动生产率=3 000（元/人）

第四季度职工人数=2 050（人）　第四季度劳动生产率=3 073（元/人）

（2）该企业全年劳动生产率=2 884+2 829+3 000+3 073=11 786（元/人）

（3）2017 年比 2016 年全年劳动生产率增长的百分比为：0.74%

5. 上半年平均库存量=53.08（吨）

下半年平均库存量=52（吨）

全年平均库存量=52.54（吨）

6. 表略。

平均发展速度：$\bar{x}=\sqrt[9]{\dfrac{40.3}{0.4}}=1.669\ 5\times100\%=166.95\%$

平均增长速度=166.95%−1=66.95%

7. 表略。

第6章 指 数 分 析

知识要点与技能目标

通过学习，了解指数的含义，掌握综合指数和平均指数的编制方法。根据已知资料，编制综合指数和平均指数并进行两因素分析。理解 Excel 处理统计数据的基本原理，应用 Excel 进行总指数的相关计算和分析。

6.1 统计指数的含义

6.1.1 统计指数的概念

客观现象中，我们将总体单位和标志值不能直接加以总计，视为复杂现象总体，如不同产品的产量、不同商品的价格。而总体的单位和标志值可以直接加以总计，则为简单现象总体，如完全相同的产品产量等。复杂现象总体是相对于简单现象总体而言的。

统计指数简称指数，有广义和狭义之分。广义的指数是一切反映客观现象变动的相对数，即简单现象总体数量变动的相对数，如动态相对数、比较相对数、计划完成程度相对数等都是指数。狭义的指数是指反映复杂现象总体综合数量变动的相对数，本章阐述的指数主要是指狭义的指数。

客观现象错综复杂，引起客观现象变动的因素是多方面的，其中任何一个因素的变化都会对客观现象总的变动产生影响。如商品销售额这一经济现象的变动是由商品销售价格和商品销售量这两个因素共同影响的结果，其中任何一个因素变动都将引起商品销售额的变动。不同品种的商品，使用价值不同，计量单位不同，其商品的销售价格或销售量的变动如何影响商品销售额，只能运用狭义指数，计算各因素变动对客观现象总量变动的影响程度。

6.1.2 统计指数的作用

统计指数可以综合反映客观现象总体变动的方向和程度，这是统计指数的主要作用。指数一般用百分数表示，其大于或小于 100%，表示升降变动的方向或程度。例如，2017 年 10 月，全国居民消费价格总水平比去年同期上涨 1.9%。目前，国家统计局公布的居民消费价格指数、商品零售价格指数、企业景气指数等指数，都是利用指数的原理和方法编制的。

统计指数可以分析和测定客观现象的构成因素对经济现象总量变动的影响程度。客观现象的数量变化，是多种因素共同影响的结果。例如，商品销售额的变动，取决于商品销售量和商品销售价格的变动；企业产品总产值的变动，取决于产品产量和出厂价格的变动；出口总额的变动，取决于出口量和出口价格的变动等。

统计指数可以研究现象的长期变动趋势，利用连续编制的指数数列，可对复杂现象总体长时间发展变化趋势进行分析。例如，2017 年 1 至 10 月份居民消费价格变动情况等。

6.1.3　统计指数的类型

随着社会的进步，统计指数理论也在实践中不断地发展，并产生了多种类型的指数。

1. 统计指数按研究范围不同，可分为个体指数和总指数

个体指数是反映现象总体中个别要素变动的相对数。例如，说明一种工业产品产量变动的个体产量指数，说明一种商品价格变动的个体价格指数等。如果设 q 为数量指标，p 为质量指标，则个体指数算式为

$$k_q = \frac{q_1}{q_0}$$

式中：k_q 为个体数量指标指数；q_0 为基期数量指标；q_1 为报告期数量指标。

$$k_p = \frac{p_1}{p_0}$$

式中：k_p 为个体质量指标指数；p_0 为基期质量指标；p_1 为报告期质量指标。

个体指数就是同一种现象的报告期与基期指标数值对比得到的发展速度指标。总指数是反映现象总体中的多个要素综合变动的相对数。如工业产品产量总指数、商品零售价格总指数等。在统计指数理论中编制总指数有两种主要形式，即综合指数和平均指数。其中，综合指数是编制总指数的基础，平均指数是综合指数的变形和运用。

2. 统计指数按数量特征不同，分为数量指标指数和质量指标指数

数量指标指数是说明现象总规模、总数量变动的相对数。如产品产量指数、商品销售量指数、职工人数指数等都是数量指标指数。质量指标指数是说明现象总体内涵数量变动的相对数。它可以反映事物的质量标准或程度，如价格指数、成本指数、劳动生产率指数、平均工资指数等。

3. 统计指数按采用基期不同，分为定基指数和环比指数

定基指数是指以某一固定时期为基期计算的指数。如已知 2013 年、2014 年、2015 年、2016 年的商业企业销售额，计算指数，各年则均以 2013 年的销售额为基期，就是定基指数。环比指数是以报告期上一期为基期计算的指数。如 2016 年销售额以 2015 年销售额为基期计算的指数，2015 年销售额以 2014 年销售额为基期计算的指数，就是环比指数。

4. 统计指数按时间状况不同，分为动态指数和静态指数

动态指数是说明现象在不同时间上变动情况的指数，适用于某一同类现象数量由于时间

变化所引起的变动分析，如销售额指数等。静态指数是说明复杂现象在同一时间不同空间的综合对比的指数，或实际数与计划数综合对比的指数，它适用于同一时间、地点、单位发生变化的同类现象对比分析，如计划完成程度指数等。

6.2 综合指数的应用

6.2.1 综合指数的概念

综合指数是依据研究目的，确定同度量因素，把不能直接加总的现象过渡为可以同度量现象，分别计算出分子、分母的总量指标并进行对比，以说明现象总的变动方向和程度的相对数。

例如，要反映 9 种不同商品的销售量在一定时期内总的变动情况，由于各种商品的使用价值不同，不能将它们的数量简单相加，但是，当将它们变为价值量时就可相加了。因此，可将这 9 种商品的销售量各乘其单位价格，转化为销售额再相加在一起，进而计算这 9 种商品的总变动。综合指数就是把各种不能直接相加的现象，转换为价值形态再进行对比，以反映客观现象的综合变动的方法。它是计算总指数的基本形式。

综合指数较其他指数的计算方法有如下特点。

借助于同度量因素求出价值总量。所谓同度量因素就是将不能直接加总的现象过渡为可以相加的因素。综合指数从现象关系分析中，确定与研究现象的有关因素，把不能同度量现象过渡为可以同度量现象。比如，分析各种产品单位成本的综合变动，先要明确生产总成本与各种产品的单位成本及产量的关系，各种产品的单位成本不能直接相加，但是，将各种产品的单位成本分别乘以相应的产量，求得各种产品的总成本，就能加总得出价值总量了，这里的产量就是同度量因素。

同度量因素的时期要固定。综合指数在进行现象因素分析时，必须在有关因素中确定同度量因素，并将同度量因素固定不变，测定一个指数化因素的变动。例如，商品销售额的变动是商品销售量和商品销售价格两个因素共同影响的结果，当研究销售量变动时，需将不同商品的销售量乘以各自的价格，但如果将报告期的销售量和报告期的销售价格相乘，基期的销售量与基期的销售价格相乘，得到的分别是报告期销售额和基期的销售额，两个不同时期的销售额对比，得出销售额指数而不是销售量指数。所以要计算销售量指数，必须将销售价格这个因素固定不变，报告期和基期都乘以同一时期的销售价格，这样，当两个销售额相比时，因为销售价格已经固定，对比的结果说明的只是销售量的变动了。

计算总量绝对值的变化情况。综合指数可以观察现象动态变化后所产生的实际绝对值的变化。综合指数的分子和分母是两个有联系的总量指标，相比后得出一个相对指标即指数，说明现象所变动的方向和程度。分子分母相减的结果仍然是一个总量指标，说明现象绝对值的变动结果。例如，价格指数的编制往往用报告期的销售量作同度量因素，分子与分母的差额说明由于价格的变动而使销售额增加或减少的绝对额。

6.2.2　综合指数的编制

综合指数的编制方法是先综合后对比，先综合就是对不能直接相加的数量过渡到可以直接加总的计算过程。后对比就是将综合后的两个同类现象的总量，进行比较计算的过程。

编制综合指数要解决的基本问题是选择同度量因素和固定同度量的时期。同度量因素的选择根据研究对象确定，一般要研究的对象就是指数化因素，另一个因素就是同度量因素。在不同的使用价值转换为价值的过程中，同度量因素不仅起着媒介作用，而且起着权数作用。同度量因素确定后，还要根据指数说明问题的性质及统计研究的目的将它固定在某个时期，这样，在研究一个因素变化对总量的影响程度时，才能不受其他因素的干扰，指数才会准确。

1. 数量指标指数

数量指标指数是反映客观现象总规模、总数量变动程度的相对数，如工业产品产量指数、商品销售量指数等。在编制数量指标指数时，各类产品由于使用价值和计量单位不同，所以不能直接相加，必须以质量指标作同度量因素，如成本、价格等质量指标，可以作为产品产量指数或商品销售量指数的同度量因素，当然这里还要考虑固定在哪一个时期，现以某服装超市 2017 年的三类服装销售情况为例，如表 6-1 所示，说明数量指标指数的编制原理及方法。

表 6-1　某服装超市 2017 年的三类商品销售资料

商品名称	计量单位	销售价格/元		销售量	
		基期	报告期	基期	报告期
保暖裤	条	60	70	2 000	2 100
休闲衫	件	50	60	3 000	2 800
运动服	套	100	110	1 000	1 300

从表中可知，三类商品的计量单位和使用价值不同，销售量不能直接相加。要计算销售量总指数，必须通过“价格”这个同度量因素，使之过渡为能够相加的销售额指标。

现在我们用销售量指标，分析数量指标同度量因素的固定时期。编制销售量指数的目的是要排除价格因素变动的影响，单纯反映销售量的总变动。把同度量因素（价格）固定在报告期，则包含了价格的变化在内。如果假定价格不变，就应该用基期价格，才符合经济现象变动的客观实际。

商品销售量指数属于数量指标总指数，价格是同度量因素，属于质量指标，它具有普遍意义。即计算商品销售量指数以基期销售价格为同度量因素，归纳公式（1）为

$$\overline{K_q}=\frac{\sum p_0q_1}{\sum p_0q_0} \tag{1}$$

式中：$\overline{K_q}$ 为数量指标总指数；q_1 为报告期数量指标；q_0 为基期数量指标；p_1 为报告期价格指标；p_0 为基期价格指标。

现以表 6-1 中资料计算销售量指数，列计算表，见表 6-2。

表 6-2　某服装超市 2017 年三类商品综合指数计算表

商品名称	计量单位	销售价格/元		销售量		销售额/元		
		基期	报告期	基期	报告期	基期	报告期	假设
		p_0	p_1	q_0	q_1	p_0q_0	p_1q_1	p_0q_1
保暖裤	条	60	70	2 000	2 100	120 000	147 000	126 000
休闲衫	件	50	60	3 000	2 800	150 000	168 000	140 000
运动服	套	100	110	1 000	1 300	100 000	143 000	130 000
合计	—	—	—	—	—	370 000	458 000	396 000
		已知资料				计算数据		

将表 6-2 计算数据代入公式（1），得出产品销售量总指数为

$$\overline{K_q}=\frac{\sum p_0q_1}{\sum p_0q_0}=\frac{396\ 000}{370\ 000}=107.03\%$$

计算结果仅表明销售量的变动情况，即销售量增长了 7.03%。

由此确定编制数量指标指数的基本原则：研究数量指标指数时，应将同度量因素的质量指标固定在基期水平上。这样的计算结果单纯反映数量指标的变动程度。

2. 质量指标指数

质量指标指数是反映客观现象内涵或水平的变化程度，如物价指数、劳动生产率指数、产品单位成本指数等。在编制质量指标指数时，要以数量指标作同度量因素，如产量、销售量可作为产品价格的同度量因素。同样，要考虑同度量因素固定在哪个时期问题。现仍以表 6-1 销售资料为例，说明质量指标指数的编制原理及方法。

现在我们用销售价格指标，分析质量指标同度量因素的固定时期。由于物价变化发生在报告期，交易双方因物价变动而得到的实惠或受到的损失，与其报告期交易数量的多少有关，而与物价变动以前的任何一个时期的交易数量无关。所以，从理论上讲，综合指数在编制物价总指数时应当以报告期的实际销售量作为同度量因素，才具有现实的经济意义。

价格指数是质量指标指数，销售量这个同度量因素是数量指标，它具有普遍意义。即计算销售价格总指数以报告期销售量为同度量因素，归纳公式（2）为

$$\overline{K_p}=\frac{\sum p_1q_1}{\sum p_0q_1} \tag{2}$$

式中：$\overline{K_p}$ 为价格总指数；q_1 为报告期数量指标；q_0 为基期数量指标；p_1 为报告期价格指标；p_0 为基期价格指标。

将表 6-2 计算数据代入上述公式（2），得商品销售价格总指数为

$$\overline{K_p}=\frac{\sum p_1q_1}{\sum p_0q_1}=\frac{458\ 000}{396\ 000}=115.66\%$$

计算结果仅表明销售价格的变动情况，即销售价格增长了 15.66%。

由此确定编制质量指标指数的基本原则：研究质量指标指数时，应将同度量因素的数量

指标固定在报告期水平上。这样的计算结果单纯反映质量指标的变动程度。

6.2.3　其他综合指数应用

1. 拉氏与派氏指数

拉氏指数是德国经济学家拉斯贝尔于 1864 年提出的，其特点是数量指标指数与质量指标指数的同度量因素全都固定在基期水平上；派氏指数是德国经济学家派许于 1874 年提出的，其特点是数量指标指数与质量指标指数的同度量因素全都固定在报告期水平上，计算公式为

拉氏指数：$$\overline{K_q}=\frac{\sum p_0q_1}{\sum p_0q_0}\qquad \overline{K_p}=\frac{\sum p_1q_0}{\sum p_0q_0}$$

派氏指数：$$\overline{K_q}=\frac{\sum p_1q_1}{\sum p_1q_0}\qquad \overline{K_p}=\frac{\sum p_1q_1}{\sum p_0q_1}$$

我国经常应用的综合指数是拉氏物量指标指数和派氏价格指标指数。

2. 固定基期指数

当同度量因素使用某一固定时期时编制的指数称为固定基期指数。在实际应用中，由于研究对象或分析任务的具体要求不同，计算数量指标指数时，同度量因素的时期可以使用某一固定时期，如编制产量指数、销售量指数，其同度量因素——价格可以固定在某一特定的年份。我国在编制工业物量指数曾先后采用 1957 年、1970 年、1980 年、1990 年的不变价格计算。不变价格是指某一段时期内的价格，通常用 p_n 表示。其计算公式为

$$\overline{K_q}=\frac{\sum p_nq_1}{\sum p_nq_0}$$

式中：$\overline{K_q}$ 为固定基期指数；p_n 为某一固定时期的价格或不变价格；q_1 为报告期数量指标；q_0 为基期数量指标。

3. 成本计划完成指数

在反映多种产品成本计划完成情况时，需要计算成本计划完成指数。若按计算综合指数的一般原则，应该用报告期实际产量作为同度量因素。但是，为了避免企业采用产品品种计划的办法来完成产品成本降低任务，不宜用报告期实际产量作同度量因素，因为它包含了产量变化的因素在内。可采用按照计划要求来检查成本降低任务的完成程度。成本计划完成指数的计算公式为

$$\overline{K_z}=\frac{\sum q_nz_1}{\sum q_nz_n}$$

式中：$\overline{K_z}$ 为成本计划完成指数；z_1 为实际单位成本；z_n 为计划单位成本；q_n 为计划产量。

4. 股票价格指数

股票价格指数是反映证券交易中价格变动情况的一种指数。在股票价格指数的编制方法

上，有些实际上是股价的加权算术平均数，并非统计意义上的指数，如美国纽约道琼斯工业股票指数和日本的日经指数等；另一类是以某一时期为基期对比计算的股价指数，如香港恒生股票价格指数、伦敦金融时报指数、东京股票交易所指数和国内的股价指数。计算各种股价指数的区别，主要在于各选取多少只股票及选取哪些股票作为计算其股指的代表性股票。计算公式通常为

$$I_p = \frac{\sum P_1 Q_0}{\sum P_0 Q_0}$$

式中：I_p为股票价格指数；P_0为基期股价；P_1为报告期股价；Q_0为基期股票发行量。

这种股价指数以“点”为单位，而不是以货币为单位来表示股价的变动幅度。也就是说，在一般情况下确定基期的股价指数为 100 点，之后每上升或下降一个单位称为“1”点。例如，某年上证 A 股指数为 136.9%时，表明报告期比基期上升 36.9 点。股价指数可以按季、年、月来编制，但因股价涨跌迅速，一般要求编制当日指数。它是以某年、某月、某日的股价作为基期股价，这一日称为基日。

6.3 平均指数的应用

综合指数是计算总指数的一种形式，需要有全面的统计资料才能编制，比如，编制物价指数要求有不同时期的全部商品的价格和销售量资料。在实际工作中，有些研究对象难以取得全面资料，因此，只有在商品品种较少的情况下，直接采用综合指数编制总指数，大多数情况下采用平均指数计算总指数。

6.3.1 平均指数的概念

以个体指数为基础，采取加权平均数形式编制的总指数，称为平均指数。平均指数采取“先对比，后平均”，即先计算出各种商品（或产品）的数量指标个体指数或质量指标个体指数，而后进行加权平均，以测定现象的总变动程度。它也是编制总指数的一种重要形式。平均指数常用的基本形式有两种：一种是加权算术平均指数；一种是加权调和平均指数。

从平均指数的特点比较综合指数有如下区别和联系，如表 6-3 所示。

表 6-3 平均指数与综合指数的区别和联系

区别和联系		平均指数特点	综合指数特点
区别	运用材料不同	全面或非全面资料	全面实际资料
	计算依据不同	个体数量或质量指标指数	同度量因素
	使用权数不同	一定时期的总值（额）或比重	同时期的数量或质量指标
	计算方法不同	先对比，后平均	先综合，后对比
联　系		主要表现为在一定的权数条件下两类指数存在变形关系	

6.3.2　平均指数的编制

1. 加权算术平均指数

加权算术平均指数是以个体数量指标指数为变量值，以基期的总值指标为权数，对个体指数加权算术平均以计算总指数的一种方法。加权算术平均指数用于数量指标指数的编制。

数量综合指数公式为 $\overline{K_q}=\dfrac{\sum p_0q_1}{\sum p_0q_0}$，由个体数量指数 $k_q=q_1/q_0$，推出 $q_1=k_qq_0$，用 k_qq_0 代替综合指数公式分子中的 q_1，则可得公式（3）为

$$\overline{K_q}=\frac{\sum k_qp_0q_0}{\sum p_0q_0} \tag{3}$$

此式如加权算术平均数的计算，故称为加权算术平均指数公式。

【例 6-1】已知某企业三种产品的生产费用和产量个体指数资料如表 6-4 所示，计算该企业产量总指数。

表 6-4　某企业三种产品产量总指数计算表

产品名称	计量单位	基期生产费用/万元	产量个体指数/%	假定生产费用/万元
		p_0q_0	$k_q=q_1/q_0$	$k_qp_0q_0$
甲	吨	360	125.0	450
乙	件	650	100.0	650
丙	箱	120	150.0	180
合　计	—	1 130	—	1 280
		已知资料		计算数据

根据表中已知的资料计算产量总指数，不能直接应用数量指标综合指数公式计算，因为没有全面的产量和价格资料，故我们可采用加权算术平均法计算产量总指数，即

$$\overline{K_q}=\frac{\sum k_qp_0q_0}{\sum p_0q_0}=\frac{1\,280}{1\,130}=113.27\%$$

计算结果表明由于该企业三种产品产量报告期比基期上升了 13.27%，影响生产费用的变动差额为

$$\sum k_qp_0q_0-\sum p_0q_0=1\,280-1\,130=150(\text{万元})$$

2. 加权调和平均指数

加权调和平均指数是以个体质量指标指数为变量值，以报告期的总值为权数，对个体指数加权调和平均以计算总指数的一种方法。加权调和平均指数用于质量指标指数的编制。

质量指标综合指数的公式是 $\overline{K_p}=\dfrac{\sum p_1q_1}{\sum p_0q_1}$，由个体价格指数 $k_p=p_1/p_0$，推出 $p_0=\dfrac{1}{k_p}p_1$，用 $\dfrac{1}{k_p}p_1$ 代替综合指数公式分母中的 p_0，则可得公式（4）为

$$\overline{K_p}=\frac{\sum p_1q_1}{\sum \frac{1}{k_p}p_1q_1} \tag{4}$$

此式如加权调和平均数计算，故称为加权调和平均指数公式。

【例 6-2】已知某企业三种产品的生产费用和价格个体指数资料，如表 6-5 所示。计算该企业单位成本总指数。

表 6-5　某企业三种产品单位成本总指数计算表

产品名称	计量单位	报告期生产费用/万元	单位成本个体指数/%	假定生产费用/万元
		p_1q_1	$k_p=p_1/p_0$	p_1q_1/k_p
甲	吨	450	100.0	450
乙	件	600	92.3	650
丙	箱	150	83.3	180
合　计	—	1 200	—	1 280

已知资料　　计算数据

根据表中已知的资料计算单位成本总指数，不能直接应用质量指标综合指数公式计算，因为没有全面的产量和价格资料，故我们可采用加权调和平均法计算单位成本总指数，即

$$\overline{k_p}=\frac{\sum p_1q_1}{\sum \frac{1}{k_p}p_1q_1}=\frac{1\ 200}{1\ 280}\times 100\%=93.75\%$$

计算结果说明该企业由于单位成本比上期下降了 6.25%，使其生产费用减少了

$$\sum p_1q_1-\sum \frac{1}{k_p}p_1q_1=1\ 200-1\ 280=-80\text{(元)}$$

通过上述两例可知，加权算术平均指数是数量指标综合指数公式的变形，加权调和平均指数是质量指标综合指数公式的变形，但从应用条件来看，平均指数较综合指数更灵活。

6.3.3　固定权数的应用

所谓固定权数是指加权算术平均法计算中的权数，用比重形式固定下来，在较长一段时间内不作变动，是固定使用的权数。

在实际工作中，由于缺乏全面调查资料，当直接用综合指数公式或平均指数一般形式的公式计算指数都有困难时，则需要采用固定权数的加权平均指数计算指数。固定权数的加权平均指数是计算总指数的一种独立的形式，它简便灵活，使用方便，适合利用市场调查的资料进行计算。因此在国内外的指数实践中，是人们常常采用的一种方法。我国的零售价格指数、居民消费价格指数、农副产品价格指数，以及西方国家的消费品价格指数、工业生产指数都是用固定权数形式计算的。例如，国外不少国家编制的工业生产指数，就是在计算代表产品产量个体指数的基础上，用部门或分类产品产值在全部产值中所占的比重为权数进行加权平均计算的。其计算公式如下

$$\overline{K_q}=\frac{\sum kw}{\sum w}=\sum k\times\frac{w}{\sum w}$$

式中：k 为个体指数或类指数；w 为固定权数。

固定权数即比重权数，该权数确定之后，使用一定时间，如 1 年或 3 年等才调整一次，所以称为固定权数。

综上所述，以固定权数的加权算术平均数与综合指数之间不存在变形关系，它是一种具有独立意义的平均指数。它不仅可用于编制数量指标指数，也可用于编制质量指标指数，但不能直接说明现象变动的绝对经济效果。

目前我国采用固定权数的加权平均指数有很多，下面仅介绍常见的两种。

1. 居民消费价格指数

居民消费价格指数（Consumer Price Index，CPI）是反映居民家庭购买生活消费品和支出服务项目费用价格变动趋势和程度的相对数。其目的在于观察居民生活消费品及服务项目价格的变动对城乡居民生活的影响，为各级政府掌握居民消费状况，研究和制定居民消费价格政策、工资政策以及为国民核算体系相关指标核算提供科学依据。居民消费价格指数还是反映通货膨胀的重要指标。

为了与我国国民经济和社会发展五年规划保持相同周期，便于数据分析与使用，按照统计制度要求，我国 CPI 每五年进行一次基期轮换，2016 年 1 月开始使用 2015 年作为新一轮的对比基期，前三轮基期分别为 2000 年、2005 年和 2010 年。CPI 基期轮换是一项国际惯例，目的是使 CPI 调查所涉及的商品和服务更具有代表性，更及时准确反映居民消费结构的新变化和物价的实际变动。参考联合国制定的《按目的划分的个人消费分类》（COICOP）和国家统计局发布的《居民消费支出分类（2013）》，对 CPI 调查目录进行了调整，新基期调查目录和规格品种与国际标准更为接近，参见表 6-6。

表 6-6　2017 年 10 月我国居民消费价格分类指数

项目名称	上月=100			上年同月=100		
	全国	城市	农村	全国	城市	农村
居民消费价格指数	100.1	100.1	100.2	101.9	101.9	101.7
一、食品烟酒类	100.0	100.1	99.9	100.3	100.5	99.6
二、衣着类	100.5	100.5	100.8	101.2	101.1	101.5
三、居住类	100.2	100.2	100.4	102.8	102.7	103.3
四、生活用品及服务类	100.2	100.2	100.2	101.5	101.4	101.7
五、交通和通信类	100.2	100.2	100.4	100.8	100.7	101.3
六、教育文化和娱乐类	99.7	99.5	100.0	102.3	102.3	102.1
七、医疗保健类	100.2	100.2	100.4	107.2	108.1	104.9
八、其他用品和服务类	99.8	99.7	100.0	101.8	101.8	101.8

资料来源：国家统计局月度数据 2017 年 11 月发布——居民消费价格分类指数。

居民消费价格指数采用的计算公式与商品零售价格指数相同，即$\overline{K}=\dfrac{\sum kw}{\sum w}$。

全国居民消费价格指数涵盖全国城乡居民生活消费品。数据来源于全国 31 个省（区、市）500 个市县、6.3 万家价格调查点，包括食杂店、百货店、超市、便利店、专业市场、专卖店、购物中心以及农贸市场与服务消费单位等。

2. 商品零售价格指数

商品零售价格指数（Retail Price Index，RPI）由国家统计局编制，是反映城乡商品零售价格变动趋势的一种经济指数。零售物价的调整变动直接影响到城乡居民的生活支出和国家的财政收入，影响居民购买力和市场供需平衡，影响消费与积累的比例。因此，计算零售价格指数，可以从一个侧面对上述经济活动进行观察和分析。它是国家编制国民经济计划，进行宏观调控，制定有关经济政策的重要依据。

我国现行商品零售价格指数编制的过程是先将全部商品依次分类：大类、中类、小类、细类、代表性商品，再选择具有代表性的典型地区作为物价调查点，对代表性的商品进行定时定点采价，经过加权，逐个计算出代表性商品的平均价格，并且要依次计算小类指数、中类指数、大类指数和总指数，其采用的权数必须是固定权数。零售价格指数一般根据上年度1—3 季度消费品零售额和第 4 季度预计零售额，并参照本年度市场变化情况加以确定。商品零售价格指数的商品分类，在不同时期不同地区有所不同。权数一般每年确定一次，年内保持不变，参见表 6-7。

表 6-7　2017 年 10 月我国商品零售价格分类指数

项目名称	上月=100			上年同月=100		
	全国	城市	农村	全国	城市	农村
商品零售价格指数	100.3	100.3	100.3	101.3	101.3	101.2
一、食品	100.0	100.0	99.7	100.2	100.3	98.6
二、饮料、烟酒	100.2	100.2	100.1	101.2	101.2	100.6
三、服装、鞋帽	100.6	100.5	100.7	101.1	101.1	101.1
四、纺织品	100.3	100.3	100.3	100.4	100.4	100.4
五、家用电器及音像器材	99.9	100.0	99.9	100.3	100.1	100.1
六、文化办公用品	100.0	100.0	100.1	100.4	100.2	100.0
七、日用品	100.2	100.3	100.2	100.7	100.6	100.8
八、体育娱乐用品	100.0	100.0	100.1	100.7	100.7	100.8
九、交通、通信用品	99.9	99.9	99.9	98.7	98.6	98.6
十、家具	100.3	100.3	100.6	103.1	103.1	102.2
十一、化妆品	100.1	100.1	100.1	101.2	101.2	101.0
十二、金银珠宝	98.9	98.8	99.5	99.5	99.5	102.2
十三、中西药品及医疗保健用品	100.3	100.3	100.3	105.0	104.7	106.9
十四、书报杂志及电子出版物	100.1	100.1	100.0	101.8	101.8	101.9
十五、燃料	102.5	102.4	102.8	107.7	107.5	109.0
十六、建筑材料及五金电料	100.4	100.4	100.8	102.8	102.5	102.9

资料来源：国家统计局月度数据 2017 年 11 月发布——商品零售价格分类指数。

6.4 指数体系与因素分析

6.4.1 指数体系的概念

客观现象之间不是孤立的，而是相互联系的，这种联系不仅应用于定性或定量分析中，也存在于静态及动态中。现象之间的联系在动态中的表现形式之一就是指数体系。

指数体系有广义和狭义之分。广义指数体系是指由若干个经济上具有一定联系的指数所构成的一个整体。狭义指数体系是指不仅经济上具有一定联系而且具有一定的数量对等关系的三个或三个以上的指数所构成的一个整体。在许多情况下，指数体系中的各个指数之间的关系为因果关系。在静态上，某一现象往往可以分解为两个或两个以上影响因素的乘积，这些构成因素一般为数量指标因素和质量指标因素，例如，商品销售额的变动会受到商品销售量和销售价格两个因素的影响。

商品销售额=商品销售量×商品销售价格

总产值=产品产量×产品价格

总成本=产品产量×单位产品成本

……

这些经济关系在动态上依然存在，分别构成各自独立的指标体系。

商品销售额指数=商品销售量指数×商品销售价格指数

总产值指数=产品产量指数×产品价格指数

总成本指数=产品产量指数×单位产品成本指数

……

即

现象总值指标指数=数量指标指数×质量指标指数

在统计分析工作中，往往缺少一些必要的统计资料，按照现象之间的动态联系，利用指数体系可以进行现象之间的相互推算。例如，已知商品销售额总指数和价格总指数，就能推算出销售量总指数，即商品销售量指数=商品销售额指数/销售价格指数。实际工作中，销售量指数的编制往往借助于这种推算方法。

我们还可以利用指数体系，分析复杂现象总变动中各个因素变动对其影响的程度，即利用指数体系进行因素分析。例如，根据不同时期工业总产值指数，分析工业产品产量指数和产品价格指数的变动对其的影响程度和增减量。

6.4.2 指数因素分析的类型

按分析时包含的因素多少可划分为两因素分析和多因素分析。两因素分析是指研究对象仅包含两个因素的变动的分析，它是因素分析的基本方法。如产品总成本受所销产品单位成本和产品产量影响的分析。多因素分析是指研究对象包含有两个以上的因素变动的分析。如原材料总消耗费用受产量、原材料单耗、原材料价格影响的分析。

按分析的指标种类不同可划分为总量指标因素分析和平均指标因素分析。总量指标因素分析是指对复杂现象总量指标及其分解后各类影响因素的分析。如总产值受产品产量和出厂价格因素影响的分析。平均指标因素分析是指分析的现象是平均指标及其影响因素的分析，如同一单位不同时期职工平均工资受各类职工工资和职工人数构成因素影响的分析。

6.4.3 指数因素分析的应用

利用指数体系从数量上分析复杂现象总量动态中各个因素变动的影响程度和影响绝对效果时，称为指数因素分析法。指数因素分析法的基本特点是，在一个指数体系中，假定一个因素变动，其余因素不变为前提。如果是三个因素的影响，必须假定其中两个因素不变，只测定另一个因素的影响。依先数量指标后质量指标的排列顺序，分步进行，每一步只测定一个因素的影响方向和程度。

1. 总量指标两因素变动分析

因素分析法的运用程序是：首先，计算被分析指标的总变动程度和绝对数；其次，计算各因素变动影响程度和影响绝对数；最后，计算指数体系之间的等量关系进行综合分析。

【例 6-3】已知某企业 2016 年和 2017 年生产资料如表 6-8 所示，分析该企业总产值指标变动分别受产量及出厂价格因素的影响方向及程度。

表 6-8 某企业三种产品生产资料

产品名称	计量单位	产品产量		出厂价格/元	
		2016 年	2017 年	2016 年	2017 年
甲	盒	300	350	200	220
乙	件	400	450	36	40
丙	箱	400	500	500	500

现以表 6-8 中资料，分析该企业报告期总产值指标变动情况，列计算表，如表 6-9 所示。

表 6-9 某企业三种产品综合指数分析计算表

产品名称	计量单位	产品产量		出厂价格/元		总产值/元		
		2016 年	2017 年	2016 年	2017 年	2016 年	2017 年	假设
		q_0	q_1	p_0	p_1	p_0q_0	p_1q_1	p_0q_1
甲	盒	300	350	200	220	60 000	77 000	70 000
乙	件	400	450	36	40	14 400	18 000	16 200
丙	箱	400	500	500	500	200 000	250 000	250 000
合计	—	—	—	—	—	274 400	345 000	336 200

已知资料　　　　计算数据

根据表 6-9 综合指数计算的资料求得该企业甲、乙、丙三种产品总产值指数及增减的绝对额

$$\overline{K_{pq}}=\frac{\sum p_1q_1}{\sum p_0q_0}=\frac{345\ 000}{274\ 400}=125.73\%$$

$$\sum p_1q_1-\sum p_0q_0=345\ 000-274\ 400=70\ 600(\text{元})$$

产品产量指数及由于产量增减影响总产值增减的绝对额

$$\overline{K_q}=\frac{\sum p_0q_1}{\sum p_0q_0}=\frac{336\ 200}{274\ 400}=122.52\%$$

$$\sum p_0q_1-\sum p_0q_0=336\ 200-274\ 400=61\ 800(\text{元})$$

产品出厂价格指数及由于出厂价格升降影响总产值增减的绝对额

$$\overline{K_p}=\frac{\sum p_1q_1}{\sum p_0q_1}=\frac{345\ 000}{336\ 200}=102.62\%$$

$$\sum p_1q_1-\sum p_0q_1=345\ 000-336\ 200=8\ 800(\text{元})$$

产品总产值及影响因素综合变动关系是

$$\frac{\sum p_1q_1}{\sum p_0q_0}=\frac{\sum p_0q_1}{\sum p_0q_0}\times\frac{\sum p_1q_1}{\sum p_0q_1}$$

125.73%=122.52%×102.62%

$$\sum p_1q_1-\sum p_0q_0=(\sum p_0q_1-\sum p_0q_0)+(\sum p_1q_1-\sum p_0q_1)$$

70 600（元）=61 800（元）+8 800（元）

计算结果表明该企业总产值报告期比基期增长了 25.73%，这是由于产量增长了 22.52%和出厂价格提高了 2.62%两个因素作用形成的。同时，由于产量增长使总产值增加的绝对值为 61 800 元，由于出厂价格提高使总产值增加了 8 800 元，两个因素作用的结果使总产值共增加了 70 600 元。

2. 平均指标两因素变动分析

平均指标是我们前面学习过的内容，平均指标指数，是说明同类现象两个不同时期平均水平动态变化的相对指标。如两个平均价格之比，两个平均工资之比，它的一般公式是

$$\overline{K_{\bar{x}}}=\frac{\bar{x}_1}{\bar{x}_0}$$

式中：$\overline{K_{\bar{x}}}$ 为平均指标指数；$\bar{x}_1$ 为报告期平均指标值；$\bar{x}_0$ 为基期平均指标值。

常见的平均指标指数有平均工资指数、平均劳动生产率指数、平均单位成本指数、平均价格指数等。

我们在平均数的学习中已知加权算术平均数 $\bar{x}=\frac{\sum xf}{\sum f}=\sum x\times\frac{f}{\sum f}$。

由公式可以看出，总体在分组条件下，加权算术平均数的大小，不仅受各变量值 x 的影响，同时还受各变量值的次数在总次数中所占比重 $\frac{f}{\sum f}$ 的影响。例如，某企业职工总平均工资的增加，可能是由于各类职工工资水平的提高，也可能是由于平均工资水平较高的职工在

职工总体中所占比重增大共同影响的结果。由于总体各部分的水平反映总体各部分内部质量状况，而总体结构说明总体的一些基本特征。因此，可以利用指数体系对其进行影响因素分析，为促进总体结构的合理化提供重要依据。

平均指标指数即两个平均数的比又称为可变构成指数，在平均指标变动的两个影响因素中，各组水平为质量指标，各组水平的比也成为固定构成指数，总体结构（即各组比重）为数量指标，总体结构的比又称为结构影响指数。依据综合指数的一般原则，得出平均指标指数体系以及影响绝对量的关系式如下

$$\frac{\sum x_1 \cdot \frac{f_1}{\sum f_1}}{\sum x_0 \cdot \frac{f_0}{\sum f_0}} = \frac{\sum x_1 \cdot \frac{f_1}{\sum f_1}}{\sum x_0 \cdot \frac{f_1}{\sum f_1}} \times \frac{\sum x_0 \cdot \frac{f_1}{\sum f_1}}{\sum x_0 \cdot \frac{f_0}{\sum f_0}}$$

或

$$\frac{\frac{\sum x_1 f_1}{\sum f_1}}{\frac{\sum x_0 f_0}{\sum f_0}} = \frac{\frac{\sum x_1 f_1}{\sum f_1}}{\frac{\sum x_0 f_1}{\sum f_1}} \times \frac{\frac{\sum x_0 f_1}{\sum f_1}}{\frac{\sum x_0 f_0}{\sum f_0}}$$

即

可变构成指数=固定构成指数×结构影响指数

平均指标变动为

$$\frac{\sum x_1 f_1}{\sum f_1} - \frac{\sum x_0 f_0}{\sum f_0} = \left[\frac{\sum x_1 f_1}{\sum f_1} - \frac{\sum x_0 f_1}{\sum f_1}\right] + \left[\frac{\sum x_0 f_1}{\sum f_1} - \frac{\sum x_0 f_0}{\sum f_0}\right]$$

平均指标变动额=各组水平变动影响额+结构变动影响额

如果分别以 $\overline{x}_0$、$\overline{x}_1$ 和 $\overline{x}_n$ 表示基期平均指标、报告期平均指标和假设的平均指标，则

$$\frac{\overline{x}_1}{\overline{x}_0} = \frac{\overline{x}_1}{\overline{x}_n} \times \frac{\overline{x}_n}{\overline{x}_0}$$

$$\overline{x}_1 - \overline{x}_0 = (\overline{x}_1 - \overline{x}_n) + (\overline{x}_n - \overline{x}_0)$$

【例 6-4】已知某企业不同岗位的两组工人工资资料，如表 6-10 所示，分析工人平均工资变动受各组工人的工资水平及各组工人结构因素变动影响的程度。

表 6-10 某企业工人工资及构成情况资料表

按岗位分组	平均工资/元		人数/人	
	x_0	x_1	f_0	f_1
技术工人	3 000	3 100	700	500
普通工人	1 800	2 000	600	1 000
合 计	—	—	1 300	1 500

分析该企业报告期工人平均工资变动情况，列计算表，如表 6-11 所示。

表 6-11 某企业工人平均工资变动分析计算表

按岗位分组	平均工资/元		人数/人		工资总额/元		
	x_0	x_1	f_0	f_1	x_0f_0	x_1f_1	x_0f_1
技术工人	3 000	3 100	700	500	2 100 000	1 550 000	1 500 000
普通工人	1 800	2 000	600	1 000	1 080 000	2 000 000	1 800 000
合　计	—	—	1 300	1 500	3 180 000	3 550 000	3 300 000

平均指标两因素分析计算过程如下。

企业基期工人平均工资

$$\bar{x}_0=\frac{\sum x_0f_0}{\sum f_0}=\frac{3\ 180\ 000}{1\ 300}=2\ 446.15\text{（元）}$$

企业报告期工人平均工资

$$\bar{x}_1=\frac{\sum x_1f_1}{\sum f_1}=\frac{3\ 550\ 000}{1\ 500}=2\ 366.67\text{（元）}$$

企业假设的工人平均工资

$$\bar{x}_n=\frac{\sum x_0f_1}{\sum f_1}=\frac{3\ 300\ 000}{1\ 500}=2\ 200.00\text{（元）}$$

则企业工人总平均工资变动情况

$$\text{可变构成指数}=\frac{\dfrac{\sum x_1f_1}{\sum f_1}}{\dfrac{\sum x_0f_0}{\sum f_0}}=\frac{2\ 366.67}{2\ 446.15}=0.967\ 5\text{，即 }96.75\%$$

工人总平均工资绝对额的变动情况

$$\frac{\sum x_1f_1}{\sum f_1}-\frac{\sum x_0f_0}{\sum f_0}=2\ 366.67-2\ 446.15=-79.48\text{（元）}$$

即该厂工人总平均工资报告期比基期下降了 3.25%，减少 79.48 元。

其中

各组（技术工人和普通工人）平均工资变动的影响

$$\text{固定构成指数}=\frac{\dfrac{\sum x_1f_1}{\sum f_1}}{\dfrac{\sum x_0f_1}{\sum f_1}}=\frac{2\ 366.67}{2\ 200}=1.075\ 8\text{，即 }107.58\%$$

各组平均工资变动使企业总平均工资变化

$$\frac{\sum x_1f_1}{\sum f_1}-\frac{\sum x_0f_1}{\sum f_1}=2\ 366.67-2\ 200=166.67\text{（元）}$$

工人结构变动的影响

$$结构影响指数=\frac{\dfrac{\sum x_0 f_1}{\sum f_1}}{\dfrac{\sum x_0 f_0}{\sum f_0}}=\frac{2\ 200}{2\ 446.15}=0.899\ 4，即\ 89.94\%$$

工人结构变动使总厂总平均工资变动的增（减）额

$$\frac{\sum x_0 f_1}{\sum f_1}-\frac{\sum x_0 f_0}{\sum f_0}=2\ 200-2\ 446.15=-246.15(元)$$

两因素综合影响

96.75%=107.58%×89.94%（由于进位略差）

−79.48 元=166.67 元+（−246.15）元

计算结果可见，由于两岗位工人工资平均提高 7.58%，使企业工人总平均工资提高 166.67 元；但是由于工人结构变动，使企业工人总平均工资下降 10.06%，总平均工资降低 246.15 元，两者综合使得企业工人总平均工资下降 3.25%，绝对额下降 79.48 元。

本章小结

广义的指数是指一切反映客观现象数量变动的相对数。狭义的指数是指反映总体现象中不能直接加总的多种事物综合变化的特殊相对数。统计指数按研究范围不同，可分为个体指数和总指数，按数量特征不同，分为数量指标指数和质量指标指数，按采用基期不同，分为定基指数和环比指数，按时间状况不同，分为动态指数和静态指数。

综合指数是编制和计算总指数的一种基本形式，它是根据研究目的，确定同度量因素，把不能同度量的现象，过渡为可以同度量的现象，计算出分子和分母两个总量指标后对比而形成的指数。即在所研究的总量指标中，包含两个或两个以上的因素，将其中一个或一个以上的因素固定下来，仅观察其中一个因素的变动。这样编制出来的总指数叫综合指数。

编制数量指标指数的一般原则，是用质量指标作同度量因素，并将这个同度量因素固定在基期。编制质量指标指数的一般原则，是用数量指标作同度量因素，并将这个同度量因素固定在报告期。

居民消费价格指数和商品零售价格指数等，都是固定权数平均指数。固定权数平均指数是计算总指数的一种独立的形式，它简洁灵活，使用方便，适合利用市场调查的资料进行计算。在编制的方法上也没有本质区别。但两者反映了两种不同领域，居民消费价格指数属于消费领域的价格指数，商品零售价格指数属于流通领域的价格指数，它们的编制目的是不相同的。

平均指数是总指数计算的另一种重要形式，它的特点是从个体指数出发，通过对个体指数进行加权平均而得到总指数。平均指数常用的基本形式有加权算术平均指数和加权调和平均指数两种，计算时根据掌握的资料不同决定采用哪种方法。

指数体系是指一系列相互联系的指数所形成的整体。利用指数体系可进行估计推算，也可进行因素分析。因素分析只能在具有乘积关系的指数体系中进行。

总量指标变动的因素分析是复杂现象总体的分析。因素分析的内容包括相对数分析和绝对数分析。利用综合指数体系，分析现象总体总量指标变动受各种因素变动的影响程度。

平均指标变动的因素分析是通过平均指标指数体系，分析客观现象总体平均指标变动受各种因素变动的影响程度，首先编制三种平均指标指数，即可变构成指数、固定构成指数和结构影响指数，再建立一个指数体系进行分析。

本章思考

1. 什么是简单现象总体？什么是复杂现象总体？
2. 如何编制综合指数和平均指数，它们之间是怎样区分的？
3. 平均指标变动的因素分析应编制哪几种平均指标指数？如何分析？
4. 你听说过“企业景气指数”和“房地产价格指数”吗？上网搜索背景资料，弄清楚其各自的含义。

技能操作：应用 Excel 计算指数并进行因素分析

指数分析法是研究客观现象数量变动情况的一种统计分析法。我们了解了指数的含义、种类及指数的因素分析，在这里我们介绍应用 Excel 进行指数的计算与因素分析。

在 Excel 中虽然没有为统计指数和指数因素分析专门设置统计函数和数据分析工具，但是我们可以运用一般的公式和函数，简化统计指数的计算，以提高运算效率。

操作项目 1：应用 Excel 计算综合指数并进行因素分析

技能要求：熟悉统计数量指标指数和质量指标指数的编制，利用指数体系进行因素分析，掌握 Excel 在指数分析中的应用。

统计资料：某网店 2016 年和 2017 年销售围巾、帽子和手套三种商品的数量和销售价格资料，如表 6-12 所示。

表 6-12　2017 年某网店三种商品的销售量和销售价格资料

商品名称	计量单位	销售量		销售价格/元	
		2016 年 q_0	2017 年 q_1	2016 年 p_0	2017 年 p_1
围巾	条	1 000	1 050	60	80
帽子	顶	800	900	20	25
手套	双	8 000	8 800	10	12
合　计	—	—	—	—	—

基本任务：根据表 6-12 数据资料，应用 Excel 计算总量指标、综合指数并分析在增加的销售额中由于销售量变动而影响的销售额及由于价格变动而影响的销售额各是多少。

操作步骤：启动 Excel，建立综合指数工作簿。

第一步，将已知原始数据资料输入工作簿，如图 6-1 所示。

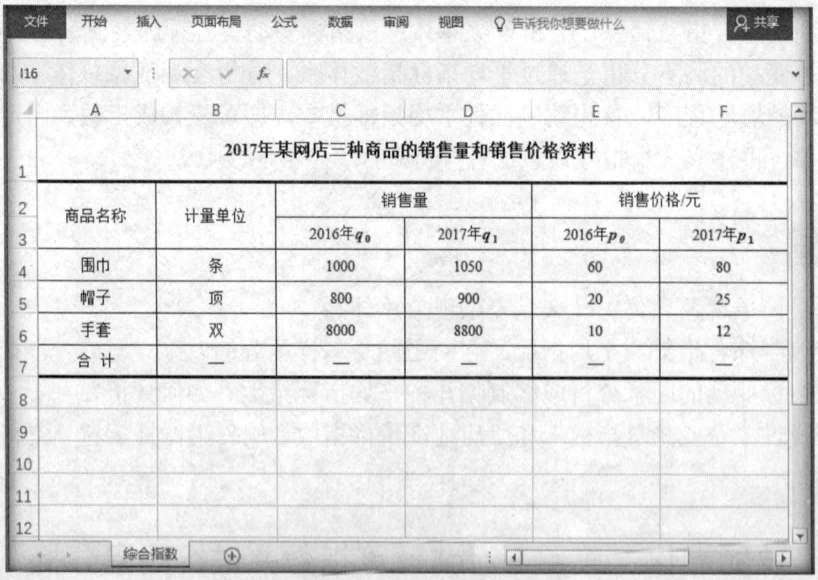

2017年某网店三种商品的销售量和销售价格资料

商品名称	计量单位	销售量		销售价格/元	
		2016年q_0	2017年q_1	2016年p_0	2017年p_1
围巾	条	1000	1050	60	80
帽子	顶	800	900	20	25
手套	双	8000	8800	10	12
合 计	—	—	—	—	—

图 6-1　原始数据输入

第二步，计算各个 p_0q_0。在 G4 单元格中输入“=E4*C4”，（输入公式不要忘记等号）回车后即可得到第一组的第一个数值。其他数据利用“填充”功能，按住鼠标拖曳至 G6 单元格后放开鼠标，即可得到 G5～G6 单元格的数值；计算各个 p_1q_1。在 H4 单元格中输入“=F4*D4”，计算各个 p_0q_1。在 I4 单元格中输入“=E4*D4”，重复前面方法，填充各栏数据，如图 6-2 所示。

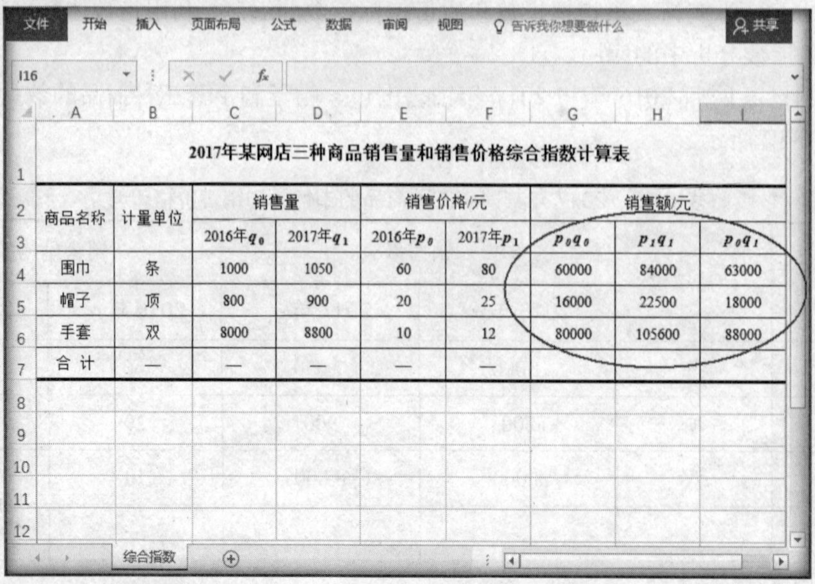

2017年某网店三种商品销售量和销售价格综合指数计算表

商品名称	计量单位	销售量		销售价格/元		销售额/元		
		2016年q_0	2017年q_1	2016年p_0	2017年p_1	p_0q_0	p_1q_1	p_0q_1
围巾	条	1000	1050	60	80	60000	84000	63000
帽子	顶	800	900	20	25	16000	22500	18000
手套	双	8000	8800	10	12	80000	105600	88000
合 计	—	—	—	—	—			

图 6-2　计算各类商品销售额

第三步，计算 $\sum p_0q_0$、$\sum p_1q_1$ 和 $\sum p_0q_1$。选定 G7 单元格，输入“=SUM(G4:G6)”，出现该列 F4:F6 区域的求和值 $\sum p_0q_0$，或单击工具栏上的“$\sum$”按钮直接求和。按此方法分别选定 H7 和 I7，求出 $\sum p_1q_1$ 和 $\sum p_0q_1$ 的值，如图 6-3 所示。

2017年某网店三种商品销售量和销售价格综合指数计算表

商品名称	计量单位	销售量		销售价格/元		销售额/元		
		2016年q_0	2017年q_1	2016年p_0	2017年p_1	p_0q_0	p_1q_1	p_0q_1
围巾	条	1000	1050	60	80	60000	84000	63000
帽子	顶	800	900	20	25	16000	22500	18000
手套	双	8000	8800	10	12	80000	105600	88000
合 计	—	—	—	—	—	156000	212100	169000

图 6-3 计算销售额指标

第四步，计算销售量综合指数 $\overline{K_q}=\sum p_0q_1/\sum p_0q_0$。在 F9 单元格中输入“=I7/G7”回车，便可得到销售量综合指数；计算销售价格综合指数 $\overline{K_p}=\sum p_1q_1/\sum p_0q_1$。在 F12 单元格中输入“=H7/I7”后回车，便可得到销售价格综合指数，如图 6-4 所示。

2017年某网店三种商品销售量和销售价格综合指数计算表

商品名称	计量单位	销售量		销售价格/元		销售额/元		
		2016年q_0	2017年q_1	2016年p_0	2017年p_1	p_0q_0	p_1q_1	p_0q_1
围巾	条	1000	1050	60	80	60000	84000	63000
帽子	顶	800	900	20	25	16000	22500	18000
手套	双	8000	8800	10	12	80000	105600	88000
合 计	—	—	—	—	—	156000	212100	169000

销售量综合指数 $\overline{K_q}=\dfrac{\sum p_0q_1}{\sum p_0q_0}=1.0833$ (或108.33%)

销售价格综合指数 $\overline{K_p}=\dfrac{\sum p_1q_1}{\sum p_0q_1}=1.2550$ (或125.50%)

图 6-4 综合指数计算结果

第五步，由于销售量变动而影响的销售额 $\sum p_0q_1-\sum p_0q_0$，在 H9 单元格中输入“=I7−G7”后回车，便可得到“13 000”销售量影响的数值；由于销售价格变动而影响的销售额 $\sum p_1q_1-\sum p_0q_1$，在 H10 单元格中输入“=H7−I7”后回车，便可得到“43 100”销售价格影响的数值。

网商 2017 年比 2016 年增加的销售额，即三种商品销售额共增加 $\sum p_1q_1-\sum p_0q_0$，在 E11

单元格中输入“=H7−G7”后回车，得出“56 100”。绝对值的综合分析：56 100 元=13 000 元+43 100 元。

在 I11 单元格中输入“=H7/G7”后回车，便可得到销售额指数“135.96%”。相对值的综合分析：135.96%=108.33%×125.50%，如图 6-5 所示。

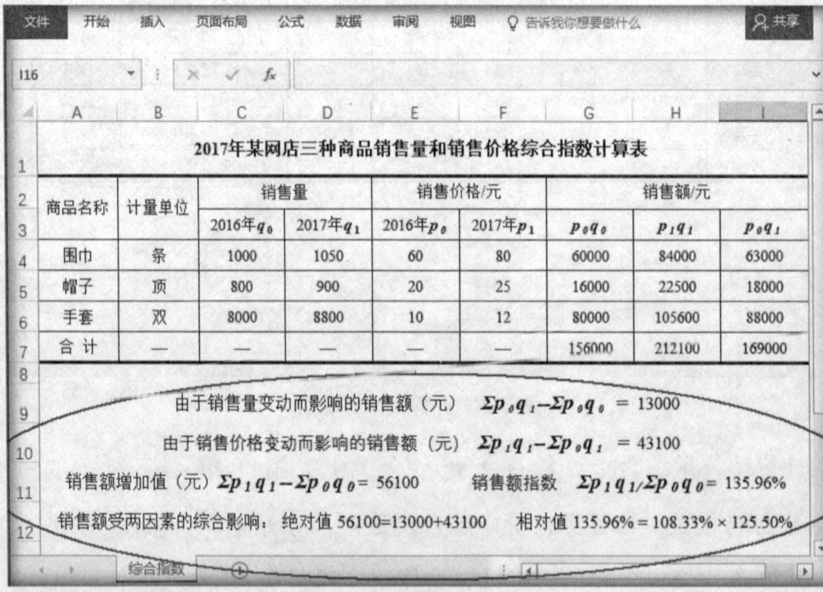

2017年某网店三种商品销售量和销售价格综合指数计算表

商品名称	计量单位	销售量		销售价格/元		销售额/元		
		2016年q_0	2017年q_1	2016年p_0	2017年p_1	p_0q_0	p_1q_1	p_0q_1
围巾	条	1000	1050	60	80	60000	84000	63000
帽子	顶	800	900	20	25	16000	22500	18000
手套	双	8000	8800	10	12	80000	105600	88000
合 计	—	—	—	—	—	156000	212100	169000

由于销售量变动而影响的销售额（元） $\Sigma p_0q_1-\Sigma p_0q_0$ = 13000

由于销售价格变动而影响的销售额（元） $\Sigma p_1q_1-\Sigma p_0q_1$ = 43100

销售额增加值（元）$\Sigma p_1q_1-\Sigma p_0q_0$= 56100　　销售额指数 $\Sigma p_1q_1/\Sigma p_0q_0$= 135.96%

销售额受两因素的综合影响：绝对值 56100=13000+43100　　相对值 135.96% = 108.33% × 125.50%

图 6-5　综合因素影响分析

总量指标的两因素分析计算起来非常烦琐，但是我们借助于 Excel 计算功能就简便多了并且非常准确。在此特别说明，在计算中由于保留小数有限，等式略有不平。

操作项目 2：应用 Excel 计算平均指数并进行因素分析

技能要求：熟悉统计指数的编制和因素分析的基本原理，掌握 Excel 在指数分析中的应用。

统计资料：仍用某网店三种商品的销售资料，这时的已知条件发生了变化，如表 6-13 所示。

表 6-13　2017 年某网店三种商品的销售量和基期销售额资料

商品名称	计量单位	销售量		2016 年销售额/元
		2016 年 q_0	2017 年 q_1	p_0q_0
围巾	条	1 000	1 050	60 000
帽子	顶	800	900	16 000
手套	双	8 000	8 800	80 000
合　计	—	—	—	156 000

基本任务：根据表 6-13 数据资料，应用 Excel 计算销售量个体指数、销售量平均指数并分析由于销售量提高而增加多少销售额。

操作步骤：启动 Excel，建立“平均指数”工作簿。

第一步，将已知原始数据资料输入工作簿，如图 6-6 所示。

2017年某网店三种商品的销售量和基期销售额资料

商品名称	计量单位	销售量		2016年销售额/元
		2016年q_0	2017年q_1	p_0q_0
围巾	条	1000	1050	60000
帽子	顶	800	900	16000
手套	双	8000	8800	80000
合计	—	—	—	156000

图 6-6 原始数据输入

第二步，计算产量个体指数 $K_q=q_1/q_0$。在 F4 单元格中输入“=D4/C4”回车，即可得到第一组的数值。其他组利用“填充”功能，按住鼠标拖曳至 F6 单元格后放开鼠标，即可得到 F5:F6 单元格的数值，如图 6-7 所示。

2017年某网店三种商品销售量平均指数计算表

商品名称	计量单位	销售量		2016年销售额/元	销售量个体指数
		2016年q_0	2017年q_1	p_0q_0	$K_q=q_1/q_0$
围巾	条	1000	1050	60000	1.0500
帽子	顶	800	900	16000	1.1250
手套	双	8000	8800	80000	1.1000
合计	—	—	—	156000	—

图 6-7 计算产量个体指数

第三步，计算 $K_qp_0q_0$，即假设的销售额。在 G4 单元格中输入“=F4*E4”（重复前面方法）。选定 G7 单元格，双击工具栏上的“$\sum$”按钮，出现 G4:G6 区域的求和值，如图 6-8 所示。

第四步，计算产品销售量平均指数：在 E9 单元格中输入“=G7/E7”后回车，即得到所求的平均指数，如图 6-9 所示。

第五步，分析由于销售量提高而增加的销售额$\left(\sum K_q p_0 q_1-\sum p_0 q_0\right)$。在 F11 单元格中输入“=G7−E7”后回车，即得由于销售量提高而增加的销售额是 13 000 元，如图 6-10 所示。

2017年某网店三种商品销售量平均指数计算表

商品名称	计量单位	销售量		2016年销售额/元	销售量个体指数	$K_q p_0 q_0$
		2016年q_0	2017年q_1	p_0q_0	$K_q=q_1/q_0$	
围巾	条	1000	1050	60000	1.0500	63000
帽子	顶	800	900	16000	1.1250	18000
手套	双	8000	8800	80000	1.1000	88000
合计	—	—	—	156000	—	169000

图 6-8　计算 $K_q p_0 q_0$

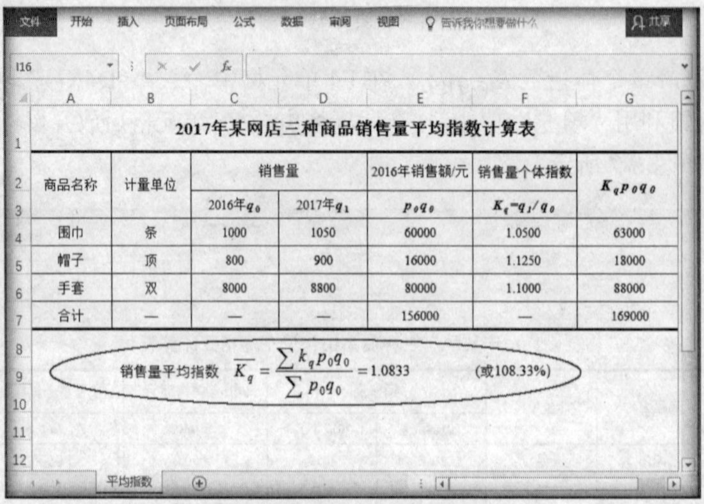

2017年某网店三种商品销售量平均指数计算表

商品名称	计量单位	销售量		2016年销售额/元	销售量个体指数	$K_q p_0 q_0$
		2016年q_0	2017年q_1	p_0q_0	$K_q=q_1/q_0$	
围巾	条	1000	1050	60000	1.0500	63000
帽子	顶	800	900	16000	1.1250	18000
手套	双	8000	8800	80000	1.1000	88000
合计	—	—	—	156000	—	169000

销售量平均指数 $\overline{K_q}=\frac{\sum k_q p_0 q_0}{\sum p_0 q_0}=1.0833$　（或108.33%）

图 6-9　计算销售量平均指数

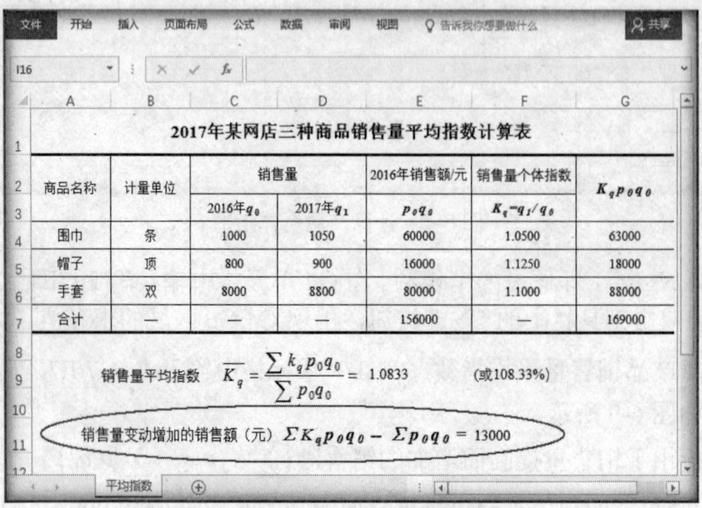

2017年某网店三种商品销售量平均指数计算表

商品名称	计量单位	销售量		2016年销售额/元	销售量个体指数	$K_q p_0 q_0$
		2016年q_0	2017年q_1	p_0q_0	$K_q=q_1/q_0$	
围巾	条	1000	1050	60000	1.0500	63000
帽子	顶	800	900	16000	1.1250	18000
手套	双	8000	8800	80000	1.1000	88000
合计	—	—	—	156000	—	169000

销售量平均指数 $\overline{K_q}=\frac{\sum k_q p_0 q_0}{\sum p_0 q_0}=1.0833$　（或108.33%）

销售量变动增加的销售额（元）$\Sigma K_q p_0 q_0-\Sigma p_0 q_0=13000$

图 6-10　平均指数因素分析

以上完成了数量指标个体指数计算平均指数，结果与已知全面资料计算的指数完全相等。为了加强技能操作的熟练程度，我们也可以根据质量指标个体指数计算平均指数，看看价格变动如何影响销售额的情况。

技能训练

1. 某工业有限公司生产的三类产品的销售额及价格指数资料，如表 6-14 所示。

表 6-14　某工业有限公司生产的三类产品的销售额及价格指数资料

产品种类	计算单位	销售额/万元		价格指数/%
		基期	报告期	
A 类	吨	150	120	115.0
B 类	米	100	110	100.0
C 类	台	200	230	116.0

要求：（1）计算三种产品价格总指数、销售量总指数和总销售额指数。

（2）用 Excel 验证计算结果并进行简要的因素分析。

2. 某超市商品价格和销售量资料，如表 6-15 所示。

表 6-15　某超市商品价格和销售量资料

商品名称	计量单位	商品价格/元		商品销售量	
		2016 年	2017 年	2016 年	2017 年
甲	套	220	200	1 000	1 200
乙	台	110	110	2 200	2 400
丙	件	40	50	1 100	1 320

要求：（1）计算三种商品的销售总额指数、销售量总指数和价格总指数；

（2）从绝对数和相对数两方面分析三种指数间的经济联系；

（3）上机用 Excel 计算综合指数并进行因素分析。

3. 2017 年沿海某地区几种主要副食品价格和销售量资料，如表 6-16 所示。

表 6-16　沿海某地区几种主要副食品价格和销售量资料

商品种类	零售价格/元		销售量/千克	
	基期	报告期	基期	报告期
鲜鸡蛋	9.0	10.2	13 000	12 500
肉制品	40.0	50.6	45 000	56 000
水产品	30.5	45.0	13 600	15 200
豆制品	4.6	6.8	51 000	52 500

试计算：（1）各种副食品零售物价的个体指数及四种副食品物价总指数；

（2）由于每种副食品和全部副食品价格变动使该市居民增加支出的金额；

（3）应用 Excel 功能完成上述问题的计算并进行因素分析。

4. 已知某机械企业 2017 年三种产品产值和产量动态的资料，如表 6-17 所示。借助 Excel 计算三种产品产量总指数和由于产量提高而增加的总产值。

表 6-17　某企业三种产品产值和产量动态资料

产品	实际产值/万元		2017 年比 2016 年产量增长/%
	2016 年	2017 年	
甲	400	480	35
乙	900	970	20
丙	700	960	30

5. 某事业单位的专业技术人员数和平均工资资料，如表 6-18 所示。

表 6-18　某事业单位的专业技术人员数和平均工资资料

按职称分组	平均工资/元		专业技术人员数/人	
	基期	报告期	基期	报告期
初　级	900	950	150	154
中　级	960	1 020	240	301
高　级	1 020	1 060	210	245

要求：试利用因素分析法对该事业单位专业技术人员的总平均工资变动进行分析，并试应用 Excel 完成上述操作。

参考答案

1.（1）价格总指数=111.48%　销售量总指数=91.69%　销售额指数=102.22%

（2）Excel 验证略。

价格提高而增加的销售额 47.38（万元）

销售量减少而降低的销售额 37.38（万元）

2. 文字分析略。

三种商品销售总额指数=112.65%　　分子分母差额 640（元）

三种商品销售量总指数=114.78%　　分子分母差额−108（元）

三种商品物价总指数=98.14%　　分子分母差额 748（元）

3.（1）各副食品零售物价个体指数：

鲜鸡蛋 113.33%；肉制品 126.50%；水产品 137.70%；豆制品 148.84%

四种副食品物价总指数=130.23%（计算表略）。

（2）因价格上涨居民多支付的货币 961 900 元。

（3）Excel 操作略。

4. 三种产品产量总指数

$$\overline{K_q} = \frac{\sum k_q p_0 q_0}{\sum p_0 q_0} = 1.265$$，即 126.5%。

由于产量提高而增加的总产值=530（万元）。

5. 可变构成指数=135.10%，该事业单位总平均工资上升 1 018 元。

固定构成指数=133.72%，由于各组平均工资的变动使总平均工资上升 988 元。

结构影响指数=101.03%，由于各组人数的变动使总平均工资上升 30 元。

第7章　相关分析

知识要点与技能目标

通过学习，了解相关关系的含义，掌握判断客观现象之间的相关方向和相关程度，理解相关分析与回归分析之间的关系，掌握应用简单直线回归模型对统计数据进行分析和预测的技能，应用 Excel 统计函数功能，确定相关系数并编制相关图，在相关基础上进行回归分析及预测。

7.1　相关关系的含义

7.1.1　相关关系的概念

在自然界与人类社会中，许多现象之间是相互联系、相互制约的，究其实质，这种现象之间的关系可以概括为两种不同类型，一类是具有确定性的关系，称为函数关系；另一类是具有不确定性的关系，称为相关关系。

当一个或几个变量取一定的值时，另一个变量有确定值与之相对应，这种关系为确定性的函数关系。例如，某种商品的销售收入 Y 与该商品的销售量 X，以及该商品价格 P 之间的关系可以表示为 $Y=PX$，这就是一种函数关系。又如，正方形的面积 S 是由边长 a 的平方计算得到的，即 $S=a^2$。当 a 发生变化，S 就会发生相应的变化，而且这种变化严格按照 $S=a^2$ 这个公式变动，面积与边长之间变动的关系是确定的。

相关关系是指现象之间客观存在的一种非确定性的数量依存关系，它们的关系是不能确定的，而且也不是唯一的。当某一因素变量发生变化，另一因素变量也会随之发生变化，但这种变化是不能确定的，不能像函数关系那样通过函数关系表达式加以确定。例如，在农业生产中，耕地的深浅与单位面积上的产量有一定关系，耕地深一些相应单位面积产量也会随之增加，但不能由此来准确地计算增加的产量，因为影响产量的因素很多，如施肥量、喷洒农药、田间管理等。

相关关系与函数关系既紧密联系，又有区别。它们的联系在于，两者都是研究现象变量之间的相互关系；相关关系不能准确确定现象变量之间相互影响的准确数值，必须通过模型拟合确定一个函数关系表达式来进行反映；具有相关关系的变量间才有可能拟合函数关系表达式，不具有相关关系的变量间不能建立函数关系。因此，函数关系是相关关系的一个特例，是现象变量间具有完全相关的关系形式。

相关关系与函数关系的区别在于，相关关系是现象之间确实存在的一种关系，而这种关系是不确定的，变量间的相互影响的结果不是唯一的，而是在一定的范围内波动；函数关系指现象变量之间的关系是确定的，可以明确用函数表达式来反映各变量间的数量关系，当某一变量产生变动时，另一变量的结果完全可由函数关系表达式进行确定，并确定出一个唯一的结果。

现象变量之间的相关关系有两个特点。

第一，现象之间客观存在数量依存关系。当某一现象变量在数量上发生了变化，则另一现象变量在数量上会受其影响也相应地发生变化。例如，销售商品的广告费支出逐渐增加，商品的销售额也会增加；商品的销售额增加也会影响广告费的投入，在销售额与广告费之间就存在着数量上的相关关系。

在研究现象变量之间相关关系时，变量之间具有对等关系，确定变量 x 与变量 y 之间的关系，与确定变量 y 与变量 x 之间的关系是一样的，他们的关系不会发生变化。但我们在回归的分析中，变量 x 与变量 y 之间的关系就不是对等的关系了。

第二，现象之间客观存在的数量依存关系是非确定的。当研究现象中某一变量发生变化后，另一变量也会在数量上发生变化，但这种变化的结果是非确定的，不是唯一的。例如，在某块农田中做实验，粮食的单位面积产量 y 与施肥量 x 之间存在数量依存关系，但对于同一块田地，施肥数量相同，单位面积产量会产生不同的结果，也就是说给定施肥量 x，得到的单位面积产量 y 的结果不是唯一的。x 与 y 并不是一一对应的，它们在数量上的依存关系是非确定的。这是因为单位面积产量 y 不仅仅受施肥量 x 的影响，还会受到其他许多因素的影响，这就造成了给定一个变量 x 会有许多变量值 y 与其对应，变量值 y 并不是唯一的，而是非确定的。

7.1.2　相关关系的类别

现象之间的相关关系表现形式是多样的，它们以不同的方式、不同的程度影响着相关现象在数量上的变动情况。对于不同的相关关系，我们需要采取不同的分析方法进行研究。

1. 按所研究现象变量之间的相关程度划分为完全相关、不完全相关和不相关

当某一变量的值完全由另一个变量值的变动所决定，则这两个变量之间的相关关系表现为完全相关。例如，圆的面积的大小，完全取决于半径的大小，不受其他因素的影响，在面积与半径之间就存在一种确定的函数关系，因此函数关系实际上是相关关系的一种特殊表现形式，即完全相关的形式，如图 7-1、图 7-2 所示。

当某一变量的值完全不受另一变量值变动的影响，两变量之间完全独立，彼此不受影响，则两变量之间的相关关系表现为不相关。例如，一个地区的人口数量的增减量对该地区农田的单位面积产量没有任何影响，这两个变量之间是不相关的，如图 7-3 所示。

当两个变量之间的相关关系介于完全相关与不相关之间，则称为不完全相关。例如，单位时间内生产工人的劳动生产率与企业产品产值的关系就属于不完全相关，如图 7-4、图 7-5 所示。本章所讲的相关分析是对不完全相关的变量之间进行的分析研究。

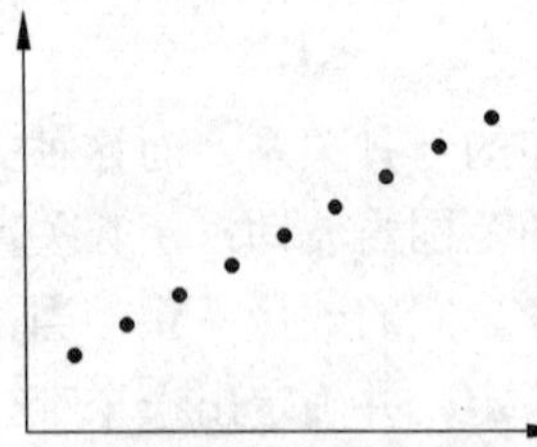

图 7-1　完全正线性相关

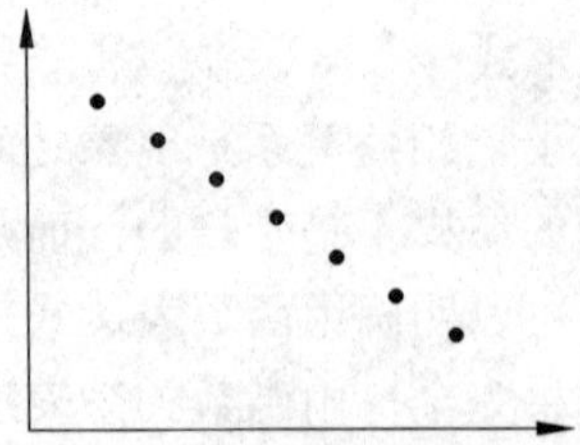

图 7-2　完全负线性相关

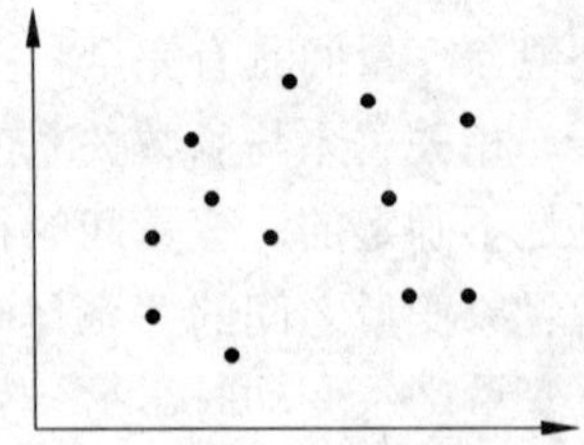

图 7-3　不相关

2. 按所研究现象变量之间的相关方向划分为正相关和负相关

正相关是指当某一变量 x 的数值增加或减少时，另一变量 y 的数值也会随之同方向增加或减少，在图形的表现形式上为两个变量的变化方向一致。例如，在一定时间内劳动生产率提高，企业产品产值也会提高，属于正相关，如图 7-4 所示。

负相关是指当某一变量 x 的数值增加或减少时，另一变量 y 的数值会相应地反方向减少或增加，在图形的表现形式上为两个变量的变化方向相反。例如，企业随着产品生产总量的提高会使产品的单位成本降低，属于负相关，如图 7-5 所示。

3. 按所研究现象变量之间相关形式划分为线性相关和非线性相关

如果相关的两个变量的数值数组在直角坐标图上进行绘制，其散点分布图表现趋向于直线形式，则称为变量间具有线性相关，线性相关也称为直线相关。例如，在一定范围内施肥量与单位面积产量之间表现为线性相关，如图 7-4 和图 7-5 所示。

如果散点分布图表现趋向于某种曲线的形式，则称为非线性相关，也称为曲线相关。如上例，当施肥量超过了一定的范围，施肥量与单位面积产量之间就表现为非线性相关，如图 7-6 所示。

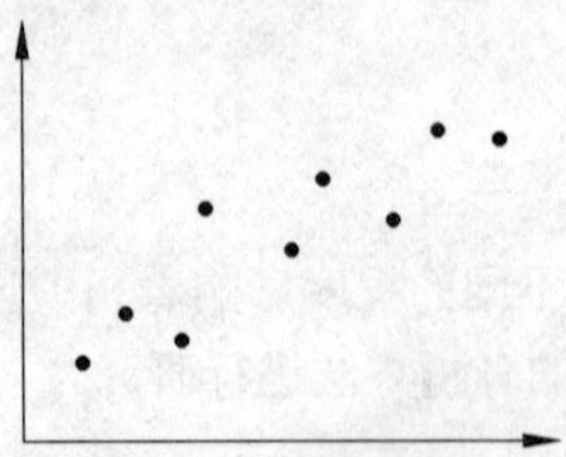

图 7-4　正线性相关

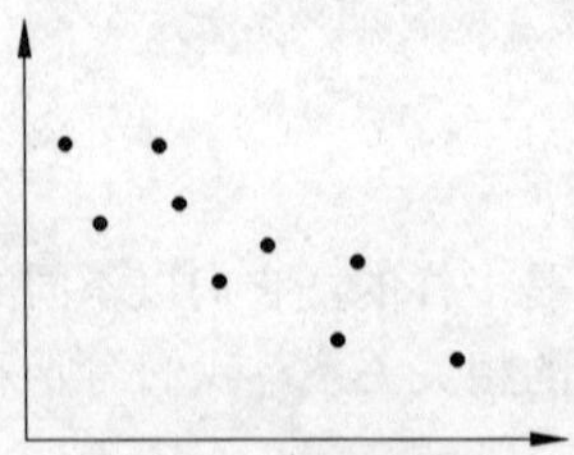

图 7-5　负线性相关

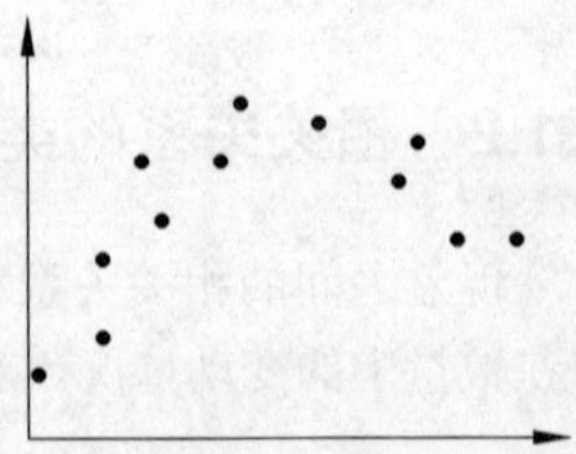

图 7-6　非线性相关

4. 按相关关系所涉及的变量数目多少划分为单相关和复相关

当研究某一个变量与另一个变量之间的相关关系时称为单相关，也叫一元相关。例如，施肥量与单位面积产量之间的关系为一元相关。

当研究某一个变量与其他两个变量或两个以上变量的相关关系时称为复相关，也叫多元相关。例如，某种商品的需求量与商品的价格水平、人们的收入水平之间的相关关系就是一种复相关。

7.1.3　相关关系的判断

在进行相关分析之前，首先要判断现象之间是否存在着相互依存的关系，以及存在着什么样的相关关系，怎么对它进行分析并予以正确的判断。我们一般根据现象质的规定性，运用理论知识、专业知识和实际经验来进行分析和判断。例如，根据经济理论来判断居民的货币收入与社会商品购买力是否存在相关关系。在这种定性分析基础上，初步判定现象变量之间有相关关系后，还要运用大量的观察数据资料，编制相应的相关表，并绘制相关图，进一步判断现象间的相关关系程度，为相关分析和回归分析奠定基础。

1. 相关表的编制

相关表是一种反映变量之间相关关系的统计表。其将某一变量按取值排列，然后将与之相关的另一变量的对应值排列，便可得到简单的相关表。利用相关表可以简明、清晰地表明变量之间的相关关系。例如，我们将已知的某有限公司所属企业 2017 年的产量与总成本资料编制成相关表，如表 7-1 所示。

表 7-1　2017 年某有限公司所属企业产量与总成本相关表

企业序号	产量/万台 x	总成本/万元 y
01	190	5 800
02	160	4 500
03	130	4 100
04	110	3 100
05	100	2 960
06	90	3 300
07	80	2 800
08	60	2 300
09	50	2 100
10	30	1 360

从表 7-1 可以看出，企业数据资料是按产量高低顺序编制的，随着各企业产量的缩减，总成本呈现相应减少的趋势，这两个变量之间存在着明显的正相关关系。

2. 相关图的绘制

从相关表中往往不能直观现象之间的相关程度，因此，我们常将所掌握的具有相关关系的现象变量值组合，以坐标点的形式在平面直角坐标系中绘制出的用以表明变量间相关关系的统计图形，就叫相关图也称为散点图。相关图是粗略观察现象之间相关程度和相关形态的一种有效工具，同时为测定相关关系奠定了基础。

相关图是以横轴表示自变量 x，纵轴表示因变量 y，将相关表中的每一对产量与总成本数据组合在坐标系中，画出相关坐标点，由所有的相关点构成相关图。根据表 7-1 绘制相关图，如图 7-7 所示。

通过相关图中所有相关点的分布特点，可以直观地看出相关点近似在一条上升的直线上，由此可以判断出，产量与总成本两个现象之间存在着正向线性相关关系。

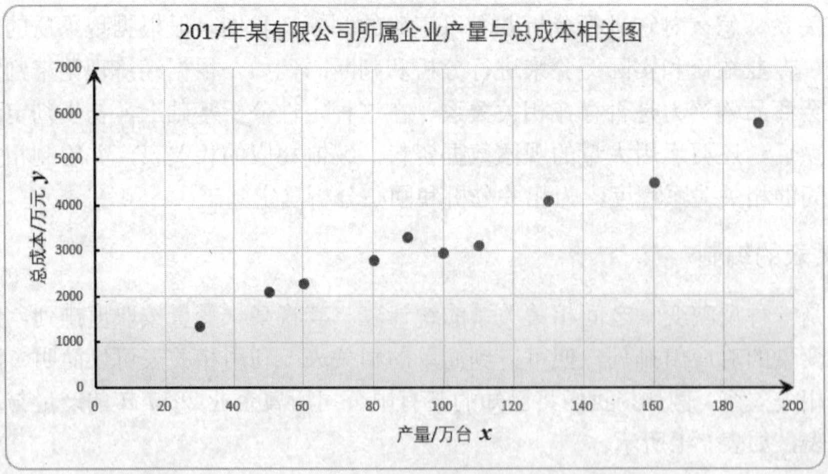

图 7-7　产量与总成本相关图

3. 相关表与相关图的关系

相关表和相关图都是进行相关分析的工具，在进行相关分析时，利用相关表和相关图都可以简单判断现象间的相关关系。通过相关表，可以准确地绘制出相关（散点）图，是进行相关分析各种计算的前提条件，为相关分析的描述奠定了数据基础。通过相关图，可以直观反映出现象变量间的相关的性质和相关的方向，为进一步进行相关分析提供了必要条件，只有将相关表与相关图结合起来才能更充分地分析变量间的相关关系。

7.2　相关关系的研究

客观现象之间存在着非确定性的数量依存关系，这种相关关系是复杂的，各影响因素不同程度地影响着其他因素的变动，对各现象变量之间相关关系密切程度和相关关系方向的研究称为相关分析。也就是说，相关分析就是研究某一变量与另一变量或另一组变量之间相关密切程度和相关方向的一种统计研究分析方法。在本章相关分析主要是对两个变量之间相关密切程度和相关方向的研究。

相关分析被广泛应用于经济分析领域，例如，对企业生产的产品产量与企业用电量的关系研究，对企业生产的产品产值与生产工人的劳动生产率的关系研究，对商业企业的销售额与利润之间的关系研究等都要应用相关分析方法。

7.2.1　相关系数的含义

相关表与相关图只能定性地说明两个现象之间相关关系的方向和密切程度，不能准确说明两现象变量之间相关的程度有多大，这就需要建立一个能够计算变量间相关关系的指标即相关系数。

相关系数是在线性相关条件下，用以测定两个变量之间相关密切程度和相关方向的指标，相关系数用符号“r”来表示。通过对相关系数指标的计算，可以根据结果明确判断出两个变量之间的相关程度的大小和相关的方向，比相关图表更具有说服力。

相关系数的定义公式为

$$r=\frac{\sigma_{xy}^2}{\sigma_x\sigma_y}=\frac{\frac{1}{n}\sum(x-\overline{x})(y-\overline{y})}{\sqrt{\frac{1}{n}\sum(x-\overline{x})^2}\sqrt{\frac{1}{n}\sum(y-\overline{y})^2}}$$

式中：x 与 y 分别为两变量的标志值；$\overline{x}$与$\overline{y}$ 分别为变量 x 与 y 的算术平均数；σ_x 为变量 x 的标准差；σ_y 为变量 y 的标准差；σ_{xy}^2 为两个变量 x 与 y 的协方差。

根据定义公式计算两变量间的相关系数 r 比较烦琐，经过推算（计算过程略）可以得出以下简捷公式

$$r=\frac{n\sum xy-\sum x\sum y}{\sqrt{n\sum x^2-(\sum x)^2}\sqrt{n\sum y^2-(\sum y)^2}}$$

这样我们就可以根据相关表中两变量的原始资料计算出相关系数，再根据相关系数 r 的数值判断出两变量之间的相关程度与相关方向。

7.2.2 相关系数的分析

相关系数是相关分析中的重要内容和指标。依据现象原始资料，可以较为精确地测定出相关系数，我们再根据相关系数的特点对变量进行相关分析。相关系数的取值与变量 x、y 之间存在相关关系的特点表现在以下几个方面。

相关系数 r 的取值范围是 $0\leqslant|r|\leqslant1$；r 的绝对值 $|r|$ 越大，表示变量 x 与变量 y 间的相关程度越高；r 的绝对值 $|r|$ 越小，表示变量 x 与变量 y 间的相关程度越低。当相关系数 r=0 时，表示变量 x 与变量 y 之间没有线性相关关系。但并不意味着它们之间不存在其他类型的关系，还有可能存在着非线性相关关系。当相关系数 r 的绝对值等于 1，即 $|r|=1$ 时，表示变量 x 与变量 y 之间存在完全线性相关。

相关系数 r 的计算结果通常在$-1<r<1$ 之间，即表示存在着一定的线性相关关系。相关系数 r 的前面的符号为“+”则表示变量 x 与变量 y 间为正相关；符号为“−”则表示变量 x 与变量 y 间为负相关。计算相关系数的两个变量 x 与 y 都是随机变量，计算相关系数只有一个。参与计算的两个变量之间是对等的，不必区分自变量还是因变量。

利用相关系数进行相关程度分析，一般情况下，通过相关系数的绝对值 $|r|$ 的大小来判断变量 x 与变量 y 间线性相关程度的大小。相关系数与相关程度一般分析，如表 7-2 所示。

表 7-2 相关系数与相关程度一般分析

相关系数 r 的取值	变量 x 与变量 y 相关程度	分析与研究
$\|r\|=0$	不相关	不去研究
$\|r\|<0.3$	微弱相关	没有研究价值
$0.3\leqslant\|r\|<0.5$	低度相关	一般不再研究
$0.5\leqslant\|r\|<0.8$	中度相关	具备研究价值
$0.8\leqslant\|r\|<1$	高度相关	最具研究价值
$\|r\|=1$	完全线性相关	出现概率极少

7.2.3 相关系数的应用

相关系数 r 的计算公式通常采用简捷法形式，即

$$r=\frac{n\sum xy-\sum x\cdot\sum y}{\sqrt{n\sum x^2-(\sum x)^2}\cdot\sqrt{n\sum y^2-(\sum y)^2}}$$

公式中各相应字母对应数据可通过相关系数计算表来计算。现列举说明相关系数的应用方法。

【例 7-1】我们仍用表 7-1 中的数据。分析某有限公司下属的 10 个企业 2017 年的产量与总成本资料，通过相关图与相关表判定产量与总成本有相关关系，并且观测出为正相关关系，那么关系程度又如何呢？我们通过计算相关系数来解决这一问题。首先列出相关系数计算表，如表 7-3 所示。

表 7-3　2017 年某有限公司所属企业产量与总成本相关系数计算表

企业序号 n	产量/万台 x	总成本/万元 y	x^2	y^2	xy
01	190	5 800	36 100	33 640 000	1 102 000
02	160	4 500	25 600	20 250 000	720 000
03	130	4 100	16 900	16 810 000	533 000
04	110	3 100	12 100	9 610 000	341 000
05	100	2 960	10 000	8 761 600	296 000
06	90	3 300	8 100	10 890 000	297 000
07	80	2 800	6 400	7 840 000	224 000
08	60	2 300	3 600	5 290 000	138 000
09	50	2 100	2 500	4 410 000	105 000
10	30	1 360	900	1 849 600	40 800
合计	1 000	32 320	122 200	119 351 200	3 796 800

从表 7-3 中的计算数据可知：n=10，$\sum x$=1 000，$\sum y$=32 320，$\sum x^2$=122 200，$\sum y^2$=119 351 200，$\sum xy$=3 796 800，将数据代入相关系数的简捷公式得

$$\begin{aligned}r&=\frac{n\sum xy-\sum x\cdot\sum y}{\sqrt{n\sum x^2-\left(\sum x\right)^2}\cdot\sqrt{n\sum y^2-\left(\sum y\right)^2}}\\&=\frac{10\times3\ 796\ 800-1\ 000\times32\ 320}{\sqrt{10\times122\ 200-1\ 000^2}\cdot\sqrt{10\times119\ 351\ 200-32\ 320^2}}\\&=\frac{37\ 968\ 000-32\ 320\ 000}{471.168\ 8\times12\ 203.671\ 6}\approx0.982\ 3\end{aligned}$$

相关系数 $r\approx0.982\ 3$，$0.8\leqslant r<1$，由此可知，计算结果表明 2017 年该有限公司下属企业的产量与总成本之间存在着高度的正线性相关关系。

【例 7-2】根据生物遗传学的理论，判定父辈的身高与子辈的身高存在相关关系，我们经过随机抽样获取 16 组父子身高资料，如表 7-4 所示。现将数据简单编入相关表，做出散点图

并计算父子身高的相关系数，了解其相关程度。

表 7-4 父辈的身高与子辈的身高相关系数计算表

组别	父辈身高/cm x	子辈身高/cm y	x^2	y^2	xy
1	176	185	30 976	34 225	32 560
2	177	182	31 329	33 124	32 214
3	167	170	27 889	28 900	28 390
4	168	166	28 224	27 556	27 888
5	176	183	30 976	33 489	32 208
6	175	180	30 625	32 400	31 500
7	185	191	34 225	36 481	35 335
8	172	178	29 584	31 684	30 616
9	171	171	29 241	29 241	29 241
10	165	169	27 225	28 561	27 885
11	174	171	30 276	29 241	29 754
12	173	181	29 929	32 761	31 313
13	180	188	32 400	35 344	33 840
14	170	180	28 900	32 400	30 600
15	175	178	30 625	31 684	31 150
16	162	163	26 244	26 569	26 406
合计	2 766	2 836	478 668	503 660	490 900

利用 Excel 绘制图表的功能，依据表 7-4 已知数据资料，得到图 7-8，通过相关图中所有相关点的分布特点，可以直观地看出相关点分布在近似一条上升的直线区域，由此可以判断出，父与子身高两个现象之间存在着正向线性相关关系。

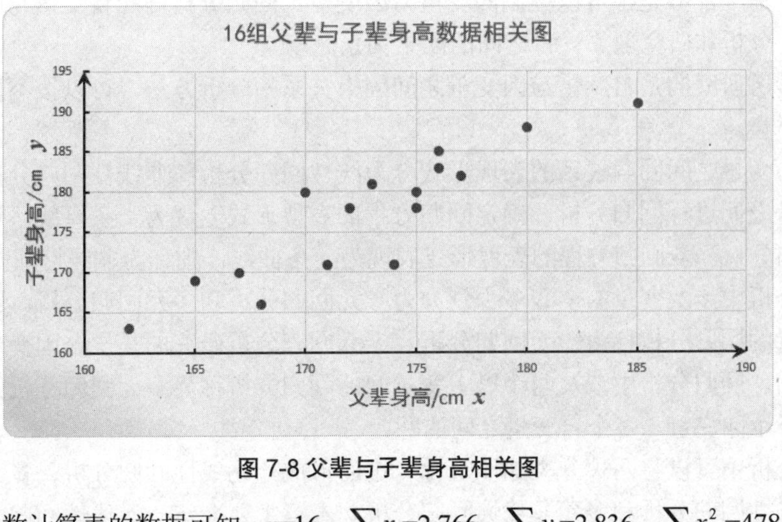

图 7-8 父辈与子辈身高相关图

从相关系数计算表的数据可知：n=16，$\sum x$=2 766，$\sum y$=2 836，$\sum x^2$=478 668，$\sum y^2$=503 660，$\sum xy$=490 900，将数据代入相关系数的简捷公式得（也可以应用 Excel 的函数功能

直接求得相关系数）

$$r=\frac{n\sum xy-\sum x\cdot\sum y}{\sqrt{n\sum x^2-\left(\sum x\right)^2}\cdot\sqrt{n\sum y^2-\left(\sum y\right)^2}}$$

$$=\frac{16\times 490\ 900-2\ 766\times 2\ 836}{\sqrt{16\times 478\ 668-2\ 766^2}\cdot\sqrt{16\times 503\ 660-2\ 836^2}}$$

$$=\frac{7\ 854\ 400-7\ 844\ 376}{89.061\ 8\times 125.155\ 9}\approx 0.899\ 3$$

相关系数 $r\approx 0.899\ 3$，$0.8\leqslant r<1$，由此可知，父与子的身高这两个现象之间存在着高度的正向线性相关关系。

7.3 相关与回归的关系

7.3.1 回归分析的含义

通过相关分析只能说明变量间确实存在着相互依存关系及其相关的方向和程度，不能准确地用函数表达式表示出来，因为这里的变量研究的都是随机变量。为了解决相关分析不能处理的问题，经过科学的实践和研究，确定出另外一种分析方法，即回归分析法。

回归分析是在相关分析的基础上，研究具有相关关系的两个或两个以上变量之间数量变动关系的统计方法。回归分析是通过对某一现象变量所获得的实际观测值资料，采用数学方法，回归为直线或曲线形式的方程，以反映和描述具有相关关系的现象变量之间的数量关系及变动趋势的一种分析方法。利用回归分析的方法建立的数学模型称为回归模型，得到的数学表达式称为回归方程。

在回归分析中，要确定所研究的现象变量之间的因果关系，其中一部分是可以控制的变量为自变量，另一部分是不可以控制的变量为因变量。回归分析是在自变量与因变量之间建立回归模型，分析和研究现象变量之间的因果关系。

回归分析所研究的是自变量与因变量之间因果关系的分析方法，可以按不同的标准对回归分析进行分类。

按研究的变量之间回归关系的表现形式分为线性回归分析和非线性回归分析。对具有线性相关的变量之间进行回归分析，确定回归方程的表现形式表现为一条直线，这样的回归分析为线性回归分析。若回归方程的表现形式表现为一条曲线，则称为非线性回归分析。

按回归分析中涉及变量的个数多少划分为一元回归分析和多元回归分析。回归分析中只涉及两个变量的回归分析称为一元回归分析，一元回归分析研究的是一个因变量与一个自变量之间的回归。回归分析中涉及两个以上变量间的回归分析称为多元回归分析，多元回归分析研究的是一个因变量与多个自变量之间的回归。

在回归分析中可以将两种分类加以组合，进而形成一元线性回归分析、多元线性回归分析、一元非线性回归分析和多元非线性回归分析。本章主要介绍一元线性回归（简单直线回归）分析。

7.3.2　相关与回归的联系与区别

相关分析是回归分析的前提条件。只有现象之间具有较强的密切程度，才有必要对涉及的变量进行回归分析。如果变量之间相关密切程度不强，对其进行回归分析就没有意义。因此相关分析是回归分析的前提条件。

回归分析是相关分析的继续深入。相关分析只能对研究现象之间是否存在相关、相关的方向和相关的密切程度加以说明，而不能以确定的函数表达式说明现象变量之间的变动关系。回归分析则通过一定的数学模型，对变量之间的关系拟合出一个回归方程，形象地说明现象之间的数量变动关系，并根据回归方程对所研究的变量进行分析和预测。因此，回归分析是相关分析的继续深入。

相关分析与回归分析说明问题深浅不同。相关分析主要是通过相关表、相关图和相关系数来判断两个变量之间是否存在相关关系，以及变量之间相关的方向和密切程度，不能通过函数表达式准确说明现象之间的变动关系。而回归分析则通过建立回归方程，以数据形式表明研究变量之间平均变动的效果，表明变量之间变动的关系。

相关分析与回归分析研究变量性质不同。相关分析中，所研究的两个随机变量之间是对等的，不必区分自变量还是因变量，两个变量之间只能有一个相关系数。而回归分析中，分析研究的是一个随机变量与另一个给定可控随机变量之间的相互关系，并且要研究变量之间的因果关系，区分自变量还是因变量。通过互为因果关系的变量可以拟合两个完全不同的回归方程，一个是 y 倚 x 的回归方程，一个是 x 倚 y 的回归方程。

7.3.3　简单直线回归分析

1. 简单直线回归的特点

简单直线回归是对具有显著相关的两个变量之间数量变化的一般关系进行测定，根据实际测定的数据，拟合一条直线回归方程，用以估计或预测两个变量之间关系的统计方法。它反映的是一个因变量和一个自变量之间的数量变动对应关系。

在回归分析中，简单直线回归分析是应用最广泛的回归分析方法，拟合的数学方程叫简单回归方程。进行简单直线回归分析的前提条件是两个变量之间确实存在相关关系，而且相关程度必须是显著相关及以上。只有满足上述条件以后，才能对变量进行简单直线回归分析。

简单直线回归模型的基本形式为

$$\hat{y}=a+bx$$

式中：$\hat{y}$ 是因变量 y 的估计值；a 是拟合直线在 y 轴上的截距；b 是拟合直线的斜率，也叫回归系数。a 与 b 都是简单直线回归方程的待定参数。要确定简单直线回归方程，必须首先确定回归参数 a 与 b。

在简单直线回归分析中，拟合一条什么样的直线来代表两个变量所有相关点的变动趋势，成为进行简单直线回归分析最为关键的问题。

经验证明，符合“离差平方和最小”的直线最合适，所以回归参数 a 与 b 的确定采用最小二乘法进行确定。即为 $\sum(\hat{y}-y)^2$ =最小值，设 $Q=\sum(\hat{y}-y)^2$ =最小值，将 $\hat{y}=a+bx$ 代入可得

$$Q=\sum(y-a-bx)^2=\text{最小值}$$

对其求偏导数可得

$$\begin{cases}\sum y=na+b\sum x\\ \sum xy=a\sum x+b\sum x^2\end{cases}$$

经过整理可得求解参数 a、b 的公式

$$\begin{cases}b=\dfrac{n\sum xy-\sum x\sum y}{n\sum x^2-(\sum x)^2}\\ a=\dfrac{\sum y}{n}-b\dfrac{\sum x}{n}=\overline{y}-b\overline{x}\end{cases}$$

把两变量的实际观测资料代入上式，即可计算出简单直线回归待定参数 a 与 b，并将 a 与 b 代入简单直线回归方程模型即可求出最合适的拟合直线。

b 是回归系数，b 的含义是当自变量 x 每增加一个单位时，因变量 y 随之变动的平均值。

在回归分析中，两个变量的关系不是对等的，必须区分开自变量和因变量，关于自变量与因变量的区分主要根据现象的因果关系或是分析研究的目的；对于互为因果关系的两个变量 x 和 y，可以建立两个回归方程，一个是 y 倚 x 的回归方程，一个是 x 倚 y 的回归方程，这两个方程是完全不同的；自变量是可控的变量，因变量是随机变量；回归系数 b 与相关系数 r 方向一致，即 b 前面符号“+”表示两变量间变动的方向相同，即为正相关，“−”表示两变量间的变动方向相反，即为负相关。

回归分析中，在有的情况下，可以根据拟合的回归方程在自变量与因变量之间进行互相推算，并可以对以前缺失的资料进行补充，对以后的资料进行预测。

2. 简单直线回归的应用

【例 7-3】某箱包有限公司 2007—2016 年的销售额和利润额资料，如表 7-5 所示，根据回归分析的要求，我们先计算箱包销售额与利润之间的相关系数，观察其相关程度，如果存在高度线性相关关系，便可建立销售额对利润额的回归方程并预测当销售额达到 3 600 万元时，利润额能达到什么水平？

表 7-5　某箱包企业历年销售额和利润资料

年份	销售额/万元 x	利润额/万元 y
2007	150	70
2008	280	120
2009	490	230
2010	600	290
2011	750	350
2012	880	460
2013	1 300	510
2014	1 550	680
2015	1 720	800
2016	2 100	990

计算相关系数不必区分自变量与因变量，而在进行简单直线回归分析时要区分自变量与因变量，因此这里根据题意设销售额为自变量 x，利润额为因变量 y。

第一，列相关系数计算表，如表 7-6 所示。

表 7-6　某箱包有限公司销售额和利润额之间的相关系数计算表

年份	销售额/万元 x	利润/万元 y	x^2	y^2	xy
2007	150	70	22 500	4 900	10 500
2008	280	120	78 400	14 400	33 600
2009	490	230	240 100	52 900	112 700
2010	600	290	360 000	84 100	174 000
2011	750	350	562 500	122 500	262 500
2012	880	460	774 400	211 600	404 800
2013	1 300	510	1 690 000	260 100	663 000
2014	1 550	680	2 402 500	462 400	1 054 000
2015	1 720	800	2 958 400	640 000	1 376 000
2016	2 100	990	4 410 000	980 100	2 079 000
合　计	9 820	4 500	13 498 800	2 833 000	6 170 100

从表 7-6 中可知：n=10，$\sum x$ =9 820，$\sum y$ =4 500，$\sum x^2$ =13 498 800，$\sum y^2$ =2 833 000，$\sum xy$ =6 170 100，将数据代入相关系数的简捷公式得

$$\begin{aligned} r &= \frac{n\sum xy - \sum x \cdot \sum y}{\sqrt{n\sum x^2 - (\sum x)^2} \cdot \sqrt{n\sum y^2 - (\sum y)^2}} \\ &= \frac{10 \times 6\,170\,100 - 9\,820 \times 4\,500}{\sqrt{10 \times 13\,498\,800 - 9\,820^2} \cdot \sqrt{10 \times 2\,833\,000 - 4\,500^2}} \\ &= 0.992\,1 \end{aligned}$$

因为相关系数 r=0.992 1，说明箱包企业销售额和利润之间存在高度正相关关系。

第二，配合回归模型根据计算公式采用最小二乘法对待定参数进行估计得

$$\begin{cases} b = \dfrac{n\sum xy - \sum x \cdot \sum y}{n\sum x^2 - (\sum x)^2} = 0.454\,2 \\ a = \dfrac{\sum y}{n} - b\dfrac{\sum x}{n} = \bar{y} - b\bar{x} = 3.999\,9 \end{cases}$$

因此，回归直线方程为

$$\hat{y} = a + bx = 3.999\,9 + 0.454\,2\,x$$

第三，当销售额达到 3 600 万元时，即 x=3 600，代入回归直线方程

$$\hat{y} = 3.999\,9 + 0.454\,2x = 3.999\,9 + 0.454\,2 \times 3\,600 \approx 1\,639.12（万元）$$

即该箱包有限公司当销售额达到 3 600 万元时，利润额可能达到 1 639.12 万元。

3. 估计标准误差

（1）估计标准误差的含义。通过简单直线回归分析可以建立一个回归方程，回归方程是

在“离差平方和最小”条件下拟合出来的，反映在直角坐标系上就是一条线$\hat{y}=a+bx$，即为我们所说的回归直线。这条回归直线是反映两个变量之间一般关系的平均趋势直线，各相关观测点在这条平均趋势直线周围分布。如果各相关观测点都距离平均趋势线较近，则说明回归直线的代表性较高，而回归直线就能更为准确地描述两个变量之间的数量依存关系，利用回归直线方程进行预测也就更为准确可靠。如果各相关观测点都距离平均趋势线较远，则说明回归直线的代表性较差，而回归直线就不能准确地描述两个变量之间的数量依存关系，利用回归直线方程进行预测也就缺乏有效性。利用回归直线方程可以根据给定的可控自变量 x 的值推算出一系列因变量的估计值$\hat{y}$，这些估计值$\hat{y}$与实际因变量观测值y之间会存在一定的误差。那么$\sum(y-\hat{y})^2$ 的大小就成为说明回归直线代表性的标准。

估计标准误差是简单直线回归分析的因变量估计值$\hat{y}$与实际观测值y之间的平均误差大小的指标。估计标准误差是一个标志变异指标，可以利用它来评价简单直线回归方程的代表性的大小，说明回归估计值的准确程度，说明两个自变量与因变量之间关系的密切程度。

（2）估计标准误差的计算。估计标准误差是根据因变量估计值$\hat{y}$与实际观测值y之间的离差计算的，其计算方法与标准差的计算方法基本一致，即

$$S_{yx}=\sqrt{\frac{\sum(y-\hat{y})^2}{n-2}}$$

式中：S_{yx}表示 y 倚 x 的估计标准误差；n 表示回归分析中相关点的个数；n–2 表示自由度，因为在简单直线回归分析中，a与b是两个待定参数，已经失去两个自由度。

根据估计标准误差，结合回归方程，将$\hat{y}=a+bx$代入可得

$$S_{yx}=\sqrt{\frac{\sum y^2-a\sum y-b\sum xy}{n-2}}$$

结合例 7-3，见表 7-6，可知 n=10，$\sum y$=4 500，$\sum y^2$ =2 833 000，$\sum xy$=6 170 100，a=3.999 9，b=0.454 2，根据公式计算估计标准误差

$$S_{yx}=\sqrt{\frac{2\ 833\ 000-3.999\ 9\times4\ 500-0.454\ 2\times6\ 170\ 100}{10-2}}=39.83\text{（万元）}$$

应注意的是：a、b 值分别按保留多位小数计算，保留的小数越多越精确。

估计标准误差 39.83 万元，表明各个观测点与回归直线的平均距离，这个距离不是实际距离。回归标准误差是在“离差平方和最小”的情况下计算的，这条回归直线是代表上述资料的平均趋势直线。

（3）估计标准误差与相关系数的关系。估计标准误差S_{yx}与相关系数r是两个密切联系的指标。估计标准误差越小，相关点观测值就越接近回归直线，变量之间的相关程度也就越大，相关系数的绝对值也越大；反之估计标准误差越大，相关点观测值就越远离回归直线，变量之间的相关程度也就越小。用公式表示二者之间的关系为

$$r=\sqrt{1-\frac{S_{yx}^2}{\sigma_y^2}}$$

$$S_{yx}=\sigma_y\sqrt{1-r^2}$$

$$\sigma_y=\sqrt{\frac{\sum(y-\hat{y})^2}{n}}$$

（4）回归置信区间。由于简单直线回归分析中的相关点观测值都来源于样本资料，样本资料的取得具有随机性，这样就导致根据样本资料所确定的回归直线也就具有随机性。在回归分析中，仅仅用一个样本资料所建立的回归方程进行推算因变量的值，还不能说明因变量值所在的区间范围。因此还要确定回归估计的有效性，确定回归直线的置信区间。

回归直线的置信区间的构造与统计抽样中置信区间的确定方法相同，即

$$\hat{y}\pm tS_{yx}$$

公式中的 t 为概率度。

这样由公式确定了两条对称的弧形曲线所围成的一个中间窄、两头宽的区域，称为回归置信区间。当给定可控变量 x 就能确定因变量的数值，配合一定的概率度，可以保证各个因变量值落入这个置信区间。

7.3.4　相关与回归分析中的问题

1. 定性分析与定量分析

进行相关与回归分析之前要判断现象变量之间是否存在相关关系，以及相关的类型、方向和程度。首先应对现象变量进行定性分析，确定现象变量之间确实存在相关关系，才能进行定量分析。定量分析以定性分析的结论为前提，在定性分析的基础上进行定量分析，通过对相关系数的计算以及回归分析，配合定性分析，从定性分析到定量分析，再从定量分析到定性分析，使分析方法得到完美的结合。

2. 现象复杂性与数量的界限

进行相关与回归分析时要注意事物的界限，也就是进行分析的现象变量所作用的范围。在多数情况下，现象变量之间只有在一定范围内才具有相关关系，超出这个范围就会产生另一种关系。例如，同批量生产的产品，在一定范围内，生产数量越多，成本就会越少，但若超过一定范围，便会使成本迅速增加。我们不能用一个相关方程去无限推算，必须注意那些转折点，注意数量质的特征，数量的界限。

3. 相关系数与回归直线方程

通过对相关系数的计算与分析，可以根据相关系数的取值来判断变量间的相关关系。但当相关系数绝对值较小时，不能确定变量之间是否存在线性相关，而要借助于其他方法进行分析。只有检查相关系数的绝对值处于显著相关和高度相关这个有效条件下才能确定变量间的相关关系。

利用回归方程进行估计和推算因变量数值时，一般只能在观测值附近推算，也不能随意地无限制地推算下去。因为回归估计的准确程度与所给定的自变量值、建立回归方程所依据的自变量的平均数的远近有关，距离越近，其准确程度越高；距离越远，其准确程度越低。当给定变量值过大地远离平均数，就不能说明变量值所在的区间落在有效置信区间内，使得回归直线失去其在一定范围内的有效性。所以，要对回归直线进行有效性检验是否适合回归估计。

本章小结

在客观世界中，任何事物或现象之间都存在相互依存关系，这种相互依存关系表现为两种类型：一类是函数关系；一类是相关关系。本书中主要研究的是相关关系。相关关系具有两个特点：一是现象之间客观存在着数量依存关系；一是现象之间客观存在的数量依存关系是非确定的。

根据不同的分类标准，将相关关系进行多种分类。按所研究变量之间的相关程度的强弱可分为完全相关、不完全相关和不相关；按所研究变量间相关关系的方向可分为正相关和负相关；按所研究现象变量间的相关关系表现形式可分为线性相关和非线性相关；按相关关系所涉及的变量个数的多少可分为单相关和复相关。

现象之间相关关系的判断方法主要有定性分析法、相关图表法和相关系数法。相关系数的公式为

$$r=\frac{n\sum xy-\sum x\cdot\sum y}{\sqrt{n\sum x^2-(\sum x)^2}\cdot\sqrt{n\sum y^2-(\sum y)^2}}$$

回归分析主要研究的是一元线性回归分析，简单线性回归模型为：$\hat{y}=a+bx$，$\hat{y}$是因变量y的估计值；a是拟合直线在y轴上的截距；b是拟合直线的斜率，也叫回归系数。参数的确定公式为

$$\begin{cases} b=\dfrac{n\sum xy-\sum x\cdot\sum y}{n\sum x^2-(\sum x)^2} \\ a=\dfrac{\sum y}{n}-b\dfrac{\sum x}{n}=\overline{y}-b\overline{x} \end{cases}$$

本章思考

1. 什么是相关关系？相关关系有哪些特点？
2. 相关关系有哪几种类型？举出实例说明。
3. 什么是相关系数？相关系数有哪些特点？
4. 相关分析与回归分析有哪些区别和联系？
5. 什么是回归分析？回归分析有哪些特点？

技能操作：应用 Excel 进行相关分析与回归分析

应用 Excel 制作统计图并进行统计资料的输出是非常直观而有效的方法。Excel 是一个功能强大的办公软件，不仅能进行复杂的统计运算，还能够实现统计图的绘制。

操作项目 1：应用 Excel 编制散点图

技能要求：熟悉相关关系的表现形式、散点分布图的表现，掌握 Excel 在统计中的应用。

统计资料：某地区历年城镇居民人均可支配收入与人均消费支出的资料，如表 7-7 所示。

表 7-7　某地区历年城镇居民人均可支配收入与人均消费支出资料

年份	人均收入/元	人均消费/元	年份	人均收入/元	人均消费/元
2002	1 943	1 502	2010	5 986	4 753
2003	2 267	1 785	2011	6 453	5 187
2004	3 042	2 333	2012	6 956	5 661
2005	4 018	3 186	2013	7 537	6 078
2006	4 254	3 383	2014	7 989	6 573
2007	4 876	3 894	2015	8 372	6 915
2008	5 261	4 236	2016	8 659	7 350
2009	5 398	4 330	2017	9 186	7 889

基本任务：根据表 7-7 相关资料，应用 Excel 制图功能，编制关于人均可支配收入和人均消费支出之间关系的散点图并判别两者之间的关系。

操作步骤：启动 Excel，建立一个“散点图”工作簿。

第一步，录入资料。在（A3:C18）区域内输入原始数据资料，如图 7-9 所示。

年份	人均可支配收入/元 x	人均消费支出/元 y
2002	1943	1502
2003	2267	1785
2004	3042	2333
2005	4018	3186
2006	4254	3383
2007	4876	3894
2008	5261	4236
2009	5398	4330
2010	5986	4753
2011	6453	5187
2012	6956	5661
2013	7537	6078
2014	7989	6573
2015	8372	6915
2016	8659	7350
2017	9186	7889

图 7-9　输入原始数据资料

第二步，选择图表。数据录入完成后，选中（B3:C18）区域，根据要求，用鼠标单击“插入”菜单，找到“图表”子菜单，如图 7-10 所示，单击“插入散点图（X、Y）”，选择“散点图”，并在子图表类型中选择一种图形，如第一个类型，单击进入图表界面并开始设置编辑，如图 7-11 所示。

第三步，利用图表工具设计图表。选中图表，单击“+”按钮，在“图表元素”选项中，勾选“坐标轴标题”等选项。然后在图表的编辑框中输入各标题，如图 7-12 所示。也可以双击图表，弹出“设置图表区格式”对话框，根据需要选项，设计图表，如图 7-13 所示。

图 7-10　选择插入图表

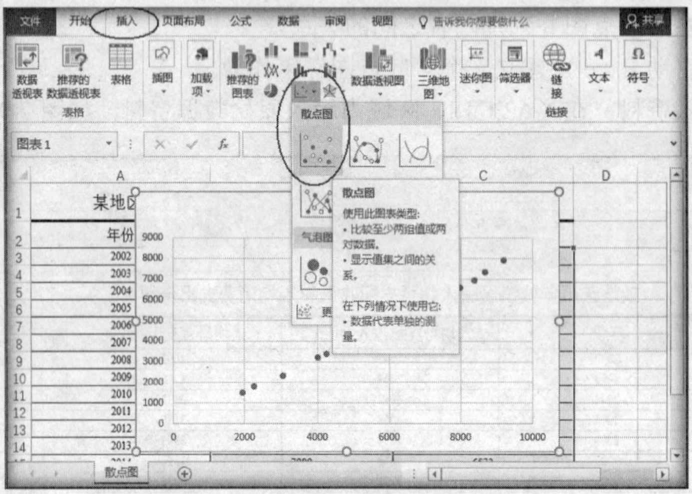

图 7-11　选择“散点图”

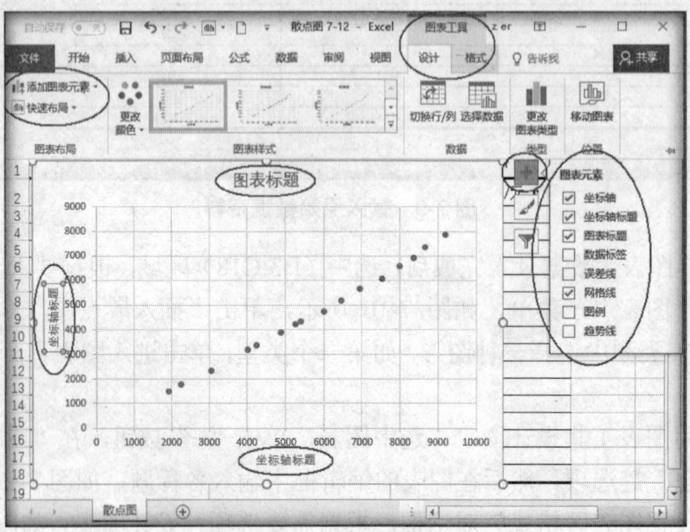

图 7-12　添加图表元素

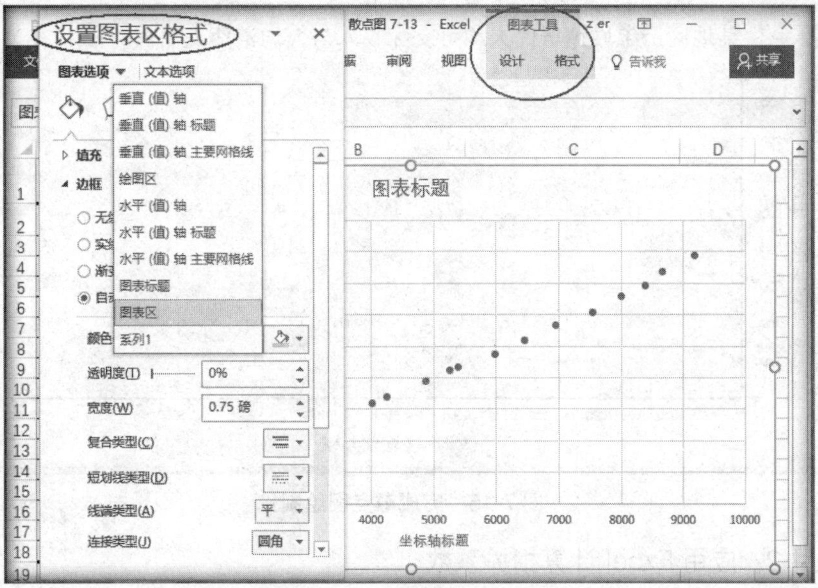

图 7-13　设置图表区格式

第四步，调整图表格式。在“图表选项”中，单击“图表标题”，在图表编辑框内输入“某地区历年城镇居民人均可支配收入与人均消费支出散点图”，依次编辑垂直坐标轴和水平坐标轴标题，并可对“坐标轴”“网格线”“图例（通常不显示图例）”“数据标志”进行设置，以使散点图更加适合统计工作的需要，如图 7-14 所示。

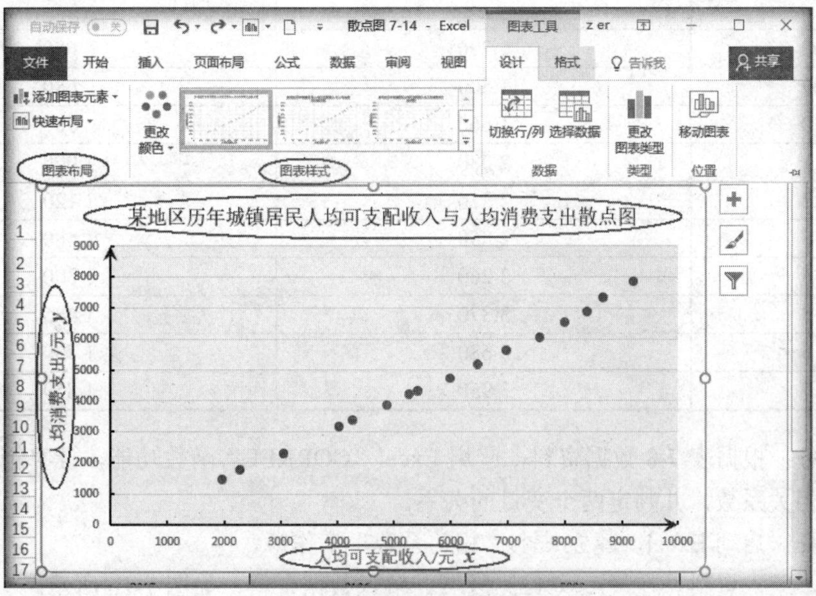

图 7-14　调整图表格式

第五步，选择“图表位置”。完成各项设置后，根据需要选择图表放入位置。可以放置在本表中，也可以放置在新工作簿中，如图 7-15 所示。

由散点图可以看出，该地区城镇居民人均可支配收入与人均消费支出之间，呈高度正相关关系。此项目也可以通过“选择数据”完成相关操作，在此不再赘述。

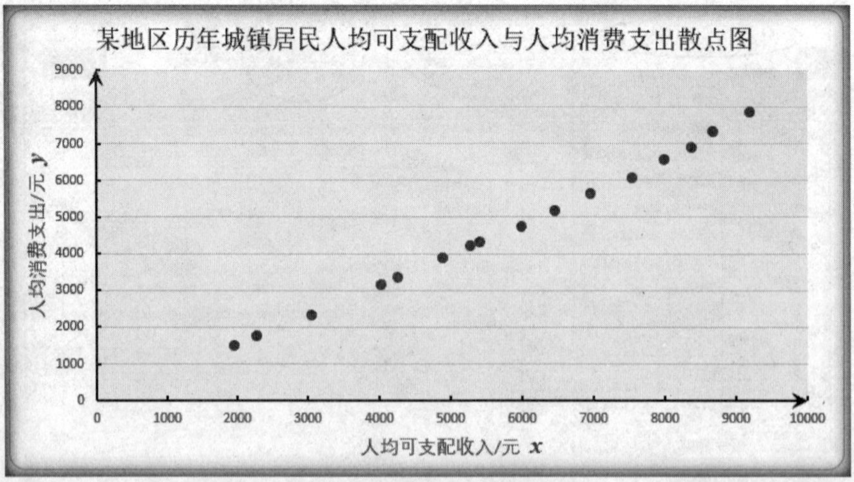

图 7-15　完成散点图绘制

操作项目 2：应用 Excel 计算相关系数

技能要求：熟悉相关系数的取值范围、相关关系的判断及相关系数的计算公式。掌握 Excel 在统计中的应用。

统计资料：已知某机加工企业历年销售额和销售利润资料，如表 7-8 所示。

表 7-8　某机加工企业历年销售额和销售利润资料

年份	销售额/万元 x	销售利润/万元 y
2008	1 290	600
2009	1 500	680
2010	1 660	780
2011	2 080	1 000
2012	2 370	1 120
2013	2 850	1 480
2014	3 260	1 300
2015	3 370	1 485
2016	3 680	1 730
2017	3 950	1 850

基本任务：根据表 7-8 数据资料，应用 Excel“CORREL”函数功能，计算销售额和销售利润之间的相关系数，并判定两个变量的关系。

操作步骤：启动 Excel，建立一个“相关系数”工作簿。

第一步，录入资料。在（A3:C12）区域内输入数据资料，如图 7-16 所示。

第二步，插入函数。数据录入完成后，在工作簿中选择一个单元格，备存相关系数的返回值，本例选择“E2”。根据要求，在“公式”菜单下，选择“插入函数”，或用鼠标直接单击“*fx*”，插入函数，如图 7-17 所示。弹出“插入函数”对话框后，在“选择类别”中，选择“统计”，在“选择函数”中选择“CORREL”，这时界面下方可以看到函数：“CORREL(array1, array2) 返回两组数值的相关系数”，单击“确定”按钮，如图 7-18 所示。

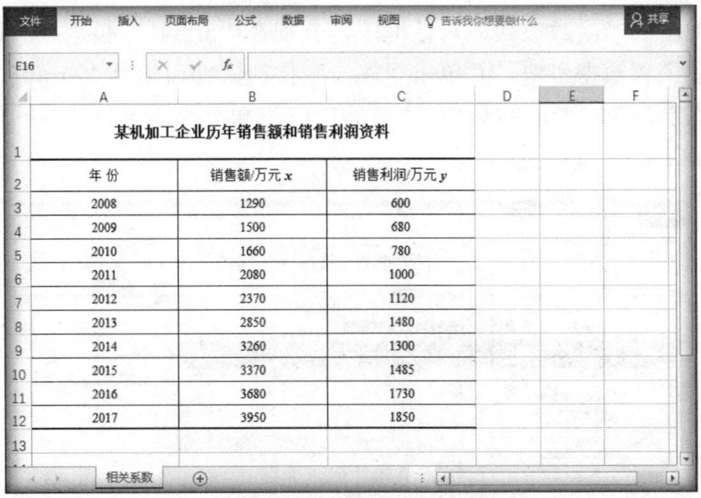

某机加工企业历年销售额和销售利润资料

年 份	销售额/万元 x	销售利润/万元 y
2008	1290	600
2009	1500	680
2010	1660	780
2011	2080	1000
2012	2370	1120
2013	2850	1480
2014	3260	1300
2015	3370	1485
2016	3680	1730
2017	3950	1850

图 7-16　输入企业数据资料

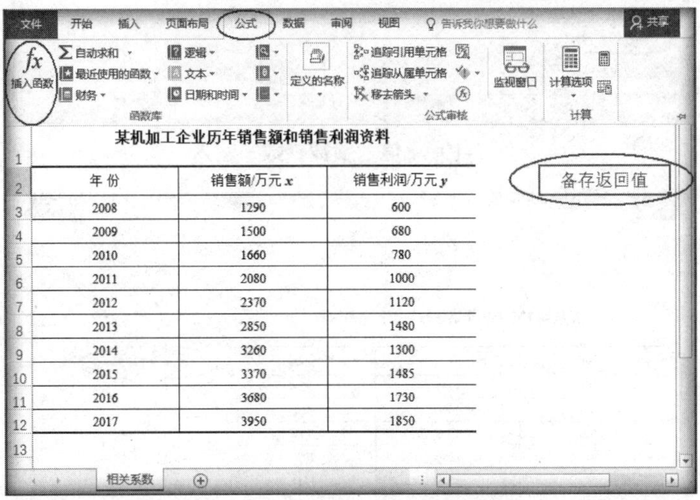

某机加工企业历年销售额和销售利润资料

年 份	销售额/万元 x	销售利润/万元 y
2008	1290	600
2009	1500	680
2010	1660	780
2011	2080	1000
2012	2370	1120
2013	2850	1480
2014	3260	1300
2015	3370	1485
2016	3680	1730
2017	3950	1850

图 7-17　选择“插入函数”

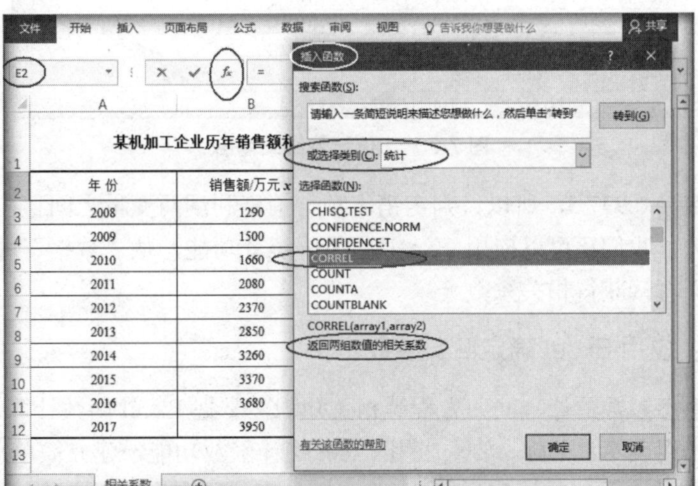

某机加工企业历年销售额和

年 份	销售额/万元 x
2008	1290
2009	1500
2010	1660
2011	2080
2012	2370
2013	2850
2014	3260
2015	3370
2016	3680
2017	3950

图 7-18　r 值“插入函数”对话框

第三步，在弹出的“函数参数”对话框中，分别在“array1”和“array2”区域内输入或导入销售额和利润销售数据资料，并单击“确定”按钮，即可返回“array1”和“array2”两组数值的相关系数为 0.977 509 373，在选定的“E2”单元格存放 r，返回值 r=0.977 5，如图 7-19 和图 7-20 所示。

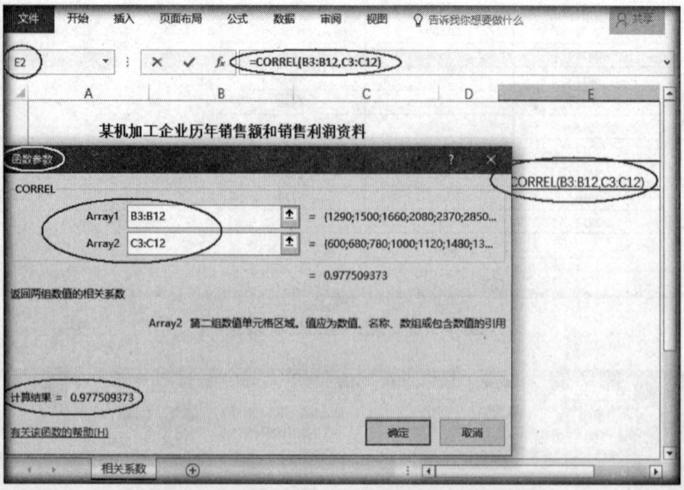

图 7-19　r 值“函数参数”输入

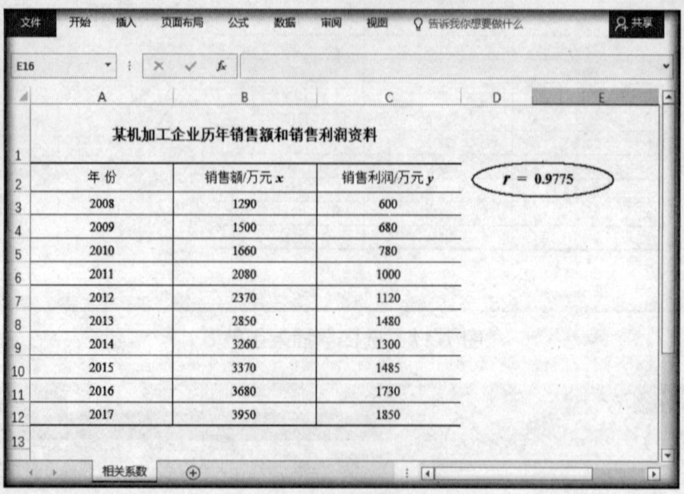

图 7-20　r 值计算结果输出

因为相关系数 r=0.977 5，所以，判定销售额与销售利润两变量之间存在着高度正相关关系。除了此方法外，我们还可以应用 Excel 的另一统计功能，从“数据”进入“数据分析”利用“分析工具”直接获得相关系数。

操作项目 3：应用 Excel 确定回归参数

技能要求：熟悉参数估计、回归方程等相关知识，掌握 Excel 函数计算功能。

统计资料：仍用表 7-8 资料。要求应用 Excel 统计函数功能，建立简单直线回归方程。

基本任务：应用 Excel 统计函数功能，确定简单直线回归参数并建立回归方程。

操作步骤：在操作项目 2 的基础上计算。

第一步，相关关系的判定。经过前面计算获知 r=0.977 5，确定产品销售额与销售利润之间存在着高度正相关关系，如图 7-20 所示。

第二步，简单直线回归模型的确定。在简单直线回归分析中，y 为因变量，x 为自变量。假定简单直线回归模型为 $\hat{y}=a+bx$，参数 a 为在 y 轴上的截距，b 是拟合直线的斜率。

第三步，回归参数 a 的确定。选定“E4”单元格存放截距 a，用鼠标直接单击“fx”，插入函数，弹出“插入函数”对话框后，在“选择类别”中，选择“统计”，在“选择函数”中选择“INTERCEPT”，然后单击“确定”按钮，如图 7-21 所示。

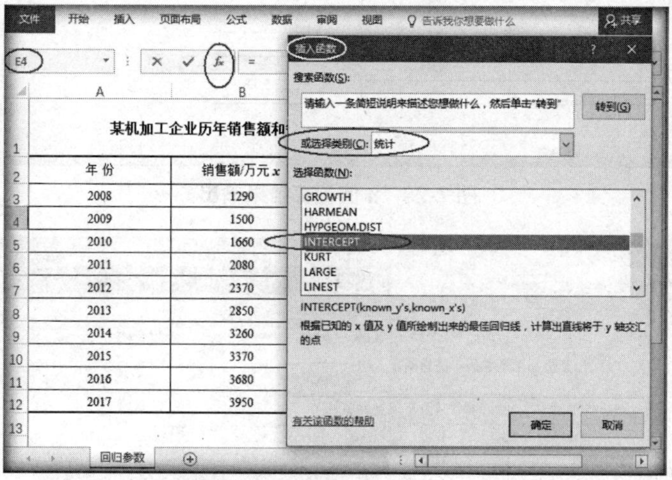

图 7-21　a 值“插入函数”对话框

然后进入“函数参数”设置对话框。在“known_ $y's$ ”和“known_ $x's$ ”处分别导入或输入因变量 y 和自变量 x 的取值范围，单击“确定”按钮，在选定的“E4”处得到返回值 a=36.887 7，如图 7-22 和图 7-23 所示。

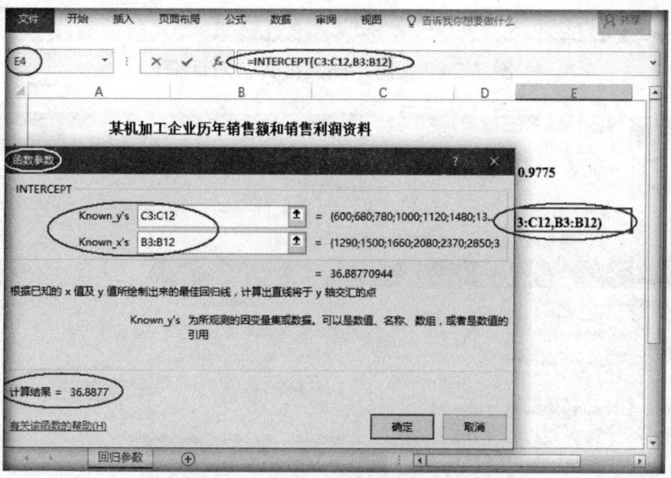

图 7-22　a 值“函数参数”输入

第四步，回归参数 b 的确定。确定方法与 a 的确定方法相同，只是应用的统计函数不同，在确定直线斜率时，使用函数为“SLOPE”。导入因变量 y 和自变量 x 的取值范围，单击“确定”按钮，在选定的“E6”处得到返回值 b=0.448 1，如图 7-24～图 7-26 所示。

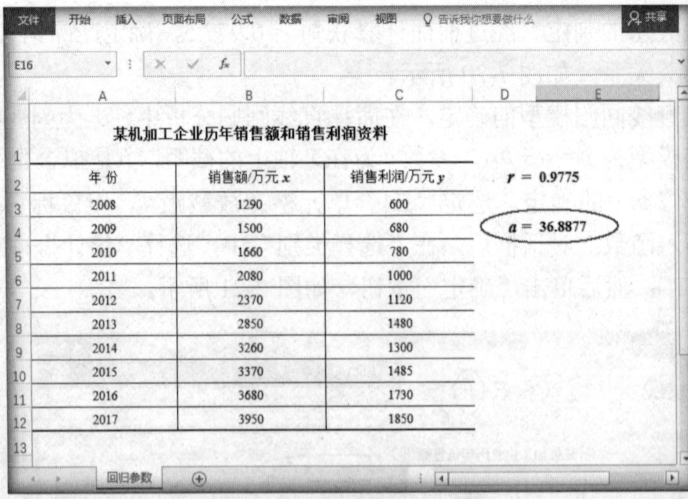

图 7-23 *a* 值计算结果输出

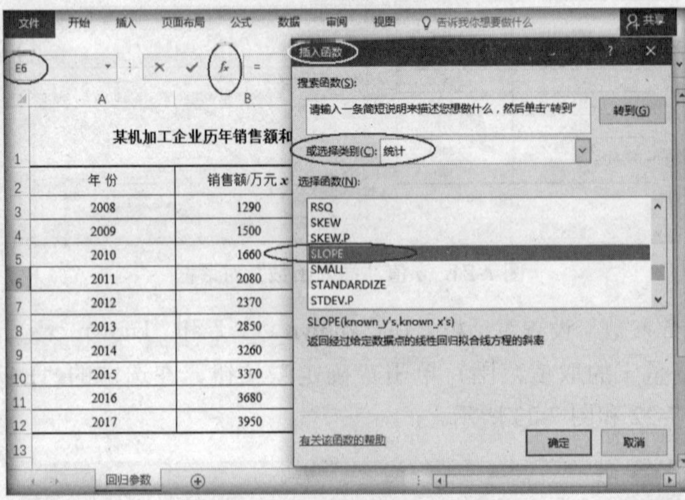

图 7-24 *b* 值“插入函数”对话框

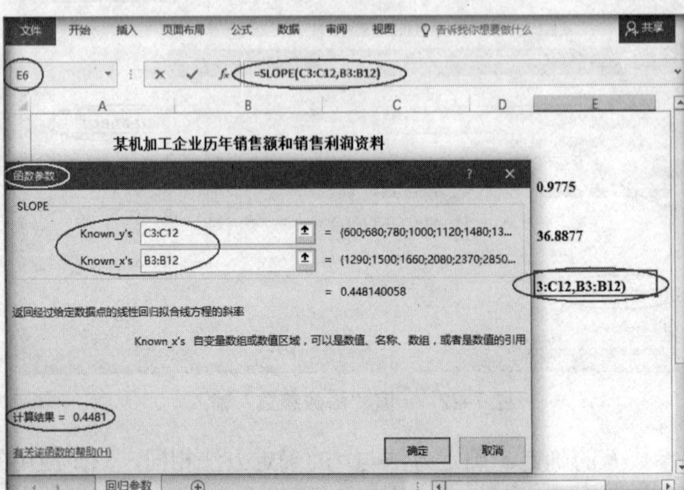

图 7-25 *b* 值“函数参数”输入

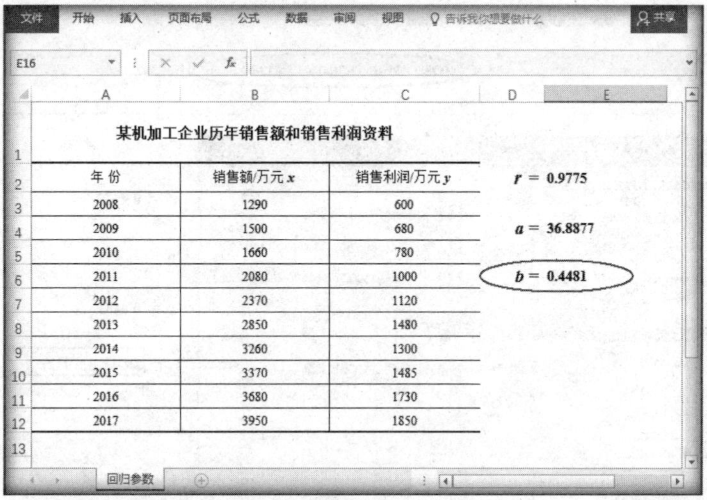

图 7-26　*b* 值计算结果输出

第五步，建立简单线性回归方程。将 a 和 b 的值带入简单线性回归方程式。

$$\hat{y}=a+bx=36.887\,7+0.448\,1x$$

操作项目 4：应用 Excel 进行预测与检测

技能要求：熟悉回归方程的基本知识及标准差计算的原理，掌握 Excel 函数计算功能。

统计资料：仍用表 7-8 资料。在建立销售额对销售利润回归方程的基础上，预测当销售额达到 6 000 万元时，销售利润额可达到多少万元。

基本任务：应用 Excel 统计函数功能，依据建立的回归方程，进行相应的统计预测和检测。

操作步骤：接前面项目继续计算。

第一步，预测，计算预测值。根据给定的变量 x 的值，可以利用统计函数“FORECAST.LINEAR”进行对因变量 y 值的预测。方法类同参数的估计，插入函数“FORECAST.LINEAR”（Excel 版本不同，或选择“FORECAST”）。然后导入给定的自变量值如 x=6 000，因变量 y 的范围，自变量 x 的范围，如图 7-27 和图 7-28 所示。

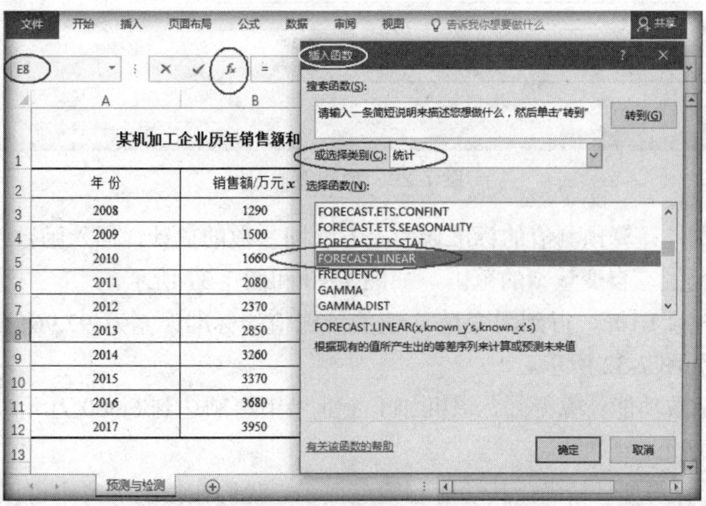

图 7-27　预测值“插入函数”对话框

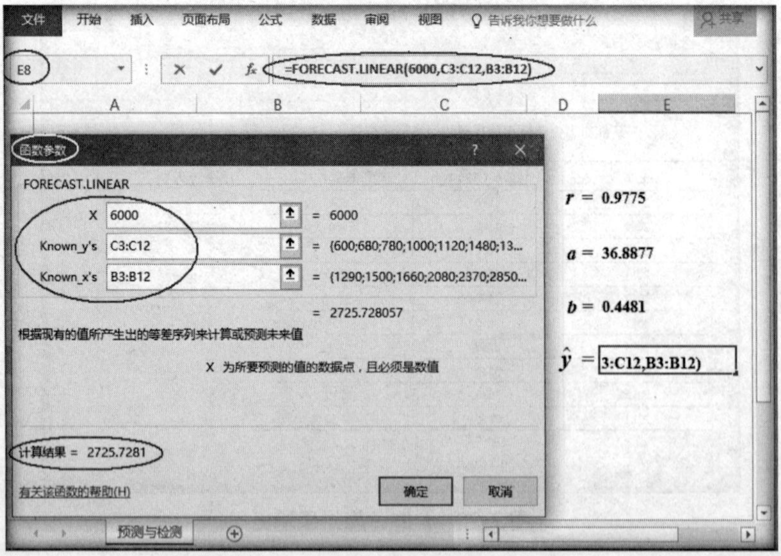

图 7-28 预测值“函数参数”对话框

选定单元格“E8”，得到因变量 y 值的预测值为 2 725.728 1。即当销售额达到 6 000 万元时，销售利润可达到 2 725.728 1 万元，如图 7-29 所示。

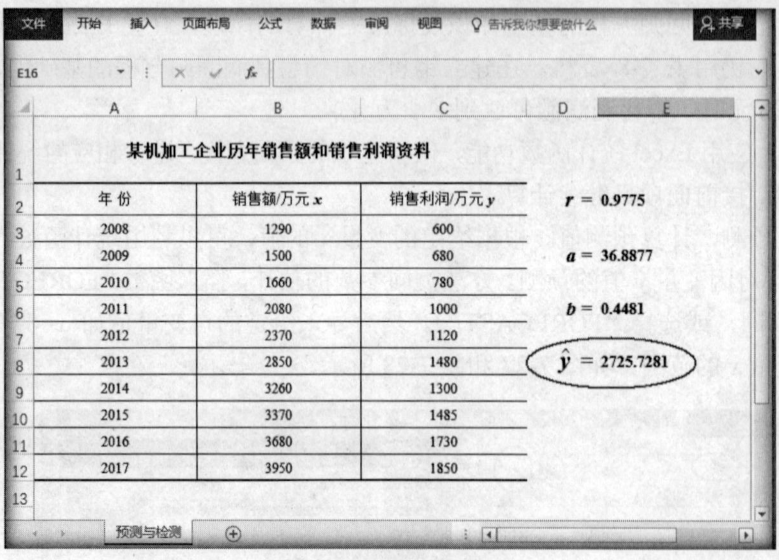

年 份	销售额/万元 x	销售利润/万元 y
2008	1290	600
2009	1500	680
2010	1660	780
2011	2080	1000
2012	2370	1120
2013	2850	1480
2014	3260	1300
2015	3370	1485
2016	3680	1730
2017	3950	1850

图 7-29 预测值输出

第二步，检测，计算预测值的标准误差。方法同参数的估计，插入函数“STEYX”，然后导入因变量 y 的范围，自变量 x 的范围，如图 7-30 和图 7-31 所示。

选定的单元格“E10”，得到因变量 y 值的预测值的标准误差为 97.961 6。这个误差越小预测值越精确，如图 7-32 所示。

利用 Excel 函数功能计算得知，该机加工企业当销售额达到 6 000 万元时，销售利润额可能达到 2 725.73 万元。

Excel 功能计算简便、精确，其功能和渠道很多，我们在技能练习中可以尝试使用其他方法完成操作任务。

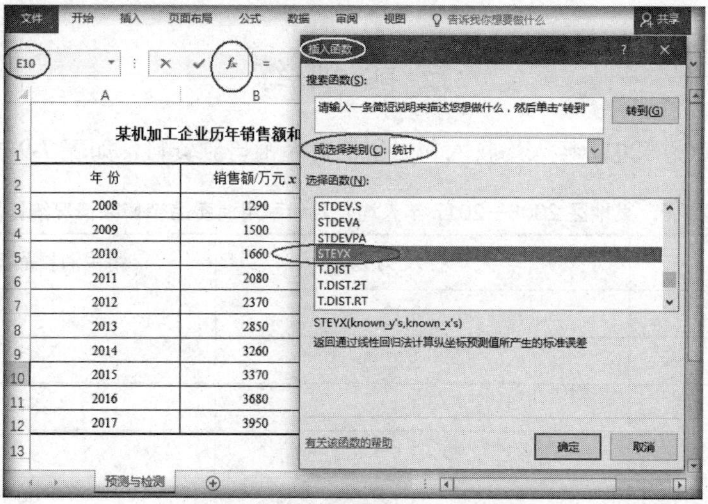

图 7-30　预测值标准误差"插入函数"

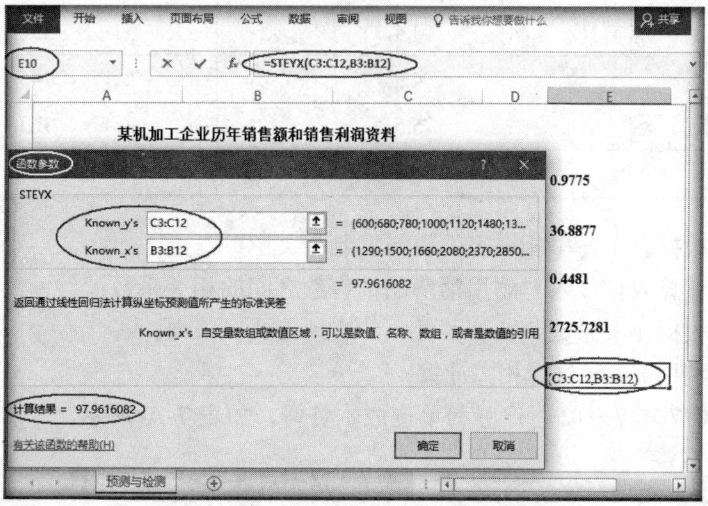

图 7-31　预测值标准误差"函数参数"输入

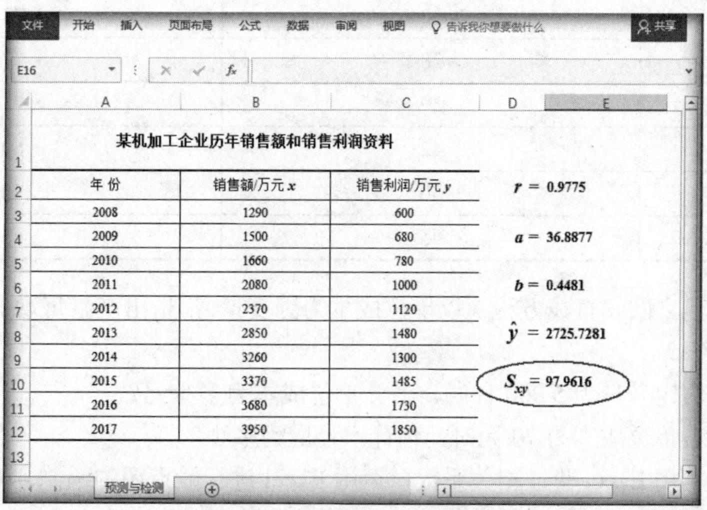

图 7-32　预测值标准误差输出

技 能 训 练

1. 某地区 2008—2017 年人均收入和耐用消费品销售额资料，如表 7-9 所示。

表 7-9　某地区 2008—2017 年人均收入和耐用消费品销售额情况统计表

年份	人均收入/万元	耐用消费品销售额/万元
2008	3.1	80
2009	3.2	82
2010	3.4	87
2011	3.5	91
2012	3.7	99
2013	4	118
2014	4.4	136
2015	4.9	145
2016	5.5	163
2017	6.3	184

要求：（1）根据以上简单相关表的资料编制相关图；

（2）计算人均收入与耐用消费品销售额之间的相关系数；

（3）根据相关系数判断相关关系的表现形式和方向；

（4）利用 Excel 进行相关计算。

2. 某企业 2017 年 7—12 月产量与单位成本资料，如表 7-10 所示。

表 7-10　某企业 2017 年 7—12 月产量与单位成本资料

月份	产量/千件	单位成本/元/件
7	32	73
8	28	72
9	39	71
10	42	69
11	40	70
12	45	65

要求：（1）建立回归直线方程（以单位成本为因变量），指出产量每增加 1 000 件时单位成本平均下降多少？

（2）假定产量为 5 000 件时，估计单位成本为多少元？

（3）若单位成本为 70 元时，估计产量应为多少？

（4）利用 Excel 验证相关系数，运用 Excel 进行散点图的编制。

3. 现有 10 家商店的月人均销售额和利润率资料，如表 7-11 所示。

表 7-11　10 家商店月人均销售额和利润资料

序号	月人均销售额/万元	利润率/%
1	6	12.6
2	5	10.4
3	8	18.5
4	1	3.0
5	4	8.1
6	7	16.3
7	6	12.3
8	3	6.2
9	3	6.6
10	7	16.8

要求：（1）根据以上资料，分析月人均销售额与利润率之间的相关关系，并利用 Excel 编制散点图；

（2）计算月人均销售额与利润率之间的相关系数，并说明其相关程度；

（3）求出利润率对月人均销售额的回归方程；

（4）试计算该商店当月人均销售额为 9 万元时，其利润率是多少？

（5）如果该商店的利润率为 18%，估计月人均销售额应达到多少？

4. 某地高校经费（x）与高校学生人数（y）连续 6 年的统计资料，如表 7-12 所示。

表 7-12　某地高校经费与高校学生人数的统计资料

教育经费/万元	在校学生人数/万人
316	11
343	16
373	18
393	20
418	22
455	25

要求：（1）建立回归直线方程，估计教育经费为 500 万元的在校学生人数；

（2）计算估计标准误差；

（3）利用 Excel 软件，对简单直线回归参数进行确定，并确定回归方程。依据建立的回归方程进行分析和预测。

5. 分小组调查，获取身边存在的相关现象数据并列表、绘图、计算相关系数，判断其相关程度和方向。根据现象的状况，利用 Excel 统计函数功能，尝试预测现象未来的发展水平。

参考答案

1.（1）相关散点图（略）。

（2）r=0.99。

（3）高度正相关。

2.（1）设单位成本为 y，产量为 x，回归直线方程为 $\hat{y}=a+bx=83.94-0.37x$。

可知，产量每增加 1 000 件时，单位成本平均下降 0.37 元。

（2）将 x=5 代入回归模型得到：y=83.94−0.37×5=82.09，所以当产量为 5 000 件时，估计单位成本为 82.09 元。

（3）将单位成本 y=70 元，代入回归模型得到 70=83.94−0.37x，解得 x=37.68，估计产量为 37.68 千件。

3.（1）散点图（略）。

（2）r=0.98，所以人均销售额与利润率之间存在高度正相关关系。

（3）设利润率为 y，月人均销售额为 x，回归直线方程为 $\hat{y}=a+bx=-0.39+2.29x$。

（4）当月人均销售额为 9 万元时，代入方程得利润率：y=−0.39+2.29×9=20.22%。

（5）将利润率 y=18%代入方程，18=−0.39+2.29x 得：x=8.03（万元）。

4.（1）学生人数为 y，教育经费为 x，回归直线方程为 $\hat{y}=a+bx=-17.920\,1+0.095\,5x$。

当 x=500 时，代入回归方程得到：y=−17.920 1+0.095 5×500=29.83（万人）。

（2）$S_{yx}=\sqrt{\dfrac{\sum y^2-a\sum y-b\sum xy}{n-2}}$=0.759 304（万人）。

5. 没有统一答案。

第 8 章 统 计 推 断

▶ 知识要点与技能目标

通过学习，理解统计推断的基本概念、特点及作用；了解统计推断的理论及各种抽样的形式和特点；重点掌握抽样平均误差和抽样极限误差的计算；利用样本资料对总体指标值进行推断和必要样本容量的计算。应用 Excel 进行总体参数统计推断并进行区间估计。

8.1 统计推断的含义

统计在研究客观现象总体的数量关系时，遇到自然界或人类社会中的一些总体综合特征是未知的，甚至总体单位的范围是无限的，在客观上只能观察其部分单位或有限单位进行计算和分析，再对总体的各种特征进行估计、推断和检验，这种建立在概率论的基础上，依据样本资料的特征，对总体的特征做出估计和预测的方法称为统计推断。

统计推断是现代统计学的基本方法，也是统计调查中采集统计资料的主要方法，因此，统计推断广泛应用于国民经济、社会和科技等领域。

8.1.1 统计推断的主要特点

统计推断属于非全面调查，是依据随机原则，从被研究现象的总体中抽取少量单位进行调查，并根据调查结果，对所研究现象总体的数量特征做出可靠性的估计和推断。例如，要说明一批灯泡的平均使用寿命，只能从该批灯泡中抽取一小部分进行检验，推断这一批灯泡的平均使用寿命，并给出这种推断的置信程度。

我们通过随机抽样，可以依据某地区部分居民的人均收入，推算全部居民的人均收入；依据部分产品的质量，推断全部产品的质量，这种统计推断的方法，具有调查速度快，耗费人力、物力少，调查结果可靠等优点。

统计推断是认识现象总体的一种重要方法，在统计调查研究活动中广为应用，特别在质量管理活动中应用尤其普遍。它的主要特点表现为：

第一，遵循随机抽样的原则。所谓随机抽样，即抽样时满足总体中每一个单位有同等的概率被抽中。采集的样本要求相互独立，与总体的分布大致相同。

第二，用样本资料推断总体特征。统计推断是随机抽取总体中部分单位进行调查、分析并推断总体特征。

第三，抽样误差可以计算并控制。统计推断中不可避免地存在着误差，根据概率论原理可以估计出抽样误差范围，并且可以采取必要的措施控制误差，保证抽样推断的结果达到一定的可靠程度。

8.1.2 统计推断的应用范围

统计推断是统计学最重要的内容之一，它广泛应用于物理、生物、气象、医学、农业、商业、金融、教育等各个领域。特别是在市场经济条件下，发挥着越来越重要的作用。在客观现象中，哪些现象不能直接研究其全部情况，而只能依据研究现象的部分信息来估计和推断总体的特征呢？

对于某些有限总体，从理论上讲可以进行全面调查，但实际上根本无法进行，采取统计推断。例如，要了解全国城乡居民的家庭收入状况，从理论上讲可以挨门逐户进行全面调查，但是调查范围之大，调查单位之多，实际上难以办到，即使能办到，资料的质量未必有保证。采用统计推断既可以节省开支，提高调查时效性，并达到与全面调查同样的目的和效果。

对于某些较大总体或无限总体不可能进行全面调查，而又需要了解全面情况时，必须采用统计推断的方法。如空气中氧气的含量，江河中鱼的尾数、大气或海洋的污染情况等都无法进行全面调查。事物在测量或试验时具有破坏性，同样也不可能进行全面调查。例如，炮弹射程的测量，灯泡、电器等使用寿命的检验，汽车撞击试验等。

对大型普查资料进行检查、补充和修正可以采取统计推断。全面调查涉及面宽，工作量大，参加人员多，调查结果容易出现差错。因此，在全面调查之后进行抽样复查，根据复查结果计算差错率，修正全面调查结果，从而提高全面调查的质量。

统计推断可用于工业生产过程中的质量控制。在工业产品成批或大量连续生产过程中，采用统计推断方法可以检验生产工艺过程是否正常，及时提供有关信息，便于采取相应措施，进行质量控制，保证生产质量稳定，防止损失。

8.1.3 统计推断的相关概念

1. 全及总体和样本总体

全及总体和样本总体是数理统计中的两个基本概念。样本总体来自全及总体，并带有全及总体的某些信息，通过对样本总体值的研究和分析，估计并推断出全及总体的分布类型和未知参数。

全及总体也称总体，是指统计推断所要认识对象的全体。它是具有某种共同性质或特征的许多单位所组成的集合体。全及总体的单位数一般用 N 来表示。例如，职工收入调查中的全部职工、学生成绩调查中的全体学生等都是全及总体。

全及总体按其各单位标志的性质不同，可以分为变量总体和属性总体两类。变量总体就是由数量标志所组成的总体，属性总体是由品质标志所组成的总体。总体又分为有限总体和无限总体。有限总体包含的单位数是有限的，它的变量值也是有限的。无限总体主要指有无限多的变量，不可能按顺序列举。对无限总体的认识只能采用抽样的方法，而对有限总体的认识，理论上虽然可以应用全面调查的方法采集资料，但实际上往往由于不可能或不经济，则需要借助于抽样的方法以求得对有限总体的认识。

样本总体也称样本，是从总体中随机抽取出来的一部分单位所组成的集合体，样本总体的单位数称为样本容量，通常用 n 表示。一般来说，样本容量 n 在 30 以下时，称为小样本，达到或超过 30 时称为大样本。社会经济现象的统计推断多取大样本，而自然实验观察则多取小样本。以很小的不唯一样本来推断很大的唯一总体，这是统计推断的最大特点。样本容量有别于样本个数，从一个确定的总体中最多能抽取多个不同的样本的数量称作样本个数，全部样本的可能数目不仅与每个样本容量有关，也和统计抽样的方法有关。因此，样本容量需要多大，怎样取样，都关系到对总体的准确推断问题。

2. 总体指标和样本指标

在统计推断中，总体是唯一确定的，所以总体指标也是唯一的。未知的样本指标虽然可以计算出来，但由于从一个全及总体中可以随机抽取许多不同样本总体，样本指标的数值既不唯一，也与总体指标间的误差各不同。

总体指标（全及指标）也称为总体参数，总体指标是根据全及总体各个单位的标志值或标志总量计算的。需要注意的是，总体指标无法求得或很难求得，但它又确实是客观存在的。在此把它列出来，目的是为了帮助我们理解统计推断的原理。对于不同性质的总体，需要计算不同的总体指标。

总体指标一般包括总体的平均数 $\overline{X}$、总体的方差 σ^2 和总体成数 P，均以大写英文字母表示。

设总体变量 X，为 $X_1, X_2, X_3, \cdots, X_N$，则有

总体平均数简单式

$$\overline{X} = \frac{\sum X}{N}$$

总体平均数加权式

$$\overline{X} = \frac{\sum XF}{\sum F}$$

总体方差简单式

$$\sigma^2 = \frac{\sum (X - \overline{X})^2}{N}$$

总体方差加权式

$$\sigma^2 = \frac{\sum (X - \overline{X})^2 F}{\sum F}$$

在第 4 章中我们学习了交替标志的标准差，若用 N 表示总体单位数，N_1 表示具有某种标志表现的单位数，N_0 表示不具有这种标志表现的单位数，则成数可写为

$$\frac{N_1}{N} \quad 或 \quad \frac{N_0}{N}$$

如果用 P 和 Q 分别表示具有或不具有某种标志的成数，则有

$$P=\frac{N_1}{N} \quad 或 \quad Q=\frac{N_0}{N}$$

总体成数平均数和方差分别为

$$\overline{X_P}=P$$

$$\sigma_P^2=P(1-P)$$

样本指标（抽样指标）也称为样本统计量，它是根据样本数据计算的指标，其数值取决于样本各单位的标志值。因为从一个全及总体中可能随机抽取很多个相互独立的样本，而每次抽到的样本既不是确定的，也不是唯一的，由于样本是随机抽取的，因此依赖于样本的统计量不仅是一个随机变量，而且是一个不包含任何未知参数的样本函数。

由抽样总体各个标志值或标志特征计算的综合指标称为样本指标。与常用的总体指标相对应的样本指标有样本平均数（样本均值）、样本方差和样本成数等，均以小写英文字母表示。

设样本变量x，为$x_1,x_2,x_3,\cdots,x_n$，则有

样本平均数简单式

$$\overline{x}=\frac{\sum x}{n}$$

样本平均数加权式

$$\overline{x}=\frac{\sum xf}{\sum f}$$

样本方差简单式

$$s^2=\frac{\sum\left(x-\overline{x}\right)^2}{n}$$

样本方差加权式

$$s^2=\frac{\sum\left(x-\overline{x}\right)^2 f}{\sum f}$$

样本成数为

$$p=\frac{n_1}{n}$$

样本成数平均数和方差分别为

$$\overline{x}_p=p$$

$$s_p^2=p\left(1-p\right)$$

3. 重复抽样和不重复抽样

根据抽取样本的方式不同，抽样方法可以分为重复抽样和不重复抽样。

重复抽样也叫重置抽样，是指可放回的抽样方法，每次抽样的总体单位数相同。其抽样的操作方法是：从总体N个单位中要随机抽取一个容量为n的样本，每次从总体中抽取一个，把它看作一次试验，连续进行n次试验构成一个样本，每次抽出一个单位，把结果登记下来又放回，重新参加下一次的抽选。因此，重复抽样的样本是由n次相互独立的连续试验所组成的。每次试验都是在完全相同的条件下进行的，每个单位抽中或抽不中的机会在各次都是完全相同的。

例如，总体有 A、B、C，3 个小球，从中随机抽取 2 个小球构成一个样本。先从总体 3 个单位中抽取一个小球，登记后放回去，然后，再从 3 个小球中抽取一个小球。显然，全部可能的样本是：*AA*，*AB*，*AC*，*BA*，*BB*，*BC*，*CA*，*CB*，*CC* 共 9 个样本，即重复抽样的样本可能数目为 $N^n=3^2$。

不重复抽样也叫不重置抽样，是指不放回抽样，每次抽取单位数后，总体单位数目逐次减少。其抽样的操作方法是：从总体 N 个单位中要抽取一个容量为 n 的样本，每次从总体中抽取一个，连续进行 n 次抽选构成一个样本。但每次抽选一个单位就不放回参加下一次的抽选。因此，不重复抽样的样本由 n 次连续抽选的结果组成。实质上等于一次同时从总体中抽 n 个单位组成样本。连续 n 次抽选的结果不是互相独立的。第一次抽选的结果影响下次的抽样，每抽一次总体的单位数就少一个，因此，每一单位中选或不中选的机会在每次抽取中是不同的。

例如，还是从 A、B、C，3 个小球中用不重复抽样的方法，从中抽取 2 个单位构成一个样本，则全部可能的样本是：*AB*，*AC*，*BA*，*BC*，*CA*，*CB* 共 6 个样本，即考虑抽样顺序的不重复抽样的样本可能数目为 $A_N^n=A_3^2$。

由此可见，对于同一个总体而言，在相同的样本容量要求下，考虑顺序的不重复抽样的样本可能数目总是比重复抽样的样本可能数目要少，即总有 $N^n>\mathrm{A}_N^n\ (N>n>1)$ 成立。

8.2　统计抽样的形式

由于总体的不均匀性和样本的随机性，使得样本不能精确地反映总体。因此，抽取的部分个体，经过分析得出总体的结论存在着误差和不可靠。但是，我们可以采取适当的抽样形式，确保样本的“代表性”，从理论上控制和减少这种误差，并有效地提高统计推断的可靠性和正确性。

8.2.1　简单随机抽样

简单随机抽样，也称纯随机抽样，是在总体单位均匀混合的情况下，随机抽取样本的抽样方法。在抽取的过程中，总体中每一个单位都有同等的机会被抽中。随机抽样不是随便抽取，随便抽取容易受到人为因素的影响。为实现随机化，可采取抽签、掷随机数骰子或查随机数值表等办法。下面介绍常用的抽签法和随机数字表法。

抽签法。先把总体各单位全部编号，然后制成签条或签卡，将其充分混合后，用手摸取，直至抽到预定需要的抽样单位数为止。如从 90 件产品中随机抽取 9 件组成样本，可以把这 90 件产品从 1 开始编号直到 90 号，然后用抓阄的办法任意抽出 9 个编号，由这 9 个编号代表的产品组成样本。如果总体单位较少，可以采用此方法。在现实中也可用摇号机摇出任意号码，确定中选单位。

随机数字表法。随机数字表是包含许多随机数字的表格。它是从 0～9 的十个数码中随机组成的数字表格。0～9 各个数码出现的概率是相同的。为了方便使用可以编成几个数一组，如 2 个数一组，3 个数一组，甚至于更多个数。编制随机数字表一般采用数码机，每次摇出一个数字，根据它们出现的次序，按行或列排列，几位一组就构成了随机数字表。或利用电子计算机的随机键 RAN 来编制随机数字表，每按下一次 RAN 键就可得一组数码，按照它们出现的次序按行或列排列，就构成了一张随机数字表（见本书附录 B）。随机数字表的查用，可以竖查、横查、顺查、逆查，可以用每组数字左边的头几个数，也可以用右边的几个数，也可以用中间的某几位数字，没有规则，可以随意使用。但是，一旦确定用法，就得用这一种方法抽出全部样本单位。

简单随机抽样虽然是最基本的一种抽样方式，但在现实中真正做到每个个体被抽到的机会相等是不容易的。这种抽样方式有很大的局限性，因为是直接从总体中随机抽取样本，需先将各单位编号，所以，在总体单位数较少而又集中时方能实行，如果总体较大，需要抽取的单位数较多，就比较烦琐了，则应采取其他方式。

8.2.2 分类抽样

分类抽样又称分层抽样，它将总体各单位按照某个标志分成若干组，然后在各组中采用简单随机抽样抽取样本单位。例如，在调查某市工业企业产值利润率完成情况之前，先将该市全部工业企业按规模分类，分为大型企业、中型企业、小型企业和小微企业等，再按所需研究的问题，从不同规模的企业抽选样本单位。这种抽样方法得到的样本代表性较高，抽样误差较小，常用于产品质量检验。

分类抽样实际上是通过分组，把性质比较接近的各个单位归入同一组，使各组单位之间差异缩小，从而减少抽样误差，提高抽样结果的代表性。特别是当总体各单位差异较大时，划分类型后，可以缩小各类型组内的方差。另外，在各类型组内，都有一定的单位选入样本，可以取得较好的抽样效果，能用较少的抽样单位数获得较精确的推断结果。

8.2.3 等距抽样

等距抽样又叫周期抽样，是将总体各单位按某一标志顺序排列，用抽签、查随机数值表或民间方法等确定首位，然后按照相同的间隔抽取样本单位的方式。

设总体共有 N 个单位，现在需要抽选样本单位为 n，抽样间隔为 k。具体方法是将总体 N 个单位除以样本单位数 n，求得 $k=\dfrac{N}{n}$ 个单位，再每隔 k 单位抽一个，直到抽满 n 个单位为止。这种相邻样本单位的间隔相等的抽样方法称为等距抽样。

等距抽样按照排队时所依据的标志不同，可分为按无关标志排队和按有关标志排队。所谓按无关标志排队，是指用来排队的标志与调查研究的标志无关。例如，研究工人的平均收入水平时，将工人按照姓氏笔画顺序排列。所谓按有关标志排队是指用来排队的标志与调查研究的目的有关。例如，要了解某高校会计专业期末统计学考试情况，将全部学生的统计学成绩由高到低排列，并依次按顺序和间隔抽取，组成一个样本。

不论是按无关标志排队还是按有关标志排队的等距抽样，都是不重复抽样。按无关标志排队其性质接近于简单随机抽样，而按有关标志排队的等距抽样，已具有分类抽样的性质。所抽取的样本单位已经不是随机任意抽取的，而是将总体进行了划分，再抽取，这样抽样构成的样本将优于按无关标志排队的等距抽样。

等距抽样的优点是，抽取方式简单，容易实施，所以这种方式在实际工作中常被采用。由于等距抽样使样本均匀地分布在总体中，因此调查的精度高于简单随机抽样，即其样本估计量的方差小于简单随机抽样。按有关标志排队接近于分类抽样，也常用分类抽样的公式来计算等距抽样的误差，但计算的误差可能比实际存在的误差小，不利于抽样推断置信度的提高。用简单随机抽样的公式计算等距抽样的误差，计算的误差比实际存在的误差大，有利于抽样推断置信度的提高。因此，在实际工作中，等距抽样的误差计算和估计量推断，常用简单随机抽样的方法。

需要注意的是，当抽样间隔和现象本身的周期性节奏相重合时，就会影响调查的精度，从而引起系统性误差。例如，工业产品质量检查时，产品抽取时间不要和上下班的时间相一致，以防止各样本标志值偏向一边，从而影响其代表性。

8.2.4 整群抽样

整群抽样就是将总体各单位按一定的标志或要求，分成若干群，然后以群为单位，随机抽取几个群，组成样本群，对被抽中的群进行全面调查。例如，某地区准备调查管辖居民生活情况，该地区共有 100 个居委会，每个居委会为一个自然群，按要求随机抽取 10 个群，对抽中的居委会中的所有的居民户都要进行调查，就是整群抽样。

进行整群抽样时，可以按随机抽样方式进行抽选，也可以按等距抽样方式进行抽选。由于整群抽样是在各群之间进行抽样调查，而被抽中群的内部是全面调查。所以整群抽样的误差大小取决于群间方差的大小和抽样数目的多少，各群间的平均变异程度越小，则抽样结果就越趋精确，而群内方差是不会影响整群抽样的误差的。进行整群抽样将总体进行分解时，必须遵循的原则：同一群体内的各单位，其统计特征值相差大一些；群与群之间的统计特征值相差小一些。这两点刚好和分类抽样相反。

整群抽样的优点是抽选的单位比较集中，调查较为方便，可以节省人力、物力和财力，尤其是当总体中包括的单位数很多，且缺乏可靠的登记资料时，直接对这些单位进行抽样调查将有很大困难。例如，对农民的人均收入进行调查，不容易获得可靠的登记资料，在这种情况下，可以将总体按某种标志分为许多群，如农村的乡、村、户等，然后进行整群抽样。

8.3 统计抽样的误差

8.3.1 抽样误差的概念

在统计工作中，不会通过抽取一切可能的样本来求总体参数，大部分是先随机抽取一个样本，再根据其分布的概率来推断总体的参数。即使抽取了一切可能的样本，计算出的某统计量的值与总体相应参数的实际值也会有差距，这是因为有抽样误差的存在。抽样调查的目的是用样本指标来推断相应的总体指标，由于抽样方法不同、样本容量不同、总体方差不同、估计的可靠程度或是精确度不同，两者之间必然存在着差距，这个差距就是抽样误差。抽样误差是由于随机抽样的偶然因素使样本各单位的结构不足以代表总体各单位的结构，而引起的样本指标和总体指标之间数量上的差别，即抽样平均数与总体平均数的绝对离差，抽样成数与总体成数之间的绝对离差。

由于总体的指标是未知的，所以在抽样调查中我们只能意识到这个误差的存在，而不能准确地将其计算出来。抽样误差是不可避免的，但是误差超过一定的允许程度，抽样调查也就失去了其价值，因此有必要对抽样误差加以专门讨论。我们一般用抽样分布上的标准差表示抽样误差。

统计调查中，调查资料与实际情况不一致，从而产生统计误差，由产生的原因不同，可分为调查误差和代表性误差。调查误差是指在调查过程中，由于人的主观故意或失误，从而使得工作资料不准确而引起的误差，是所有统计调查方式都可能发生的误差，主要包括技术性误差、登记性误差和责任心误差等。代表性误差包括系统性误差和随机误差，随机误差也称为抽样误差，它是抽样调查工作本身所固有的一种误差，是由样本指标推断总体指标时产生的误差。而这种误差的产生，是在遵循抽样的随机性原则的前提下，由于被抽选的样本有各种各样，只要被抽中的样本其内部各单位被研究标志的构成比例和总体有出入，就会出现或大或小的偶然性的代表性误差。而这种偶然性的代表性误差我们是无法消除的。抽样误差又包括无法获知的实际误差和含有理论公式和应用公式的抽样平均误差。

根据概率论中大数定律可知，随着样本容量 n 的增大，抽样误差会减小，但不会为零，抽样误差越小，表示样本统计量与总体参数的实际值越接近，样本就越能代表总体，也说明用样本统计量推断总体参数的可靠程度越大。因此抽样误差虽然不可避免，但可以在抽样程序上加以控制，所以也称为可控制性误差。在全面调查中有可能产生登记性误差，但不可能产生抽样误差。在抽样调查中这两种误差都存在。抽样误差是抽样调查所固有的，是无法避免与消除的，但可以运用概率论与数理统计方法将允许误差的范围缩小。

8.3.2 抽样误差的影响因素

为了有针对性地解决问题，达到预期的目的，我们首先应了解哪些因素会引起抽样误差。抽样误差在抽样推断中虽然不可避免，但是可以根据需要对它加以控制，以便使之达到要求的精确程度。

总体被研究标志变异程度的大小。在其他条件不变的情况下，所研究总体的标志变异程度越小，说明总体各单位标志值之间的差异越小，这样抽样指标与总体指标之间的误差也就越小。假如总体各单位标志值之间没有差异，则抽样指标和总体指标就会相等，因而也就不存在抽样误差了。

样本容量的多少。根据大数定律和抽样推断的一致性要求，抽样误差的大小与样本容量成反方向变化。抽样单位数越多，抽样误差就越小；反之，抽样单位数越小，则抽样误差就越大。这是因为随着样本单位数的扩大，样本的结构就越能反映总体的结构，样本指标就越能代替总体相应的数量特征。如果进一步把抽样单位数扩大到接近于总体时，那么，此时的抽样调查也就接近于全面调查了，抽样误差就会缩小到几乎完全消失的程度。

统计抽样的形式和抽样方法。统计抽样可以有不同的形式，所抽出的样本对于总体的代表性也不相同，因此统计抽样形式影响抽样误差的大小。在同一总体和相同样本容量的要求下，不重复抽样比重复抽样所产生的误差要小些。这是因为在不重复抽样时，避免了总体单位的重复选中，因而更能反映总体结构，故抽样误差会较小些。

8.3.3 抽样平均误差

抽样平均误差是反映抽样误差一般水平的指标，它是指所有可能出现的样本指标（样本平均数和样本成数）的标准差，反映的是样本指标与总体指标的平均误差程度。

在对同一总体进行抽样调查时，由于样本是按照随机原则进行抽取的，在从同一总体中抽取相同单位数的样本时，可以有多种不同取法，也可以抽出多个不同的样本，而每一个样本又都能计算出各自的抽样平均数和抽样成数，每一次随机抽取都能计算出样本指标与总体指标的标准差，由此而计算出来的样本平均数与总体平均数，样本成数与总体成数之间的误差是有差别的，并带有偶然性。

我们定义抽样的平均误差为抽样平均数（或抽样成数）对总体平均数（或总体成数）的标准差。为了区别于通常的标准差，我们分别用 $\mu_{\bar{x}}$、μ_p 表示抽样平均数和抽样成数的平均误差，用 k 表示样本的可能数目。则有

$$\mu_{\bar{x}}=\sqrt{\frac{\sum(\bar{x}-\bar{X})^2}{k}},\ \mu_p=\sqrt{\frac{\sum(p-P)^2}{k}}$$

上面所列是抽样平均误差的理论公式，在实际抽样调查过程中，作为总体的平均数 $\bar{X}$ 和总体成数 P 是未知的。同时，也不可能把所有样本的平均数和成数都计算出来。所以，按照上述计算抽样平均误差的方法，实际上是不能实现的。

抽样调查实践中，用来计算抽样平均误差的基本公式是根据理论公式推导出来的。数理统计证明，在重复抽样条件下，抽样平均误差与总体标准差成正比，与样本单位数的算术平方根成反比。即

$$\mu_{\bar{x}}=\sqrt{\frac{\sigma^2}{n}},\ \mu_p=\sqrt{\frac{p(1-p)}{n}}$$

下面我们分别讨论抽样平均数的平均误差和抽样成数的平均误差的计算问题。

1. 抽样平均数的平均误差

（1）重复抽样条件下，抽样平均数的平均误差计算公式为

$$\mu_{\bar{x}}=\sqrt{\frac{\sigma^2}{n}}=\frac{\sigma}{\sqrt{n}}$$

假设 4 个生产工人为一个总体，其日产量分别为 42、45、47、50 件。则平均日产量为

$$\bar{X}=\frac{\sum X}{N}=\frac{42+45+47+50}{4}=46\text{（件）}$$

平均日产量的标准差为

$$\begin{aligned}\sigma&=\sqrt{\frac{\sum\left(X-\bar{X}\right)^2}{N}}\\&=\sqrt{\frac{(42-46)^2+(45-46)^2+(47-46)^2+(50-46)^2}{4}}\approx 2.915\ 5\end{aligned}$$

如果从总体中随机抽出 2 个单位进行调查，则抽样平均误差为

$$\mu_{\bar{x}}=\sqrt{\frac{\sigma^2}{n}}=\frac{\sigma}{\sqrt{2}}=\frac{2.915\ 5}{1.414\ 2}\approx 2.061\ 6$$

也可以应用理论公式计算抽样平均误差总体平均数 $\bar{X}=46$ 件，样本可能数目 $k=N^n=4^2=16$，具体取值略。$\bar{x}$ 分别为 42，43.5，…，50，则有

$$\mu_{\bar{x}}=\sqrt{\frac{\sum(\bar{x}-\bar{X})^2}{k}}$$

$$=\sqrt{\frac{(42-46)^2+(43.5-46)^2+\cdots+(50-46)^2}{16}}\approx 2.061\ 6$$

计算结果均为 2.061 6，证明理论公式成立。

（2）不重复抽样条件下，抽样平均数的平均误差计算公式为

$$\mu_{\bar{x}}=\sqrt{\frac{\sigma^2}{n}\left(\frac{N-n}{N-1}\right)}$$

通过比较不重复抽样条件下和重复抽样条件下的公式可以看出，根号下相差 $\left(\frac{N-n}{N-1}\right)$，我们把这个式子叫作修正因子。不难看出当 N 较大时，$\left(\frac{N-n}{N-1}\right)$ 与 $\left(1-\frac{n}{N}\right)$ 的计算结果是十分接近。因此，当 N 较大时，在不重复抽样条件下，计算平均数的抽样平均误差可采用公式为

$$\mu_{\bar{x}}=\sqrt{\frac{\sigma^2}{n}\left(1-\frac{n}{N}\right)}$$

这里需要说明的是，当总体方差不存在时，可用样本方差来代替或用已知的相关的标准差来代替。由此得出应用公式为

$$\mu_{\bar{x}}=\sqrt{\frac{s^2}{n}}=\frac{s}{\sqrt{n}}$$

$$\mu_{\bar{x}}=\sqrt{\frac{s^2}{n}\left(1-\frac{n}{N}\right)}$$

【例 8-1】飞跃电器股份有限公司对下线的 6 000 台空调进行使用寿命的检验，随机抽取 36 台空调作样本，调查数据显示，上一年抽查空调平均使用寿命的标准差为 3 年，试计算重复抽样和不重复抽样的空调平均使用寿命的抽样平均误差。

解： $N=6\ 000$，$n=36$，$s=3$（年）

重复抽样：$\mu_{\bar{x}}=\frac{s}{\sqrt{n}}=\frac{3}{\sqrt{36}}=0.5$（年）

不重复抽样：$\mu_{\bar{x}}=\sqrt{\frac{s^2}{n}\left(1-\frac{n}{N}\right)}=\sqrt{\frac{3^2}{36}\left(1-\frac{36}{6\ 000}\right)}\approx 0.498\ 5$（年）

2. 抽样成数的平均误差

（1）重复抽样条件下，抽样成数的平均误差计算公式为

$$\mu_P=\sqrt{\frac{P(1-P)}{n}}$$

（2）不重复抽样条件下，抽样成数的平均误差计算公式为

$$\mu_P=\sqrt{\frac{P(1-P)}{n}\left(1-\frac{n}{N}\right)}$$

这里同样是，当总体方差不存在时，可用样本方差来代替或用已知的相关的标准差来代替。由此得出应用公式为

$$\mu_p=\sqrt{\frac{p(1-p)}{n}}$$

$$\mu_p=\sqrt{\frac{p(1-p)}{n}\left(1-\frac{n}{N}\right)}$$

由于总体单位数 N 足够大时，$\left(1-\frac{n}{N}\right)$ 近似等于 1，因而重复抽样和不重复抽样的抽样误差接近，从无限总体中抽样时，一般采用重复抽样公式计算抽样平均误差，从有限总体中抽样时，一般抽样比例小于 5%，不重复抽样的抽样误差也可采用简便的重复抽样公式来计算。

【例 8-2】 TJ 照明电器有限公司生产异形彩灯，月产量 30 000 盏，现按随机原则从中抽取 100 盏进行质量检验，结果有 1 盏不合格，试求这批异形彩灯合格率的抽样平均误差。

解： $N=30\,000$，$n=100$，合格率 $p=\frac{100-1}{100}=99\%$

重复抽样：$\mu_p=\sqrt{\frac{p(1-p)}{n}}=\sqrt{\frac{0.99\times(1-0.99)}{100}}\approx 0.995\,0\%$

不重复抽样：$\mu_p=\sqrt{\frac{p(1-p)}{n}\left(1-\frac{n}{N}\right)}=\sqrt{\frac{0.99\times(1-0.99)}{100}\times\left(1-\frac{100}{30\,000}\right)}\approx 0.993\,3\%$

8.3.4　抽样极限误差

抽样平均误差是说明抽样方案总的误差情况，但是，在进行统计推断时，实际上我们只抽取了一个样本，用样本指标估计总体指标，一定存在误差，这个误差可能大于抽样平均误差，也可能小于抽样平均误差，所以在估计总体指标时，必须考虑抽样误差的大小。当然我们希望误差要小一些，因为误差越大，样本资料的价值就越小，误差超过了一定程度，样本资料就没有价值了，如果我们减少抽样误差又会增加相应的调查费用。所以在进行统计推断时，应该根据所研究对象的差异程度和分析的需要，确定一个允许的误差范围，也就是说若抽样误差在这个范围之内，就认为是可行的。我们把这种允许的误差范围称为抽样极限误差，或允许误差，也称为置信区间，它等于样本指标允许变动的上限或下限与总体指标之差的绝对值。

设 $\Delta_{\bar{x}}$ 与 Δ_p 分别表示抽样平均数与抽样成数的抽样极限误差，抽样极限误差 Δ 和抽样平均误差 μ 有以下关系，其中 t 为概率度

$$\Delta = t\mu$$

$$\Delta_{\bar{x}} = t\mu_{\bar{x}} = t\sqrt{\frac{s^2}{n}}$$

$$\Delta_p = t\mu_p = t\sqrt{\frac{P(1-P)}{n}}$$

在一定的概率保证下，用样本均值 $\bar{x}$ 和样本成数 P 估计总体均值 $\bar{X}$ 和总体成数 P 时所允许的最大绝对误差，即有下式

$$\Delta_{\bar{x}} = \left|\bar{x} - \bar{X}\right|$$

$$\Delta_p = \left|p - P\right|$$

将上面等式经过变换，可以得到下列不等式

$$\bar{x} - \Delta_{\bar{x}} \leqslant \bar{X} \leqslant \bar{x} + \Delta_{\bar{x}}$$

$$p - \Delta_p \leqslant P \leqslant p + \Delta_p$$

可见，抽样误差范围是以 $\bar{X}$ 或 P 为中心，Δ 为半径的一个区间。

【例 8-3】调查某乡所属村的 80 000 公顷的耕地种植杂粮情况，用不重复抽样方法抽取 200 公顷实测，求得其单位面积产量为 500 千克。若已知抽样极限误差为 30 千克，估计该村耕地的单位面积杂粮产量的区间。

解：根据 N=80 000，n=200，$\bar{x}$=500 千克，$\Delta_{\bar{x}}$=30 千克

直接代入不等式：$\bar{x} - \Delta_{\bar{x}} \leqslant \bar{X} \leqslant \bar{x} + \Delta_{\bar{x}}$ 得

$$500-30 \leqslant \bar{X} \leqslant 500+30$$

$$470 \leqslant \bar{X} \leqslant 530$$

该村 80 000 公顷的耕地单位面积杂粮产量估计为 470 千克～530 千克。

【例 8-4】园林部门今年在市区所有新修公路上栽种了一批小树。一段时间后，从不同的地段随机抽取 500 棵小树观察，发现 20 棵小树没有成活。若根据以往的经验，抽样极限误差为 0.85%，估计该批小树的成活率区间。

解：根据 n=500，n_1=500−20=480，$p = \frac{n_1}{n} = \frac{480}{500} = 96\%$，$\Delta_p = 0.85\%$

直接代入不等式：$p - \Delta_p \leqslant P \leqslant p + \Delta_p$ 得

$$96\% - 0.85\% \leqslant P \leqslant 96\% + 0.85\%$$

$$95.15\% \leqslant P \leqslant 96.85\%$$

在市区新修公路栽种的这批小树的成活率估计为 95.15%～96.85%。

8.4　总体指标的推断

我们经常会遇到由于各种原因，对总体指标不清楚或不掌握的情况，因此，需要用样本提供的信息推断这些总体参数，这就是总体指标的推断。

8.4.1　统计推断的方法

统计推断就是根据样本指标来估计总体指标，也称为参数估计。估计方法主要有两种形式，即点估计和区间估计。

1. 点估计

点估计也称定值估计，直接把抽样指标视为总体指标的估计值，如以样本平均数的实际值作为相应总体平均数的估计值，以样本成数的实际值作为相应总体成数的估计值等。例如，在某高校会计学院 2017 级新生中随机抽取 100 名学生，获知他们的高考数学成绩，并经过计算得出其平均成绩为 65 分，则我们直接用样本平均数推断，会计学院 2017 级新生的数学平均分数为 65 分。这种推断就是对总体平均数的点估计。

点估计的优点在于它能够提供总体参数的具体估计值，可以作为行动决策的数量依据。例如，推销部门对某种产品估计出全年销售额数值，并计算每月销售额，生产部门便有了制定生产计划的依据，而采购部门便可制定原材料采购计划等。点估计也有不足之处，它不能提供误差情况及其大小的信息。

在推断一个总体指标时，总是希望估计量是合理或是优良的。所谓优良估计是从总体上来评价的，其基本标准主要针对样本的估计，样本估计的优良性标准大致有以下三个方面。

无偏性。虽然每个可能样本的抽样指标不一定等于未知的总体指标，但要求抽样指标的平均数应充分接近总体指标。当抽样指标的加权平均数等于所估计的总体指标的真值时，这个统计量是无偏的。例如，简单随机抽样的样本均值 $\bar{x}$ 是总体均值的无偏估计量，样本方差 s^2 是总体方差的无偏估计量。

有效性。虽然每个可能样本的抽样指标和未知的总体指标会有离差，但要求抽样指标的标准差比总体指标的标准差更小。或者说，对某参数而言，它的多个无偏估计量中，选取对其偏离程度较小的为好，即平均来说用样本指标估计相应的总体指标误差都很小。例如，在总体均值的所有无偏估计量中，只有简单随机抽样的样本均值具有最小方差，也就是最有效。

一致性（或相合性）。虽然随机抽选可能样本的抽样指标和未知指标存在一定误差，但要求抽样指标在一定范围内能够代表总体指标。无偏性和有效性是在样本容量固定的前提下的性质，而随着抽选样本的单位数目不断增大时，抽样指标也逐步充分地靠近总体指标。即随着样本的单位数 n 的无限增大，抽样指标和未知的总体指标之间的绝对离差为无穷小。

2. 区间估计

点估计是用估计量的一个具体数值作为未知参数的估计值，其优点是既简单又直观，但从实际意义上来讲，抽样调查是随机抽取一个样本，其估计值的大小会因不同的样本而不同，因此会产生很大的差异，所以，我们在估计总体指标时，必须考虑估计误差的大小。点估计本身也就是未知参数的一个近似值，既不能反映估计总体参数的误差范围（精确度），又不能反映误差范围能以多大的概率包含总体的未知参数（可靠度），而参数的区间估计弥补了点估计的这些不足，更具有实用价值。

参数估计的精确度通常是指抽样误差的大小。抽样误差越大，参数估计的精度就越低；抽样误差越小，参数估计的精确度就越高。参数估计的精确度必须通过计算抽样误差才能反映，由于在抽样过程中总体参数总是一个未知的常数，所以，样本估计值与总体参数的真实值之间的差距，实际无法得知；同时，由于样本估计值是一个随机变量，它随着每次抽出的样本不同而不同，某一次抽样结果的误差，仅是反复抽样中，一系列抽样结果，可能出现的误差数值中的一个，直观上看显然不能用它来概括一系列可能抽样结果所产生的所有实际误差。所以，在抽样调查理论中，我们采用抽样平均误差，即所有抽样估计值的标准差作为参数估计的抽样误差大小的尺度。

区间估计就是用样本估计值与抽样平均误差构成的区间，估计总体参数，并以一定的概率保证总体参数在所估计的区间内。总体参数一般包括总体平均数 $\overline{X}$、总体方差 σ^2 和总体成数 P。区间估计步骤为首先选定概率度 t 和抽样极限误差 $\Delta_{\overline{x}}=t\mu_{\overline{x}}$ 或 $\Delta_p=t\mu_p$，再利用抽样调查取得的抽样平均数 $\overline{x}$ 或抽样成数 p，定出估计上限 $\overline{x}+\Delta_{\overline{x}}$ 或 $p+\Delta_p$，估计下限 $\overline{x}-\Delta_{\overline{x}}$ 或 $p-\Delta_p$，则区间［$\overline{x}-\Delta_{\overline{x}}$，$\overline{x}+\Delta_{\overline{x}}$］或［$p-\Delta_p$，$p+\Delta_p$］称为置信区间。

概率度 t、抽样平均误差 μ、抽样极限误差 Δ、置信区间［$\overline{x}-\Delta_{\overline{x}}$，$\overline{x}+\Delta_{\overline{x}}$］或［$p-\Delta_p$，$p+\Delta_p$］和置信度 F（t）有以下几种关系。

概率度 t 一定时，即在同样的概率保证程度下，抽样平均误差 μ 越小，则误差的可能范围即置信区间越小；抽样平均误差 μ 越大，则误差的可能范围即置信区间也就越大；抽样平均误差 μ 一定时，极限误差的范围就随着 t 的变化而变化。

概率度 t 越小时，误差范围就越小，估计的精确度就会提高，即置信区间就越小，而概率保证程度（置信度）就会降低。概率度 t 越大时，情况相反。

在样本容量一定的条件下，抽样推断的置信区间和置信度一般是一对矛盾体。

科学的抽样推断要在二者之间慎重地选择。统计学家奈曼建议，在保证置信度的前提下，尽可能地提高精确度。

具体方法是，利用正态分布概率表查出概率保证程度，如表 8-1 所示，置信度 F（t）所对应的概率度 t，根据 $\Delta=t\mu$，求出抽样极限误差 Δ。当然，如果要求必须先保证一定的置信区间，可以先将极限误差 Δ 除以平均误差 μ，求出概率度 t 值，再从概率表中查出有关 t 值所对应的置信度 F（t）。

表 8-1　常用 t 值及相应的概率保证程度

概率度 t 值	概率保证程度 F（t）
1.00	0.682 7
1.28	0.799 5
1.645	0.900 0
1.96	0.950 0
2.00	0.954 5
2.58	0.990 0
3.00	0.997 3

备注：① 概率保证程度均为近似值，例如，实际应用中，以 80%概率保证程度去估计总体，使用 t=1.28；

② 由于计算方法等原因，本表的数值与 Excel 计算数值略有差距。

8.4.2　总体平均数的推断

在一般情况下，我们认为所研究的总体均符合正态分布。总体平均数的推断就是用样本的平均数来推断总体的平均数，并指明置信区间或置信度。其具体计算步骤如下。

第一步，样本平均数：$\overline{x}=\dfrac{\sum xf}{\sum f}$。

第二步，样本方差：$s^2=\dfrac{\sum\left(x-\overline{x}\right)^2 f}{\sum f}$。

第三步，抽样平均误差：$\mu_{\overline{x}}=\sqrt{\dfrac{s^2}{n}}=\dfrac{s}{\sqrt{n}}$ 或 $\mu_{\overline{x}}=\sqrt{\dfrac{s^2}{n}\left(1-\dfrac{n}{N}\right)}$。

第四步，抽样极限误差：$\Delta_{\overline{x}}=t\mu_{\overline{x}}$。

第五步，推断总体平均数：$\overline{x}\pm\Delta_{\overline{x}}$。

上述公式中的样本标准差 s 可以用实验中的标准差或经验数据代替，也可以用之前已知的总体标准差代替，具体问题具体分析。

【例 8-5】 新宇机械企业现有生产工人 1 100 人，为了重新核定生产标准，掌握全部生产工人的劳动生产率状况，企业随机抽取了 11% 的工人作为样本，测得其每人年平均生产量为 372 套。根据以往调查，知道工人年均生产量的标准差为 33 套，试以 95.45%的概率保证程度，按重置抽样方法估计该企业全部工人年均生产量的区间，并推断企业全年大约能生产多少套产品？

解：已知 N=1 100，n=1 100×11%≈121，$\overline{x}$=372 套，s=33 套，F（t）=95.45%，t=2

$$\mu_{\overline{x}}=\frac{s}{\sqrt{n}}=\frac{33}{\sqrt{121}}=3\text{（套）}$$

$$\Delta_{\overline{x}}=t\mu_{\overline{x}}=2\times3=6\text{（套）}$$

置信区间 $\overline{x}\pm\Delta_{\overline{x}}$，即总体平均数的上、下限

$$\overline{x}-\Delta_{\overline{x}}=372-6=366$$

$$\overline{x}+\Delta_{\overline{x}}=372+6=378$$

或表示为

$$\overline{x}-\Delta_{\overline{x}}\leqslant\overline{X}\leqslant\overline{x}+\Delta_{\overline{x}}$$

$$366\leqslant\overline{X}\leqslant378$$

所以，估计全部生产工人年均生产量为 366 套～378 套。

$$(\overline{x}-\Delta_{\overline{x}})\times N\leqslant\overline{X}N\leqslant(\overline{x}+\Delta_{\overline{x}})\times N$$

$$366\times1\,100\leqslant\overline{X}N\leqslant378\times1\,100$$

$$402\,600\leqslant\overline{X}N\leqslant415\,800$$

由此推断，企业全年大约生产 402 600 套～415 800 套产品。

【例 8-6】 为调查某小区居民 8 月用水量，现随机抽取 121 户，平均用水量为 15 吨，标准差为 7.7 吨，计算置信度为 99.73%时，小区居民 8 月平均用水量的置信区间。

解：已知 n=121 户，$\overline{x}$=15 吨，s=7.7 吨，F（t）=99.73%，t=3

$$\mu_{\bar{x}}=\frac{s}{\sqrt{n}}=\frac{7.7}{\sqrt{121}}=0.7\text{（吨）}$$

$$\Delta_{\bar{x}}=t\mu_{\bar{x}}=3\times0.7=2.1\text{（吨）}$$

$$\bar{x}-\Delta_{\bar{x}}\leqslant\bar{X}\leqslant\bar{x}+\Delta_{\bar{x}}$$

$$15-2.1\leqslant\bar{X}\leqslant15+2.1$$

$$12.9\leqslant\bar{X}\leqslant17.1$$

小区居民 8 月平均用水量的置信区间为 12.9 吨～17.1 吨。

8.4.3 总体成数的推断

总体成数的推断就是要用样本的成数去推断总体的成数。其具体计算步骤如下。

第一步，样本成数：$p=\frac{n_1}{n}$。

第二步，样本方差：$s_p^2=p(1-p)$。

第三步，抽样平均误差：$\mu_p=\sqrt{\frac{P(1-P)}{n}}$ 或 $\mu_p=\sqrt{\frac{P(1-P)}{n}\left(1-\frac{n}{N}\right)}$。

第四步，抽样极限误差：$\Delta_p=t\mu_p$。

第五步，推断总体成数：$p\pm\Delta_p$。

【例 8-7】某市电视台为了解观众对某电视栏目的喜爱程度，在该市随机对 900 名居民进行调查，结果有 540 名喜欢该电视栏目，要求以 90%的概率保证程度，估计该市居民喜欢该电视栏目的比率。

解：$n=900$，$n_1=540$，$F(t)=0.9$，$t=1.645$，$p=\frac{n_1}{n}=\frac{540}{900}=60\%$

$$s_p^2=p(1-p)=0.6\times(1-0.6)=0.24$$

$$\mu_p=\sqrt{\frac{P(1-P)}{n}}=\sqrt{\frac{0.24}{900}}=1.63\%$$

$$\Delta_p=t\mu_p=1.645\times1.63\%=2.68\%$$

则总体比率的上、下限为

$$p-\Delta_p=60\%-2.68\%=57.32\%$$

$$p+\Delta_p=60\%+2.68\%=62.68\%$$

以 90%的概率保证程度，估计该市居民喜欢该电视栏目的比率为 57.32%～62.68%。

【例 8-8】光明灯具厂对其生产的 1 500 台灯具进行使用寿命检查，随机抽取 100 台灯具，检验使用寿命的合格率为 98%，试以 80%的概率保证程度，估计灯具使用寿命合格率的区间范围。

解：$p=98\%$，$s_p^2=p(1-p)=0.98\times0.02=0.019\,6$，$F(t)=80\%$，$t=1.28$

$$\mu_p=\sqrt{\frac{p(1-p)}{n}}=\sqrt{\frac{0.019\,6}{100}}=1.4\%$$

$$\Delta_p=t\mu_p=1.28\times1.4\%=1.79\%$$

$$p-\Delta_p \leqslant P \leqslant p+\Delta_p$$

$$98\%-1.79\% \leqslant P \leqslant 98\%+1.79\%$$

$$96.21\% \leqslant P \leqslant 99.79\%$$

即以 80%的概率保证程度估计该批灯具的合格率为 96.21%～99.79%。

在一定全及总体中，当抽样方式和样本容量确定后，抽样的平均误差就是一个定值，而抽样的极限误差则可以根据研究目的不同，由抽样部门规定。

8.5 抽样数目的确定

确定样本容量，是调查者在进行统计推断活动中必须解决的问题。根据概率论中大数定律可知，在抽样调查中样本容量越多，样本对总体的代表性就越大，抽样误差就越小。同时，抽样数目越多，抽样调查费用也就越高，而且还会影响到抽样调查的时效性。因为，样本容量的大小直接影响到总体估计值的准确性和概率把握程度，影响到调查的费用、完成所需的时间等限制条件。所以，样本容量的确定是对估计值要求的精度与现有的经费、资源和时间等限制条件之间的协调平衡。

8.5.1 样本容量的影响因素

在确定样本容量时，应在保证满足抽样调查对资料的估计精度和概率把握程度的前提下，尽量缩小抽样数目，这是我们的目的。样本容量的影响因素有很多，比如，总体各单位间的标志变异程度，调查结果的概率保证程度，允许的误差范围，抽样调查的组织形式和方法等，如表 8-2 所示。

表 8-2 样本容量的影响因素与抽取样本单位数目的要求

样本容量的影响因素	抽取样本单位数目的要求	
	可以少抽取一些单位	需要多抽取一些单位
总体单位的标志变异程度	总体变异程度小的情况	总体变异程度大的情况
调查结果的概率保证程度	调查要求的可靠程度低	调查要求的可靠程度高
统计推断的允许误差范围	调查要求的精度低；误差范围大	调查要求的精度高；误差范围小
抽样调查的组织形式	分类抽样；等距抽样；平均误差小	随机抽样；整群抽样；平均误差大
抽样调查的具体方法	不重复抽样方法；平均误差小	重复抽样方法；平均误差大

实际的抽样中往往还要根据抽样调查的人力、物力和财力的现实情况及具体的要求，再确定样本的容量。

8.5.2 必要样本容量的计算

确定必要的样本容量也是抽样调查方案中的一个重要问题，影响样本容量的因素，可以从样本容量计算公式的结果加以验证。这里我们只介绍简单随机抽样的必要样本容量的计算公式。

1. 平均数的必要样本容量

（1）重复抽样计算。

$\Delta_{\bar{x}} = t\mu_{\bar{x}} = t\sqrt{\dfrac{\sigma^2}{n}}$ 进行恒等变换后得

$$n = \frac{t^2\sigma^2}{\Delta_{\bar{x}}^2}$$

统计工作中一般应用：$n = \dfrac{t^2 s^2}{\Delta_{\bar{x}}^2}$。

【例 8-9】诚信会计师事务所本年末组织了职工家庭生活水平状况的调查，根据前年抽样调查情况，职工家庭年平均收入的标准差为 1 000 元，现要求以 95%的可信度，并希望允许抽样误差控制为 300 元，至少抽取多少名职工调查才能满足条件的要求。

解： $s = 1\,000$，$\Delta_{\bar{x}} = 300$，$F(t) = 95\%$，$t = 1.96$

$$n = \frac{t^2 s^2}{\Delta_{\bar{x}}^2} = \frac{1.96^2 \times 1\,000^2}{300^2} \approx 42.68\text{（名）}$$

至少要抽取 43 名职工调查才能满足条件的要求。

（2）不重复抽样计算。

$\Delta_{\bar{x}} = t\mu_{\bar{x}} = t\sqrt{\dfrac{\sigma^2}{n}\left(1 - \dfrac{n}{N}\right)}$ 进行恒等变换后得

$$n = \frac{Nt^2\sigma^2}{N\Delta_{\bar{x}}^2 + t^2\sigma^2}$$

统计工作中一般应用：$n = \dfrac{Nt^2 s^2}{N\Delta_{\bar{x}}^2 + t^2 s^2}$。

【例 8-10】HN 海关对 10 000 袋进口食品，按不重复随机抽样进行重量抽检，以往抽检每袋食品平均重量的标准差为 25 克，若要求以 95.45%概率保证，每袋食品平均重量的误差不超过 5 克，应至少抽检多少袋食品为宜？

解： $N = 10\,000$，$s = 25$，$\Delta_{\bar{x}} = 5$，$F(t) = 95.45\%$，$t = 2$

$$n = \frac{Nt^2 s^2}{N\Delta_{\bar{x}}^2 + t^2 s^2} = \frac{10\,000 \times 2^2 \times 25^2}{10\,000 \times 5^2 + 2^2 \times 25^2} \approx 99.01\text{（袋）}$$

应至少抽检 100 袋食品为宜。

2. 成数的必要样本容量

（1）重复抽样计算。

$\Delta_p = t\mu_p = t\sqrt{\dfrac{P(1-P)}{n}}$ 进行恒等变换后得

$$n = \frac{t^2 P(1-P)}{\Delta_p^2}$$

统计工作中一般应用：$n=\dfrac{t^2p(1-p)}{\Delta_p^2}$。

【例 8-11】宏达民营企业将对 12 月份生产的全部家电产品的合格率进行抽检，如果根据以往 98%的合格率，要求允许误差不超过 3%，可靠程度为 95.45%，至少要抽取多少件产品进行检验？

解：$p=98\%$，$\Delta_p=3\%$，$F(t)=95.45\%$，$t=2$

$$n=\frac{t^2p(1-p)}{\Delta_p^2}=\frac{2^2\times0.98\times0.02}{0.03^2}\approx87.11\text{（件）}$$

至少要抽取 88 件产品进行检验。

（2）不重复抽样计算。

$\Delta_p=t\mu_p=t\sqrt{\dfrac{P(1-P)}{n}\left(1-\dfrac{n}{N}\right)}$ 进行恒等变换后得：

$$n=\frac{Nt^2P(1-P)}{N\Delta_p^2+t^2P(1-P)}$$

统计工作中一般应用：$n=\dfrac{Nt^2p(1-p)}{N\Delta_p^2+t^2p(1-p)}$。

【例 8-12】工行金钟储蓄所现有 20 000 个储户，根据去年抽查，有 30%的储户购买了理财基金。为了掌握全部储户的购买情况，现要求允许误差不超过 5%，并按不重复随机抽样方法，以 95%的概率保证，需要抽取多少个储户调查才能获知全部储户购买理财基金的情况？

解：$N=20\ 000$，$p=30\%$，$\Delta_p=5\%$，$F(t)=95\%$，$t=1.96$

$$n=\frac{Nt^2p(1-p)}{N\Delta_P^2+t^2p(1-p)}=\frac{20\ 000\times1.96^2\times0.3\times0.7}{20\ 000\times0.05^2+1.96^2\times0.3\times0.7}\approx317.57\text{（名）}$$

需要抽取 318 个储户调查才能获知全部储户购买理财基金的情况。

8.5.3 必要样本容量的问题

我们计算的样本容量是最低的，也是最必要的样本容量。因此，如果进行一次抽样调查，同时对总体平均数和成数进行估计，运用公式计算两个样本容量，一般情况下，为了同时满足两个推断的要求，要在两个样本容量中选择较大的一个。公式求出的样本容量不一定是整数，如果带小数，一般采取进位，即只入不舍的办法化成整数。

一般总体方差是未知的，在实际计算时往往利用样本方差代替。应该注意的是，如有几个方差资料，要注意选最大的。如果成数方差在完全缺乏资料的情况下，可用成数方差最大值 $\sigma^2=p(1-p)$=0.25 或成数 $p=0.5$ 来代替。

若抽样允许误差 Δ 缩小一半，则 n 要增加到原来的 4 倍；当抽样允许误差 Δ 增大 1 倍，则 n 只需要原来的 1/4。

不重复抽样的样本容量大小还要受到总体单位数 N 的影响。在其他条件不变的情况下，如果总体单位数 N 充分大，不重复抽样所需样本容量可用 $n\approx\dfrac{t^2\sigma^2}{\Delta_{\bar{x}}^2}$ 公式近似计算。

本章小结

统计推断是利用样本的实际资料计算样本指标，并据以推断总体相应数量特征的一种统计分析方法。它主要用于不能够、不适应和不必要进行全面调查，也用于对全面调查资料的修正。统计推断中的相关概念有：全及总体和样本总体、全及指标和样本指标、重复抽样和不重复抽样。

统计抽样形式有简单随机抽样、分类抽样、等距抽样、整群抽样等。简单随机抽样是基础，其他方式都是以它的原则为依据形成的。

抽样误差是指由于随机抽样的偶然因素，使样本各单位的结构不足以代表总体各单位的结构，而引起抽样指标和全及指标之间的绝对离差。应熟练掌握抽样平均误差的计算公式以及抽样平均误差、抽样极限误差和概率度之间的关系。

统计总体指标的推断就是利用实际调查计算的样本指标来估计相应的总体指标数值，统计推断的主要方法有点估计和区间估计两种。点估计的基本特点是根据总体指标的结构形式设计样本指标作为总体参数的估计量，并以样本指标的实际值作为相应的总体参数的估讠值。参数区间估计是指被估计参数的可能范围，同时对参数落在这一范围内给定相应的概率保证程度。

确定从总体中抽取多少个样本单位是制订抽样调查方案中一个重要的问题。抽样单位数要适度，其原则是在保证抽样推断能达到预期的可靠程度和精度的要求下，确定一个恰当的抽取样本单位的数目。应熟练掌握样本单位数确定的计算公式及其影响因素。

本章思考

1. 统计推断的特点和作用是什么？
2. 统计抽样的形式有哪些？它们的特点分别是什么？
3. 什么是抽样平均误差？影响的因素有哪些？
4. 什么是区间估计？总体参数主要包括哪些？
5. 影响必要样本容量的因素有哪些？

技能操作：应用 Excel 进行统计推断

操作项目 1：应用 Excel 进行总体平均数区间估计

技能要求：熟悉统计推断和区间估计的基本原理和相关计算方法。掌握 Excel 在抽样中的应用。

统计资料：滨海商场为了解本商场 6 月份销售情况，月末随机抽取 60 位顾客进行调查，得知其消费额，如表 8-3 所示。在概率 95.45%的保证下，估计商场顾客平均消费额的区间。

基本任务：根据表 8-3 数据资料，运用 Excel 进行总体平均数的区间估计。

操作步骤：启动 Excel，建立“总体平均数区间估计”工作簿。

第一步，在工作表上将 60 位顾客的消费额数据资料输入 B2:B61 单元格。

第二步，按照表 8-4 操作。

表 8-3　滨海商场抽查 60 位顾客的消费额资料

抽取序号	消费额/元	抽取序号	消费额/元	抽取序号	消费额/元	抽取序号	消费额/元
01	280	16	320	31	350	46	300
02	260	17	150	32	470	47	320
03	360	18	240	33	260	48	200
04	300	19	320	34	280	49	210
05	320	20	340	35	250	50	420
06	340	21	420	36	440	51	420
07	450	22	36	37	320	52	320
08	260	23	320	38	380	53	240
09	460	24	270	39	240	54	260
10	190	25	240	40	320	55	300
11	280	26	180	41	360	56	320
12	360	27	450	42	32	57	260
13	480	28	220	43	320	58	320
14	320	29	460	44	470	59	310
15	530	30	240	45	180	60	320

表 8-4　总体平均数区间估计操作表

项　　目	单元格	输入公式	输出结果
样本容量 n	E3	=COUNT(B2:B61)，回车	60.000 0
样本均值 $\bar{x}$	E4	=AVERAGE(B2:B61)，回车	309.800 0
样本标准差 s	E5	=STDEV(B2:B61)，回车	99.537 7
抽样平均误差	E6	=E5/SQRT(E3)，回车	12.850 3
置信度 $F(t)$	E7	95.45%	0.954 5
自由度	E8	=E3−1，回车	59.000 0
t 值	E9	=TINV(1−E7，E8)，回车	2.043 3
极限误差	E10	=E9*E6，回车	26.256 5
置信区间下限	E11	=E4−E10，回车	283.543 5
置信区间上限	E12	=E4+E10，回车	336.056 5

在输入每一个公式后，按 Enter 键，便可输出结果，从结果中我们知道，总体平均数的置信下限和置信上限，如图 8-1 所示。

由此得知，在概率 95.45%的保证下，该商场顾客平均消费额为 283.54 元～336.06 元。

关于总体方差的估计、总体比例的估计等可按类似方法进行。下面我们学习总体成数区间估计。

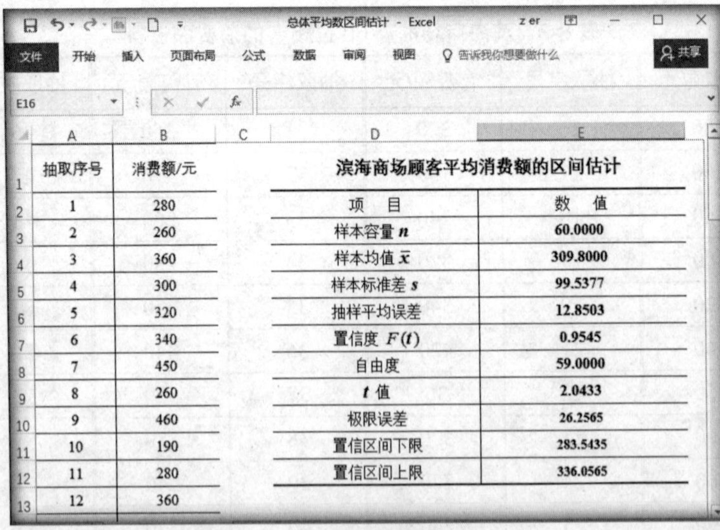

抽取序号	消费额/元	滨海商场顾客平均消费额的区间估计	
		项　目	数　值
1	280	样本容量 n	60.0000
2	260	样本均值 $\bar{x}$	309.8000
3	360	样本标准差 s	99.5377
4	300	抽样平均误差	12.8503
5	320	置信度 $F(t)$	0.9545
6	340	自由度	59.0000
7	450	t 值	2.0433
8	260	极限误差	26.2565
9	460	置信区间下限	283.5435
10	190	置信区间上限	336.0565
11	280		
12	360		

图 8-1　总体平均数的区间估计

操作项目 2：应用 Excel 进行总体成数的区间估计

技能要求：熟悉统计推断和区间估计的基本原理，掌握 Excel 在抽样中的应用。

统计资料：蓝天电子元件企业对一批产品的质量进行抽样检验，采用重复抽样方法，抽取样品 200 只，样本一等品率为 85%，试计算允许误差，当把握程度为 90%时，估计这批产品一等品率的区间。

基本任务：根据上述统计资料，应用 Excel 进行总体成数抽样推断。

操作步骤：启动 Excel，建立“总体成数的区间估计”工作簿。

第一步，我们可以在 Excel 工作表上分别输入数据。

B3 单元格输入样本容量 200；

B4 单元格输入样本成数 85%；

B5 单元格输入样本成数的标准差函数“=SQRT[B4*(1−B4)]”，如图 8-2 所示；

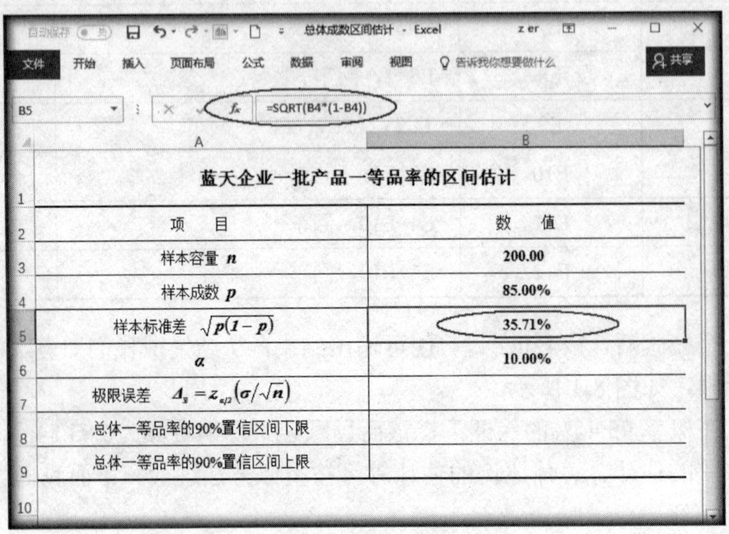

=SQRT(B4*(1-B4))

蓝天企业一批产品一等品率的区间估计	
项　目	数　值
样本容量 n	200.00
样本成数 p	85.00%
样本标准差 $\sqrt{p(1-p)}$	35.71%
α	10.00%
极限误差 $\Delta_{\bar{x}} = z_{\alpha/2}(\sigma/\sqrt{n})$	
总体一等品率的90%置信区间下限	
总体一等品率的90%置信区间上限	

图 8-2　样本标准差 SQRT 函数

B6 单元格输入 10%（α=100%−90%）；

B7 单元格输入极限误差函数：“=CONFIDENCE（B6, B5, B3）”，如图 8-3 所示。

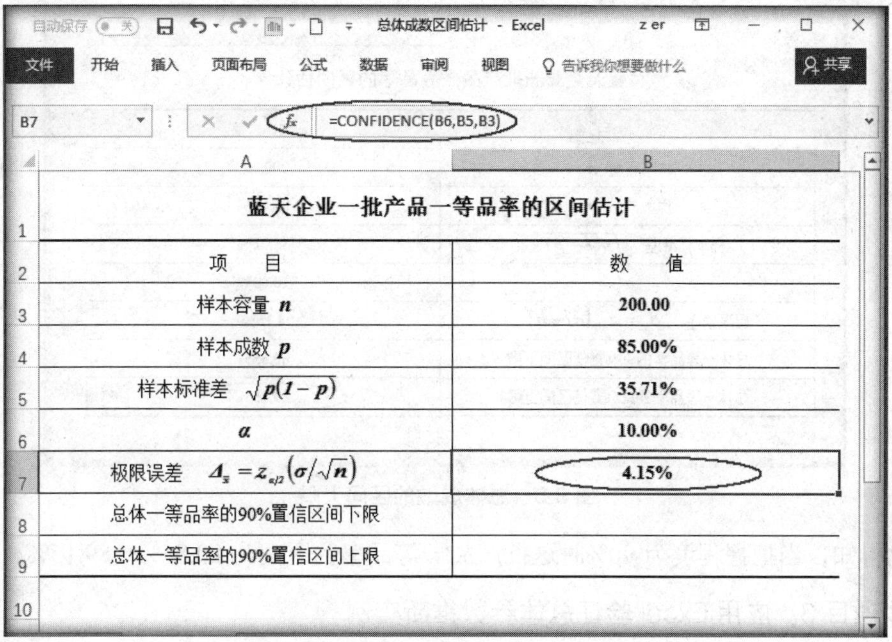

蓝天企业一批产品一等品率的区间估计	
项　目	数　值
样本容量 n	200.00
样本成数 p	85.00%
样本标准差 $\sqrt{p(1-p)}$	35.71%
α	10.00%
极限误差 $\Delta_{\bar{x}}=z_{\alpha/2}(\sigma/\sqrt{n})$	4.15%
总体一等品率的90%置信区间下限	
总体一等品率的90%置信区间上限	

图 8-3　极限误差 CONFIDENCE 函数

第二步，计算总体一等品率的区间估计范围，区间下限“=B4−B7”，区间上限“=B4+B7”如图 8-4 和图 8-5 所示。

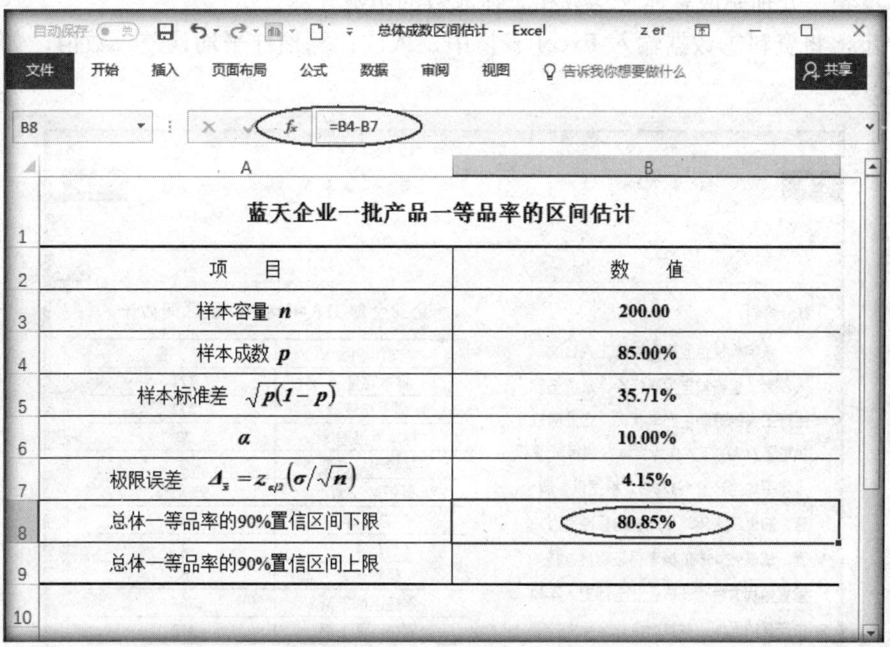

蓝天企业一批产品一等品率的区间估计	
项　目	数　值
样本容量 n	200.00
样本成数 p	85.00%
样本标准差 $\sqrt{p(1-p)}$	35.71%
α	10.00%
极限误差 $\Delta_{\bar{x}}=z_{\alpha/2}(\sigma/\sqrt{n})$	4.15%
总体一等品率的90%置信区间下限	80.85%
总体一等品率的90%置信区间上限	

图 8-4　总体成数的区间下限

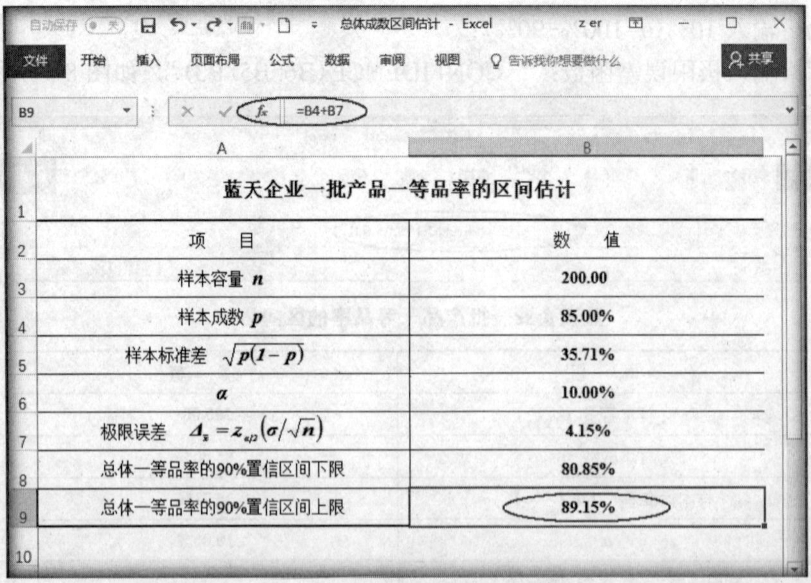

蓝天企业一批产品一等品率的区间估计	
项　目	数　值
样本容量 n	200.00
样本成数 p	85.00%
样本标准差 $\sqrt{p(1-p)}$	35.71%
α	10.00%
极限误差 $\Delta_{\bar{x}}=z_{\alpha/2}(\sigma/\sqrt{n})$	4.15%
总体一等品率的90%置信区间下限	80.85%
总体一等品率的90%置信区间上限	89.15%

图 8-5　总体成数的区间上限

由此得知，当把握程度为 90%时这批产品一等品率的区间为 80.85%～89.15%。

操作项目 3：应用 Excel 验证总体参数推断实例

技能要求：熟悉统计总体参数推断，掌握 Excel 在统计推断中的功能。

统计资料：资料①例 8-5 如图 8-6 所示和资料②例 8-8 如图 8-10 所示。

基本任务：验证本章两个案例的总体参数推断结果。

操作步骤：分别完成总体平均数和总体成数的函数计算。

第一步，将资料①数据输入 Excel 表格中，依次计算抽样平均误差等数值，如图 8-6～图 8-9 所示。

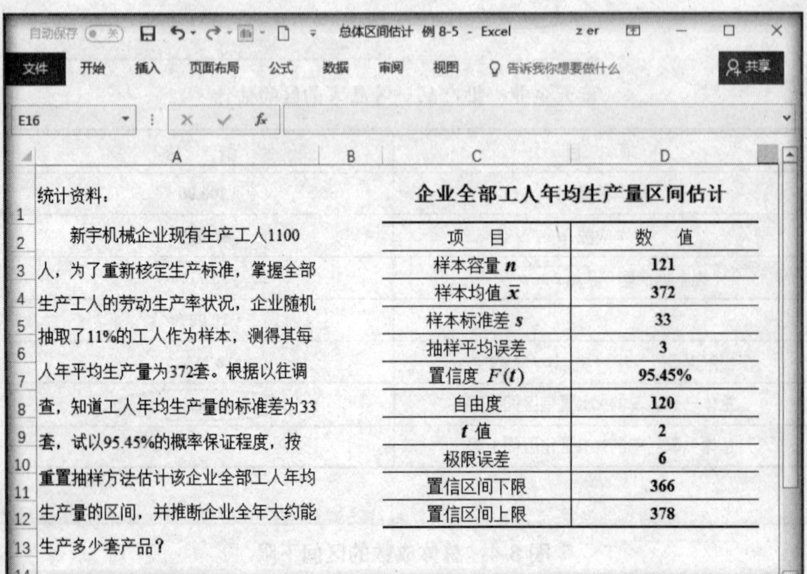

统计资料：

新宇机械企业现有生产工人1100人，为了重新核定生产标准，掌握全部生产工人的劳动生产率状况，企业随机抽取了11%的工人作为样本，测得其每人年平均生产量为372套。根据以往调查，知道工人年均生产量的标准差为33套，试以95.45%的概率保证程度，按重置抽样方法估计该企业全部工人年均生产量的区间，并推断企业全年大约能生产多少套产品？

企业全部工人年均生产量区间估计	
项　目	数　值
样本容量 n	121
样本均值 $\bar{x}$	372
样本标准差 s	33
抽样平均误差	3
置信度 $F(t)$	95.45%
自由度	120
t 值	2
极限误差	6
置信区间下限	366
置信区间上限	378

图 8-6　统计资料与结果

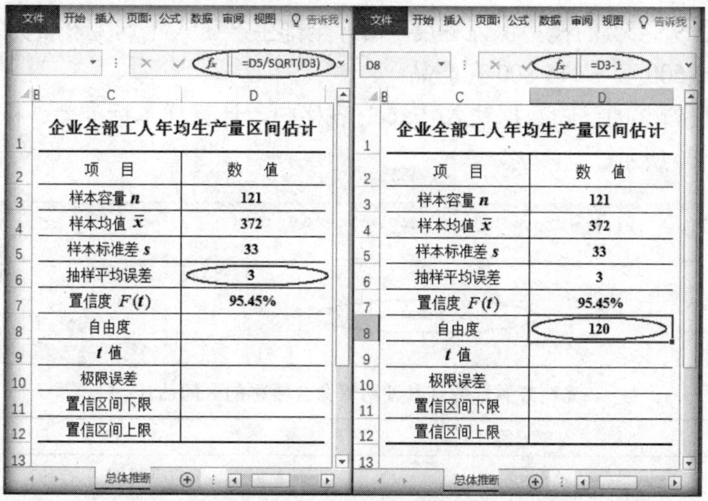

图 8-7　抽样平均误差函数与自由度函数

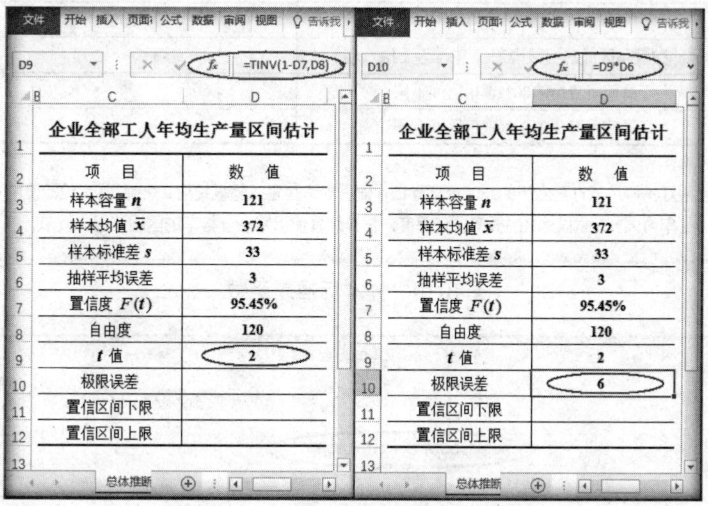

图 8-8　t 值函数与极限误差函数

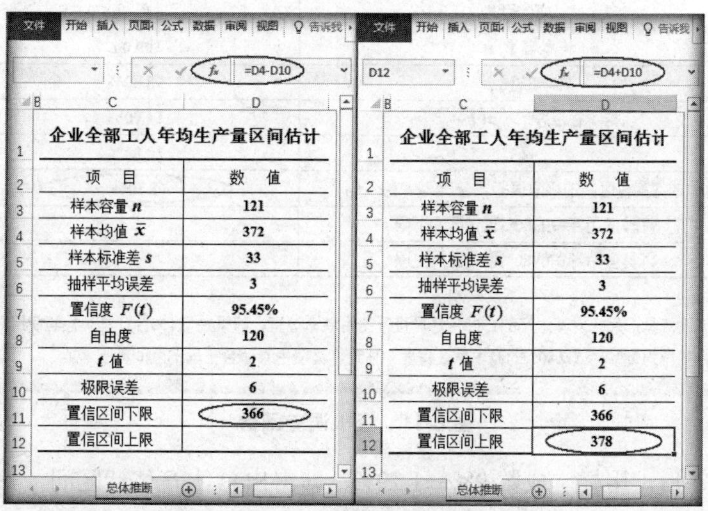

图 8-9　置信下限函数与置信上限函数

由此可知，以 95.45%的概率保证程度，估计全部生产工人年均生产量为 366 套～378 套，企业全年生产 402 600 套～415 800 套产品。

第二步，将资料②的已知数据输入 Excel 表格中，计算样本标准差、极限误差等数值，如图 8-10 和图 8-11 所示。

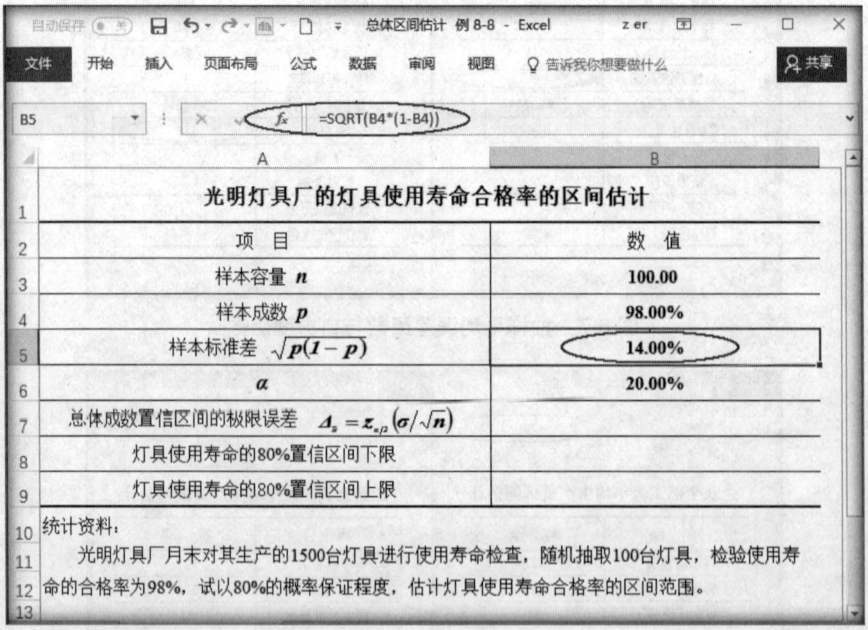

图 8-10 样本标准差函数

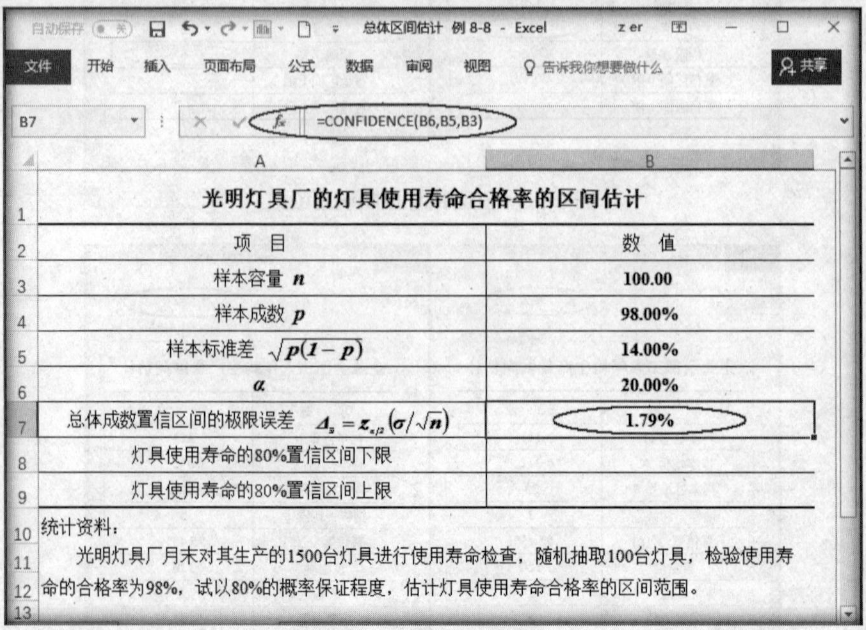

图 8-11 极限误差函数

求得极限误差后，用样本成数 98%±1.79%，即得出总体 P 估计区间，如图 8-12 所示。

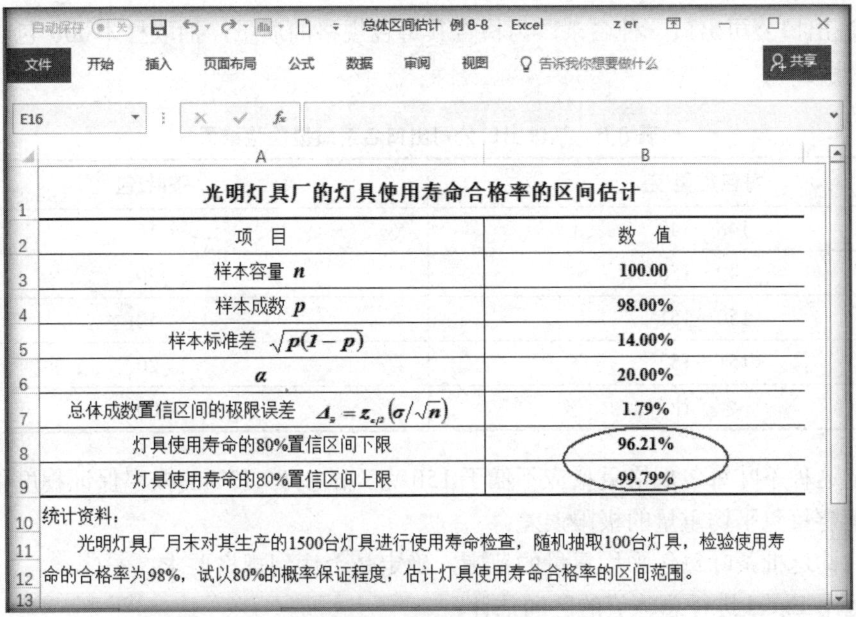

光明灯具厂的灯具使用寿命合格率的区间估计	
项　目	数　值
样本容量 n	100.00
样本成数 p	98.00%
样本标准差 $\sqrt{p(1-p)}$	14.00%
α	20.00%
总体成数置信区间的极限误差 $\Delta_x = z_{\alpha/2}(\sigma/\sqrt{n})$	1.79%
灯具使用寿命的80%置信区间下限	96.21%
灯具使用寿命的80%置信区间上限	99.79%

统计资料：

光明灯具厂月末对其生产的1500台灯具进行使用寿命检查，随机抽取100台灯具，检验使用寿命的合格率为98%，试以80%的概率保证程度，估计灯具使用寿命合格率的区间范围。

图 8-12　成数置信区间

计算结果表明，以 80%的概率保证程度，估计 1 500 台灯具使用寿命合格率的区间为 96.21%～99.79%，也就是 1500 台灯具的使用寿命合格的数量约为 1 443 台～1 497 台。

技 能 训 练

1. 某企业 6 月上旬生产 10 000 件产品，按要求随机抽取 100 件进行质量检验，发现有 10 件不合格。试按重复与不重复抽样分别计算合格率抽样平均误差，并以 95.45%的概率保证程度对该批产品的合格率做出区间估计。应用 Excel 完成计算。

2. 某地区人均旅游消费支出调查中，现随机抽取某市 400 户家庭，调查得人均旅游消费 350 元，标准差 100 元，以 95%的概率保证程度，估计该地区人均消费支出大约为多少？应用 Excel 完成计算。

3. 某教育机构随机抽查 300 名高三理科学生，通过调查只有 6 人有报考大学社会科学类的意愿，试以 95.45%的概率保证程度，估计该教育机构理科毕业生报考大学社科类的比重。

4. 为重新核定定额标准，某企业对甲班生产班组的工人生产情况进行调查，随机抽选 100 名工人当日的生产量，所得资料如表 8-5 所示。

表 8-5　某企业甲班组的工人生产情况资料

日产量分组/件	60 以下	60～70	70～80	80～90	90 以上
工人人数/人	10	20	22	40	8

要求：（1）试以 95.45%的可靠性估计该班组工人的平均日产量的范围；

（2）以同样的概率保证程度估计该班组工人的平均日产量在 80 件以上的工人所占比重的范围；

（3）运用 Excel 检验计算结果。

5. 某进出口公司出口一种名茶，为检查其每包规格的质量，抽取样本 100 包。检验结果如表 8-6 所示。

表 8-6　某进出口公司出口名茶质量检验结果

每包重量/克	茶叶/包
148～149	10
149～150	20
150～151	50
151～152	20
合　计	100

按规定这种茶叶每包规格重量应不低于 150 克。试以 99.73%的概率保证程度下：

（1）确定每包平均重量的极限误差；

（2）估计这批茶叶每包平均重量的范围，确定是否达到规格要求；

（3）运用 Excel 进行总体值的区间估计。

6. 对某型号电子元件 10 000 只进行耐用性能检查。

（1）根据以往抽样测定，元件耐用实数的标准差为 600 小时。试求在重复抽样条件下，概率保证程度为 68.27%，元件平均耐用时数的误差范围不超过 150 小时，要抽取多少元件检查？

（2）根据以往抽样测定，元件合格率为 95%，要求在 99.73%的概率保证下，允许误差不超过 4%，试确定重复抽样所需抽取的元件数目是多少？如果其他条件均保持不变，采用不重复抽样应抽取多少元件做检查？

参考答案

1.（1）$p=90\%$；重复抽样：$\mu_p=3\%$；不重复抽样：$\mu_p=2.985\%$。

（2）重复抽样：$\Delta_p=6\%$，84%≤P≤96%；不重复抽样：$\Delta_p=5.97\%$，84.03%≤P≤96.97%。

2. 该地区人均消费支出大约为 340.2 元～359.8 元。

3. 报考大学社科类的学生比重估计为 0.38%～3.62%。

4.（1）$\bar{x}=76.6$；$\mu_{\bar{x}}=1.1377$；$\Delta_{\bar{x}}=2.2754$；$74.32\leqslant\bar{X}\leqslant78.88$。

（2）p=48%；μ_p=4.996%；Δ_p=9.992%；38.01%≤P≤57.99%。

5.（1）每包重量的极限误差：$\bar{x}=150.3$；$\mu_{\bar{x}}=0.0872$；$\Delta_{\bar{x}}=0.26$。

（2）茶叶每包重量范围：$150.04\leqslant\bar{X}\leqslant150.56$。

所以每包茶叶重量范围达到了规定的要求。

6.（1）n=16。

（2）重复抽样：n=268，不重复抽样：n=261。

第9章 国民核算

知识要点与技能目标

通过学习，掌握国民核算的含义；了解中国国民核算体系的基本结构；掌握国内生产总值的不同核算方法；掌握国内生产总值与其他相关总量指标之间的关系。了解SPSS软件的基本功能，掌握描述性统计的分析过程。

9.1 国民核算的基本理论

国民核算即国民经济核算的简称，是对国民经济活动进行整体的、系统的核算，是以社会再生产全过程为对象的宏观经济核算。国民核算从数量上系统地反映国民经济运行状况，反映社会生产、分配、交换、使用各个环节之间以及国民经济各部门之间的内在联系，为国家宏观管理提供依据。

9.1.1 国民核算体系的确定

联合国曾公布和推荐的国民核算标准有两种：物质产品平衡表体系（The System of Material Product Balances，MPS）和国民账户体系（The System of National Accounts，SNA）。这两种不同的国民核算体系，曾在相当长的时期里并存发展。

物质产品平衡表体系（MPS），它是为适应对国民经济实行高度集中的计划管理的需要，由苏联首先建立，以后逐渐为东欧各国、古巴、蒙古等国所采用，所以又称东方核算体系。它以物质产品的生产、分配、交换和使用为主线来核算物质产品再生产过程，核算范围包括农业、工业、建筑业、货物运输及邮电业等物质生产部门，核算方法主要采用平衡法，由一系列平衡表所组成。近年来东欧各国为适应向市场经济过渡，已放弃继续使用这一体系。

国民账户体系（SNA）。它适用于市场经济条件下的国民核算，首创于英国，继而在西方国家和经济发达国家推行，所以又称西方核算体系。现已为世界上绝大多数国家和地区所采用。它以全面生产的概念为基础，把国民经济各行各业都纳入核算范围，将社会产品分为货物和服务两种形态，完整地反映全社会生产活动成果及其分配和使用的过程，并注重社会再生产过程中资金流量和资产负债的核算。它是运用复式记账法的原理，围绕国民核算建立的组织结构严谨、逻辑严密的理论和方法体系。

国民核算源于统计、会计及业务核算，是三大核算的综合核算。国民核算体系是对国民经济运行或社会再生产过程进行全面、系统的计算、测定和描述的宏观经济信息系统，它是整个经济信息系统的核心。

我国国民核算体系的确定有两层含义：一是指国家和国际组织为国民核算而制定的核算标准和规范。它是以一定的经济理论为基础，明确规定一系列基本概念、基本分类和核算原则，制定一套反映国民经济运行的基本指标、核算方法和表现形式，形成一套逻辑一致、结构完整的核算框架。二是指全面、系统反映国民经济运行的数据体系。它是根据上述标准和规范对国民经济进行核算的结果，形成的一整套国民核算资料和宏观经济信息系统，是经济分析的重要依据，是国家宏观经济决策和调控的重要基础。中国最新的国民核算体系构成要素如图 9-1 所示。

- 中国国民核算体系构成要素
  - 国民核算标准和规范
    - 基本概念
    - 基本分类
    - 核算原则
    - 基本指标
    - 核算框架
    - 核算方法
  - 国民核算的数据体系

图 9-1　中国国民核算体系构成要素

9.1.2　国民核算体系的演变

从我国国民核算体系的变化过程看，国民核算体系经历了从物质产品平衡表体系（MPS）向 MPS 与 SNA 并存的混合体系转变，以及从混合体系向 SNA 转变的过程，每一次转变都是对原有体系的突破和改进。

从 MPS 向混合体系转变过程中实现了三个方面的突破：一是在指导思想和理论认识上的突破，将生产范围扩展到国民经济所有行业，明确了国民核算体系的生产范围。二是核算技术上的突破。寻找 MPS 和 SNA 的结合点，根据我国当时的实际情况，将国际上存在的两大核算体系有机地结合在一起，并且使之可以相互转换，这样既满足了习惯于使用 MPS 人们的需要，又满足了全面反映经济发展情况的需要，这一创新成为国民核算体系第一次转变最突出的特点。三是核算基础薄弱的突破。全面系统地制定了新国民核算体系。

从混合体系向 SNA 转变过程中实现的突破主要集中在加快与国际标准接轨，即完善核算方案、改善核算基础及全面开展实施三个方面。在完善核算方案方面，提高了新国民核算体系的简洁性、规范性和相互协调性；在改善核算基础方面，以周期性普查为基础，以经常性抽样调查为主体，以必要的统计报表、重点调查、综合分析等为补充，搜集、整理基本统计资料的统计调查制度的确立，为改善核算基础提供了保证；在实施方面，开展新版本国民核算体系在实际中的全面实施。

2017 年 7 月国家统计局发布了《中国国民经济核算体系（2016）》，新的核算体系针对《中国国民经济核算体系（2002）》进行了系统修订，主要从基本框架、基本概念和范围、基本分类、基本核算指标和核算方法五个方面进行了修订并调整了基本框架。国民经济账户与基本核算表是国民经济核算体系中心框架内容的不同表现形式。将国民经济账户按照账户间的内在逻辑关系进行整合，可以形成基本核算表，而基本核算表也可以转换为国民经济账户。经过二十多年的发展和改进，我国五大核算表的范围越来越全、分类越来越细，主要国民经济账户的内容均已体现在这些基本核算表中，因此，2016 年核算体系不再单独设置“国民经济账户”。

9.1.3 国民核算体系的作用

国民核算体系是国家对国民经济进行现代化管理的重要工具，它的作用主要体现在以下几方面。

第一，国民核算体系是制定和检验宏观经济政策的重要依据。国民核算体系科学系统地反映了国民经济主要指标之间的内在联系，提供了整个国民经济运行状况的全面、详细的数据，它包括有关生产、收入分配、消费、投资、对外经济往来等方面的基础数据，它既是国家规划、产业政策、收入分配政策等宏观经济决策的重要依据，也是检验过去的宏观经济政策是否科学性的手段。

第二，国民核算体系是反映国民经济运行状况的有效工具。它通过一系列科学的核算原则和方法，把描述国民经济各个方面的基本指标有机地组织起来，既反映了国民经济运行的过程和全貌，又反映了国民经济的主要比例和平衡关系等。

第三，国民核算体系可以有效地协调经济统计，并起到数据检验的作用。国民核算对各种不同类型经济统计的基本概念、基本分类和指标设置提出了统一的要求，因而能够提高各种不同类型经济统计之间的衔接程度。同时，能够起到协调各种类型经济统计数据的作用。

第四，国民核算体系是进行国际比较的工具。世界绝大多数国家都按照国际通用的标准进行国民核算，这样产生的经济总量和结构等方面数据可广泛用于国际比较。

9.2 国民核算的主要内容

9.2.1 国民核算的基本核算

基本核算系统地描述我国国民经济运行全过程。其中的每一部分从某些环节或某些侧面描述经济运行过程。基本核算表包括国内生产总值核算、投入产出核算、资金流量核算、资产负债核算和国际收支核算等，共计 15 张统计表。它是对国民经济总体运行情况进行全面、综合、系统的价值量核算的一套表式，同时又是各自相对独立的子体系。

1. 国内生产总值核算

国内生产总值是我国所有常住单位在一定时期内生产活动的最终成果。它一方面体现为所有常住单位在生产过程中创造的增加值的总和；另一方面体现为所有常住单位所使用的最终产品价值和净出口的总和。国内生产总值核算描述生产活动最终成果的形成和使用过程，是国民经济核算体系的核心内容。

国内生产总值核算是对一定时期内国民经济最终产品生产、分配和使用总量的核算。具体包括国内生产总值总表、生产法国内生产总值表、收入法国内生产总值表和支出法国内生产总值表共四张表。国内生产总值总表，如表 9-1 所示。

表 9-1　国内生产总值总表

生　　产	金　　额	使　　用	金　　额
1. 生产法国内生产总值		1. 支出法国内生产总值	
（1）总产出		（1）最终消费支出	
（2）中间投入		居民消费支出	
2. 收入法国内生产总值		为住户服务的非营利机构消费支出	
（1）劳动者报酬		政府消费支出	
（2）生产税净额		（2）资本形成总额	
生产税		固定资本形成	
生产补贴		库存增加	
（3）固定资产折旧		（3）货物和服务净出口	
（4）营业盈余		货物和服务出口	
		货物和服务进口	
		2. 统计误差	

生产法和收入法国内生产总值表分别反映按生产法和收入法计算的国内生产总值及各产业部门增加值。支出法国内生产总值表反映按支出法计算的国内生产总值及其详细构成项目。国内生产总值总表概括地反映生产法、收入法和支出法国内生产总值的基本构成项目以及三种计算方法之间的相互关系（具体内容将在 9.3 节介绍）。

2. 投入产出核算

投入产出核算是对生产法、收入法、支出法国内生产总值的整合，细化和扩展了国内生产总值核算的内容，用于描述国民经济各部门在一定时期内生产活动的投入来源和产出使用去向，揭示国民经济各部门间相互依存、相互制约的数量关系。具体包括投入产出表、供给表和使用表共三张表。投入产出表以矩阵形式，描述国民经济各部门在一定时期（通常为一年）生产中的投入来源和产出使用去向，投入产出表，如表 9-2 所示。

投入产出表即产品部门×产品部门表反映产品部门的中间投入结构和最初投入结构以及产品部门的中间使用去向和最终使用去向。不仅描述了不同产业部门之间相互提供、相互利用的中间产品流量，而且揭示出国民经济各产业部门之间的技术经济联系。

供给表又称产出表，反映各产业部门生产的产品结构和各种类型产品的产业部门来源结构。主栏为 n 个产品部门，宾栏为 m 个产业部门，横行反映属于某一产品部门的货物或服务是由哪些产业部门生产的；纵列反映某一产业部门生产各产品部门货物或服务的价值量。

使用表又称投入表，反映各产业部门的中间投入结构和最初投入结构以及各种类型产品的中间使用去向和最终使用去向。

投入产出表、供给表、使用表之间存在着密切的联系。在一定的假设下，可以通过供给表和使用表推导出投入产出表，也可以通过供给表和投入产出表推导出使用表。

表 9-2　投入产出表（产品部门 × 产品部门表）

投入＼产出		中间使用				最终使用										进口	进口税	总产出（生产者价格）
						最终消费支出				资本形成总额				出口	最终使用合计			
		产品部门	……	产品部门	中间使用合计	居民消费支出	为住户服务的非营利机构消费支出	政府消费支出	合计	固定资本形成总额	存货变动	贵重物品获得减处置	合计					
中间投入	产品部门 1 ⋮ 产品部门 *n*	第 I 象限				第 II 象限												
	中间投入合计																	
增加值	劳动者报酬 生产税净额 固定资产折旧 营业盈余	第III象限																
	合计																	
总投入（生产者价格）																		
不可抵扣增值税																		

3. 资金流量核算

资金流量核算是国内生产总值核算的延伸，以收入分配和资金运动为核算对象，描述一定时期各机构部门收入的分配和使用，资金的筹集和运用情况。其核算内容覆盖了整个国民经济运行过程以及相伴随的金融活动。具体包括非金融交易表和金融交易表两张表。

非金融交易表记录各机构部门间发生的非金融交易往来及其结果，内容覆盖收入分配、使用过程以及非金融投资过程。其中，收入分配包括初次分配和再分配，资金流量表（非金融交易）如表 9-3 所示。

金融交易表描述各机构部门间资金的流量、流向和余缺状况，反映经济活动中金融交易的规模和结构、机构部门之间发生的金融债权、债务往来情况，资金流量表（金融交易）如表 9-4 所示。

4. 资产负债核算

资产负债核算即编制资产负债表，是对我国常住单位经济资产和负债存量及其变化的核算，反映某一时点各机构部门和经济总体所拥有的资产和负债的总量和结构，以及从期初到期末的变化情况。

表 9-3 资金流量表（非金融交易）

机构部门 交易项目	非金融企业部门		金融机构部门		政府部门		NPISH部门		住户部门		经济总体		国外		合计	
	运用	来源	运用	来源	运用	来源	运用	来源	运用	来源	运用	来源	运用	来源	运用	来源
1. 净出口																
2. 增加值																
3. 劳动者报酬																
（1）工资及工资性收入																
（2）单位社会保险付款																
4. 生产税净额																
（1）生产税																
（2）生产补贴																
5. 财产收入																
（1）利息																
（2）红利																
（3）土地租金																
（4）其他																
6. 初次分配总收入																
7. 经常转移																
（1）所得税、财产税等经常税																
（2）社会保险缴款																
（3）社会保险支出																
（4）社会保障补助																
（5）其他经常转移																
8. 可支配总收入																
9. 实物社会转移																
10. 调整后可支配总收入																
11. 实际最终消费																
12. 总储蓄/对外经常差额																
13. 资本转移																
（1）资本税																
（2）投资性补助																
（3）其他																
14. 资本形成总额																
（1）固定资本形成总额																
（2）存货变动																
（3）贵重物品获得减处置																
15. 非生产非金融资产获得减处置																
16. 净金融投资																

表 9-4　资金流量表（金融交易）

机构部门 / 交易项目	非金融企业部门		金融机构部门		政府部门		NPISH 部门		住户部门		经济总体		国外		合计	
	运用	来源	运用	来源	运用	来源	运用	来源	运用	来源	运用	来源	运用	来源	运用	来源
1. 净金融投资																
2. 通货																
3. 存款																
4. 贷款																
5. 股权和投资基金份额																
（1）股权																
（2）投资基金份额																
（3）其他																
6. 债务性证券																
（1）债券																
（2）未贴现银行承兑汇票																
（3）其他债务性证券																
7. 保险准备金和社会保险基金权益																
（1）保险准备金																
（2）社会保险基金权益																
8. 金融衍生品和雇员股票期权																
（1）期权																
（2）其他金融衍生品																
（3）雇员股票期权																
9. 国际储备																
（1）货币黄金、特别提款权																
（2）在国际货币基金组织储备头寸																
（3）外汇																
（4）其他																
10. 其他																
11. 资金运用合计																
12. 资金来源合计																

资产负债核算有四张表，各表均采用交易项目×部门的矩阵结构。主栏按资产和负债项目分列，主要包括三个部分：一是资产，包括非金融资产与金融资产；二是负债，即金融负债；三是资产净值，为资产总额与负债总额相抵后的余额。宾栏按机构部门分列。期初（末）资产负债表，如表 9-5 所示。

表 9-5　期初（末）资产负债表

交易项目 \ 机构部门	非金融企业部门	金融机构部门	政府部门	NPISH部门	住户部门	经济总体	国外	合计
1. 资产								
（1）非金融资产								
生产资产								
固定资产								
住宅								
其他建筑和构筑物								
机器和设备								
培育性生物资源								
知识产权产品								
存货								
贵重物品								
非生产资产								
（2）金融资产								
通货								
存款								
贷款								
股权和投资基金份额								
债务性证券								
保险准备金和社会保险基金权益								
金融衍生品和雇员股票期权								
国际储备								
其他								
2. 负债								
（1）通货								
（2）存款								
（3）贷款								
（4）股权和投资基金份额								
（5）债务性证券								
（6）保险准备金和社会保险基金权益								
（7）金融衍生品和雇员股票期权								
（8）国际储备								
（9）其他								
3. 资产净值								

期初资产负债规模和结构是当期经济活动的初始条件，经过一个核算期的经济活动（生产、分配、消费、投资、资金融通等）和非经济活动（如自然灾害、战争等）形成了期末资产负债的规模和结构。因此，资产负债核算与经济流量核算之间有着密切的联系。

我国资产负债表采用国际上通用的矩阵结构，主栏为资产和负债项目，宾栏为机构部门和经济总体，并下设使用项和来源项，其中使用项目记录资产，来源项目记录负债和资产负债差额。

5. 国际收支核算

国际收支核算系统记录一定时期内常住单位和非常住单位之间发生的所有经济收支往

来，以及核算期末累积的对外资产负债存量状况，全面反映我国对外经济联系。

国际收支核算即编制国际收支平衡表和国际投资头寸表。国际收支平衡表是关于对外经济流量的核算表，通过经常账户、资本和金融账户系统记录一段时期内我国与国外之间发生的各种交易。国际投资头寸表是关于对外经济存量及其变化的核算表，分别在期初和期末两个时点记录我国对外金融资产和负债存量状况，以及在一定期间内由交易、价格变化、汇率变化和其他调整引起的存量变化。国际收支核算具体包括国际收支平衡表和国际投资头寸表两张表，如表 9-6 和表 9-7 所示。

表 9-6　国际收支平衡表（概览表）

项　　目	行次	交易金额
1. 经常账户		
贷方		
借方		
（1）货物和服务		
贷方		
借方		
货物		
贷方		
借方		
服务		
贷方		
借方		
（2）初次收入		
贷方		
借方		
（3）二次收入		
贷方		
借方		
2. 资本和金融账户		
（1）资本账户		
贷方		
借方		
（2）金融账户		
资产		
负债		
非储备性质的金融账户		
直接投资		
资产		
负债		
证券投资		
资产		
负债		
金融衍生品和雇员股票期权		
资产		
负债		
其他投资		
资产		
负债		
国际储备		
3. 净误差与遗漏		

注：对于金融账户，正数值表示对外资产减少，负债增加；负数值表示对外资产增加，负债减少。

表 9-7 国际投资头寸表

项目	行次	期初头寸	交易	其他变化	期末头寸
1. 国际投资头寸额					
2. 对外金融资产					
（1）直接投资					
股权和投资基金份额					
债务工具					
（2）证券投资					
股权和投资基金份额					
债务证券					
（3）金融衍生品和雇员股票期权					
（4）其他投资					
其他股权					
通货					
存款					
贷款					
保险、养老金和标准化担保					
贸易信贷和预付款					
其他应收款					
（5）国际储备					
货币黄金					
特别提款权					
外汇储备					
在基金组织中的储备头寸					
其他债权					
3. 对外金融负债					
（1）直接投资					
股权和投资基金份额					
债务工具					
（2）证券投资					
股权和投资基金份额					
债务证券					
（3）金融衍生品和雇员股票期权					
（4）其他投资					
其他股权					
通货					
存款					
贷款					
保险、养老金和标准化担保					
贸易信贷和预付款					
其他应收款					

国际收支平衡表中的各项交易和国际投资头寸表中的金融资产负债项目，在经济活动中以多种货币或其他价值标准（如特别提款权）表示，为了便于数据汇总、分析和开展国际比较，应将它们全部换算为基准记账单位。我国国际收支平衡表同时使用人民币和美元作为记账单位，国际投资头寸表使用美元作为记账单位。将各种计价币种转换为国际收支记账单位，应采用市场汇率。对于国际收支平衡表记录的交易，应采用交易日期的市场汇率进行折算；对于国际投资头寸表记录的期末存量，应使用核算期末金融资产和负债的市场汇率进行折算。

9.2.2　国民核算的扩展核算

扩展核算是在国民经济核算基本概念和基本分类的基础上，通过对某些基本概念的扩展和某些基本分类的重新组合，以及改变处理方法等，对国民经济中某些领域的活动或与国民经济有密切关系的领域进行详细的描述，以满足特定类型分析和专门领域管理的需要。扩展核算体现了国民经济核算体系的开放性和灵活性。

根据我国管理需求和统计基础状况，扩展核算包括资源环境核算、人口和劳动力核算、卫生核算、旅游核算和新兴经济核算，共计 12 张统计表。

1. 资源环境核算

资源环境核算是将资源环境等因素纳入国民经济核算中，通过描述资源环境状况及其随着时间推移而发生的变化，经济系统与资源环境系统之间的相互作用，为全面认识资源环境与经济之间的关系、制定可持续发展政策提供重要基础信息。

资源环境核算中包括自然资源核算和环境核算两部分。自然资源核算包括自然资源资产核算表和自然资源产品供给使用表。环境核算包括环境保护支出核算、污染物产生和排放实物量核算两部分。资源环境核算有 6 张统计表。

自然资源实物量（价值量）核算表反映主要自然资源在期初和期末两个时点的实物存量及核算期内的变动情况，如表 9-8 所示。

表 9-8　自然资源实物量（价值量）核算表

项　　目	土地资源	矿产资源	森林资源	水资源
1. 期初存量				
2. 本期增加				
（1）自然增加				
（2）经济发现				
（3）分类及结构变化引起的增加				
（4）其他因素引起的增加				
3. 本期减少				
（1）自然减少				
（2）经济使用				
（3）分类及结构变化引起的减少				
（4）其他因素引起的减少				
4. 期末存量				

主栏分为期初存量、本期增加、本期减少和期末存量。其中，引起本期增加或减少的因素包括自然因素、经济因素、分类及结构变化等，宾栏根据自然资源性质分为土地资源、矿产资源、森林资源和水资源。

环境保护支出核算表中环境保护活动指各种以预防、减少和消除污染以及其他环境退化问题为主要目的的活动，如表 9-9 所示。

表 9-9 环境保护支出核算表

项　目	政府	企业	住户	合计
环境保护支出总额				
（1）资本性支出				
废水治理				
废气治理				
固体废物治理				
其他				
（2）经常性支出				
废水治理				
废气治理				
固体废物治理				
其他				

2. 人口和劳动力核算

人口和劳动力核算反映核算期内我国人口和劳动力资源状况以及生产中劳动投入情况。通过对劳动投入的标准化测度，为计算劳动生产率和全要素生产率提供基础信息。

人口和劳动力核算包括人口与劳动力资源核算表和劳动投入核算表两张统计表。人口与劳动力资源核算表，如表 9-10 所示。

表 9-10 人口与人力资源核算表

项目	总人口	0～15 岁							16 岁及以上																
		按性别分		按城乡分		按教育程度分		小计	就业人口															失业人口	非劳动力人口
									按性别分		按城乡分		按教育程度分				按年龄分						小计		
		男	女	城镇	乡村	小学/初中	其他		男	女	城镇	乡村	文盲半文盲	小学/初中	高中/中专	大专以上	16～24	25～34	35～44	45～54	55～64	65以上			
1. 期初人口																									
2. 本期增加																									
（1）出生																									
（2）迁入																									
（3）其他																									
3. 本期减少																									
（1）死亡																									
（2）迁出																									
（3）其他																									
4. 期末人口																									

人口和劳动力核算表分为五部分，分别反映我国总人口、0～15 岁人口、就业人口、失业人口、非劳动力人口的期初期末存量、结构以及变动情况。主栏分为期初人口、本期增加人口、本期减少人口和期末人口四部分。其中引起本期增加或减少的因素包括出生、死亡及迁入、迁出等。宾栏设置根据人口与经济活动的相关关系分为两个基本部分：0～15 岁人口、16 岁及 16 岁以上人口。

3. 卫生核算

卫生核算是以卫生保健活动为核心的扩展核算，其目标是借助于国民经济核算原理对全社会卫生保健活动进行宏观核算，一方面显示与卫生保健有关的支出及其资金来源情况，另一方面显示卫生保健产业活动及产品供求情况。通过卫生核算，可以描述卫生保健自身的生产、分配、消费、投资过程，分析其对国民经济各个方面的贡献和影响。

卫生核算即编制卫生总费用表、卫生供给表和卫生使用表三张统计表。卫生总费用代表全社会用于卫生保健方面的总支出。卫生总费用表分别按来源法和机构法核算卫生总费用及其详细构成数据，从资金筹集和资金使用两个角度揭示了卫生资金在不同运动环节的流量和内部构成，如表 9-11 所示。

表 9-11 卫生总费用表

来源法	金额	机构法	金额
卫生总费用		卫生总费用	
1. 政府卫生支出		1. 医院	
医疗卫生服务支出		城市医院	
医疗保障支出		县医院	
行政管理事务支出		社区卫生服务中心	
人口与计划生育事务支出		卫生院	
2. 社会卫生支出		其他医院	
社会医疗保障支出		2. 门诊机构	
商业健康保险费		3. 药品零售机构	
社会办医支出		4. 公共卫生机构	
社会捐赠援助		5. 卫生行政和医疗保险管理机构	
行政事业性收费		6. 其他	
3. 个人现金卫生支出			
城镇居民			
农村居民			

卫生核算的扩展主要是将家庭获得的用于护理残疾人的现金转移视为服务成本（劳动者报酬）而计为产出，卫生服务的最终消费包括与职业相关的卫生服务，卫生核算将零售商销售的产品全部计为产出。

4. 旅游核算

旅游核算是以旅游经济活动为核心的扩展核算，国际上通常称为旅游卫星账户。联合国世界旅游组织制定的《2008 年旅游附属账户：建议的方法框架》（TSA），是推荐各国使用的旅游核算的标准文本。TSA 对旅游的消费和供给、相关产业的生产和资本形成，以及与旅游有关的各种非货币信息，实行综合测量，反映旅游活动的供求关系及与其他部门的联系。

我国旅游核算遵循 TSA 的基本原则和编制方法，结合我国的具体情况，精简了账户内容和指标设置。旅游核算即编制旅游生产核算表。旅游生产核算表反映旅游产业和其他产业生产和消费旅游产品的情况。

5. 新兴经济核算

新兴经济指以新产业、新业态、新商业模式为主体，由互联网和新技术革命推动的，以信息化和产业化深度融合、商业模式和体制机制创新、人力资本的高效投入和减少对物质要素的依赖为标志的一种经济形态，表现为传统经济活动的转型升级和新兴经济活动的兴起。当代新兴经济主要包括分享经济、信息经济、生物经济、绿色经济、创意经济、智能制造经济等内容。

新兴经济核算是以新兴经济活动为对象的核算。截至目前，国际上尚未形成一个普遍认可的、具有严格意义的“新兴经济”概念，更没有形成一个国际通行的新兴经济核算的范围、分类和方法。为及时准确反映我国新兴经济发展情况，国家统计局在深入调查研究和充分借鉴国际上已有研究成果的基础上，初步提出我国新兴经济核算的基本概念、原则和方法。

9.2.3 国民核算的基本框架

国民核算主要由基本核算和扩展核算组成。基本核算是本体系的核心内容，旨在对国民经济运行过程进行系统描述；扩展核算是对核心内容的补充与扩展，重点对国民经济中的某些特殊领域的活动进行描述。基本核算包括国内生产总值核算、投入产出核算、资金流量核算、资产负债核算和国际收支核算；扩展核算包括资源环境核算、人口和劳动力核算、卫生核算、旅游核算和新兴经济核算。我国国民经济核算体系基本框架如图 9-2 所示。

- 我国国民经济核算体系
  - 基本核算
    - 国内生产总值核算
      - 国内生产总值总表
      - 生产法国内生产总值表
      - 收入法国内生产总值表
      - 支出法国内生产总值表
    - 投入产出核算
      - 供给表
      - 使用表
      - 投入产出表
    - 资金流量核算
      - 非金融交易表
      - 金融交易表
    - 资产负债核算
      - 期初资产负债表
      - 资产负债交易变化表
      - 资产负债其他变化表
      - 期末资产负债表
    - 国际收入核算
      - 国际收支平衡表
      - 国际投资头寸表
  - 扩展核算
    - 资源环境核算
    - 人口和劳动力核算
    - 卫生核算
    - 旅游核算
    - 新兴经济核算

图 9-2 我国国民经济核算体系基本框架

9.3 国民核算的总值指标

国民核算是以国内生产总值核算为中心展开的。国内生产总值能够全面地反映全社会经济活动的总规模，是衡量一个国家或地区经济实力，评价经济形势的重要综合指标，世界上大多数国家都采用这一指标。本节将重点介绍国内生产总值的概念与核算方法，因为这是我们计算其他指标的基础，对于学习国民核算主要综合指标有着非常重要的意义。

9.3.1 国内生产总值的表现形态

国内生产总值（Gross Domestic Product，GDP）是指按市场价格计算的一个国家（地区）所有常住单位在一定时期内生产活动的最终成果。

在我国的经济领土上，具有经济利益中心的经济单位称为我国的常住单位。所谓生产活动是指货物生产和服务生产两大部分的总和，其范围包括：提供或准备提供给其他单位的货物或服务的生产；生产者用于自身最终消费或固定资本形成的所有货物的自给性生产；自有住房和付酬家庭雇员提供的家庭或个人服务的自给性生产。

国内生产总值有三种表现形态，即价值形态、收入形态和产品形态。从价值形态看，它是所有常住单位在一定时期内所生产的全部货物和服务价值超过同期投入的全部非固定资产货物和服务价值的差额，即所有常住单位的增加值之和；从收入形态看，它是所有常住单位在一定时期内所创造并分配给常住单位和非常住单位的初次分配收入之和；从产品形态看，它是最终使用的货物和服务减去进口货物和服务。

在国民核算中，国内生产总值的三种表现形态表现为三种计算方法，即生产法、收入法和支出法。

9.3.2 国内生产总值的计算方法

在 9.2 节我们了解了基本核算表中的国内生产总值表包括生产法国内生产总值表、收入法国内生产总值表、支出法国内生产总值表以及国内生产总值总表，各表的核算分别从不同的方面反映了国内生产总值及其构成，下面我们具体介绍。

1. 生产法（部门法）

生产法是从生产角度计算国内生产总值的一种方法。从国民经济各部门一定时期内生产和提供的产品和劳务的总价值中，扣除生产过程中投入的中间产品的价值，从而得到各部门的增加值，各部门增加值的总和就是国内生产总值。计算公式为

$$增加值=总产出-中间投入$$

$$国内生产总值=各部门增加值之和$$

（1）总产出。总产出是指常住单位在一定时期内生产的所有货物和服务的价值总和，既包括新增价值，也包括转移价值，反映一定范围内各部门生产经营活动的总规模，也叫总产值。总产出按生产者价格计算。各主要部门总产出的计算方法如下。

农林牧渔业总产出就是农业总产值，按产品法计算，即以核算期农产品产量乘单位产品价格求得，其中农产品产量包括生产者自产自用的农产品产量。

工业包括采矿业、制造业、电力、热力、燃气及水生产和供应业。工业总产出采用工厂法计算，即以工业企业作为一个整体，按企业生产活动的最终成果来计算，同一企业内部产品价值不允许重复计算。它包括核算期内生产的成品价值、工业性作业价值和自制半成品、

在制品期末期初差额价值。在实行增值税后，工业总产出等于工业总产值加销项税额。

建筑业总产出就是建筑业总产值，指建筑企业或自营施工企业单位在核算期内自行完成的工程价值。具体包括建筑工程产值、机器设备安装工程产值、房屋、构筑物修理产值、非标准设备制造价值。建筑业总产出一般按完成工程实物量或进度乘预算单价计算。

交通运输仓储和邮政业总产出等于其营业收入，是核算期内各种运输邮电业务的总收入。具体包括公路、水路、航空、铁路、管道等运输总收入，电话、电报和传送邮件等邮电业务营业收入。

批发和零售业总产出等于商业附加费，即商品的销售收入净额减去商品销售成本，即通常所说的毛利。为了避免流通过程中的重复计算，保持商品购进价格的一致性，需要扣除对外支付的运输费和装卸搬运费。

住宿和餐饮业总产出等于其营业收入。

银行业总产出等于金融媒介服务活动的虚拟服务收入加实际服务费收入。

保险业总产出等于保费收入与理赔支出之差加其他营业收入。

房地产总产出包括房地产开发经营业总产出、物业管理总产出、房地产中介服务总产出和居民自有住房服务总产出。

其他服务业总产出，按营利性单位和非营利性单位两种情况分别计算。营利单位的总产出就是其营业（业务）收入，如社会服务业的营业收入。非营利单位主要是事业、行政单位和社会团体，一般没有经营收入，或有少量的经营收入但抵补不了支出，这些部门的总产出就是核算期内为社会提供服务发生的费用，按经常性业务支出加虚拟固定资产折旧，不计算营业盈余。

（2）中间投入。中间投入是常住单位一定时期内在生产过程中，消费和使用的非固定资产货物，如原材料、燃料、动力和各种服务的价值。计算中间投入必须具备两个条件：一是与总产出的计算口径范围保持一致，即计算与总产出相对应的生产经营过程中所消耗的中间产品的价值。因此，各部门中间投入的计算方法是与其总产出的计算方法相对应的，如工业总产出按工厂法计算，工厂内部不允许重复计算，那么其中间投入就应该按生产中消耗的外购原材料、燃料动力和对外支付的服务费用计算；农业总产出按产品法计算，其中间投入既包括外购的也包括自产自用的中间产品（如种子、饲料）的价值。二是一般为本期一次性使用的，即本期消耗的不属于固定资产的非耐用品；低值易耗品则按本期摊销的部分计算。

（3）增加值。增加值是总产出减去中间投入后的余额，是生产单位生产的物质产品和服务的价值超过了在生产过程中所消耗的中间投入价值后的差额部分。反映一定时期内各部门、各单位生产经营活动的最终成果。

2. 收入法（分配法）

收入法是从生产过程中各生产要素创造收入的角度计算国内生产总值的一种方法，即各常住单位的增加值等于劳动者报酬、生产税净额、固定资产折旧和营业盈余四项之和。这四项在投入产出中也称最初投入价值。各常住单位增加值的总和就是国内生产总值。计算公式为

国内生产总值 GDP=劳动者报酬+生产税净额+固定资产折旧+营业盈余

（1）劳动者报酬。劳动者报酬是指劳动者从事生产活动而从生产单位得到的各种形式的报酬，包括劳动者通过各种渠道从生产单位获得的一切货币形式和实物形式的收入和个体劳

动者通过劳动而获得的收入。主要有工资、福利、从利润或成本中支付给劳动者个人相当于工资性质的劳动报酬、实物性收入。实物性收入指农民自产并用于个人消费的农副产品的价值，以及劳动者免费或以低于市场价格从单位得到的实物的价值。

（2）生产税净额。生产税净额是指各部门向政府缴纳的生产税与政府向各部门支付的生产补贴相抵后的差额。生产税是政府向各部门征收的有关生产、销售、购买、使用货物和服务的税金。主要是销售税金、进成本的税金和各种附加和规费。进成本的税金指国家对生产单位从事生产活动而征收的税金，但有的行业把这部分税金统一作销售税金处理。生产补贴是政府为控制价格又要扶持生产而支付给某些部门的补贴，包括粮食企业的价格补贴和企业政策性亏损补贴。实行增值税后，生产税中还要包括本期应交增值税（产品销项税额与购买货物、服务进项税额之差）。

（3）固定资产折旧。固定资产折旧是常住单位在核算期内生产活动中所消耗固定资产而提取的价值。固定资产折旧不是本期生产活动新创造的价值，而是生产中消耗的固定资产的价值，是属于转移价值。GDP 之所以包括这部分转移价值，是由于固定资产折旧是从固定资产中游离出来作为折旧进入成本，记入成本中的折旧作为折旧基金被提出来用于新的固定资产投资，进入企业的资金循环运动，而不是像其他成本一样消耗完毕，从这个角度讲，它类似于增加值的劳动者报酬和营业盈余。从收入的角度考虑，把折旧计算在增加值中，可以避免因折旧的大小不同而带来营业盈余的大小不一，从而增强 GDP 的准确性和可比性。

（4）营业盈余。营业盈余是指总产出扣除中间投入、固定资产折旧、劳动者报酬、生产税净额后的剩余部分，它是常住单位所创造的增加值在对固定资产进行了补偿，对劳动者进行了分配和上缴国家税金以后所余下的份额。

3. 支出法（最终使用法）

支出法是从最终使用的角度来计算国内生产总值及其使用去向的一种方法。国内生产总值的最终使用包括货物和服务的最终消费、资本形成总额和净出口三部分。计算公式为

国内生产总值 GDP=最终消费+资本形成总额+净出口

（1）最终消费。最终消费是指常住单位在核算期内用于货物和服务的最终消费支出，包括居民消费和政府消费。其中，居民消费是常住单位居民在核算期内满足个人最终消费需求而购买的全部物质产品和服务，包括商品性消费、文化生活服务消费、住房及水电气消费；政府消费是社会公共服务部门为了满足公共的需要面向全社会提供的服务，以及企业为了满足企业职工的公共需要而向他们提供的服务。计算公式为

最终消费=居民消费+政府消费

（2）资本形成总额。资本形成总额是指常住单位在核算期内投资支出的合计，分为固定资本形成和库存增加两项。固定资本形成是指常住单位在核算期内购置、建造的固定资产的价值，包括各种有形的固定资产和无形的固定资产。库存增加是指常住单位在核算期末与期初存货变动的价值。计算公式为

资本形成总额=固定资本形成+库存增加

其中　库存增加=期末库存额−期初库存额

（3）货物和服务的净出口。货物和服务的净出口是指出口总额减去进口总额的差额，如进口总额大于出口则用负数表示。出口是指常住单位向非常住单位出售及无偿提供的货物和

服务总值；进口是指常住单位从非常住单位购买及无偿得到的货物和服务总值。地区净出口还包括流入和流出。计算公式为

净出口=货物和服务出口总额–货物和服务进口总额

从理论上讲，通过生产法、收入法和支出法这三种不同方法计算出的 GDP 是相等的，即生产法计算的 GDP 等于收入法计算的 GDP，也等于支出法计算的 GDP，称为三面等值。也就是社会最终产品的生产及收入分配的结果与最终使用应是相等的，因此必须保持三种方法的计算口径一致。但在实际计算中，由于资料来源不同，计算结果会出现一些差异，称为统计误差，这是正常的。三种方法各有特点，相互补充。在实际核算中，年度 GDP 核算时三种方法都采用，季度 GDP 核算时通常采用生产法和收入法。

9.3.3 国内生产总值的相关指标

与国内生产总值有关的总量指标有很多，这里只介绍国民总收入（国民生产总值），国内生产净值和国民生产净值（国民净收入），国民可支配总收入和国民可支配净收入等。

1. 国民总收入（国民生产总值）

国民总收入（Gross National Income，GNI），是指在一定时期内，一个国家（或地区）的所有常住单位，在国民经济初次分配中获得的原始收入总和。国民总收入过去称国民生产总值（Gross National Products，GNP）。在联合国统计委员会 1993 年通过的 SNA 修订稿上已正式将国民生产总值 GNP 改为国民总收入 GNI 指标。因此，国民总收入是与国内生产总值相对应的分配指标。

本国常住单位从事生产活动所创造的增加值在初次分配中主要分配给本国的常住单位，但也有一部分以生产税及进口税（扣除生产和进口补贴）、劳动者报酬和财产收入等形式分配给非常住单位（称为支付给国外的要素收入）；同时，国外生产所创造的增加值也有一部分以生产税及进口税（扣除生产和进口补贴）、劳动者报酬和财产收入等形式分配给本国的常住单位（称为从国外得到的要素收入），应计入本国国民总收入。因此，国民总收入可以用国内生产总值加上本国常住单位从国外得到的净要素收入（从国外得到的要素收入–支付给国外的要素收入）。即

国民总收入=国内生产总值+国外净要素收入

国民总收入=国内生产总值+（从国外得到的要素收入–支付给国外的要素收入）

国民总收入（GNI）与国内生产总值（GDP）是两个既有联系又有区别的指标。它们都是核算社会生产成果和反映宏观经济的总量指标，基本构成一致，但计算口径不同，正是因其计算口径不同，二者又有所区别。主要区别表现为，国民总收入强调的是获得的原始收入，是“收入”的概念，国内生产总值则强调的是创造的增加值，是“生产”的概念。一般来讲，各国的国民总收入与国内生产总值二者相差数额不大，但如果某国在国外有大量投资和大批劳工，则该国的国民总收入往往会大于国内生产总值。

2. 国内生产净值和国民净收入

国内生产净值（Net Domestic Product，NDP）是指国内生产总值扣除了生产过程中的资本消耗即折旧以后的价值。国民净收入（Net National Income，NNI）是国民总收入扣除资本

消耗即折旧以后的价值。国民总收入与国内生产总值相对应，而国民净收入则与国内生产净值相对应。计算公式如下

国内生产净值=国内生产总值-固定资产折旧

=劳动者报酬+生产税净额+营业盈余

国民净收入=国民总收入-固定资产折旧（固定资本消耗）

=国内生产净值-来自非常住单位的要素收入净额

3. 国民可支配总收入和国民可支配净收入

国民可支配总收入（GDI）是一国（或地区）所有常住单位和常住居民在某一时期（通常指一年）的可支配收入之和。国民可支配总收入较之国民总收入（国民生产总值）来说是完整“收入”概念的总量指标。

国民可支配净收入（NDI）是国民可支配总收入扣除固定资产折旧与摊销，计算公式如下

国民可支配总收入=国民总收入+来自国外经常转移收支净额

国民可支配净收入=国民净收入+来自国外经常转移收支净额

国民可支配总收入是一国（或地区）在初次分配的国民总收入基础上，经过对“国外”的“经常转移”核算之后，可以最终支配，用作消费和积累的全部收入，来自国外的经常转移净额是指常住单位与非常住单位之间单方面收入转移相抵后的差额，即来自国外的经常转移减支付国外的经常转移之差额，包括与国际组织往来、无偿援助与捐赠、侨汇以及征收或缴纳的国外收入税等。

9.3.4　国内生产总值的规范与拓展

1. GDP 的规范

为了科学地计算和使用 GDP，参照国际通行做法，国家统计局对地区 GDP 的核算工作进行了规范和改进。首先是规范地区 GDP 及相关指标的中文译名。GDP 的英文全称为 Gross Domestic Product，我国原习惯将国家和地区的 GDP 统称为国内生产总值。现在地区 GDP 的中文名称改为“地区生产总值”，特定地区的 GDP 用行政区的名字作定语，如“天津市生产总值”简称“天津市 GDP”，各地 GDP 称为“各地生产总值”，如上海市的松江区为“松江区生产总值”，简称“松江区 GDP”。地区人均 GDP 的计算方法，各地区统一使用人口统计中的常住人口计算人均 GDP，并对历史数据作了同口径调整。

2. GDP 的发布

我国的 GDP 核算目前只有季度和年度核算，没有月度核算。其中季度核算和年度核算两者的关系是：先有季度数据，再有年度数据；待某年度 GDP 初步核实和最终核实结果出来后，该年度的季度数据要以其为基准进行调整，调整后的季度数据作为下一个年度的季度核算的基期数据。不会在没有季度核算的情况下，直接由年度核算数据得出季度数据。规定各省、区、市统计局 GDP 初步核算数据的发布时间，年度发布时间不得早于次年 1 月 15 日，季度发布时间不得早于季后的 10 天，国家和各地区原则上都不再发布月度 GDP 数据。

3. GDP 的拓展

随着环境保护运动的发展和可持续发展理念的兴起，一些经济学家和统计学家们，尝试将环境要素纳入国民核算体系，这便是绿色 GDP。绿色 GDP 就是绿色国内生产总值，它是对 GDP 指标的一种调整，是扣除经济活动中投入的环境成本后的国内生产总值。

人类的经济活动一方面在为社会创造着财富，即所谓“正面效应”，另一方面又在以各种形式和手段对社会生产力的发展起着阻碍作用，即所谓“负面效应”。这种负面效应集中表现：一是无休止地向生态环境索取资源，使生态资源从绝对量上逐年减少；二是人类通过生产活动向生态环境排泄废弃物或砍伐资源使生态环境从质量上日益恶化。现行的国民核算制度只反映了经济活动的正面效应，而没有反映负面效应的影响，因此是不完整的，是有局限性的，是不符合可持续发展战略的。

拓展现行的国民核算体系，对环境资源进行核算，从现行 GDP 中扣除环境资源成本和对环境资源的保护服务费用，其计算结果可称为“绿色 GDP”。绿色 GDP 这个指标，实质上代表了国民经济增长的净正效应。绿色 GDP 占 GDP 的比重越高，表明国民经济增长的正面效应越高，负面效应越低，反之亦然。

9.4 国民核算中的 SPSS 应用

9.4.1 SPSS 软件的基本特点

SPSS（Statistical Package for the Social Science）是专业的通用统计软件包，它是一个组合式软件包，兼有数据管理、统计分析、统计绘图和统计报表功能，广泛用于教育、心理、医学、市场、人口、保险等研究领域，也用于产品质量控制、人事档案管理和日常统计报表等。SPSS 对硬件系统的要求较低，普通配置的计算机都可以运行该软件，对运行的软件环境要求宽松。

SPSS 集数据录入、资料编辑、数据管理、统计分析、报表制作、图形绘制为一体。从理论上说，只要计算机硬盘和内存足够大，SPSS 可以处理任意大小的数据文件，无论文件中包含多少个变量，也不论数据中包含多少个案例。

SPSS 统计软件采用电子表格的方式输入与管理数据，能方便地从其他数据库中读入数据，如 Excel 等。SPSS 统计功能囊括了《教育统计学》中所有的项目，它的统计过程包括描述性统计、平均值比较、相关分析、回归分析等几大类，每类中又包含同类多种统计过程，比如，回归分析中又分线性回归分析、非线性回归分析、曲线估计等多个统计过程，而且每个过程中允许用户选择不同的方法及参数进行统计分析。因此，除可以实现常规的各种统计外，还可用来做一些不常用的分析处理，并能在屏幕上显示，如正态分布图、直方图、散点图等各种统计图表。

SPSS 界面清晰、操作简单、容易上手。界面完全是菜单式，一般有统计基础的人都能用 SPSS 做简单的数据分析，包括绘制图表、简单回归、相关分析等。

9.4.2 SPSS 软件的操作环境

1. SPSS 的启动和退出

SPSS 的启动。SPSS 安装完毕后，系统会自动在 Windows 菜单中创建快捷方式，单击 Windows 的“开始”按钮，在“程序”菜单项使用开始菜单启动 SPSS 程序。也可以在桌面直接双击 SPSS 图标启动 SPSS 程序。

SPSS 的退出。SPSS 软件的退出方法与其他 Windows 应用程序相同，使用 FILE 菜单中的“EXIT SPSS”菜单项退出 SPSS 程序。也可以直接单击 SPSS 窗口右上角的“关闭”按钮，回答完系统提出的是否存盘的问题后即可安全退出 SPSS 程序。SPSS 主界面主要有两个，一个是数据编辑窗口，另一个是输出窗口。

2. 数据的编辑与查看

启动 SPSS 后看到的第一个窗口便是数据编辑窗口，在数据编辑窗口中可以进行数据的录入、编辑以及变量属性的定义和编辑。窗口上方是主菜单栏，包含了 SPSS 从文件管理到数据整理、分析的几乎所有功能。主菜单栏下方是工具栏，提供一些常用的 SPSS 功能，使某些操作更为快捷。工具栏下方是当前数据栏，左边部分显示了当前活动单元格对应的变量名和观测序号，右边部分显示了当前活动单元格中的数据值。再往下则是数据显示区域，是一个二维的表格，也是编辑窗口的主体部分。

在数据编辑窗口的左下角有两个重要的转换标签，即数据视图（Data View）标签和变量视图（Variable View）标签，用于数据编辑窗口在数据视图和变量视图两种界面之间切换。单击“变量视图”标签，则从数据编辑窗口进入变量视图界面，在变量视图界面中可以进行 SPSS 变量属性的定义和编辑，如图 9-3 和图 9-4 所示。

在 SPSS 中大多数统计分析结果，都将以表格或者图形的形式在数据查看窗口中显示。数

图 9-3 数据编辑窗口

图 9-4　变量视图界面

据查看窗口，如图 9-5 所示。窗口的右边部分显示 SPSS 统计分析结果，左边部分是导航窗口，用来显示输出结果的目录，可以通过单击目录来展开右边窗口的统计分析结果。当用户对数据进行某项统计分析后，数据查看窗口将被自动调出。当然，用户也可以通过双击后缀名为.sav 的 SPSS 输出结果文件来打开该窗口。

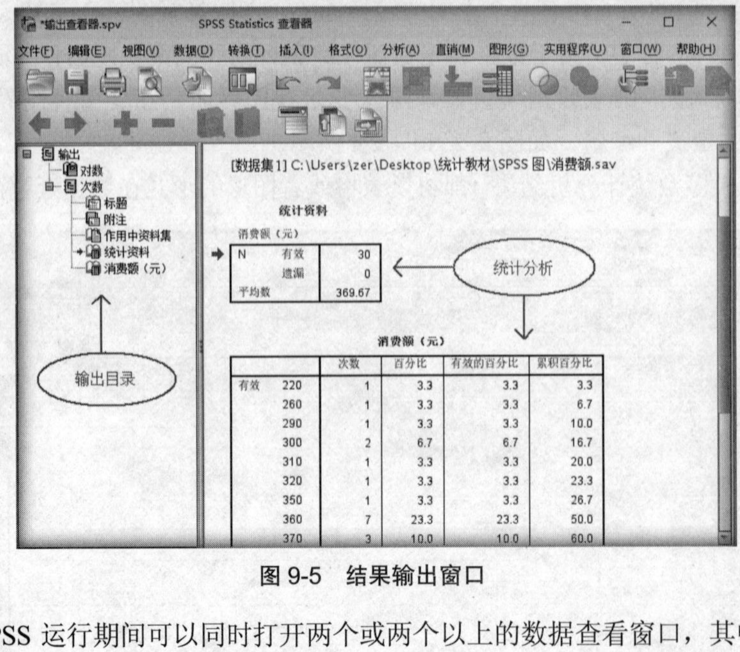

图 9-5　结果输出窗口

在一个 SPSS 运行期间可以同时打开两个或两个以上的数据查看窗口，其中只有一个为主数据查看窗口。

9.4.3　SPSS 软件的数据处理

SPSS 对数据的处理是以变量为前提的，因此，我们首先认识定义变量。

1. 定义变量

SPSS 中的变量共有 10 个属性，分别是：名称、类型、长度、小数位数、标签、变量值、缺失值、列宽度、对齐方式和度量尺度，如图 9-4“变量视图”界面上方的显示。定义一个变量至少要定义它的两个属性，即变量名和变量类型，其他属性则可以采用系统默认值，待以后分析过程中如果有需要再对其进行设置。

在 SPSS 数据编辑窗口中单击“变量视图”标签，进入变量视图界面，如图 9-6 所示，即可对变量的各个属性进行设置。下面仅就变量名和变量类型的定义加以说明。

变量名是变量存取的唯一标志。SPSS 变量名有其特定的规则：变量名字符个数不得超过 8；首字符必须是英文字符，后面可以跟除了空格及!、？、*之外的字符或数字，且下划线和圆点不能作为最后一个字符；变量名不区分大小写字符；变量名不能与 ALL、BY、AND、NOT 和 OR 等 SPSS 保留字相同。

常用的 SPSS 中的变量类型有 3 种：数值型、字符型和日期型。在变量窗口中单击“类型”列中某变量所在的单元格，将弹出“变量类型”对话框，如图 9-6 所示。在此对话框中可以进行变量类型、长度和小数点位数等属性的设置。对话框中列出了 8 种可选的变量类型。现分述如下。

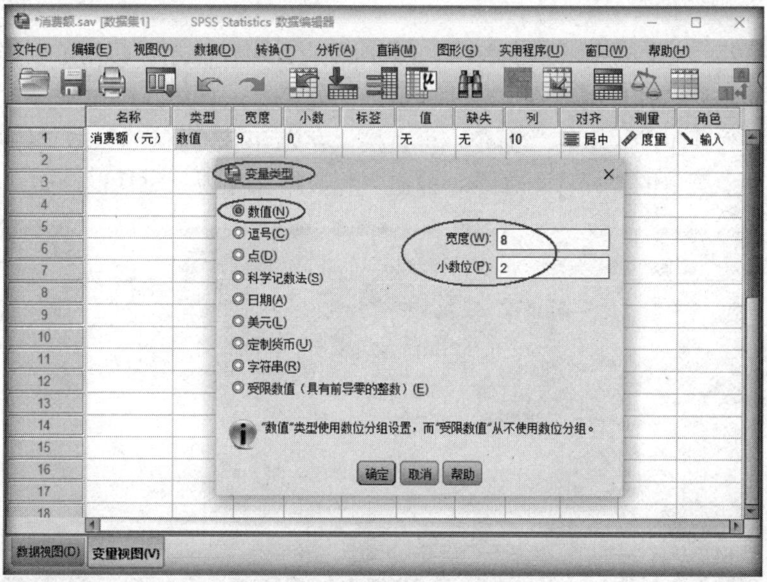

图 9-6　“变量类型”对话框

（1）数值型变量：标准型（Numeric）是 SPSS 最常用的类型，也是默认的数据类型，默认长度为 8，小数位数为 2。逗号型（Comma）和句号型（Dot）变量以及后面的科学记数型都是数值型变量的特殊表达形式，可以使较长的数据的表达更为明晰。

（2）字符型变量（String）：它由一个字符串组成，能够区分大小写，不能参加数学运算，但可以用特殊的字符串函数进行一些特定的运算。字符型变量的长度可以在 Characters 框后面的输入框中由用户随意设置。

（3）日期型变量（Data）：它用来表示日期或时间。选中“日期”单选按钮后，“变量类型”对话框中自动出现日期型变量格式列表，用户可以根据需要选择日期型变量的数据格式。

例如，dd-mmm-yyyy 格式中，dd 表示两个字符位的日期，mmm 表示英文月份的缩写，yyyy 表示四个字符位的年份，星期一、星期二……，一月、二月、三月……。如日期用 mm/dd/yyyy 格式则表示为：01/22/2018。

2. 输入数据

完成了变量及其属性的定义之后就可以单击“数据视图”标签，在数据编辑窗口中输入数据。数据编辑窗口中黑框所在的单元为当前的数据单元，表示用户正在对该数据单元录入数据或正在修改该单元中的数据。因此，在录入数据时，用户应首先将黑框移至想要输入数据的单元格上。

数据的录入可以以观测（行是观测，即每一行代表一个个体、一个观测、一个样品，在 SPSS 中称为事件。例如，在进行问卷调查时，问卷上的每一个人就是一个观测）为单位进行录入，即横向录入；也可以以变量（一列对应一个变量，即每一列代表一个变量或一个被观测量的特征。例如，问卷上的每一项就是一个变量）为单位进行录入，即纵向录入。录完一个数据之后按 Tab 键可以使右边的单元格成为活动单元格，这样可以实现横向录入；如果录完一个数据之后按 Enter 键，则当前单元格下方的单元格成为活动单元格，从而可以实现纵向录入。

3. SPSS 数据的保存

SPSS 数据录入完成之后，为防丢失，应及时保存，以便再用。数据可以转成其他格式的数据文件供别的软件打开使用，也可以作其他统计处理等，具体操作如下。

选择“文件”菜单的“保存”命令，可直接保存为 SPSS 默认的数据文件格式（*.sav）。

选择“文件”菜单的“保存”命令，弹出“将数据保存为”对话框，如图 9-7 所示。

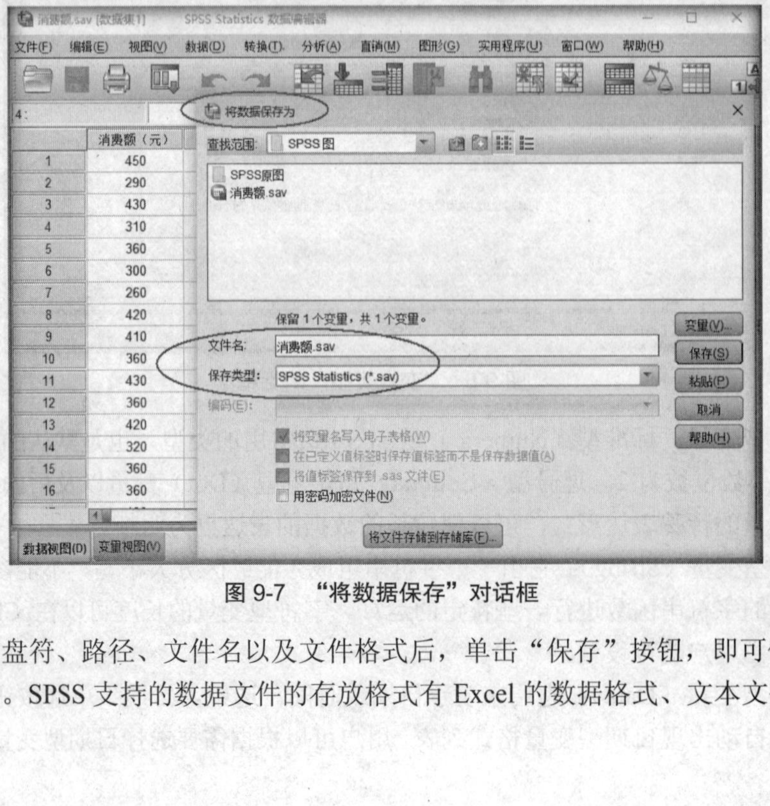

图 9-7　“将数据保存”对话框

用户确定盘符、路径、文件名以及文件格式后，单击“保存”按钮，即可保存为指定类型的数据文件。SPSS 支持的数据文件的存放格式有 Excel 的数据格式、文本文件、数据库文件等。

4. 读取外部数据

SPSS 可以读取和调用多种不同格式的外部数据文件，这里仅就 SPSS 对 Excel 文件的读取方式进行介绍。

读取数据首先按“文件”→“打开”→“数据”的顺序使用菜单命令调出“打开数据”对话框，在文件类型下拉列表中，选择“Excel（*.xlsx）”，然后，选择要打开的 Excel 文件，本例为“日产量.xlsx”，单击“打开”按钮，如图 9-8 所示。

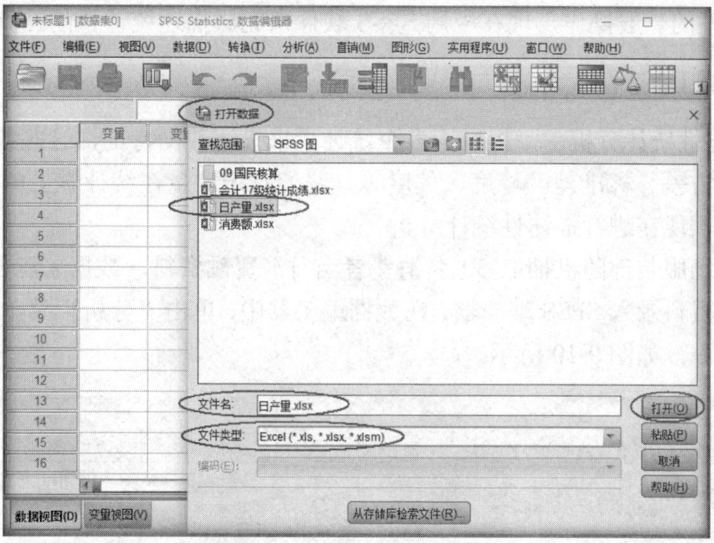

图 9-8 “打开数据”对话框

调出“打开 Excel 数据源”对话框，选中复选框，将 Excel 数据表中第一行的有效字符作为 SPSS 变量名；下拉列表，选择被读取数据所在的 Excel 工作表；范围输入框，用于限制被读取数据在 Excel 工作表中的位置。单击“确定”按钮，即可完成日产量的数据导入，如图 9-9 所示。

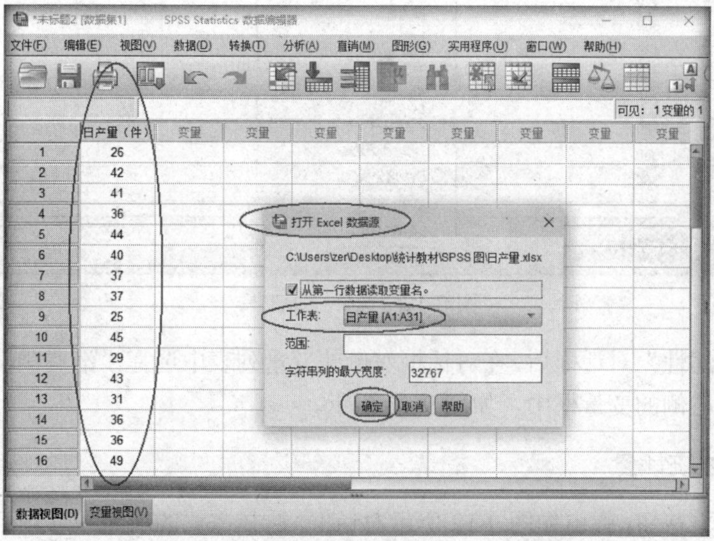

图 9-9 “打开 Excel 数据源”对话框

至此，我们初步了解了 SPSS 软件的基本内容，下面我们将具体地应用软件的基本功能。

9.4.4 SPSS 软件的描述统计

SPSS 基础描述统计是进行统计分析的基础和前提。使用相关数学统计量描述原始数据的集中趋势、离散程度和分布状况，可以对数据的总体特征进行准确的归纳，从而更便于选择恰当的统计分析方法。基础描述统计主要包括数据描述、频数分析、探索分析等。前面我们学习了 SPSS 软件的一般操作，现在应用 SPSS 软件来完成描述统计量的计算。

1. 选择分析工具

SPSS 在描述性统计分析中，提供了多个统计量来描述数据特征，这些统计量包括均值、中位数、众数、方差、标准差、峰度、偏度等。我们对统计量在统计学上的定义及其计算公式已经有所了解，现在进行描述性统计分析。

例如，某商场服装部随机抽取 30 名消费者当日消费额资料，数据来源于表 4-19。将 30 名消费者消费额资料录入 SPSS 编辑器，在数据编辑器中，单击“分析”菜单“描述统计”项中的“描述”命令，如图 9-10 所示。

图 9-10 选择分析工具

在弹出“描述性”对话框后，在对话框左侧的变量列表中选择“消费额”，单击“箭头”按钮使之添加到右侧的变量框中，如图 9-11 所示。

2. 选择描述统计量

单击“选项”按钮，弹出如图 9-12 所示对话框。选择需要的所有统计项目，单击“继续”按钮，返回“描述性”对话框，单击“确定”按钮，SPSS 完成全部的计算。

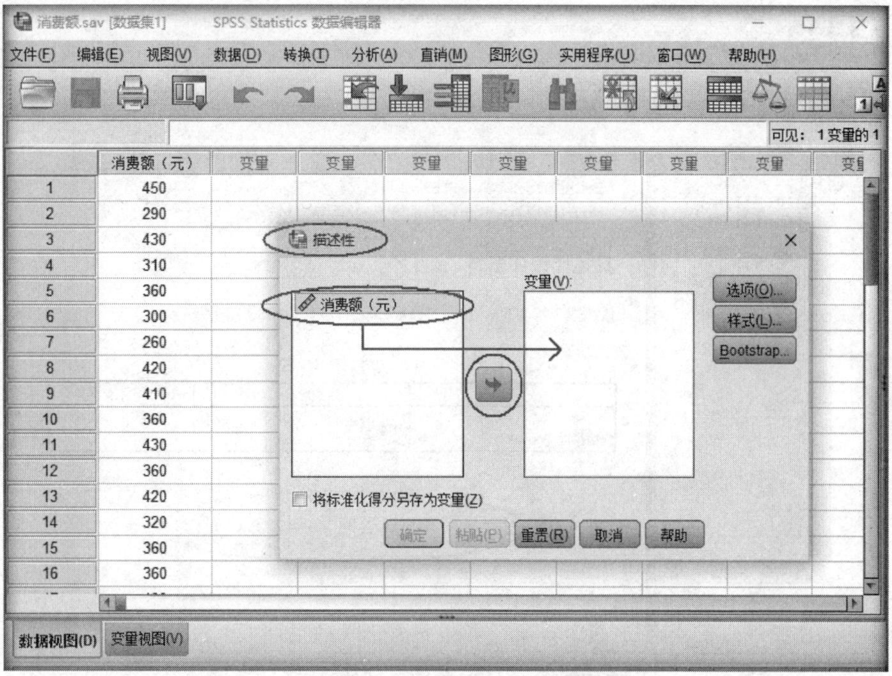

图 9-11　“描述性”对话框

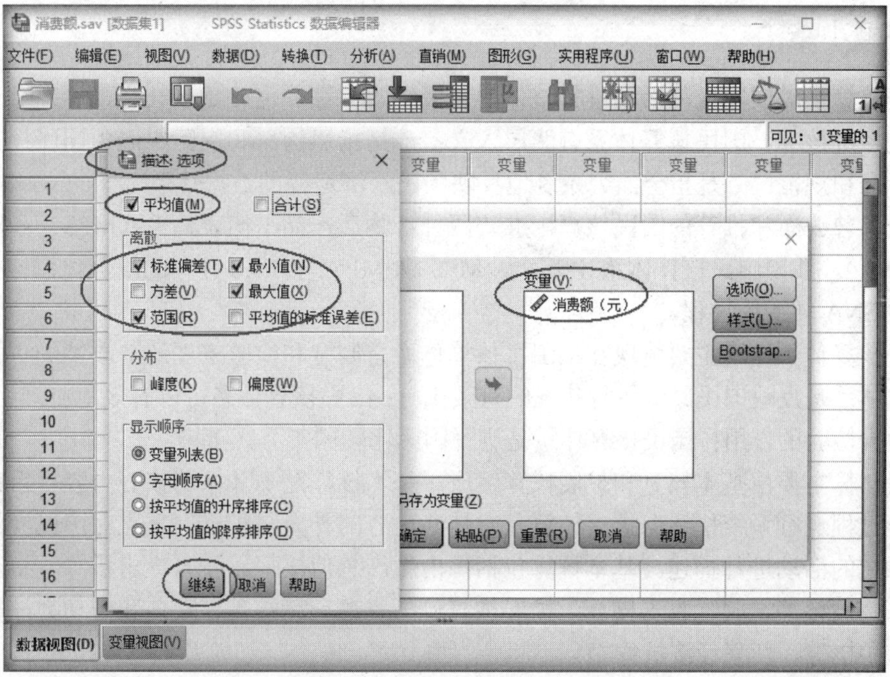

图 9-12　“描述：选项”对话框

3. 显示计算结果

在查看器界面可以看出 30 名消费者消费额的全距、均值、标准差等统计量，显示的计算结果，如图 9-13 所示。

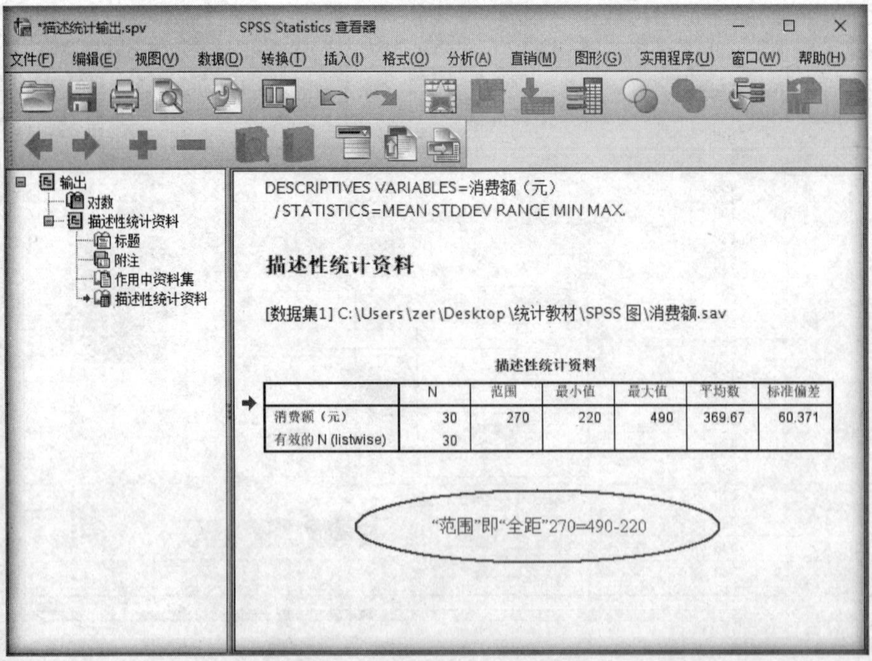

图 9-13　描述统计量计算结果

本章小结

国民核算是对国民经济活动进行整体的、系统的核算，也就是以社会再生产全过程为对象的宏观经济核算。国民核算体系有两层含义：一是指以国家和国际组织为国民核算而制定的核算标准和规范；二是指全面、系统地反映国民经济运行的数据体系。

联合国曾公布和推荐的国民核算标准有两种：物质产品平衡表体系（MPS）和国民账户体系（SNA）。我国国民核算体系经历了从 MPS 向 MPS 与 SNA 并存的混合体系转变和从混合体系向 SNA 转变的过程。

国民核算体系作用主要体现在：国民核算体系是制定和检验宏观经济政策的重要依据；国民核算体系是反映国民经济运行状况的有效工具；国民核算体系可以有效地协调经济统计，并起到数据检验的作用；国民核算体系是进行国际比较的工具。

国民核算主要由基本核算和扩展核算组成。基本核算是本体系的核心内容，旨在对国民经济运行过程进行系统描述；扩展核算是对核心内容的补充与扩展，重点对国民经济中的某些特殊领域的活动进行描述。基本核算包括国内生产总值核算、投入产出核算、资金流量核算、资产负债核算、国际收支核算；扩展核算包括资源环境核算、人口和劳动力核算、卫生核算、旅游核算、新兴经济核算。

国内生产总值（GDP）是指按市场价格计算的一个国家（地区）所有常住单位在一定时期内生产活动的最终成果。国内生产总值有三种表现形态，即价值形态、收入形态和产品形态。在国民核算中，国内生产总值的三种表现形态表现为三种计算方法，即生产法、收入法和支出法。

生产法是从国民经济各部门一定时期内生产和提供的产品和劳务的总价值中，扣除生产过程中投入的中间产品的价值，从而得到各部门的增加值，各部门增加值的总和就是国内生产总值；收入法计算的各常住单位的增加值等于劳动者报酬、生产税净额、固定资产折旧和营业盈余四项之和；支出法是国内生产总值的最终使用包括货物和服务的最终消费、资本形成总额和净出口三部分。

本章介绍的与国内生产总值有关的总量指标有：国民总收入、国内生产净值、国民净收入、国民可支配总收入和国民可支配净收入等。

SPSS 就是利用计算机技术建立起的一个功能强大的统计分析软件。SPSS 主界面主要有两个：一个是 SPSS 数据编辑窗口；另一个是 SPSS 的输出窗口。数据编辑窗口由标题栏、菜单栏、工具栏、编辑栏、变量名栏、内容区、窗口切换标签页和状态栏组成；SPSS 结果输出窗口名为“查看器”，它是显示和管理 SPSS 统计分析结果、报表及图形的窗口。SPSS 可以进行平均数、中位数、众数、全距、标准差以及各种统计图的编制等统计分析的操作。通过基本描述统计，可以对分析数据的总体特征有准确的认识，从而选择更合适的统计分析方法。SPSS 可以直接读取和转存其他格式数据文件，如 Excel 文件、文本文件等。

本章思考

1. 中国国民核算体系是怎样构成的？
2. MPS 与 SNA 的含义是什么？两者有何区别？
3. 国内生产总值有几种计算方法？如何计算？
4. 说明国民总收入与国内生产总值的关系。
5. SPSS 软件的功能和优势是什么？

技能操作：应用 SPSS 软件完成基本统计分析

操作项目 1：SPSS 集中趋势的描述

技能要求：熟悉平均数、中位数和众数计算的基本原理，熟悉统计直方图的内涵。掌握 SPSS 计算及制图功能。

统计资料：为了与 Excel 计算描述统计量比较，我们仍用前面的例子。某商场服装部随机抽取 30 名消费者当日消费额资料，如表 4-19 所示。

基本任务：依据表 4-19 数据资料，应用 SPSS 计算平均数、中位数和众数等统计量并制作统计图。

操作步骤：启动 SPSS 软件，打开编辑器界面。

第一步，将 30 名消费者消费额资料录入 SPSS 编辑器，与前面不同的是，我们这次菜单选项不同。单击“分析”菜单“描述统计”项中的“频率”命令，如图 9-14 所示。

第二步，弹出“频率”对话框，在对话框左侧的变量列表中，选择“消费额”，单击“箭头”按钮，使之添加到变量框中，如图 9-15 所示。

第三步，单击 Statistics（统计量）按钮，弹出“频率：统计”对话框，在“集中趋势”框中选择“平均值”“中位数”“众数”和“合计”等计算项目，选好后单击“继续”按钮，返回“频率：统计”对话框，单击“确定”按钮，SPSS 完成平均数等计算，并显示出计算结果，如图 9-16 和图 9-17 所示。

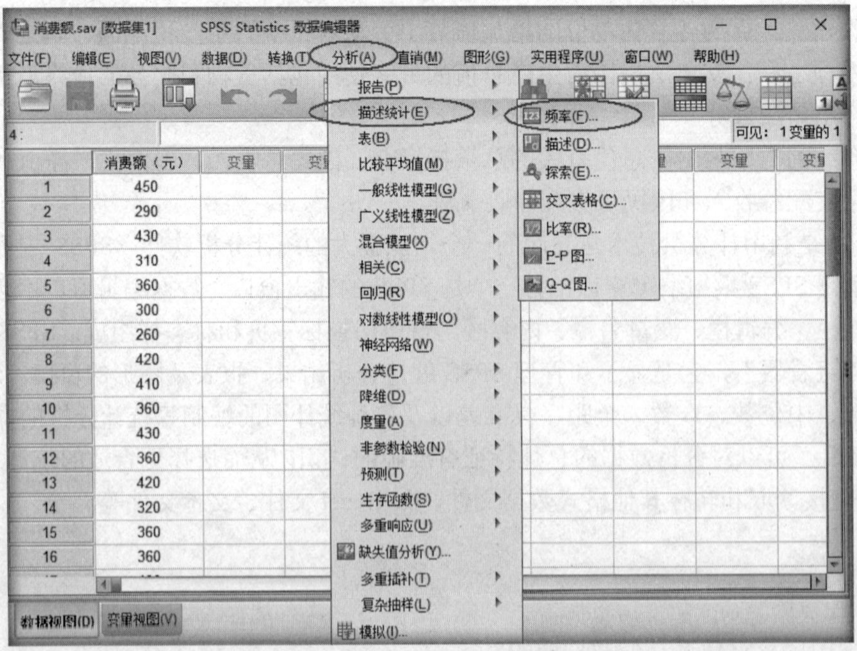

图 9-14　“频率”选项

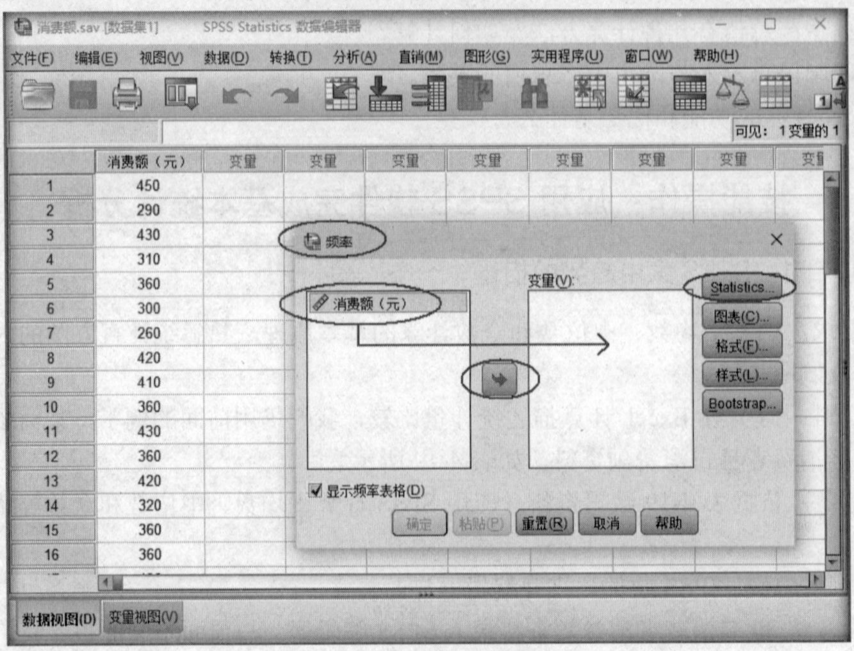

图 9-15　“频率”对话框

第四步，在完成第二步的基础上，单击“图表”按钮，弹出“频率：图表”对话框。在“图表类型”框中选择“直方图”，并勾选“在直方图上显示正态曲线”，单击“继续”按钮，返回“频率”对话框，单击“确定”按钮，SPSS 完成直方图的绘制，如图 9-18 和图 9-19 所示。

由直方图看出，30 名消费者的消费额数据基本呈正态分布趋势。直方图根据需要可以调整，包括形式、颜色、大小、字体、刻度等。

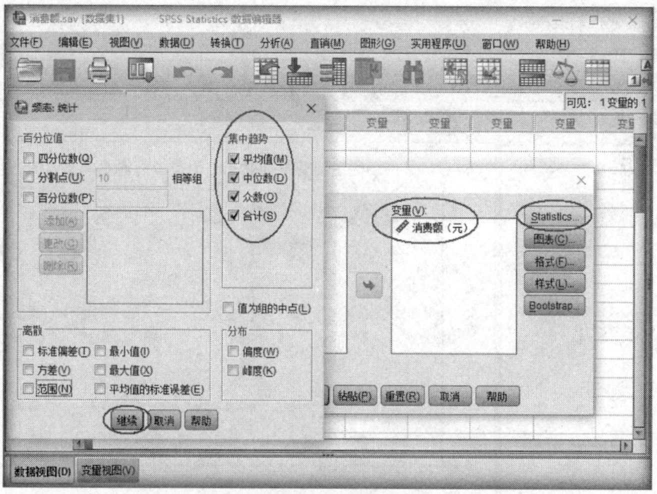

图 9-16　选择“集中趋势”计算项目

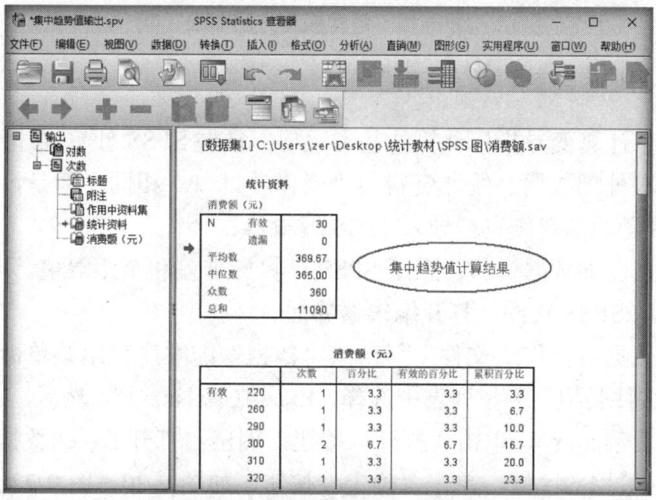

图 9-17　集中趋势值计算结果

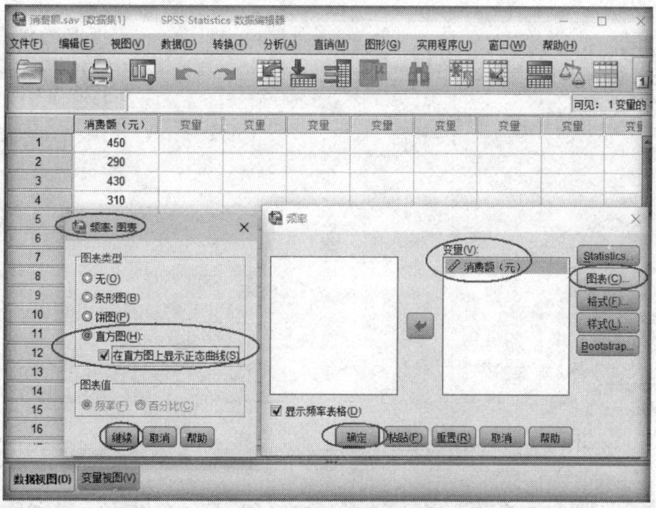

图 9-18　“频率：图表”选项

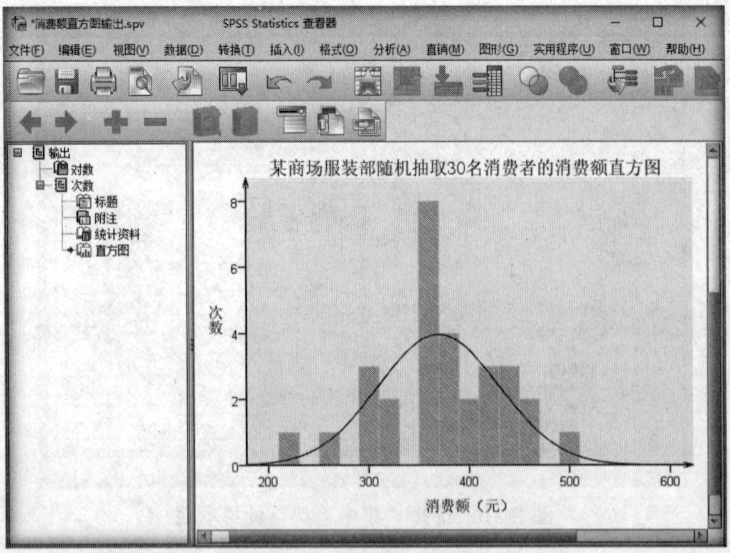

图 9-19　消费额直方图输出

操作项目 2：SPSS 离散程度的描述

技能要求：熟悉计算变异指标计算的基本原理。掌握 SPSS 计算描述统计量。

统计资料：读取外部数据。统计资料与“操作项目 1”相同，但是，需要通过读取外部数据，将 30 名消费者的消费额资料导入 SPSS 编辑器。

基本任务：依据已知数据资料，应用 SPSS 计算标准差和全距等值。

操作步骤：启动 SPSS 软件，打开编辑器界面。

第一步，读取数据首先按“文件”“打开”“数据”的顺序使用菜单命令，调出“打开数据”对话框，在“文件类型”下拉列表中选择“Excel（*.xlsx...）”，然后，选择要打开的 Excel 文件，本例为“消费额.xlsx”，单击“打开”按钮，调出“打开 Excel 数据源”对话框，选择 Excel 工作簿要导入数据的区域，单击“确定”按钮，如图 9-20～图 9-22 所示。

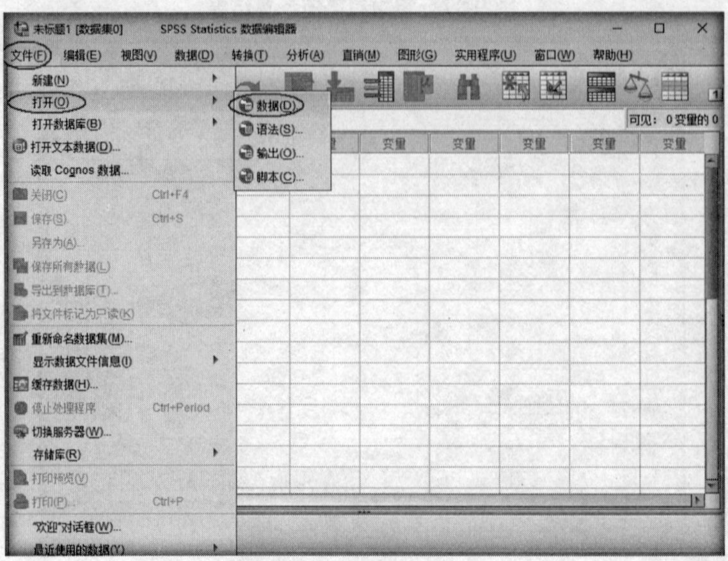

图 9-20　打开数据文件

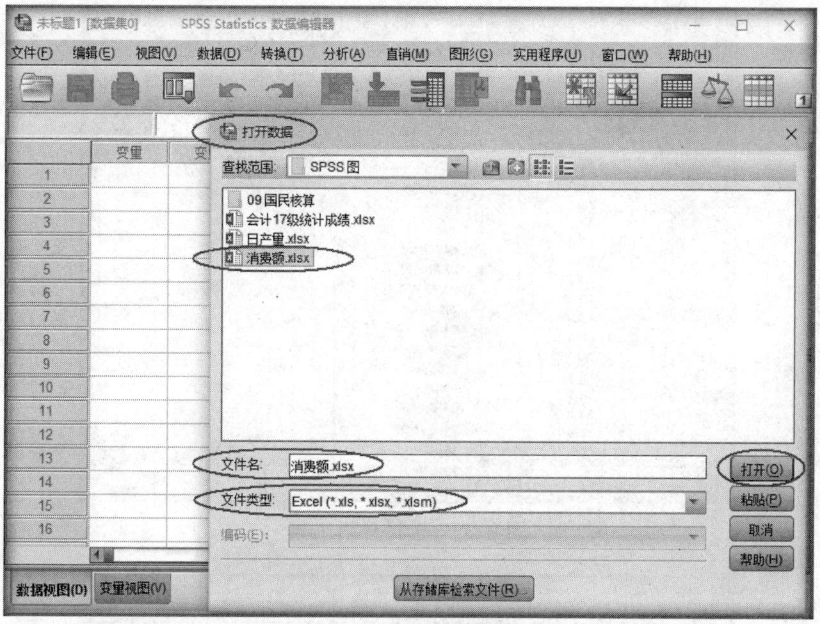

图 9-21　选择导入的 Excel 文件

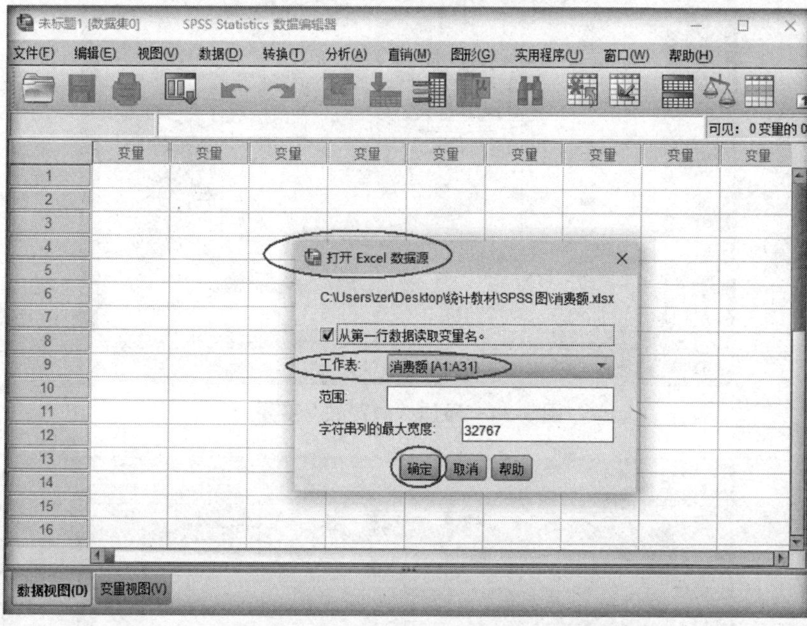

图 9-22　选择 Excel 工作簿的导入区域

第二步，SPSS 编辑器界面出现 30 个消费额数据，可以进行编辑，保存。然后，单击“分析”菜单“描述统计”项中的“频率”，弹出“频率”对话框，在对话框左侧的变量列表中，选择“消费额”，单击“箭头”按钮使之添加到变量框中，如图 9-23 和图 9-24 所示。

第三步，单击“Statistics”按钮，弹出“频率：统计”对话框。在“离散”框中选择“标准差”“最大值”“最小值”和“全距”等计算项目，选好后单击“继续”按钮，返回“频率”对话框，单击“确定”按钮，SPSS 完成变异指标计算，并显示出计算结果，如图 9-25 和图 9-26 所示。

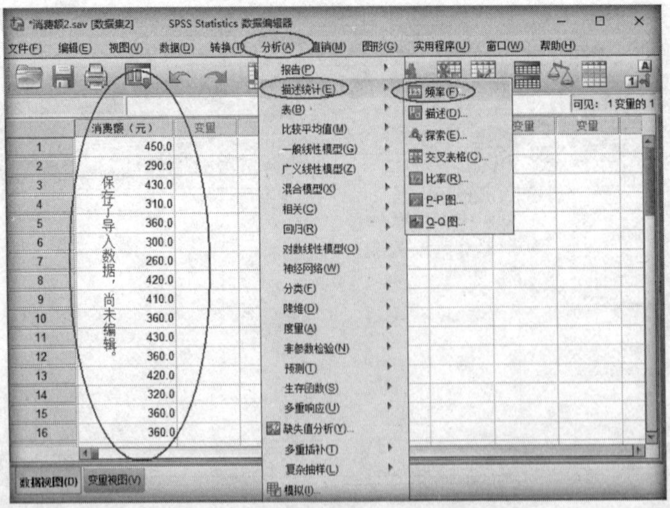

图 9-23　选择分析工具

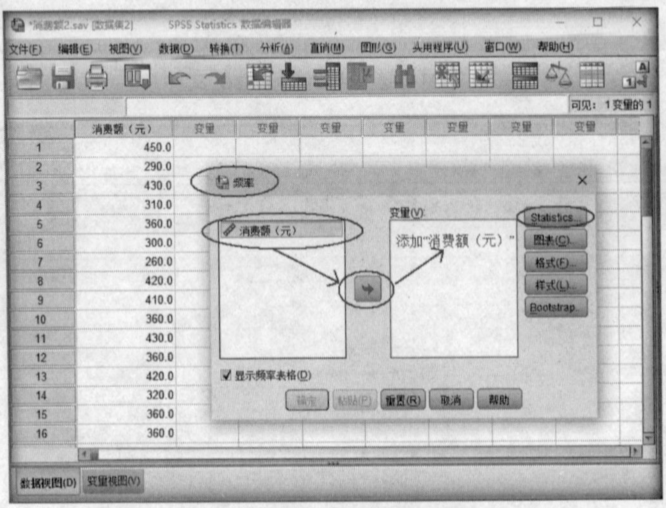

图 9-24　添加“消费额”变量

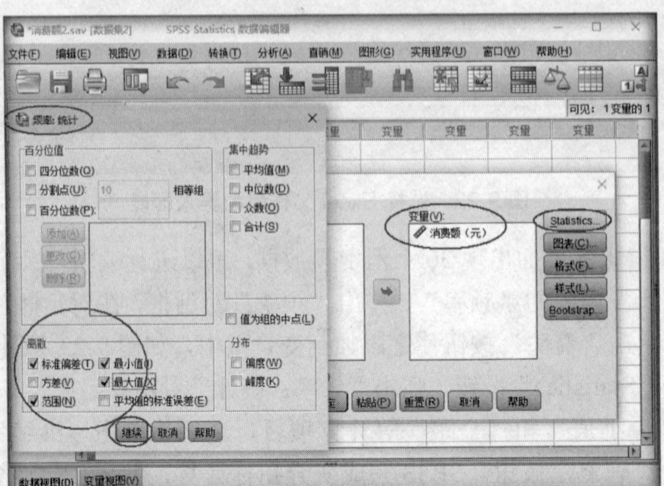

图 9-25　选择“离散”计算项目

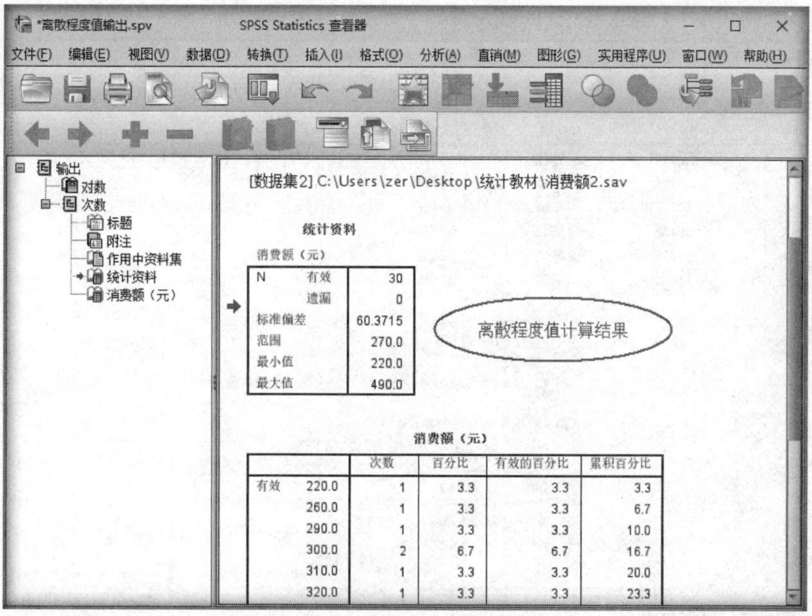

图 9-26　离散程度值计算结果

操作项目 3：SPSS 在国民核算中的应用

技能要求：熟悉计算平均指标、变异指标的基本原理。掌握 SPSS 计算描述统计量。

统计资料：1986—2015 年我国粮食产量按五年计划期分组资料。读取外部数据。

基本任务：依据我国历年粮食产量资料，应用 SPSS 计算平均数、标准差等统计量。

操作步骤：启动 SPSS 软件，打开编辑窗口。

第一步，将 6 个五年计划时期的统计资料由 Excel 导入 SPSS 编辑器后。单击“分析”菜单“描述统计”项中的“描述”命令，如图 9-27 和图 9-28 所示。

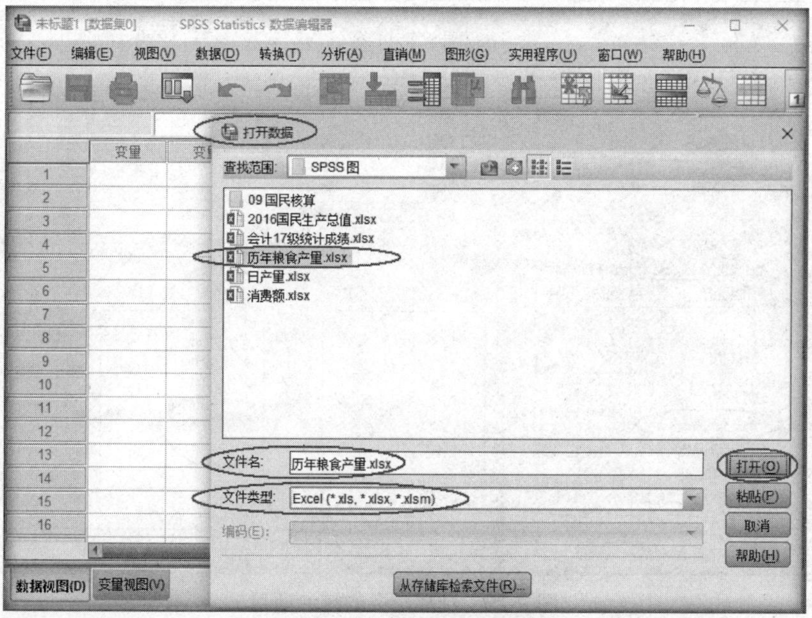

图 9-27　导入 Excel 数据资料

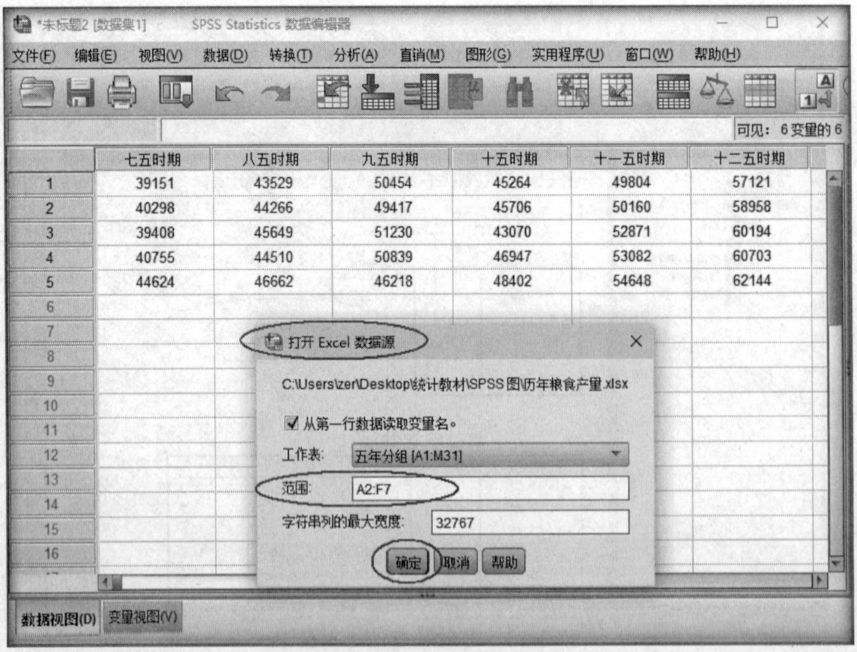

图 9-28　选择读取区域

第二步，弹出“描述性”对话框，在对话框左侧的变量列表中，依次选中“七五时期～十二五时期”，单击“箭头”按钮，使之全部添加到右侧的变量框中。

第三步，单击“选项”按钮，弹出“描述：选项”对话框。选择需要的统计项目，单击“继续”按钮，返回“描述性”对话框，单击“确定”按钮，SPSS 完成全部的计算，如图 9-29 和图 9-30 所示。

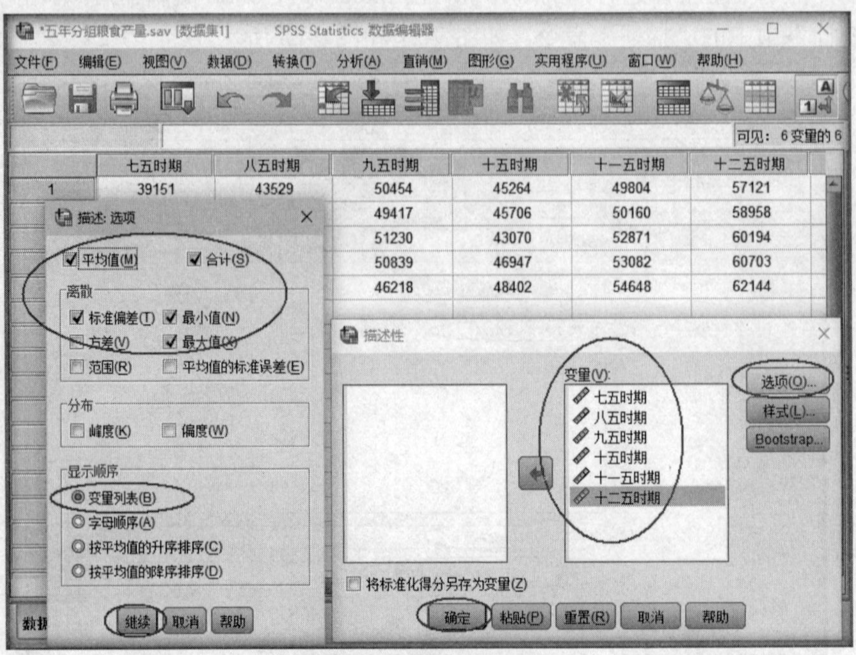

图 9-29　选择需要的统计项目

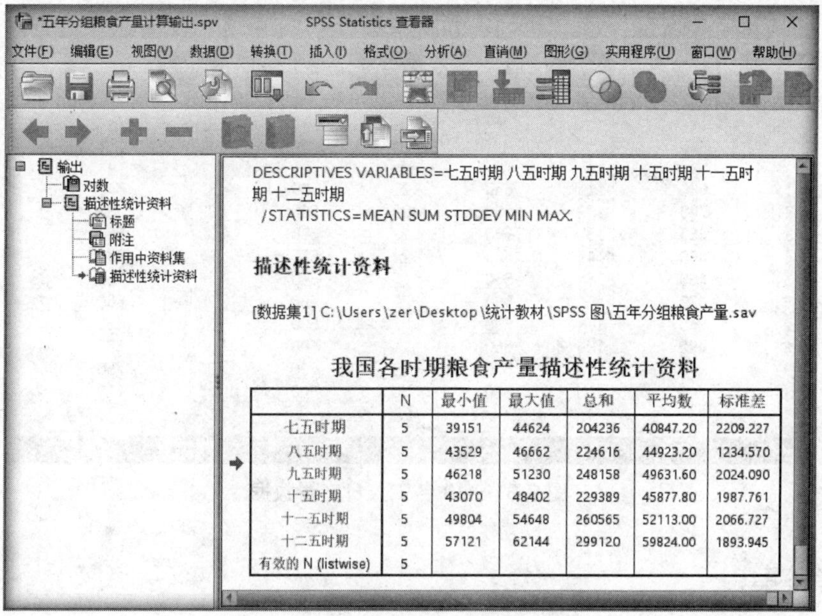

	N	最小值	最大值	总和	平均数	标准差
七五时期	5	39151	44624	204236	40847.20	2209.227
八五时期	5	43529	46662	224616	44923.20	1234.570
九五时期	5	46218	51230	248158	49631.60	2024.090
十五时期	5	43070	48402	229389	45877.80	1987.761
十一五时期	5	49804	54648	260565	52113.00	2066.727
十二五时期	5	57121	62144	299120	59824.00	1893.945
有效的 N (listwise)	5					

图 9-30　描述统计量计算结果

计算结果可以看出我国 6 个五年计划时期的粮食产量平均值、标准差等统计量，由此我们可以进行相关的比较分析了。

技 能 训 练

1. 某企业甲、乙两车间职工人数及日产量资料，如表 9-12 所示。

表 9-12　某企业甲乙两车间职工人数及日产量资料

甲车间		乙车间	
日产量/件	职工人数/人	日产量/件	职工人数/人
55	5	60	8
70	12	75	25
85	19	87	12
95	9	97	3
115	5	120	2

利用 SPSS 软件，对上述资料进行描述性统计分析，并回答以下问题：

（1）比较一下，哪个车间工人平均日产量高？

（2）说明哪一个车间的平均日产量更具有代表性？

2. 利用例 3-1 中 40 名工人的日产量数据，如图 9-31 中数据，完成如下任务：

（1）进行定义变量，输入数据，并保存为 SPSS 默认的数据文件格式（*.sav）；

（2）将 Excel 表中的数据保存至文档，用 SPSS 读取 Excel 表中数据并导入编辑器；

（3）分别应用 SPSS 和 Excel 计算全部描述统计量并制图进行对比。

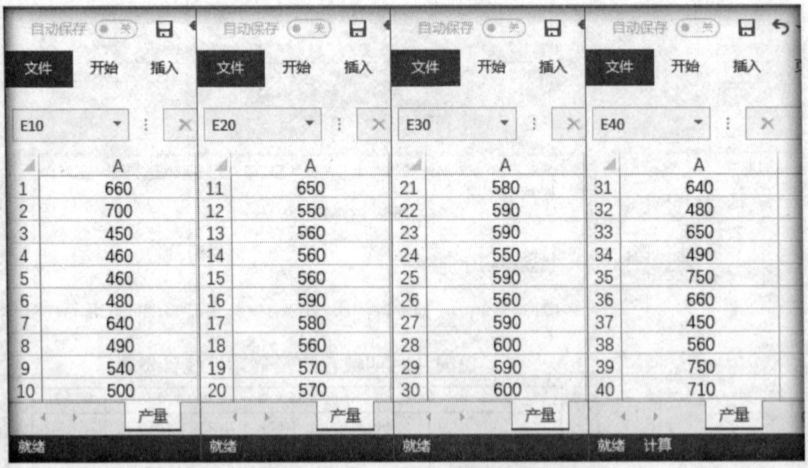

	A		A		A		A
1	660	11	650	21	580	31	640
2	700	12	550	22	590	32	480
3	450	13	560	23	590	33	650
4	460	14	560	24	550	34	490
5	460	15	560	25	590	35	750
6	480	16	590	26	560	36	660
7	640	17	580	27	590	37	450
8	490	18	560	28	600	38	560
9	540	19	570	29	590	39	750
10	500	20	570	30	600	40	710

图 9-31　40 名工人日产量数据

参考答案

1.（1）甲车间均值：83.20，乙车间均值：78.60。

（2）$V_{甲}$=19.15%＞$V_{乙}$=16.64%；故乙车间的平均日产量更具有代表性。

2.（1）（2）图略。

（3）SPSS 与 Excel 描述统计量输出计算结果相同，如表 9-13 所示，SPSS 直方图如图 9-32 所示，Excel 直方图略。

表 9-13　SPSS 与 Excel 描述统计量输出 40 名工人日产量计算结果

指　标	平均数	中位数	众　数	全　距	标准差	最小值	最大值	总　和
结果输出	577.75	575	560	300	77.01	450	750	23 110

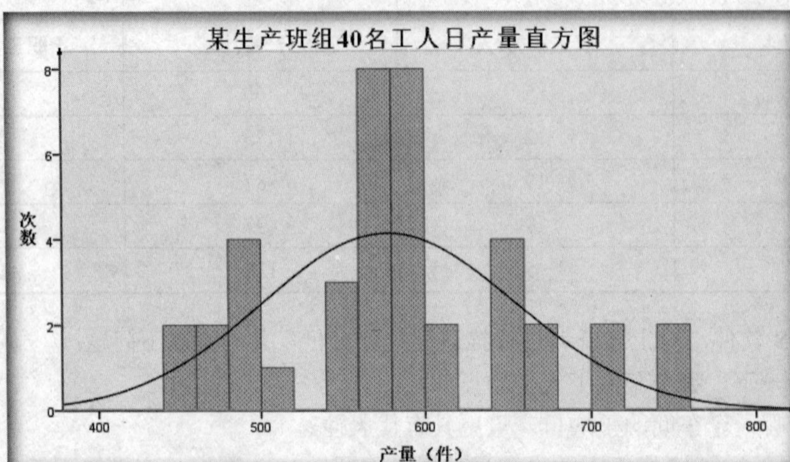

图 9-32　SPSS 产量数据直方图

参考文献

［1］周恩荣. 统计与应用实例［M］. 北京：北京交通大学出版社，2012.

［2］钱伯海，周恩荣. 企业经济统计学［M］. 北京：中国统计出版社，2003.

［3］许宪春. 中国国民经济核算新的规范. 中国统计信息网.

［4］国家统计局. 中国国民经济核算体系（2016）. 中华人民共和国国家统计局.

［5］国家统计局. 中华人民共和国国家统计局全国年度统计公报. 1986—2017年国民经济和社会发展统计公报.

附录 A 正态分布概率表

t	$F(t)$	t	$F(t)$	t	$F(t)$	t	$F(t)$
0.00	0.000 0	0.30	0.235 8	0.60	0.451 5	0.90	0.631 9
0.01	0.008 0	0.31	0.243 4	0.61	0.458 1	0.91	0.637 2
0.02	0.016 0	0.32	0.251 0	0.62	0.464 7	0.92	0.642 4
0.03	0.023 9	0.33	0.258 6	0.63	0.471 3	0.93	0.647 6
0.04	0.031 9	0.34	0.266 1	0.64	0.477 8	0.94	0.652 8
0.05	0.039 9	0.35	0.273 7	0.65	0.484 3	0.95	0.657 9
0.06	0.047 8	0.36	0.281 2	0.66	0.490 7	0.96	0.662 9
0.07	0.055 8	0.37	0.288 6	0.67	0.497 1	0.97	0.668 0
0.08	0.063 8	0.38	0.296 1	0.68	0.503 5	0.98	0.672 9
0.09	0.071 7	0.39	0.303 5	0.69	0.509 8	0.99	0.677 8
0.10	0.079 7	0.40	0.310 8	0.70	0.516 1	1.00	0.682 7
0.11	0.087 6	0.41	0.318 2	0.71	0.522 3	1.01	0.687 5
0.12	0.095 5	0.42	0.325 5	0.72	0.528 5	1.02	0.692 3
0.13	0.103 4	0.43	0.332 8	0.73	0.534 6	1.03	0.697 0
0.14	0.111 3	0.44	0.340 1	0.74	0.540 7	1.04	0.701 7
0.15	0.119 2	0.45	0.347 3	0.75	0.546 7	1.05	0.706 3
0.16	0.127 1	0.46	0.354 5	0.76	0.552 7	1.06	0.710 9
0.17	0.135 0	0.47	0.361 6	0.77	0.558 7	1.07	0.715 4
0.18	0.142 8	0.48	0.368 8	0.78	0.564 6	1.08	0.719 9
0.19	0.150 7	0.49	0.375 9	0.79	0.570 5	1.09	0.724 3
0.20	0.158 5	0.50	0.382 9	0.80	0.576 3	1.10	0.728 7
0.21	0.166 3	0.51	0.389 9	0.81	0.582 1	1.11	0.733 0
0.22	0.174 1	0.52	0.396 9	0.82	0.587 8	1.12	0.737 3
0.23	0.181 9	0.53	0.403 9	0.83	0.593 5	1.13	0.741 5
0.24	0.189 7	0.54	0.410 8	0.84	0.599 1	1.14	0.745 7
0.25	0.197 4	0.55	0.417 7	0.85	0.604 7	1.15	0.749 9
0.26	0.105 1	0.56	0.424 5	0.86	0.610 2	1.16	0.754 0
0.27	0.212 8	0.57	0.431 3	0.87	0.615 7	1.17	0.758 0
0.28	0.220 5	0.58	0.438 1	0.88	0.621 1	1.18	0.762 0
0.29	0.228 2	0.59	0.444 8	0.89	0.626 5	1.19	0.766 0

续表

t	$F(t)$	t	$F(t)$	t	$F(t)$	t	$F(t)$
1.20	0.769 9	1.55	0.878 9	1.90	0.942 6	2.50	0.987 6
1.21	0.773 7	1.56	0.881 2	1.91	0.943 9	2.52	0.988 3
1.22	0.777 5	1.57	0.883 6	1.92	0.945 1	2.54	0.988 9
1.23	0.781 3	1.58	0.885 9	1.93	0.946 4	2.56	0.989 5
1.24	0.785 0	1.59	0.888 2	1.94	0.947 6	2.58	0.990 1
1.25	0.788 7	1.60	0.890 4	1.95	0.948 8	2.60	0.990 7
1.26	0.792 3	1.61	0.892 6	1.96	0.950 0	2.62	0.991 2
1.27	0.795 9	1.62	0.894 8	1.97	0.951 2	2.64	0.991 7
1.28	0.799 5	1.63	0.896 9	1.98	0.952 3	2.66	0.992 2
1.29	0.803 0	1.64	0.899 0	1.99	0.953 4	2.68	0.992 6
1.30	0.806 4	1.65	0.901 1	2.00	0.954 5	2.70	0.993 1
1.31	0.809 8	1.66	0.903 1	2.02	0.956 6	2.72	0.993 5
1.32	0.813 2	1.67	0.905 1	2.04	0.958 7	2.74	0.993 9
1.33	0.816 5	1.68	0.907 0	2.06	0.960 6	2.76	0.994 2
1.34	0.819 8	1.69	0.909 0	2.08	0.962 5	2.78	0.994 6
1.35	0.823 0	1.70	0.910 9	2.10	0.964 3	2.80	0.994 9
1.36	0.826 2	1.71	0.912 7	2.12	0.966 0	2.82	0.995 2
1.37	0.829 3	1.72	0.914 6	2.14	0.967 6	2.84	0.995 5
1.38	0.832 4	1.73	0.916 4	2.16	0.969 2	2.86	0.995 8
1.39	0.835 5	1.74	0.918 1	2.18	0.970 7	2.88	0.996 0
1.40	0.838 5	1.75	0.919 9	2.20	0.972 2	2.90	0.996 2
1.41	0.841 5	1.76	0.921 6	2.22	0.973 6	2.92	0.996 5
1.42	0.844 4	1.77	0.923 3	2.24	0.974 9	2.94	0.996 7
1.43	0.847 3	1.78	0.924 9	2.26	0.976 2	2.96	0.996 9
1.44	0.850 1	1.79	0.926 5	2.28	0.977 4	2.98	0.997 1
1.45	0.852 9	1.80	0.928 1	2.30	0.978 6	3.00	0.997 3
1.46	0.855 7	1.81	0.929 7	2.32	0.979 7	3.20	0.998 6
1.47	0.858 4	1.82	0.931 2	2.34	0.980 7	3.40	0.999 3
1.48	0.861 1	1.83	0.932 8	2.36	0.981 7	3.60	0.999 68
1.49	0.863 8	1.84	0.934 2	2.38	0.982 7	3.80	0.999 86
1.50	0.866 4	1.85	0.935 7	2.40	0.983 6	4.00	0.999 94
1.51	0.869 0	1.86	0.937 1	2.42	0.984 5	4.50	0.999 993
1.52	0.871 5	1.87	0.938 5	2.44	0.985 3	5.00	0.999 999
1.53	0.874 0	1.88	0.939 9	2.46	0.986 1		
1.54	0.876 4	1.89	0.941 2	2.48	0.986 9		

附录 B 随机数字表

（一）

编号	1	2	3	4	5	6	7	8	9	10	11	12	13	14	15	16	17	18	19	20	21	22	23	24	25
1	03	47	43	73	86	36	96	47	36	61	46	98	63	71	62	33	26	16	80	45	60	11	14	10	95
2	97	74	24	67	62	42	81	14	57	20	42	53	32	37	32	27	07	36	07	51	24	51	79	89	73
3	16	76	62	27	66	56	50	26	71	07	32	90	79	78	53	13	55	38	58	59	88	97	54	14	10
4	12	56	85	99	26	96	96	68	27	31	05	03	72	93	15	57	12	10	14	21	88	26	49	81	76
5	55	59	56	35	64	38	54	82	46	22	31	62	43	09	90	06	18	44	32	53	23	83	01	30	30
6	16	22	77	94	39	49	54	43	54	82	17	37	93	23	78	87	35	20	96	43	84	26	34	91	64
7	84	42	17	53	31	57	24	55	06	88	77	04	74	47	67	21	76	33	50	25	83	92	12	06	76
8	63	01	63	78	59	16	95	55	67	19	98	10	50	71	75	12	86	73	58	07	44	39	52	38	79
9	33	21	12	34	29	78	64	56	07	82	52	42	07	44	38	15	51	00	13	42	99	66	02	79	54
10	57	60	86	32	44	09	47	27	96	54	49	17	46	09	62	90	52	84	77	27	08	02	73	43	28
11	18	18	07	92	46	44	17	16	58	09	79	83	86	19	62	06	76	50	03	10	55	23	64	05	05
12	26	62	38	97	75	84	16	07	44	99	83	11	46	32	24	20	14	85	88	45	10	93	72	88	71
13	23	42	40	64	74	82	97	77	77	81	07	45	32	14	08	32	98	94	07	72	93	85	79	10	75
14	52	36	28	19	95	50	92	26	11	97	00	56	76	31	38	80	22	02	53	53	86	60	42	04	53
15	37	85	94	35	12	83	39	50	08	30	42	34	07	96	88	54	42	06	87	98	35	85	29	48	39
16	70	29	17	12	13	40	33	20	38	26	13	89	51	03	74	17	76	37	13	04	07	74	21	19	30
17	56	62	18	37	35	96	83	50	87	75	97	12	25	93	47	70	33	24	03	54	97	77	46	44	80
18	99	49	57	22	77	88	42	95	45	72	16	64	36	16	00	04	43	18	66	79	94	77	24	21	90
19	16	08	15	04	72	33	27	14	34	09	45	59	34	68	49	12	72	07	34	45	99	27	72	95	14
20	31	16	93	32	43	50	27	89	87	19	20	15	37	00	49	52	85	66	60	44	38	68	88	11	80
21	68	34	30	13	70	55	74	30	77	40	44	22	78	84	26	04	33	46	09	52	68	07	97	06	57
22	74	57	25	65	76	59	29	97	68	60	71	91	38	67	54	13	58	18	24	76	15	54	55	95	52
23	27	42	37	86	53	48	55	90	65	72	96	57	69	36	10	96	46	92	42	45	97	60	49	04	91
24	00	39	68	29	61	66	37	32	20	30	77	84	57	03	29	10	45	65	04	26	11	04	96	67	24
25	29	94	98	94	24	68	49	69	10	82	53	75	91	93	30	34	25	20	57	27	40	48	73	51	92
26	16	90	82	66	59	83	62	64	11	12	67	19	00	71	74	60	47	21	29	68	02	02	37	03	31
27	11	27	94	75	06	06	09	19	74	66	02	94	37	34	02	76	70	90	30	86	38	45	94	30	38
28	35	24	10	16	20	33	32	51	26	38	79	78	45	04	91	16	92	53	56	16	02	75	50	95	98
29	38	23	16	86	38	42	38	97	01	50	87	75	66	81	41	40	01	74	91	62	48	51	84	08	32
30	31	96	25	91	47	96	44	33	49	13	34	86	82	53	91	00	52	43	48	85	27	55	26	89	62

续表

编号	1	2	3	4	5	6	7	8	9	10	11	12	13	14	15	16	17	18	19	20	21	22	23	24	25
31	66	67	40	67	14	64	05	71	95	86	11	05	65	09	68	76	83	20	37	90	57	16	00	11	66
32	14	90	84	45	11	75	73	88	05	90	52	27	41	14	86	22	98	12	22	08	07	52	74	95	80
33	68	05	51	18	00	33	96	02	75	19	07	60	62	93	55	59	33	82	43	90	49	37	38	44	59
34	20	46	78	73	90	97	51	40	14	02	04	02	33	31	08	39	54	16	49	36	47	95	93	13	30
35	64	19	58	97	79	15	06	15	93	20	01	90	10	75	06	40	78	73	89	62	02	67	74	17	33
36	05	26	93	70	60	22	35	85	15	13	92	03	51	59	77	59	56	78	06	83	52	91	05	70	74
37	07	97	10	88	23	09	98	42	99	64	61	71	62	99	15	06	51	29	16	93	58	05	77	09	51
38	68	71	86	85	85	54	87	66	47	54	73	32	08	11	12	44	95	92	63	16	29	56	24	29	48
39	26	99	61	65	53	58	37	78	80	70	42	10	50	67	42	32	17	55	85	74	94	44	67	16	94
40	14	65	52	68	75	87	59	36	22	41	26	78	63	06	55	13	08	27	01	50	15	29	39	39	43
41	17	53	77	58	71	71	41	61	50	72	12	41	94	96	26	44	95	27	36	99	02	96	74	30	83
42	90	26	59	21	19	23	52	23	33	12	96	93	02	18	39	07	02	18	36	07	25	99	32	70	23
43	41	23	52	55	99	31	04	49	69	96	10	47	48	45	88	13	41	43	89	20	97	17	14	49	17
44	60	20	50	81	69	31	99	73	68	68	35	81	33	03	76	24	30	12	48	60	18	99	10	72	34
45	91	25	38	05	90	94	58	28	41	36	45	37	59	03	09	90	35	57	29	12	82	62	54	65	60
46	34	50	57	74	37	98	80	33	00	91	09	77	93	19	82	74	94	80	04	04	45	07	31	66	49
47	85	22	04	39	43	73	81	53	94	79	33	62	46	86	28	08	31	54	46	31	53	94	13	38	47
48	09	79	13	77	48	73	82	97	22	21	05	03	27	24	83	72	89	44	05	60	35	80	39	94	88
49	88	75	80	18	14	22	95	75	42	49	39	32	82	22	49	02	48	07	70	37	16	04	61	67	87
50	90	96	23	70	00	39	00	03	06	90	55	85	78	38	36	94	37	30	69	32	90	89	00	76	33

（二）

编号	1	2	3	4	5	6	7	8	9	10	11	12	13	14	15	16	17	18	19	20	21	22	23	24	25
1	53	74	23	99	67	61	32	28	69	84	94	62	67	86	24	98	33	41	19	95	47	53	53	38	09
2	63	38	06	86	54	99	00	65	26	94	02	82	90	23	07	79	62	67	80	60	75	91	12	81	19
3	35	30	58	21	46	06	72	17	10	94	25	21	31	75	96	49	28	24	00	49	55	65	79	78	07
4	63	43	36	82	69	65	51	18	37	88	61	38	44	12	45	32	92	85	88	65	54	34	81	85	35
5	98	25	37	55	26	01	91	82	81	46	74	71	12	94	97	24	02	71	37	07	03	92	18	66	75
6	02	63	21	17	69	71	50	80	89	56	38	15	70	11	48	43	40	45	86	98	00	83	26	91	03
7	64	55	22	21	82	48	22	28	06	00	61	54	13	43	91	82	78	12	23	29	06	66	24	12	27
8	85	07	26	13	89	01	10	07	82	04	59	63	69	36	03	69	11	15	83	80	13	29	54	19	28
9	58	54	16	24	15	51	54	44	82	00	62	61	65	04	69	38	18	65	18	97	85	72	13	49	21
10	34	85	27	84	87	61	48	64	56	26	90	18	48	13	26	37	70	15	42	57	65	65	80	39	07
11	03	92	18	27	46	57	99	16	96	56	30	33	72	85	22	84	64	38	56	98	99	01	30	98	64
12	62	95	30	27	59	37	75	41	66	48	86	97	80	61	45	23	53	04	01	63	45	76	08	64	27
13	08	45	93	15	22	60	21	75	46	91	98	77	27	85	42	28	88	61	08	84	69	62	03	42	73
14	07	08	55	18	40	45	44	75	13	90	24	94	96	61	02	57	55	66	83	15	73	42	37	11	61
15	01	85	89	95	66	51	10	19	34	88	15	84	97	19	75	12	76	39	43	78	64	63	91	08	25

续表

编号	1	2	3	4	5	6	7	8	9	10	11	12	13	14	15	16	17	18	19	20	21	22	23	24	25
16	72	84	71	14	35	19	11	58	49	26	50	11	17	17	76	86	31	57	20	18	95	60	78	46	75
17	88	78	28	16	84	13	52	53	94	53	75	45	69	30	96	73	89	65	70	31	99	17	43	48	76
18	45	17	75	65	57	28	40	19	72	12	25	12	74	75	67	60	40	60	81	19	24	62	01	61	16
19	96	76	28	12	54	22	01	11	94	25	71	96	16	16	88	68	64	36	74	45	19	59	60	88	92
20	43	31	67	72	30	24	02	94	08	63	38	32	36	66	02	69	36	38	25	39	48	03	45	15	22
21	50	44	66	44	21	66	06	58	05	62	63	15	54	35	02	42	35	48	96	32	14	52	41	52	48
22	22	66	22	15	86	26	63	75	41	99	58	42	36	72	24	58	37	52	18	51	03	37	18	39	11
23	96	24	40	14	51	23	22	30	88	57	95	67	47	29	83	94	69	40	06	07	18	16	36	78	86
24	31	73	91	61	19	60	20	72	93	48	98	57	07	23	69	65	95	39	69	58	56	80	30	19	44
25	78	60	73	99	84	43	89	94	36	45	56	69	47	07	41	90	22	91	07	12	78	35	34	08	72
26	84	37	90	61	56	70	10	23	98	05	85	11	34	76	60	76	48	45	34	60	01	64	18	39	96
27	36	67	10	08	23	98	93	35	08	86	99	29	76	29	81	33	34	91	58	93	63	14	52	32	52
28	07	28	59	07	48	89	64	58	89	75	83	85	62	27	89	30	14	78	56	27	86	63	59	80	02
29	10	15	83	87	60	79	24	31	66	56	21	48	24	06	93	91	98	94	05	49	01	47	59	38	00
30	55	19	68	97	65	03	73	52	16	56	00	53	55	90	27	33	42	29	38	87	22	13	88	83	34
31	53	81	29	13	39	35	01	20	71	34	62	33	74	82	14	53	73	19	09	03	56	54	29	56	93
32	51	86	32	68	92	33	98	74	66	99	40	14	71	94	58	45	94	19	38	81	14	44	99	81	07
33	35	91	70	29	13	80	03	54	07	27	96	94	78	32	66	50	95	52	74	33	13	80	55	62	54
34	37	71	67	95	13	20	02	44	95	94	64	85	04	05	72	01	32	90	76	14	53	89	74	60	41
35	93	66	13	83	27	92	79	64	64	72	28	54	96	53	84	48	14	52	98	94	56	07	93	89	30
36	02	96	08	45	65	13	05	00	41	84	93	07	54	72	59	21	45	57	09	77	19	48	56	27	44
37	49	83	43	48	35	82	88	33	69	96	72	36	04	19	76	47	45	15	18	60	82	11	08	95	97
38	84	60	71	62	46	40	80	81	30	37	34	39	23	05	38	25	15	35	71	30	88	12	57	21	77
39	18	17	30	88	71	44	91	14	88	47	89	23	30	63	15	56	34	20	47	89	99	82	93	24	98
40	79	69	10	61	78	71	32	76	95	62	87	00	22	58	40	92	54	01	75	25	43	11	71	99	31
41	75	93	36	57	83	56	20	14	82	11	74	21	97	90	65	96	42	68	63	86	74	54	13	26	94
42	38	30	92	29	03	06	28	81	39	38	62	25	06	84	63	61	29	08	93	67	04	32	92	08	09
43	51	29	50	10	34	31	57	75	95	80	51	97	02	74	77	76	15	48	49	44	18	55	63	77	09
44	21	31	38	86	24	37	79	81	53	74	73	24	16	10	33	52	83	90	94	76	70	47	14	54	36
45	29	01	23	87	82	58	02	39	37	67	42	10	14	20	92	16	55	23	42	45	54	96	09	11	06
46	95	33	95	22	00	18	74	72	00	18	38	79	58	69	32	81	76	80	26	92	82	80	84	25	39
47	90	84	60	79	80	24	36	59	87	38	82	07	53	89	35	96	35	23	79	18	05	98	90	07	35
48	46	40	62	98	82	54	97	20	56	95	15	74	80	08	32	16	46	70	50	80	67	72	16	42	79
49	20	31	89	03	43	38	46	82	68	72	32	14	82	99	70	80	60	47	18	97	63	49	30	21	30
50	71	59	73	05	50	08	22	23	71	77	91	01	93	20	49	82	96	59	26	94	66	39	67	98	60

附录 C　Excel 数据分析工具表

分析工具名称	分析工具主要用途
F-检验：双样本方差分析	进行双样本的 F-检验，用来检验两个样本总体的方差
t-检验：双样本均值分析	进行成对双样本的 t-检验，主要检验两个样本的均数是否相等。该检验并不假设两个总体方差相等
t-检验：双样本等方差假设	进行双样本的 t-检验。在假设两个样本所属总体方差相等情况下的 t-检验，故称为齐次方差 t-检验，主要检验两个样本均数实际上是否相等
t-检验：双样本异方差假设	进行双样本 t-检验。在假设两个样本所属总体方差不等情况下的 t-检验，故称为异方差 t-检验，主要检验两个样本均数实际上是否相等
z-检验：双样本均值分析	属于方差已知的双样本均数 z-检验，主要检验两个总体均数之间是否存在差异
抽样分析	以输入区域为总体构造总体的一个样本。总体较大时可选用具有代表性的样本进行绘制。如果输入区域中的数据是周期性的，则对一个周期中特定时间段中的数值进行采样
回归分析	分析一个因变量受一个或几个自变量影响。通过对一组观察值使用“最小二乘法”进行直线拟合的线性回归分析
描述统计	对输入区域中数据的单变量分析，提供有关数据集中趋势和离中趋势的信息
排位和百分比排位	产生一个数据列表，其中将给定数据按大小次序排位和相应的百分比排位。分析数据集中各数值间的相互位置关系
随机数发生器	按照用户选定的分布类型，在工作表的特定区域中生成一系列独立随机数字。通过概率分布来表示主体的总体特征
相关系数	判断两级数据间的相关关系。用计算的“相关系数”确定两组数据的变化是否相关
协方差	计算各数据点的一对均值偏差之间的乘积的平均值。使用协方差工具来确定两组数据的变化是否相关
移动平均	计算某特定的过去某段时期中变量的均值，对未来值进行预测
直方图	给定数据的情况下，计算数据的个数和累积频率，用于统计某个数值出现的次数
指数平滑	前期预测值导出相应的新预测值，并修正前期预测值的误差。此工具将使用平滑系数 α，其大小决定了本次预测对前期预测误差的修正程度

续表

分析工具名称	分析工具主要用途
Anova：单因素方差分析	通过简单的方差分析（Anova），对两个以上的样本均数进行相等性假设检验（抽样取自具有相同均数的样本空间）。是对双均数检验（如 t-检验）的扩充
Anova：可重复双因素分析	对单因素 Anova 分析的扩展，即每一组数据包含不止一个样本
Anova：无重复双因素分析	通过双因素 Anova 分析（但每组数据只包含一个样本），对两个以上样本均数进行相等性假设检验（抽样取自具有相同均数的样本空间）。对双均数检验（如 t-检验）的扩充

附录 D Excel 常用统计函数表

函 数 名 称	函 数 功 能
ABS	参数绝对值
AVEDEV	求算术平均数
BETADIST	求二项分布的概率值
CHIDST	求 χ^2 分布的单侧概率值
CHIINV	求 χ^2 分布给定单侧概率的逆函数值，如果 p=CHIDST（χ，自由度），则 CHIINV(p，自由度)=χ
COMBIN	计算从给定数目的对象集合中提取若干个对象的组合数，Combin(n，k)=C_n^k
CONFIDENCE	求总体平均值置信区间中的极限误差 $\Delta_{\bar{x}} = z_{\alpha/2}\left(\sigma/\sqrt{n}\right)$
CORREL	求相关系数 r
COUNT	求变量个数 n
COUNTIF	计算给定区域内满足特定条件的单元格的数目
COVAR	求协方差
CRITBINOM	求使累计二项分布概率值大于等于临界值的最小值
EXP	求 e 的 n 次幂
EXPONDIST	求指数分布累计分布（$1-\lambda e^{\lambda x}$）或概率密度（$\lambda e^{\lambda x}$）
FACT	计算数的阶乘，即 n!
FACTDOUBLE	计算参数的半阶乘，即 n!!
FDIST	求 F 分布的概率值
FINV	求 F 分布的逆函数值，如果 p=FDIST(x，…)，则 FINV(p，…)=x
FREQUENCY	求一组数据的频率分布
FORECAST	以数组或区域的形式给定 x 值和 y 值后，根据线性回归方程，由 x 值预测 y 值
GEOMEAN	计算一组数据的几何平均数 G
GROWTH	根据已知的 x 值和 y 值求出的指数曲线方程，计算一组新的 x 值对应的 y 值

续表

函数名称	函数功能
HARMEAN	计算一组数据的调和平均数 H
IF	执行真假值判断，根据逻辑测试的真假值返回不同的结果
INTERCEPT	计算给定数据点（x，y）直线回归拟合方程的截距
INT	求一个数向下舍位到最接近的整数
KURT	求一组数据的峰度系数
LARGE	求一组数据中的第 k 个最大值
LINEST	使用最小二乘法对一组 x 值和 y 值进行最佳回归直线拟合，计算斜率 m 和截距 b。回归直线拟合方程为：$\hat{y}=mx+b$
LN	求一个数的自然对数
LOG	按所指定的底数，求一个数的对数
LOG10	求以 10 为底的对数
LOGEST	对一组 x 值和 y 值进行指数回归曲线拟合，计算系数 b 与乘幂 m。拟合回归指数曲线方程为：$y=be^{mx}$
MAX	求一组数据中的最大值
MEDIAN	求一组数据中的中位数 M_e
MIN	求一组数据中的最小值
MINVERSE	求逆矩阵
MMULT	求两个矩阵的乘积
MODE	求一组数据中的众数 M_o
NORMDIST	求给定平均数和标准差的正态分布的概率值
NORMINV	求给定平均数和标准差的正态分布的累计函数的逆函数
NORMSDIST	求标准正态分布的概率值
NORMSINV	求标准正态分布累计函数的逆函数，即临界值 $z_{\alpha/2}$
PEARSON	计算皮尔逊相关系数 r
PERCENTILE	计算一组数据的 K 百分比数值所对应的百分位数。如可确定得分排名在 90 个百分点以上的候选人
PERCENTRANK	计算某特定数值在一组数据中的百分比排位
PERMUT	根据给定数目的对象集合中选取的若干个对象的排列数，即 $\text{Permut}(n, k)=p_n^k$
POISSON	求泊松分布的概率值
POWER	求给定数的乘幂
PROB	求某一概率事件组中落在指定区域内的事件所对应的概率之和
PRODUCT	将所有以参数形式给出的数字相乘，再求和

续表

函 数 名 称	函 数 功 能
ROUND	求某个数按指定位数舍入后的数字
RANK	求一个数在一组数据中的排位
SKEW	求一组数据的偏度系数
SLOPE	计算给定数据点（x，y）直线回归拟合方程的斜率
SMALL	求一组数据中的第 k 个最小值
SQRT	求平方根，即开方数值
STANDARDIZE	求标准正态分布的正态化数值，即按公式 $z=(x-\bar{x})/s$ 计算出来的值
STDEV	求样本标准差
STDEVA	求包含逻辑值和字符串的样本标准差
STDEVP	求总体的标准差
STDEVPA	求包含逻辑值和字符串的总体标准差
STEYX	返回通过线性回归法计算 y 预测值时所产生的标准误差。标准误差用来度量根据单个 x 变量计算出的 y 预测值的误差量
SUM	参数求和
SUMPRODUCT	求两组对应值的乘积之和 $\sum xy$
SUMSQ	求参数的平方和，即 $\sum x^2$，$\sum y^2$
SUMXMY2	求两数组对应值之差的平方和，即 $\sum(x-y)^2$
SUMX2MY2	求两数组对应值平方差之和，即 $\sum(x^2-y)^2$
SUMX2PY2	求两数组对应值平方和之和，即 $\sum(x^2+y)^2$
TDIST	求 t 分布的概率值
TINV	求指定自由度的 t 分布函数的逆函数，即临界值 $t_{(\alpha/2,\ n-1)}$
TREND	求线性趋势预测值 $\hat{y}$
TTEST	求 t 分布相关的概率
VAR	求样本方差
VARA	求包含逻辑值和字符串的样本方差
VARP	求总体方差
VARPA	求包含逻辑值和字符串的总体方差
ZTEST	求 z 检验的双尾概率，即 $\alpha/2$ 值